THE
TIME TRAVELLER'S
GUIDE TO
MEDIEVAL ENGLAND

漫遊中古英格蘭

伊恩・莫蒂默
IAN MORTIMER

廖彥博——譯

時報出版

獻給我的妻子蘇菲

沒有她的鼓勵，就沒有這本書的面世

要不是因為這本書，我根本沒有機會認識她。

「過去是異國，諸事與當前皆異。」

——哈特利爵士（L. P. Hartley），

《一段情》（*The Go-Between*）

目次

歡迎來到這個地方，這個充滿驕傲、財富、權威、犯罪、正義、高尚藝術、惡臭與赤貧之地。

中古時期的男童，七歲就被期待有工作能力，他們因為犯竊盜罪判絞刑、上吊刑台的年齡，同樣也是七歲。

當你開始明白人們內心的矛盾時，才算是真正開始了解中古時期的人心。

如果有人很熱烈的拍你的背，然後對著你大喊：「你的屁股還有你的卵蛋還真有福啊！」可不要誤會了，這其實是一種讚美。

第五章　服裝穿著　148
十四世紀人們注目女性的焦點不在她的臀部和胸部，也不在手和腿，而是集中在她的臉和髮型。

第六章　旅遊　178
每一場暴風雨來襲，你都會見到船上的男男女女，在黑暗與恐懼之下，將他們的腸胃與靈魂徹底掏空。

第七章　何處棲身　206
這款馬桶由鐵製成，座位部分鋪上羽絨坐墊，而下方放有可抽取的銅盆。無論你走到哪裡，都有成堆的毛料或布巾，供你「擦拭下面那裡」。

第八章　飲食吃喝　242
在這個時代，你每天只能吃兩餐。除了極少數身分地位高、不知節制的人以外，人們通常不吃早餐。

第九章　健康與衛生　276
你在十四世紀被發現昏倒在地，沒有人會測量你的脈搏，確定你是否還活著，而是會拿一隻裝滿水的大碗公擺在你的胸口，觀察你是否還有呼吸。

第十章　審判與法律　314
在中古英格蘭，人民自發執行的私刑正義，並沒有比皇家法官和絞刑吊索寬容到哪裡去。

第一章 景觀

城市與市鎮

首先會映入你眼簾的，就是這座大主教座堂。當你沿路遊歷，在樹下小憩的時候，就能看到這座大教堂，它結實而壯麗，座落在山丘頂上，有朝陽作為裝飾。儘管建築西邊尾端還搭設木質鷹架，挑高二十四公尺的斜角屋頂，飛簷拱頂，還有巨大的高塔，能作為本地區的地標建築物。比起圍繞著它的其他建築物，教堂大了幾百倍，而且使環繞著城市的石牆顯得十分矮小。大片民宅看起來很渺小，方位角度亂七八糟，色調深淺也各有不同；它們好像小溪底的礫石，充斥在大教堂這塊巨石的旁邊。城裡的其他三十座教堂，雖然粗短的尖塔兀自矗立在大片低矮民宅之上，和大教堂相比，看起來還是相形見絀。

朝城牆再走近一些，你就會看到大城門樓。兩座圓塔，高度都超過十五公尺，夾著拱門的兩側；拱門是新近才建好的，大門入口上方嵌有國王的彩漆雕像。這使你完全體會到城市市民的自豪，還有市政當局的驕傲。進了這道城門，你就來到市長的轄區，成為他的臣屬。在城市東北邊的城堡裡，有國王的派駐官員。這裡是有王法統治的地方。環繞全城的城牆，高聳矗立的圓塔，國王的雕像，特別是那座凌駕一切的巨大教堂。這些加總起來，以全然的權威帶給你深刻的印象。

然後，你就注意到那個氣味。從城門入口處距離四百碼的地方，你正在走的這條泥巴路上，有條小溪橫亙穿過。你的眼睛看向岸邊，見到大堆的垃圾，破碎的陶器，動物的骨頭、內臟，人們的排泄物，還有腐敗的肉，灑落在路旁和矮樹叢裡。在某些地方，泥濘的河岸不知不覺成了渾濁的沼澤，市民把他們製造出的垃圾拖拉到這裡，然後拋進溪裡。在另外一些地方，翠綠的青草、蘆葦和矮樹叢，從非常肥沃的土壤裡生長出來。如你所看到的，兩個半裸的男子從身後的手推車裡扛起另外一木桶糞便，然後倒進水裡。一頭小棕豬，用鼻子在垃圾堆裡翻翻找找。這裡如果不以「糞溪」（Shitbrook）當地名，就沒有更恰當的名字了。

你已經真實目擊一座中古時期城市的極端兩面。它是那麼驕傲，那麼宏偉，在某些地方，又是那樣的美麗，可是它又展現一個腫脹的貪食症患者，所有令人作嘔的特徵。這座城市像是對人體的拙劣模仿：氣味難聞、骯髒、威嚴、富裕而又寬大。當你快快穿過架在糞溪上的那座木橋，往城門方向加速而去，這種反差就變得更加強烈。一群蓬頭垢面的男孩，朝你走過來，擠在你身旁叫嚷著：「先生，你要住房嗎？今晚要找張床嗎？您是從哪裡來的？」他們邊喊邊搶奪你座騎的馬鞭，也許還假裝他們認得你的兄弟，或者跟你是同鄉。他們的衣衫襤褸，骯髒的雙腳穿著皮革靴子，這些靴子、鞋子在泥濘的街道上飽受泥巴與石頭折磨的時間，比起它們的主人還長上許多年。歡迎來到這個地方，這個充滿驕傲、財富、權威、犯罪、正義、高尚藝術、惡臭與赤貧之地。

上面說的城市是埃克塞特（Exeter），位在英格蘭的西南部，但也可以是十七座擁有主教大教堂城市的任何一座。你也可以對許多大城鎮說同樣的話，只不過這些城鎮的教堂不是主教座堂罷了。到達這些地方的其中一個，你的感官會受到各種各樣的襲擊。你的眼界會因為大教堂而大開，也會因為教堂所擁有的財富與彩繪玻璃而目眩神迷。你的鼻孔會被臭味侵犯，這些臭味是遭到汙水、穢物汙染的河道，與城鎮溝渠所散發出來的。走過自然靜謐的鄉間道路，走過風吹樹動、小鳥鳴唱的風景之後，你的耳朵裡必定會充斥旅人的叫喊、小販的叫賣，勞工的呼喊與教堂的鐘聲。任何市鎮，在市場集市日或者是舉行臨時拍賣市場期間，你會發現自己被前來參加活動的人潮，或者是在小酒館裡喧嘩度日的傢伙推過來擠過去。造訪這樣的十四世紀後期英格蘭城鎮，是一種混亂與極度感官的體驗。

大市鎮也是令人生畏的地方。之前在十字路口，你已經見過竊賊吊死在絞刑架上的風乾遺骸，還懸掛在風中搖晃著。在地方首府的主要城門口，你會發現叛徒的首級和肢體被陳列示眾。當你走進約克（York，北方最大城）的城門口時，就會看見發黑的罪犯頭顱懸掛在城樓的柱子上，他們的眼珠子被鳥雀啄走了。斷手殘肢被繩索綁住懸吊著，每塊軀骸的背後都有一段謀逆不忠的情節，現在上面鑽滿蛆，或是被蒼蠅覆蓋。這些遺骸提醒你，國王擁有的威權。在市長、市參議會成員、地方領主、治安官與法庭身後，還有一個來頭更大、更加不祥的陰影存在。

你可以說，上述就是中古時期的英格蘭風景：一個恐懼與腐朽之處。可是，就在你經過城門下方陰影的一剎那會突然明白，風景不只如此。舉例來說，在埃克塞特，你一走進那座碩大的城樓裡，面對著你的，就是南大街寬敞、美好的景色。一些外觀精美的屋宅和旅店座落於此，陡斜的屋簷以險峻的角度靈巧的面對著街道。在你右手邊的是聖三一教堂（Holy Trinity），在十四世紀後期，這是個特別虔誠的教派。再往下走，你會看見一位修道院院長的豪華宅邸。在你左手邊，是一排商家的房屋，有些鋪子開門營業，絲綢與昂貴的布匹在掩上的正門裡展示著。或許有那麼一刻，你會注意到馬路崎嶇不平，塵土飛揚，下雨過後則泥濘潮濕。但是稍後片刻，你的心思馬上被周遭的種種活動吸引。小馬和座騎正緩步溜蹄穿行過市，往市集處走去，牠們身上馱滿穀類作物，由農民牽領，從地方田野一路而來。教士從身邊經過，他們按規定身著長袍，戴著十字架，念珠纏吊在腰帶上。或許，一位身穿黑袍的道明會（Dominican）修士正佇立在街首，對人們傳道，身旁有一小群信徒圍繞觀看。忙著工作的人正在驅趕他們的綿羊、牲畜進到市集，或者推著車子，載滿雞蛋、牛奶和起司，沿著眾人叫做「牛奶街」（Milk Street）的一排店鋪走過去。

這條街實在太有活力了，充滿各色忙碌的人，以至於你有一小段時間把那些被斬首的叛徒拋諸腦後。而在空氣中，糞溪的臭味現在也聞不到了；動物的糞便，很明顯的在這條街上絕跡。在南大街上，你所能看見的，就是一名僕役在他主人的屋宅前將馬糞從地上鏟起來。你更往市中心走去，會看到更多商家的鋪子，這些店家被很緊湊的安排在一處臨街的商場裡。有的小隔間只有一坪多一點，但是每間店家都有獨特的圖像招牌，告訴不識字的人，他們在販售什麼。有些畫上的是正在販售的商品，比如招牌上畫把刀，表示這是家刀匠鋪。另外有立體的招牌：桿子上拴著一只大桶子，說明這裡有鮮釀的麥酒；或畫上一條綁著繃帶的臂膀，標示有外科醫師在此執業。

在通到河邊的史密森（Smithen）街頭，你可以聽見鐵匠在賣力鍛鐵時，從鍛造鋪裡發出的叮噹敲打聲，還有從他們喉頭裡發出的吼叫聲，要學徒遞水、遞木炭。同一條街的其他店家，則正在布置展場，將剪刀、燭台、裁刀之類的鐵器製品懸掛起來，以吸引那些從周遭鄉間進城的客人光顧。再往前走一小段，你就來到「屠夫肉行」（Butchers Row），或者是「肉鉆街」（Shambles），鋪子的櫃台上擺滿肉品，曝曬在日頭下；鋪子後面的陰影處，關節與骨架被吊掛在勾子上。聽聽屠刀在鉆板上切下肉時發出的「剁剁」聲音，然後看著穿著皮革圍裙的屠夫把紅色的肉擺到秤上，小心翼翼的論斤秤兩，直到他滿意為止，因為至少成交一筆好買賣。

就是在這裡，在城市的店鋪商家裡，從前你對中古英格蘭先入為主的偏見將會開始瓦解。走進任何一處大市鎮或城市的市中心，你會碰上穿著各形各色服裝的人，從粗布蔽體的農民到盛裝打扮的商人、鄉間仕紳和他們的妻子，甚至騎士與貴族。在灰冷的冬天，出外穿的斗篷或許會遮住服飾的繽紛色彩，但是在陽光底下，鮮紅、亮黃與深藍色紛紛出籠，還根據社會階級地位，以羽毛作裝飾。你在這座城市裡聽見的類似語言腔調，給予這個地方一種「四海一家」的氣氛。在規模較大的城市和市鎮裡，時常可以找到外國商客的身影，但即使是在較小的市鎮裡，你也會在街上聽見有人說著法語和英語，偶爾還會聽到拉丁文和凱爾特語（Cornish）。在早晨交易的一片嘈雜聲裡，你會聽到從市中心路口傳來的叫賣聲，或者是三兩朋友說笑話時發出的笑聲。特別是街頭小販，在他們帶著托盤走過時，發出熟練的叫賣聲，大喊「熱豌豆莢」或「新鮮燈芯草」、「熱騰騰的羊腿肉」或「牛肋排！還有許多餡餅」。[1]

聽過這些噪音，了解這些城鎮的結構與特色以後，你或許會很訝異的得知，實際居住在這些英格蘭大市鎮的居民，竟然如此之少。一三七七年時，埃克塞特的城牆裡有六到七百戶人家，大約有兩千六百名市民。但是這樣的規模，已經得以名列整個王國的第二十四大聚落了。只有最大城（倫敦），才有超過四萬以上的居民，和布魯日（Bruges）、根特（Ghent）、巴黎、威尼斯、佛羅倫斯和羅馬這些人口超過五萬人的歐陸大都市相比，也只有倫敦才夠資格被稱作是大城市。不過，可別被誤導了，別以為像埃克塞特這樣的城鎮是又小又安靜的地方。在旅館投宿的旅客占總人口數的比例相當可觀，雖然這些人持續在變動著。旅客裡各種人都有：教士、商人、信差、國王的官吏、法官、記帳員、熟練的砌石師傅、木匠、畫師、四方遊歷的浪人、巡迴傳道牧師與音樂家，在任一座城鎮裡，每天都能發現上述這些人。另外，你還會碰上大批從鄉間進城的在地居民，他們到城鎮購買貨品、修理器皿，或者帶來農產品賣給零售商。當你考慮到這座城市所能提供的全部製品與服務項目：從鐵製品到皮革製品，從治安官的法庭、文書公證人的辦公室，到配藥郎中與香料販商的鋪子，那麼，日間在城裡活動的人數，為什麼比夜裡在城牆內定居的人高出兩倍、甚至三倍，就很清楚明白了。而在有些特別的場合，比如展覽會期間，城內的人口數還會高出原來好幾倍。

一三七七年，英格蘭的大城鎮[2]

排行	地名（粗黑字體為自治城市）	納稅人數	估計人口
1	倫敦	二三三一四	四〇〇〇〇

2	**約克**	七二四八	一二一〇〇
3	布里斯托（Bristol）	六三四五	一〇六〇〇
4	考文垂（Coventry）	四八一七	八〇〇〇
5	**諾里奇**（Norwich）	三九五二	六六〇〇
6	**林肯**	三五六九	五九〇〇
7	**索爾斯伯里**（Salisbury）	三二二六	五四〇〇
8	萊恩（Lynn）	三二一七	五四〇〇
9	科爾切斯特（Colchester）	二九五五	四九〇〇
10	波士頓	二八七一	四八〇〇
11	比佛利（Beverley）	二六六三	四四〇〇
12	新堡（Newcastle upon Tymn）	二六四七	四四〇〇
13	**坎特伯里**	二五七四	四三〇〇
14	伯里聖艾德蒙斯（Bury St. Edmunds）	二四四五	四一〇〇

15	牛津	一二三五七	三九〇〇
16	格洛斯特（Gloucester）	一二二三九	三七〇〇
17	萊斯特（Leicester）	一二一〇一	三五〇〇
18	舒茲伯利（Shrewsbury）	一二〇八三	三五〇〇
19	大亞茅斯（Great Yarmouth）	一一九四一	三二〇〇
20	**赫里福德**（Hereford）	一一九〇三	三二〇〇
21	劍橋	一一九〇二	三二〇〇
22	**伊利**（Ely）	一一七七二	三〇〇〇
23	普利茅斯（Plymouth）	約一一七〇〇	二八〇〇
24	**埃克塞特**	一一五六〇	二六〇〇
25	赫爾河畔金斯頓（Kingston upon Hull）	一一五五七	二六〇〇
26	**伍斯特**（Worcester）	一一五五七	二六〇〇
27	伊普斯威奇（Ipswich）	一一五〇七	二五〇〇

28	北安普頓（Northampton）	一四七七	二五〇〇
29	諾丁漢（Nottingham）	一四四七	二四〇〇
30	**溫徹斯特**	一四四〇	二四〇〇

在這三十大聚落裡，有總數十萬的納稅人，表示約有十七萬人，也就是全王國人口的百分之六到七，居住在城鎮裡。英格蘭另外還有兩百個市鎮，每個這樣的市鎮裡，都住著超過四百位居民。總的來說，約有百分之十二的英格蘭人，居住在某種形式的市鎮裡，即使這些市鎮只住百戶左右的人家。[3]由此可見，生活在農村地區的大多數人口，在有需要時會來到他們地區鄰近的市鎮或城市。這些鄉村人走進城，又走回家，帶著任何他們買下的物品，或者是驅趕著家畜到城鎮販賣。就是這樣，人們帶有各自目的，來來又去去，這樣的流動使得中古時期的城市充滿活力，如此具有生命。

城內住宅

住在城市裡人們的各種階級，和城牆裡所能發現的各式各樣廣泛的建築相符合。之前你已經見過某些最負盛名、最精緻的宅邸，座落在最寬廣、宏偉，也最乾淨的街道上，幾乎是在由城門通往市鎮中心的通衢大道上。但是，不是所有的市民都住在這樣奢華、豪美的三層樓大宅裡。你會注意到那些小巷弄，有的巷弄寬度甚至沒有超過兩公尺。它們看起來陰暗，這是因為樓頂突出的部分，通道十分接近，以至於屋宅的二樓或三樓在只有一公尺左右的距離裡，彼此面對面，大眼瞪小眼。屋內光線不足，或許也沒有什麼戶外空間。有些巷子比起泥濘的泥巴小徑，實在沒好到哪裡。如果這些屋子沒有僕役清掃，而屋主也沒能好好打掃的話，要不了多久就會變得潮濕陰暗、氣味難聞，令人完全無法忍受。

在冬天時，一個雨霧瀰漫的下午，走進其中一棟屋子看看，你之前所感受到這座城市的富裕與市民的自豪驕傲，很快就會被沖刷得一乾二淨。雨滴濺灑在路面積水形成的泥濘混濁的大水窪裡，你還必須得通過它；而由於缺乏光線（因為天空烏雲密布，而且房子黑壓壓地矗立），場景裡的所有顏色，像是被沖洗殆盡。然後你看見雨水在地上匯聚成一條小水流，在盛滿丟棄的內臟髒汙水桶與屋外的廚餘垃圾之間緩緩淌流，將這些腐敗的食物帶到街上去。下次你經過這裡，走在被翻攪過的泥土上面，那種腐敗的惡臭味會充斥你的鼻腔。

上述這種兩到三層的建築，離房屋等級的最底部還有一段距離。如果你走進幾條這種陰暗的巷弄，你會發現它們彎彎曲曲，愈來愈窄。城市裡那些人口最密集的區域，擠滿小巷弄和路徑，有時候寬度差不多只有一公尺。在這裡，你會發現最貧困者居住的房屋：低矮、單層樓的老舊木造排屋，地基凹凸不平，裡面再分隔成許多小房間出租。你可以看見，這些房屋都相當老舊：窗扉要不是歪歪斜斜的掛著，或者早已經失蹤不見。木片屋瓦則從屋頂滑脫，現在屋頂上覆蓋著青苔和苔蘚，或者還夾雜著黏鳥膠（birdlime）。

通往這些房屋的路徑和巷弄，簡直就和發出惡臭的下水道差不多，實際上也就是露天的汙水排放池。它們是這座城市裡最破敗的建築，但因為不位在主要的街道上，也因為沒有威脅到城市的榮耀（因為沒有旅客或富人會看到），市政當局並沒有迫令屋主時常維修。如果有扇門是開啟的，或許你能在昏暗的輪廓裡看出原本的單人房被分隔成大小不等的兩間房：小的那間是孩童的臥房，另外那間則當作廚房，並且擺著大人的睡床。這類房屋通常沒有廁所馬桶，只有一只水桶（才剛剛拿去糞溪倒空）。這類房屋的租客以勞力維生，他們在街上進食，在任何能夠便溺的地方上大、小號，最理想的如廁地點是本市橋樑上的公共廁所。他們的孩子也差不多，在屋外長大，在街上嬉玩。他們就是你頭一次走近城門的時候，跑向你的那群孩子。

在一座中世紀城市裡行走，你必定會有與一堵高牆面對面的機會。這可不是環繞全城的城牆，而是在你預期之中能發現的許多圍牆其中之一：比方說，圍繞著修道院的高牆，或是保護富有騎士、高級神職人員、地主所屬馬廄的圍牆。在大多數城市裡，你會看到主教座堂周圍的土地被一道圍牆圈起，設有幾道門，讓人們在白晝時得以入內，天色暗下後則確保他們出去。與此類似的，是成立時間可以追溯到薩克森（Saxon）時期的老修道院，它們多半設置在城鎮的中心位置。所有的城鎮，至少都有一處以圍牆隔開的宗教用地，有的城鎮甚至超過十二處。基於這個原因，圍牆裡的空間，即使是在幅員最廣的城市裡，也顯得相對匱乏。通常，圍牆內有三分之一的地區給了修道院，作為教區的周邊土地；還要加上十分之一的面積，由皇家城堡進駐，類似面積的土地則交給教區的教堂使用。很明顯的情形是，幾乎整座城市的人口必須住在半座城市裡，因為大部分的精華地段都建起富人的豪宅。因此，外來移入的人口必須被壓縮在窄小的租屋區裡，這些租賃的臨時房屋建築在被拆毀的舊屋遺址上，或者沿著教堂的庭院興建。這些貧民窟的住民很少有機會賺得足夠的錢，搬到鎮上繁華的商家與自由民的居住區。

我們現在走回市集廣場，或者是城市的主要幹道，然後四處看看。注意：幾乎所有的房屋全都又高又窄，每棟房屋的寬度不超過五公尺，大部分的樓房都有三到四層，其中一邊設有沒安裝玻璃的窗戶和窗台。這種既高又窄的房屋格局，表示許多商家都能擁有一處臨街面對大市集的位置。在一樓，你可以看見大門處安上一扇橡木製的門。門口這邊，以及占去大部分房屋前面的位置，是商家的正面。入夜以後，或者禮拜日全天，這裡是關閉的，而且看起來像是一道木製的窗栓橫擋在窗戶前。但是在營業時間，大門下半部用絞鏈往下降，形成一道展示櫃檯。上半部則往上升，可以在下雨時充當遮擋貨物的帳篷。或許鋪子裡實際上是一處工作坊，或許有一名皮革匠、珠寶匠、裁縫師、鞋匠，或者類似的手工業者。其他的商家，譬如屠夫和魚販，都偏好在戶外工作，站在他們的展示櫃檯前，而他們的鋪子則用作儲存區域。在上面這兩種情況裡，房屋一樓以上的樓層就是商家與居家處所。只有最富有的商人（也就是那些從海路批發、運輸貨物的商家）才擁有分開的居所和倉庫。居住和生意場所的密切關係，表示許多商店建築物有某些精緻裝飾的痕跡：以瓦片或石板鋪蓋的上層樓層，或是邊角雕花的木質橫樑屋脊。有些甚至還標榜盾形紋章，或者印有紋章圖案的獸形雕刻。

然後你轉個彎，看見完全不同樣式的房屋；這些屋子規模較大，全都座落在街道側邊。你的眼睛很快就會被尖頂的門樓所吸引，門樓上有圓鋸齒的石砌守望塔；或者是長形的木造大宅，設有突出的窗戶，懸在道路之上。這些大宅是最富有、最具影響力市民的居所。就像各式各樣的商家，依照各自的行業聚居在一起，比如染坊都開在河道邊，衣商設在「衣街」（Cloth Street），屠夫在屠夫肉行，大多數深具影響力的市民，也都挨家挨戶住在相當鄰近的區域，也就是最寬廣、最顯眼的街道上。在這裡，或許你會發現一位大金融家的豪宅，旁邊接鄰著騎士或教會助祭的府邸。在本世紀開始的時候，這些屋宅或許都還是木造的；不過，愈來愈多的房屋被改建，所以到了十五世紀開始時，大多數的宅邸都規模壯觀，而且是堅固的石砌構造，有煙囪和玻璃窗。這就解釋了當你凝視著高級豪宅華廈的街區時，為什麼能看見一或兩棟建築被鷹架覆蓋的原因。走近仔細端詳，會發現這些鷹架是由赤楊木與白蠟樹製成的桿子，用繩索纏綁起來，支撐著白楊木作成的鋪板上頭裝置滑輪，以便吊起石條與裝載瓦片的籃子，並且移動它們。就這樣，十三世紀破敗的遺址逐漸被清除掉，嶄新而寬敞的大宅正在取而代之。

這些居住場所的各種樣式，從窄巷貧民窟裡的單房到商家的高樓，還有富人的寬敞石造建築，並沒有能完整說明一座城市裡建築與居住的各種型態。另外還有高級教士和教堂牧區官員所住的漂亮房屋，每棟這樣的屋宅在起居空間之外，都設有寫字間、小禮拜堂和圖書室。就拿埃克塞特當例子，那裡有一座皇家城堡，外頭有古老的城門，在黑王子（Black Prince）於一三七二年前來造訪時，已經有三百年歷史。接鄰的大街上，有一座行會會館；主教的府邸則與大教堂毗連，而牧區唱詩班（College of Vicars Choral，在大教堂彌撒時頌唱聖詩）就設在大教堂附近。精緻典雅的旅店，寬大的拱門上有明顯的招牌，可以在幾個主要街道上看到。市鎮城樓上的高塔，也為經過挑選的公僕提供少許可住宿的地方。在社會階級的底層，有些旅人的下榻之處是分布在城裡各地的穀倉和馬廄。許多房屋是轉租出去的，以至於在一排三棟的商家樓房裡，你或許可以找到十二戶窮人家庭。這裡同樣也有修道院的客房、隱修院與醫院。而就在你離開城市，進入郊區的時候，你會得到一個很深刻的印象：雖然城市的居民在數量上或許看起來不多，可是他們生活的各種型態樣式，卻比人口高出二、三十倍的現代都市要豐富。

還有最後一件事情。在你離開以前，請轉過頭來，沿著大街回頭看去。這些街道實際上就是惟一的公眾空間，你注意到這件事了嗎？這裡沒有公共公園，也沒有公共庭園，而對大眾開放的廣場，除了用來作為市集的場地之外，在英格蘭城市裡非常罕見。街道是惟一常見的戶外場域。會館只對城市的自由人開放，教堂則只是供教區信眾活動的場所。當人們上街，大批聚集在一起的時候，通常是在市集或者市集前的路口。就在這裡，沿街叫賣者散布各種新聞消息，雜耍魔術師當街表演，牧師則聚眾布道。不過，市集路口只是街頭巷尾談話發散的中心點而已。各種八卦消息，透過男子和女人在巷弄、店鋪和市場，或是水道溝渠裡聚頭時散布出去。不單是房屋構築一座中古城市，建築之間的空間同樣是城市風景的一部分。

倫敦

如果你沒有造訪過倫敦，這趟回到中古英格蘭的時光旅程就不算完整。倫敦不只是英格蘭最大的城市，也是最富有、最充滿活力、汙染程度最嚴重、氣味最難聞、最有權力、色彩最繽紛、暴力最嚴重與最具多樣性的大城。在十四世紀大部分的時間裡，鄰近的西敏（Westminster）鎮，透過那條長而優雅的河岸街（Strand）加入倫敦市區，西敏鎮也是政府的永久所在地。更精確的說，它正是在此時**成為**政府的永久辦公所在地。一三〇〇年的時候，政府在大多數時候仍然到處搬家，跟著國王御駕出巡的腳步周遊全國。不過，從一三三七年開始，愛德華三世（Edward III）逐漸將他的政府部門設在固定一處地方，也就是西敏鎮。他的首相、財庫官員與諸位閣僚發出公文時，標註的地點都是位於此地的永久辦公室。一三三五年，國會在約克召開最後一次會議以後，也跟著將常會的永久會址搬到西敏。理查二世在位時召開過二十四次國會，有六次是在別的地方舉行（格洛斯特、北安普頓、索爾斯伯里、劍橋、溫徹斯特與舒茲伯利），不過這麼做只是更加強一種感覺，那就是西敏鎮才是舉行議會的合適地點，如此才便利大眾出席。上述這些發展，外加倫敦與歐陸商人、銀行家族往來的關係，更增強它作為首都的地位。在十四世紀進入尾聲的時候，倫敦作為政治和經濟中心的重要性，比起其他英格蘭都市加總起來都還要高。

造訪倫敦的遊客，會被這裡的壯觀景象所震懾：人們因為看到這麼多房屋、這麼多店鋪商家、這麼多寬廣的街道（超過六公尺寬）、這麼多市場集市的景象，而為之目眩神迷。他們討論起數量眾多、優雅地溯河而上的天鵝，還有拱門上塗上白漆的倫敦橋。他們目不轉睛的觀看泰晤士河上的數百艘小船，來回穿梭疾駛。白天時，碼頭看來相當忙碌，同時進行地區與國際貿易。吃水數百噸重的船舶可以在這裡停靠，運來商客與最遠來自波羅的海與地中海的貨物。訪客也為此地的人群而嘖嘖稱奇。首都原來就有四萬居民，還要再加上從基督教世界所有地方前來的旅客與商人。在他們當中，有太多人身著精緻的天鵝絨、綢緞、淡紅色的花紋緞子，以至於你只好傻傻地盯著他們的鮮艷服裝猛瞧，看著他們時髦亮麗的走進商鋪，或者是昂首闊步的從店鋪走出來，後面還跟著他們的僕役。

就像所有城市一樣，倫敦是一個有著巨大反差的地方。市內的街道（即使是主要幹道），裝滿腐臭餿水的桶子，這裡那裡擺得到處都是。它們原來被放在那裡的用意是為了要儲水救火，但是通常被傾倒腐壞的垃圾。少數還保留些許鋪石路面痕跡的街路，狀況實在太糟，以至於路面鋪石看來更像是在維持水坑，而不是使交通順暢。到處都見得到被嚴重踩踏蹂躪的泥巴坑，看起來整年都是這付模樣。就在一場雨過後，居民談起泥巴坑是如何散發出「惡魔般的氣味」，將會吸引你的注意（如果你想找人談談的話）。可是，這還不是倫敦最糟糕的問題。牲畜的糞便、菜蔬的殘渣、魚類的殘骸，還有禽獸的內臟，它們所製造出來的氣味，堆積構成的障礙，以及背後存在的公共衛生問題，其嚴重程度沒有其他英格蘭城鎮可以與之相比。這座城市有四萬名永久居民，最多時還有超過十萬頭牲畜要餵養、臟腑要取出，如果沒有下水道系統應付這一切，對城市而言是不可能的事情。你到處都能看到老鼠，這裡是牠們大舉出沒的地方，像是碎石地面，特別是在城鎮的溝渠裡，老鼠和大量的狗與豬同時存在。人們頻繁地嘗試要消滅野生豬隻的數量，但是每一次的努力都證明上一次的嘗試為什麼會失敗。如果你連豬都無法消滅，那麼對於根絕鼠患這件事，你又能抱什麼指望呢？

最根本的問題在於這座城市的規模。倫敦原來是一座有城牆環繞的城市，之後城市擴張，伸展到近郊地區。這裡有超過上百個人口過多的區域。即使是在一三四八到四九年爆發大瘟疫，每天以死亡兩百人的速率在減少人口，人們還是持續從鄉間湧入，補足原先喪失的市民數目。所以居民所排放的垃圾廢棄物，是一條永不間斷的河流。這裡也有持續要求更多產品的需求。倫敦是主要的製造業中心，也是吃喝消耗的重鎮。在各種物品裡，特別需要數以千計的動物軀體，以及掩埋它們的地方。運輸這些動物最簡單的辦法，就是讓牠們活著自己走進來，但是這就表示，每天在住民區裡要大量宰殺、去皮、刨割上千頭牲畜。在本世紀開始的時候，你可以發現製革業（所有行業裡氣味最重的一種），就在民宅隔壁操業。無獨有偶，獸皮販子與清潔生羊毛的漂洗商，也在街上香料商和藥劑郎中的鋪子旁邊賣力做生意。這種不搭調的組合，就像是讓一家香水鋪開在魚販的隔壁，但是事情還要更糟，對中世紀的人來說，腐肉的臭味和疾病是畫上等號。會這麼想，通常是有正當的理由。倫敦市政當局在一三五五年發布一道命令，禁止再傾倒糞便或排泄物到圍繞佛利特監獄（Fleet Prison）的壕溝裡，因為憂心獄中囚犯的健康。[4]

倫敦的狀態確實有改善。很大程度上，這都是仰仗歷任市長與市參議會清潔街道的努力。第一步是建立官方指定豬隻屠宰者的機制，他們每殺一隻豬就可獲得四便士的報酬。一三〇九年起，開始對在街道、巷弄裡丟棄人類或動物排泄物的人徵收罰款：首犯罰四十便士，再犯則罰八十便士。[5] 一三二〇年，禁止獸皮裁縫和販子白天時在主要街道上刷洗皮毛，違者判處監禁。隔年，禁止在城牆內的區域對死去的馬匹剝皮。一三五七年設下各項規定，禁止在房屋門前置放丟棄的糞便、箱子與空木桶，也禁止在泰晤士河與佛利特河裡拋入垃圾，後者幾乎是徹底被封鎖。到了一三七一年，在市區之內禁止宰殺大型獸類（包括綿羊在內）；從此以後，動物必須帶往史特拉福勒博（Stratford le Bow）或是騎士橋（Knightsbridge）才能屠宰。最後，一三八八年通過的「劍橋成文條例」（Statute of Cambridge）則表明：任何人丟棄「糞便、垃圾、內臟或其他排泄物」進入溝渠、池塘、湖泊或河流者，將會被處以罰鍰，繳納給國王的罰款可達二十英鎊。有了這道法令，國會終於達成他們改善公共衛生的理想，而且（特別是對倫敦這個例子來說）來得正是時候。

如果你能夠的話，就把上面說的這些惱人的臭味，還有城市裡妨礙通行的垃圾都給忘了吧，將思緒集中在這座城市的美好之處。看看這裡有多少金飾和銀飾匠，有多少香料師傅的店鋪，有多少間絲綢商人開設的大百貨店。在這裡，有人將要宣稱，倫敦是座偉大的城市，因為在此可以取得所有你要求的藥物。這裡確實有比英格蘭其他地方還要多的內、外科醫師與藥劑師。你還會看到一個公共水道系統，這套系統由一系列的水管溝渠所供應。不過，有時候水壓有點低，結果是所有的民家住戶都要以虹吸方式來取水。在某些特殊的時候，水道裡流的不是水，而是酒。例如一三五七年，被俘虜的法蘭西國王抵達倫敦的時候，或者是一三九九年為了慶祝亨利四世的加冕典禮。

倫敦必看十處景點

一、倫敦橋：橫跨泰晤士河的十九道巨大拱門，構築這個王國其中一項工程奇觀。橋面有八點五公尺寬，橋兩側的建築各占兩公尺多的面積。這些橋上的建築又從橋面延伸出去，懸空出河面上方兩公尺多，下面有支架支撐；建築的一樓是商店，門面對著橋上開放，樓上是商人的住所。橋中央有一座紀念聖托馬斯（St. Thomas）的教堂；橋的南端，為了城市的安全設有吊橋。留心那些在拱橋之間因潮汐改變而起的激流；本市的年輕人會下賭注，然後划著小艇衝刺行進。

二、聖保羅座堂（St. Pual's Cathedral）：這座大教堂，起建於十二世紀，最近又加以擴建（一三一四年完工），它是令人印象最深刻的教堂之一。這座教堂長約一百七十八點四公尺，在整個基督教世界的教堂裡，長度排名第三。它的尖塔高約一百四十九公尺，是英格蘭第二高塔，擊敗索爾斯伯里大教堂的尖塔（一百二十三公尺），只遜於林肯大教堂的尖塔（約一百六十三公尺）。不過，忘掉上面這些數字吧！這座美麗的教堂，特別是東面的玫瑰彩繪玻璃，足以使它列名在任何倫敦景點的名單上。

三、倫敦塔：你當然對「白塔」（White Tower）這棟由「征服者威廉」（William the Conqueror）所留下的建築很熟悉，不過大部分可以看見的城堡（包括護城河），實際上都是十三世紀時建成的。這裡座落著一座宏大的皇家宮庭，包括宏偉的大廳、皇家溫室、多用途的私密廳間。另外，皇家鑄幣局、皇家圖書館與動物園也都位於此。從一三三〇年代晚期起，愛德華三世收集的動物，比如獅子、獵豹和其他大型貓科動物，都豢養於此，而且還持續補充新的動物。

四、倫敦牆：所有偉大的城市都有城牆環繞，不過倫敦的城牆很特別。它的高度有五公尺半，而且不少於七處大城門樓：盧德門（Ludgate）、新門（Newgate）、赤楊門（Aldersgate）、跛者門（Cripplegate）、牧者門（Bishopgate）、奧德門（Aldgate）、橋門（Bridgegate）；最後那道城門，即通往倫敦橋。這些城門是本市夜間的安全屏障，巨大的橡木門由厚重的木桿固定。在戰爭的時候，市民可以據守城樓，抵禦外敵，猶如在巨大的城堡裡駐守。

五、史密斯菲爾德方場（Smithfield）：城牆外邊是本城最主要的肉品市場。無須多說，這裡就是人們在購物過程中碰面聚首的地方。不過，每年八月二十四日「聖巴爾多祿茂節」（St. Bartholomew）舉行為期三天的集市時，會有更多人聚集於此。這裡仍然是一片平地，為馬上比武與錦標競技提供適當的場地。

六、從倫敦橋起到佛利特河的河岸街：就位在盧德門外，沿著泰晤士河的北岸，一路到西敏鎮。這條街道不但為中世紀的旅人提供最美好的河岸景觀，也是大多數素有名氣的屋宅座落之處，好幾位主教都沿著這條街設立官邸。在所有豪邸裡，令人印象最深刻的是薩沃伊宮（Savoy），這裡是愛德華三世青年時期的府邸。愛德華三世後來將這座宮殿賞給他的兒子，岡特的約翰（John of Gaunt）。在他的布置經營之下，這座府邸成為整個王國裡最好的市內住宅。然而，在一三八一年的農民暴動裡，這座府第被燒毀，夷為平地，徒留建築的斷垣殘壁，一直到本世紀結束。

七、西敏宮：這棟建於十一世紀的古老大宮廳，是眾多著名宴會的舉行場景。在十四世紀的最後十年，理查二世將原來雙對稱邊廊的布局，改換成巨大的單一木造頂棚，這是在任何時期都會令人瞠目結舌的木工成就。有一部分工程是由偉大的工程師亨利．耶維爾（Henry Yevele）設計。直接穿過中庭，你會看見愛德華三世的鐘樓，落成於一三六七年，也是耶維爾設計。懸掛在鐘樓裡的大鐘，稱為「愛德華」，重量超過四噸，是「大笨鐘」（Big Ben）的祖先。同樣位於這個區域裡的，是政府的主要辦公廳所，這些廳堂名稱是「漆繪廳」（Painted Chamber）、馬爾寇夫廳（Marcolf Chamber）、白廳（White Chamber）。上述這幾處都是國會下議院聚會的廳室。還有國庫、皇家最高法庭，以及皇家御用聖司提反（St. Stephen's）禮拜堂。在這裡，你同樣能找到皇家私人宅邸：王子廳（Prince's Palace，威爾斯王子專用廳室）、埃莉諾皇后（Queen Elanor）的宮廳，以及最重要的普萊維廳（Privy Palace），國王在這裡和皇室成員與寵臣消磨時日。愛德華二世在這裡為他的摯友皮爾斯·葛維斯頓（Piers Gaveston）保留一間廳室；依莎貝拉王后（Queen Isabella）也同樣在此為羅傑·莫蒂默（Roger Mortimer）留了一間。[6]

八、西敏寺：在十三世紀，國王亨利三世幾乎全部重建。重建所費的開銷是四萬一千英鎊，使得這棟建築成為中古時期英格蘭第二昂貴的建築物。[7]亨利三世自己便埋骨於此，同葬的還有兩位他的後繼者：愛德華一世（駕崩於一三〇七年）與愛德華三世（駕崩於一三七七年）。已經修成、但至今仍空置的查理二世墓穴（他死於一三九九年）同樣位在這裡，還在等待亨利五世（Henry V）在位時的遷葬。你一定要留意觀賞那些精彩絕倫的牆上壁畫，因為它們並沒能保存到現代。同樣要仔細觀賞的是「懺悔者聖愛德華」（St. Edward the Confessor）的陵寢，上面以黃金裝飾，外殼還鑲有珍貴的珠寶。

九、台伯恩（Tyburn）：大部分的市鎮與都市在處決盜賊時，都在城堡門樓外進行。倫敦可不一樣，一般盜賊被處以吊刑的地方是在台伯恩路（牛津街的前身）與瓦特靈步道口〔Watling Street，有朝一日會成為埃奇威爾（Edgeware）路〕的交會處。就在沿著台伯恩河邊生長的高大榆樹上方，吊刑的刑台永遠矗立著。行刑的場面，幾乎每天都在上演。最會招來眾人圍觀的，是那些身分很高的叛國者的死刑。一三三〇年，羅傑．莫蒂默的死刑就在這裡執行，他赤裸的屍身懸吊在絞刑架上兩天。

十、南瓦克浴場（Southwark Stews）：又稱澡堂。這處景點以完全不同的方式吸引遊客的造訪。倫敦各地都不容許娼妓存在，只有一條街是例外，那就是考克巷（Cock Lane）。因此，倫敦本地人與外來的訪客往往到河的另一邊，也就是南瓦克那裡上澡堂。在這裡，男人或許會吃吃喝喝，洗個香噴噴的熱水澡，然後在女性的陪伴下消磨一段時光。一三七四年時，這裡有十八家澡堂，全都由佛蘭德（Flemish，比利時北部的荷蘭方言族裔）女性經營。接下來，或許和你所期待聽到的相反：常上澡堂的人，幾乎沒揹上什麼不好的名聲；很少有因為在性方面訂立契約所產生的壞處，而婚姻的誓約只要求女性伴侶的忠誠；男性則可以隨心所欲，做他想做的事情。當然，有些教士抨擊這種傷風敗俗的行為；但是，他們很少人影射南瓦克。因為大部分的澡堂，可都是溫徹斯特主教的租客。

小型城鎮

或許你會認為，一個小規模的社群只有三或四條街道，大概一百戶人家、二十多座馬廄，根本不配被稱作城鎮。你大概會說它是一個村莊；而且，或許這個人口只有五百多人的地方，還只能說是個小村莊。你不一定是錯的，有很多如此規模的地方，確實被稱作村莊比較妥當。但是與此類似的，也有不少這樣的聚落，無疑的可算是城鎮。要怎麼分辨這兩者，就看它們的市集。

強調城市對於腹地重要性的所有理由，也可以適用在小型城鎮。如果這些市鎮有一個市集，人們就會來買賣物品。農人每隔一段時間，就需要新的耕犁，而為了這些新的耕犁，他們必須到鎮上。他們也必須到鎮上賣牲畜和穀物。他們或是他們的妻子需要買青銅或黃銅的烹飪器皿，以及食鹽、針、皮貨與其他物品。如果你剛好住在偏遠的莊園，離最近的城市或許有四十公里以上的距離，為了一些像修補破損支架的釘子這類的小物品，你實在不情願出這麼一趟遠門。跑這麼一趟，來回就要兩天時間，還有投宿一晚的開銷，因此就需要許多小型市集的存在。到十四世紀時，英格蘭幾乎每隔十二公里就會有一處市集，有的甚至只隔九公里。對於那些只需要少許釘子、耕犁的人來說，出門跑這一趟就好辦多了。

中古英格蘭的這類小市鎮，與城市還有大型市鎮都不相同。它們沒有高五公尺半的城牆環繞鎮區，也沒有堅固高大的城門樓。這類市鎮往往聚集在市場附近，一邊（通常是東側）設有教區教堂，房屋和花園圍籬則構成鎮區的界線。一般來說，鎮中心就是市場的路口。除了教堂，莊園宅第、教區主教府邸或寓所、旅店，也構成市鎮要素。你會發現這裡找不到公會，也沒有修道院或隱修院。不過，這裡倒是可能找得到一所醫院，收容倒霉的旅人。如果沒有醫院，那就會看得到為了同樣目的而設立的教堂招待所。

小鎮街道都是泥巴路，崎嶇不平，充滿車輪壓過的軌道痕跡。每一條這類街道的中央，都成了變相的排水溝，裡面是鎮民或外來訪客丟棄的各種東西。至於市集本身，它的一部分可能位於搖搖欲墜的木造房屋裡。經過幾年時間，市場內攤販的排列已經變成幾排兩到三層樓的房子，商家就住在店鋪的樓上。這種房子的室外空間很小，或是根本沒有。因此，即使是規模最小的市鎮，這類房子也替它們增加人口的密集程度，讓一度空曠的市場演變成一連串狹窄的小巷弄。大都市裡禁止在主要街道上進行氣味不佳行業的嚴格禁令，在小鎮裡並不適用。非常有可能，當你的眼光瞄到這些商鋪的時候，你會見到成堆的動物內臟裝在桶裡，滿溢出來。與此類似的，這裡同樣沒有正式規定，禁止以茅草搭建屋頂（這和城市與大型市鎮不同），所以市場裡這幾排用木頭、玉米桿、柴泥、茅草麥桿草草建成的房屋，發生火災的可能非常高。只要有一家失火，整排房子都會在烈焰裡燒成灰燼。這類大火災只是更加促成地主用同樣倉促草率的做法，蓋起另外一排取而代之的搖晃建築，這並不令人感覺驚訝。在短短幾個月內，這些街道又再度充塞著各類骯髒腥臭的東西，巷弄被空的木桶與破損的簍筐堵塞，那場大火災已經被人遺忘。

你可別把小鎮看成只是中古景觀的泥濘髒瘤而已。每個這樣的小鎮，至少都保留一部分原來對外開放的市場空地；夏天時，當所有攤商隔間已經準備就緒，陽光在木質的櫃台上閃耀，你的感覺就會完全不同。集市日聚集人潮的規模會讓你吃驚，好幾百人從附近農村與田野而來。除了旅客之外，還有從大老遠而來的商人，走過一個又一個市集，兜售他們的器皿。街上色彩繽紛，處處可以聽見音樂。酒館與旅店人滿為患，有笑聲、嘶喊聲、說笑聲，還有許多馬匹昂首闊步遊行而過。尤其有一種刺激的感覺，讓你絕對不會懷疑這個只有百戶人家的小社群，不能將它看成是商業交易圈的偏遠村落，而是商業圈整體的組成部分。只要有市集在這裡舉行，哪怕一個禮拜只有一天，也能將整個景觀轉變為喧嘩嘈雜的商業中心，與八卦和新聞消息的集散地。

鄉間農村

夏季的時候，道路上塵土飛揚。推車與馱馬絡繹於途，慢慢挪動步伐，後方則有結伴行人漸漸趕上，偶爾會出現急馳而過的信差。如果你脫隊落單，整條道路是很安靜的。突然之間，除了小鳥鳴唱、推車車輪的轟隆嘎軋聲，還有小溪或河流的湍流聲以外，其他的聲音都聽不到了。在山丘與田野之間，這種寂靜的路程就成為你心思注意的焦點。

在現代，英格蘭的田野是一個個方塊型的土地，面積在二到十英畝之間，像是棉被的補丁散落分布在丘陵各地。但是十四世紀的情況相當不同，你在鄉間各處〔事實上，除了戴文（Devon）與康沃爾（Cornwall）兩郡全部、肯特（Kent）與埃賽克斯（Essex）的部分之外，都是如此〕看到的都是大片形狀不規則、面積在七百到一千二百英畝之間的田地，這些田地之間沒有籬笆、柵欄或圍牆相隔。在每個大範圍的田畝之間還有條狀的個人土地，面積大約是一英畝，各自劃歸給佃農耕作，所以他們的土地面積加總起來是很龐大的數字。這些條狀地被聚集、歸類成一個個「弗隆」（furlong，可別與更近代的距離衡量單位搞混），這些「弗隆」周圍，布滿「路障」和小徑。學校的歷史課或許會讓你相信，每隔兩到三年，每兩到三個大型田地，就有一個會休耕；不過，如你親眼所見，真正休耕的並不是這些大型田地，而是在它們之間的那些個別「弗隆」。每三個「弗隆」，就有兩個種植某種穀類，大部分是小麥、燕麥和大麥，但是每三塊這類田地就有一塊處於休耕狀態，同時放牧牛、綿羊、山羊或豬等牲畜。

在這些大型土地的周遭，由溝渠與土牆構成界線，裡面通常是供放牧綿羊的公有草地，或者是用作柴薪與建材的林地，又或者是低矮的牧草叢，將來準備曬成乾草堆。在英格蘭，到處都看得見公有地與牧草地，數千英畝的山坡地成為放牧綿羊的草地。你會到處看見小面積的田地與圈占地，周遭或者築有石牆，或者以溝渠、河岸、籬笆分界，冬天的時候，牲畜被帶進去避冬，但是這類石牆或籬笆在數量上並不多。你可以大搖大擺的離開道路，直接逛進草地邊緣或是田地裡。許多放牧的牲畜就是這麼做的，而且還在收成的穀物上到處踩踏，這讓農人非常氣惱，也讓奉命看顧柵欄的人很難堪，因為他們的工作就是要保護莊稼收成。

和你想像會看到的情形相反，林地的面積比起現代世界並沒有高出太多，也就是占所有土地面積的百分之七。不過，中古時期的林地，幾乎每一吋的土地都被小心謹慎的管理。有些地段被圈占，草木經過修剪，上頭有高土牆和籬笆，以防止鹿或其他動物進來，吃掉新發芽的嫩枝。修剪下來的木枝可以當作燒木炭的薪柴，拿來搭籬笆、桶板，或是直接當木柴。林地的其他區域則被規劃為木材用的樹林，許多地方被清空出來，以便讓樹木長得高又直。高大的橡樹很有商業價值，可以當作建築裡橫跨長距離的單一大樑柱。有些比較小的木材放平在地上，特別是那些靠近村落的林地。莊園的領主通常將搜集薪柴和倒下樹木的權利，授給他的佃農；這些佃農在採集木材的過程，也可以把末尾一些細枝撿回家，占點小便宜。在很多地方，這是他們在漫長的冬天歲月裡，惟一能保持暖和的方法。有的地方，倒下的樹木數量多過佃農所需，搜集木材的權利就被賣出。當萊斯特的森林，行人難以通行的時候，領主設下價格，每砍伐裝滿六輛推車就付給一元。如此一來，林地很快的就會被清空。[8]

當你在林間漫步的時候，也許會注意到一件事：針葉樹都到哪裡去了？在中古時期的英格蘭，針葉類的松樹只有三種：歐洲赤松、紫杉與杜松。其中，杜松與其說是樹木，還更像矮木叢。常青類的樹木非常少，冬青樹是最普遍的一種；所以每到冬天，天際的景色就變得十分蕭瑟陰暗。松樹、雲杉、落葉松、雪松、冷杉，還有其他你可以想到的針葉類樹木，全都在這裡缺席了。如果你在領主的城堡裡看見松木或杉木做成的木板，心中暗想：這些木材是從哪來的？答案是來自斯堪地那維亞半島，這些木材都是進口的舶來品。[9]你也不會看見橡樹、紅橡、紅杉、櫟樹和七葉樹。生長覆蓋在英格蘭林地上的樹木，都是那些銅器時期與羅馬時代引進的樹種，再和冰河時期末期以後構成不列顛群島植被的樹木混合在一起：山楸、白蠟木、赤楊、楓樹、榛木、甜栗樹、白麵包樹、白楊、某些種類的楊木、白樺樹、山毛櫸、檸檬樹、核桃木、柳樹、榆樹與角樹。當然了，還有那優秀的老橡樹（the good old oak）。這兩種橡樹的型態都很普遍：小而無柄的品種長在山坡地；有梗而更具有經濟價值的品種，則用來當作房屋與船舶的建材。[10]

現在，你對中古時期風景有更近距離的觀察，或許你會注意到某些更加細微的差別。盤據你頭頂樹枝的松鼠，毛皮是紅顏色的，灰色品種的松鼠，此時還沒有來到不列顛。在田野裡的牛群，體形上比牠們的當代後裔來得小號：**小很多**。綿羊也是一樣。配種生育出體形更大農場動物的飼養計畫，還要等好幾個世紀才會發生。從老樹幹垂懸下來，經過樹身，披落在路徑上的青苔，也許就像很多存活在未受汙染空氣中的品種，看起來很眼生。走入森林後，光線愈來愈暗，還有好長一段路才能到達下一個村鎮，說不定你會擔心，中古英格蘭的路上會不會有狼？放心，這裡沒有狼。好吧，或許沒有。近代的傳統說法是，最後一頭英格蘭的狼，在十四世紀時被殺死在北蘭開夏，可是你不太可能見到這個場面。

一三四〇年，羅夫．希格登（Ralph Higden）在切斯特（Chester）寫道：現在英格蘭還有「少數狼群」。[11]最後一組關於怎麼設置陷阱、怎麼捕殺野狼的說明指令，發布於一二八九年；所以，如果你想親眼見到一匹土生土長的野狼，你必須到蘇格蘭高地才能看見。還是有若干野豬，生長在供貴族狩獵的莊園或獵場，但是數量已經瀕臨絕種的程度；所以，你被野豬戳傷的機會相當渺茫。在十四世紀英格蘭的林地與森林裡，惟一你會遭遇、而且真正危險的野獸，你大概已經猜出了：就是人。武裝的盜匪集團，就像富維爾（Folville）和柯特瑞爾（Cotterell）這些幫派，確實常在樹林裡徘徊找尋落單者下手搶劫。不過，這是在法律秩序那章節要談的事情，在這裡就不多說了。

變遷中的景觀

有一個很普遍的誤解概念，認為英格蘭的鄉間是一成不變。「像山丘一樣的古老」，這句話時常聽見。不過，這些山丘地正緩慢的被開墾出來。有些從原來的矮樹叢模樣被清理出來，頭一次成為可以下鋤的地方。有些則被田地的界線圈隔起來，目的是為了要更有效率的牧養大群綿羊。一度曾種植燕麥的緩坡，現在因為經過日漸仔細的施肥，已經能夠產出小麥。平地也正在變化。林肯郡的沼澤，索美賽特郡（Somerset）的平野，以及羅姆尼郡（Romney）的濕地，都比原來的規模小得多；濕地裡很多平方公里的土地，因為建了長排水溝渠，而被開墾出來。在這些從前只能用來養殖鰻魚的地方，現在開始種植小麥和燕麥。

中古景觀變化的影響因素有很多，不是所有原因都是人類活動造成的。比方說，河流的淤塞會很大程度影響一個地區的經濟發展與貿易活動。一個繁榮的港埠，很快就變成無人居住的荒廢鬼鎮，還會對各條道路與腹地產生衝擊效應。海岸的侵蝕也有類似的影響後果。在本世紀開始的時候，東唐維奇盎格魯鎮（East Anglian town of Dunwich）是英格蘭最重要的港埠之一。這裡有一座天主教本篤會（Benedictine）的小修道院，兩座男隱修院，六座教區教堂，兩間小禮拜堂，還有一座屬於聖殿騎士團（Knights Templar）的教會。可是，如果你在一三二八年的一月來到這裡，會被警告如下的情況：在一月十四日的晚間，有一場暴風雨，將會摧毀本鎮一部分建築，而且帶來大量的細砂與鵝卵石，使得港口完全被堵塞。唐維奇鎮在海路運輸上的重要性，完全消失了。如果你在未來的二十年，都待在這個區域，會看見本鎮剩下的部分慢慢沒落，失去港口後在經濟上逐漸衰敗。一三四七年，另一個威力極度可怕的風暴又橫掃本鎮，摧毀四百棟民房與兩座教堂。你到那裡的時候，還可以聽見建築崩毀、墜落海面的聲音，還有鎮民驚恐的呼叫聲。他們被倒下的樹木困住，在黑漆漆的天色裡，掙扎著從海浪與狂風的侵襲裡脫困。

氣候變遷是另一個影響景觀變化的因素。本世紀開始的時候，要買英格蘭釀造的酒，並不是希罕的事。許多貴族與皇室宅邸都附有寬闊的釀酒莊園。百年以後，人事全非。到了一四〇〇年，英格蘭的釀酒莊園全都消失了。那年的平均氣溫降了大約攝氏一度。[12] 聽起來，這並沒有很大的差別，但是對某些社群聚落來說，這是很嚴重的倒退。溫度就是這樣在每個環境裡都冷上一點，包括雨季將要來臨時也是一樣。豪雨降下的雨量，導致道路上洪水氾濫，並且毀壞農作物。在一三一五到一七年，也就是大饑荒那恐怖的幾年（Great Famine，就是因為持續豪雨所釀成的災情），或許能看到動物在淹水的牧場裡溺斃。洪水也導致大量的寄生蟲出現，以及農作物的流行病害。如果你在大饑荒期間到英格蘭任何地方，你會看見農民疏濬、修復溝渠，希望能搶救作物。許多人的努力後來沒能成功，結果是在疾病加上營養不良的情況下，他們與家人都罹難了。隨著倖存能照料土地的人愈來愈少，愈來愈多的田畝被棄置，回到無主荒地的狀態。所以，即使是溫度上的些微變化，都能在農村鄉間造成深遠的破壞和影響。

影響景觀變化最關鍵的因素，莫過於疾病。從一三四八年起，一波波的瘟疫使莊園人口大幅減少，甚至徹底改變土地管理的模式。這樣的改變，不只是與在瘟疫中死亡的人有關。如果一座莊園少了三分之一的勞動人力，就表示領主的租稅有三分之一無人繳納。領主可能會責令存活下來的佃農加倍努力，但如果他沒有付給這些佃農酬勞，而鄰近莊園的領主需要勞動人力，又願意付給他們不錯的金額，以協助**他那裡**的收成時，這些人很可能就會不顧與原領主的服務契約關係（甚至違背律法），攜家帶眷投奔新領主。因此，一位莊園領主所失去的，可能不只是三分之一或半數的人力，而是全部的佃農。接下來，眼看這些田畝就要成為無用的土地，他會思考該怎麼從中獲取金錢。一條解決之道，是將所有可耕良田全都拋諸腦後，並且讓莊園回復成大片牧草地的樣貌，可以放牧大群的綿羊。所以，或許你會在短短幾年之間看見，圍繞著村莊、有上千畝原本仔細照管的玉米田，變成長滿青草的牧羊地；教堂傾頹的高塔，孤單的提醒著後人：這裡曾經存在過一個聚落。

村莊

總數超過一千個的村莊被遺棄，並且在本世紀結束時成為廢墟。[13]因此，在一三〇〇年時造訪英格蘭，和在一四〇〇年時抵達的經驗，肯定十分不同。就算是這些持續保持繁榮的聚落，也遭受一三四八至四九年大瘟疫的衝擊（這場瘟疫，也就是我們所說的「黑死病」）。在一三五〇和一三六〇年代，大部分的村落，周遭邊緣的房屋都已經被遺棄。這些房屋裡還有價值的木材都被搬空了，沒了屋頂的玉米桿牆，可悲的傾倒在無人照料、充滿泥濘與雜草的草地上。在某些地方，想要修復一座曾經風光的教區教堂，遠遠超過教區民眾所能負擔的能力。與其打算修復教堂一側的廊道和屋頂，或者一間禮拜堂，他們不如乾脆拆毀牆壁，堵塞拱門，縮小教堂的規模，以求適應他們的預算與需求。

一個十四世紀的村莊，絕對稱不上風景如詩如畫。有些風景明信片上，畫著古色古香的茅草屋門前，花盆裡栽種著鮮花，忘了這畫面吧。村莊房屋在外觀和擺設上，都是一團糟。你見到的頭一幢房屋，可能有刷過石灰的玉米桿矮牆，以及有外部窗台的狹小窗戶。寬大的茅草屋頂，高度從大約到胸部位置到七公尺高不等，有道煙從它粗糙的三角形出口裊裊上飄。這可是臨時拼湊出來的百葉窗，就開在屋脊的任一端上。茅草上面可能堆滿青苔或泥巴，延伸出牆壁大概半公尺，使整棟建築的模樣讓人看了會皺起眉頭。布滿鵝卵石的小丘（也就是這幢房屋興建的地基）崎嶇不平，有部分還沉入泥沼裡。一道小籬笆圍繞著整幢房屋和花圃。屋子鄰近處，擺著收集雨水的大水桶，和成堆的木柴。住宅的旁邊，是間設有茅廁的小木棚，一輛工作用的手推車，一輛壞掉的推車遺骸，一具裝放乾草的馬車貨箱，一間茅草鋪建的馬廄，養鵝用的小屋、雞舍，以及一座穀倉，或許還有釀酒用的木屋，或是麵包烘焙房。

就在你盯著這群建築瞧幾分鐘以後，或許你會開始明白，這整座屋宅，加上它的花圃，是怎麼安排布置的。木柴被安置在房屋容易取得的地方；與此類似，茅廁（其實是一間氣味不佳的土坑）位置也靠近住宅門口（但又不能太過靠近）。茅草屋頂比屋子牆壁多延伸出一大段距離，原因是為了保護牆壁不受雨雪的侵襲；因為牆壁是用玉米桿、麥桿，加上泥土，或許還有牲畜糞便砌成的。鵝籠和雞舍被放置在屋宅裡，是為了牠們的安全，在夜間不受狐狸或其他獵食動物的攻擊。壞掉的推車還留置在這裡，或者是要修復它，或者被挪用另作他途：物品循環再利用的原則，在中古時期的英格蘭，幾乎到處都適用。屋宅後方的花圃，是屋主種植蔬果葉菜的地方。幾具大水桶蓄意放在那裡，下雨時，雨水會沿著屋簷滴落進水桶，以收集雨水。這是所有水源裡最乾淨的一種。逐漸的，你會了解，有一種完全不同的審美觀在這裡發揮作用。當然，這幢中古時期的房屋，就不需要把花插在花盆裡了。從中古時期一個自耕農的立場來說，只要生活所需的各種用品隨手可得，那就叫美。對住在這裡的家庭來說，美就是看見炊煙從屋頂的開口處裊裊升起，而且知道門外還有足夠用的木柴。

關於如何才能算是一個舒適的家宅，以及對住宅各種實用性的考量，當代與生活在十四世紀人的觀念有很大不同。了解這一點以後，你就能明白為什麼村莊會長得這副模樣。實用性的考量優先於美感，因此本身也成為一種事物美感的理想典範。沒錯，這些住宅在地方上分布得零零星星，這些地基就好像是惡魔心情不好時，隨手一扔滿地散落的巨大紙牌。不過，這些房屋之所以會座落在各自的地點，還是有原因的。許多住宅沿著小徑而建，小徑可以通往他們在公有田畝上被分配到的那部分，這些田野允許所有人的推車和耕牛進入。磨坊之所以會設在這個位置，是因為這裡有河流經過。其他房屋所選擇的位置，或許是因為他們所開鑿的水井，或是因為那裡有一小塊地方，在冬天特別會受霜雪的侵襲，又或者是容易遭洪水。村莊就這樣按照生活所需的輪廓，逐漸發展起來。現在你就能了解，為什麼中古時期的教區信徒在村莊人口數縮水時，將教堂的一側走廊封死，也不感覺良心愧疚的原因了。教堂原來和諧的幾何對稱現在沒了，他們曉得這一點，但是縮小後的建築則更符合人口減少後的需求，這其中有一種另類的和諧。

深入中古時期英格蘭任何一個村莊之時，你得到的第一個印象會覺得這些房屋的長相十分相像。這些房屋無論是獨自興建還是集體修造，幾乎都是平房，而且前後縱深不超過五公尺，室內格局只有單間房。可是，如果從更廣的角度觀察村莊的景觀，看似相像的表相是一種誤導。它們在規模大小、目的，和建造方式都有不同之處。而且，房屋的樣貌依照不同地區，也有顯著變化。在鄉間某些地方，石材比橡木還容易取得。在達特穆爾（Dartmoor），大型的橫樑無法輕易搬運，而石頭則俯拾即是。這裡的人住在花崗石砌成的屋子裡，用蘆葦或蕨類植物充作屋頂（每年都需要汰舊換新）。在康沃爾某些地方，房子以板岩石塊構築，屋頂則用板岩片當材料。在肯特郡，只有極少數顯赫的家庭才會使用榆木作為框架建材。[14] 在大多數地方，石造建築是地位身分的象徵。大部分鄉間勞動者，都住在木料構造的房子裡，使用茅草作為屋頂。

大部分的鄉間房屋，長度都在七點六到十一公尺之間，但是有些則是正方形的單間屋舍，有些是十八公尺長的地主家宅。後者是豪華的雙隔間大廳，兩端各有上下兩層走廊，周遭也有不少附屬建物。可是在貧富線的另一端，一個寡婦的棲身之所，也許只是單房的平房，大小只有不到三分之一坪，後門有門廊和雞舍。在某些地區，尤其是韋斯特郡（West），你還是能看到長形房屋；這些房屋最長可達二十七點四五公尺，裡面設有飼養牛群的柵舍，其他部分則是農家的住所。我們要記得，在這些偏遠的地方，不需要看見成群聚落的房屋，才算得上是一個村莊，也許一連串零星分布的農舍建物就可以組成一個村落，而從教區教堂看過去，只能看到它們當中的一部分。

在十四世紀初年，劣質建築物的數量非常多。許多鄉間工人的房舍，都是粗廉搭建而成，這些房舍沒打好穩固的地基，只是直接將樑柱架設在平地上。當然，這類房子的樑柱因為沒有底座，很快就蛀腐了，所以每三、四十年，就必須更換樑柱。不過，在本世紀早期，這種情況開始改變。愈來愈多的房屋開始以石材作為地基，或者使用木材和玉米桿牆作為底座，又或者整棟房屋都以石牆重建。屋頂也有了改善。在英格蘭的某些地區，發展出一項新技術：屋頂頂端的茅草可以時常更換，而不必移動底部。這些十四世紀的茅草，有些狀態良好，一直在屋頂留存到近代，超過六百年之久，裡面還留有蚱蜢與瓢蟲風乾的遺骸，這是因為當茅草被割下的時候，牠們正好在上面爬行的緣故。

除了教會，在任何村莊裡，品質最好的建築都是莊園領主造的大宅子。有些大宅就是領主和他的家庭居住的石造宅邸，但即使是領主沒有居住其中的莊園，都會有座宅邸或是農場建築，座落在他主要領地的核心農場中央（領主不會將主要領地放租，而是留作自用）。所有的佃戶都會來這裡，將租稅、罰款或其他的款項繳納給管家，然後在耶誕和其他節慶日時（比如慶祝豐收）

參加聚落的聚餐。聚集圍繞在領主宅邸四周的高低各色屋舍，讓這裡看上去更像是個村落：打麥穀用的大穀倉、堆乾草的廄棧、牛棚、釀酒廠、馬廄、屠宰場、穀倉、鵝籠、雞舍、剪羊毛棚、管家的住宅，以及工人的屋舍。

當然，還有其他許多別的建築，共同構成農村鄉間的景觀。在過去，西多會（Cistercian）的修士老是想將修道院建在偏遠的地方，雖然修道院建築的輝煌歲月早已經一去不復返了，但那些宏大而精緻華美的教堂，依舊主導山谷裡的修院風格。同樣的，雖然大多數的英格蘭城堡都位於城鎮，或是鄰近城鎮之地，確實有少數座落在鄉間，由道路與港埠層層保護著。愛德華・達林葛瑞格爵士（Sir Edward Dallyngregge）位於蘇塞克斯（Sussex）郡博迪亞姆（Bodiam）的新城堡，就是一個好例子；波密羅伊（Pomeroy）家族在德文郡貝瑞（Berry）的城堡，以及塔爾博（Talbot）家族在赫特福德郡（Herefordshire）古瑞旗（Goodrich）的宅第，也都是如此。或許你已經注意到西南方正在開採中的錫礦；在那裡，山丘上有著深深的痕跡，證明採石場和淘洗礦石的工廠，或者是寬闊的魚池，都曾經在修道院的領地上存在過。

為了向接下來可能前來旅遊的訪客提出建議，也許還必須再說一件重要的事：英格蘭鄉間地區並不是完全同一個樣。在某些山丘地區，使用輪車來搬運是不可行的。這就表示，這些地方的整體景觀特色，與英格蘭低地區域並不相同。建築材料就地取材，從鄰近地區蒐集而來。這裡時常有大雨，而且土壤貧瘠不適合耕種，因此人口相當稀少。在大饑荒過後，時常在這個區域發現被遺棄的社群聚落。同樣的，因為更為貧瘠，而且相對上更加的偏僻隔絕，位於這裡的領地通常都被其領主所忽略遺忘。所以，這些地方吸引不來優秀的石匠，以重建教堂，或者是莊園建築；

在這裡建造起來的建築物，通常與該地方的特色相符，手法也粗糙不熟練。與此相反，東安格利亞（East Angalia）地區完全是另一個極端：此地平坦，土壤肥沃，因此相當富裕。這裡又相對的安全，不像那些與蘇格蘭、威爾斯毗鄰的鄉間地區。

一三七七年，英格蘭鄉間聚落的人口密度

區域與郡	鄉間繳納人頭稅人數（統計超過十四年）	每平方英哩平均人口[15]
東英格蘭區		
貝德福德郡（Bedfordshire）	二〇三三九	七三
諾福克郡（Norfolk）	八八七九七	七一
薩福克郡（Suffolk）	五八六一〇	六五
亨廷登郡（Huntingdonshire）	一四一六九	六四
埃塞克斯郡	四七九六二	五二
東密德蘭區（East Midlands）		
律倫郡（Rutland）	五九九四	七〇

北安普敦郡（Northamptonshire）	四〇二二五	六六
南海岸區		
肯特郡	五六五五七	六一
多塞特郡（Dorset）	三四二四一	五七
罕布夏郡（Hampshire）	三三二四一	三四
西南區		
康沃爾郡	三四二七四	四三
德文郡	四五六三五	二九
西密德蘭區		
史丹佛郡（Staffordshire）	二一四六五	三一
什羅普郡（Shorpshire）	二三五七四	二九
北英格蘭區		
蘭開夏郡	二三八八〇	二二

西摩蘭郡（Westmorland）	七三八九	一六
康柏蘭郡（Cumberland）	一一八四一	一三

被找到的最大片廢墟區域，位於英格蘭的最北邊，也就是康柏蘭與諾森柏蘭郡（Northumberland）的一部分地區。這裡**還是**教區，**也有**莊園，但是在十四世紀的大多時間裡，這裡人煙罕見，甚至無人居住。之所以如此，有三個原因：氣候變遷、瘟疫，以及蘇格蘭人頻繁的入侵。房屋和教堂的廢墟，就聽任上述這些因素的侵襲。像康柏蘭郡裡柏尤卡索（Bewcastle）這類幅員廣大的教區，占地超過四千英畝，幾乎無人居住。類似的情況在北安普頓郡相當普遍。此地是邊境地帶，由英勇善戰的波希（Percy）家族鎮守，這個家族同時也是安尼克（Alnwick）的領主；但是在大部分時間，這裡都空無一人。像瑞德斯岱爾（Redesdale）這類地方，原來曾經人煙密集，現在則大規模的遭到廢棄。

幅員廣闊的西蒙博恩（Simonburn）教區，在十四世紀時有將近五十三公里，涵蓋十五萬英畝的土地，卻因為人口過度稀少，以至於繳納的什一宗教稅竟然無法負擔區區一名神職人員。沒有皇家收稅官到那裡去。根本沒有人到那裡去。不時有戰爭發生，而你會看見有哪個硬頸不肯認輸的小佃農留了下來，藏身在山谷裡的一處小農場，竭力的維持生計；可是有時候，你在這個地區騎馬逛上一整天，看不到一個人。這個地方是不值得你在此建立家園的：有非常高的可能，你種植的作物會被焚燒，你的牲畜會被竊走，而你與你的家人會遭到入侵的蘇格蘭人攻擊，甚至殺害。這些地方比起密德蘭和南邊的鄉村與小型市鎮，真是天壤之別；在那裡，可以看見幼童在風沙飛揚的街道上嬉戲。

1 這些叫賣聲，被記錄在一首十五世紀早期的詩《倫敦消費者》（*London Lickpenny*）裡，發生的地點，有一度被認為是在盧德門附近。十四世紀類似的各種叫賣聲，出現在蘭格倫《耕者皮爾斯》一詩序幕的尾聲。

2 這個表格是來自一三七七年的人頭稅調查，原表格引自Hoskins, *Local History*, pp. 277-8。對於人口總數的估算數字，是根據下面這項事實：在十六世紀的英格蘭，年齡在十四歲以下的人口，占總人口的百分之三十二，而這項估算數字，對於十四世紀的英格蘭來說，也算是合理的估計。除此之外，它還說明下列兩件事實：（一）神職人員和乞討者，不在納稅人口之內；（二）有些具有納稅義務的人，並沒有納稅。因為這樣，對於總人口數的概略估計，是將納稅人口數，當成總人口的百分之六十來計算，剩下的百分之四十，分別是十四歲以下的孩童（百分之三十二）、神職人員（百分之二）、乞丐與無業游民（合計為百分之六）。如果，總人口內有百分之十是沒有戶籍的外逃人口，另外百分之十是乞討者或遊民，那麼納稅的人口數大約只占總人口的百分之四十六，而總人口的估算數字，在這裡也應該相應的增加。有些城市的常住人口，比起這個表格裡列出的納稅人口數，要高出許多。根據統計，一四〇〇年的溫徹斯特，居民人口大約在七千到八千人左右，比起這個表格裡所列的估計數字，高出三倍多。參見Dyer, *Standards*, p. 189。注意：格洛斯特和牛津兩地，在十六世紀之前都不是城市。

3 如果當時英格蘭的總人口為兩百五十萬人，那麼至少有十七萬人住在這個表格裡所列的三十座城市裡；另外，其他兩百個城鎮，平均人口數為六百五十人，合計占總人口數的百分之十二。有其他作者則認為，十四世紀英格蘭的城市常住人口，至少占總人口的百分之五。例如，Platt, *Medieval Town*, p. 15，其估計是引用勞倫斯・史東（Lawrence Stone）的著作得出。但是上述這些估算，都是根據一項認定為基礎而得出的，那就是住在城鎮裡的人口只有十五萬人。大約有十九萬納稅人口，居住在規模排名前四十的城市裡（見Hoskins的列表）。所以，城市居住人口占全人口的比例，更有可能接近七分之一（也就是百分之十四點三），見Dyer, *Standards*, p. 23；或者，如Dyer, *Everyday Life*, xv中所說，是五分之一（百分之二十）。

4 Riley (ed.), *Memorials*, p. 279.

5 Riley (ed.), *Memorials*, p. 67。本段裡其他的細節描述，也來自同一則史料記載。

6 Colvin (ed.), *King's Works*, i, p. 534.

7 僅次於愛德華三世興建的溫莎城堡。見Colvin (ed.), *King's Works*, i, p. 157.

8 這個例子的發生時間，是在十三世紀。見Scott (ed.), *Every One a Witness*, p. 42.

9 這是上一個世紀，國王亨利三世從挪威進口的冷杉木板。見Wood, *Medieval House*, pp. 395-6.

10 關於這些木材的細節，取材自Salzman, *Building*（主要是該書的第六章）、Esmond and Jeanette Harris, *Guiness Book of Trees*，以及Cantor, *Medieval Landscape*, p. 63。上引書並沒有提到的榆木，參考出處來自於一株太靠近倫敦城牆，而在一三一四年被砍倒的榆樹，見Riley, *Memorials*。榆樹在十二世紀時，於史密斯菲爾德方場，很明顯的記載（Morley, *Bartholomew Fair*, p. 9），最著名的地方，就是台伯恩。

11 引述自Coulton (ed.), *Social Life*, p. 2.

12 Dyer, *Standards*, pp. 258-60.

13 Hoskins, *English Landscape*, p. 118.

14 Barnwell and Adams, *House Within*, p. 4.

15 這項數字是根據以下資料進行推測：（A）在Lewis, *Topographical Dictionary* 一書中，敘述本郡的區域範圍；（B）人口數的估計，來自於一三七七年人頭稅納稅人口的估算，和城市人口的統計標準一致。這項數字認定占總人數當中有百分之四十的比例，分別是年齡在十三歲或以下的孩童、神職人員，或者拒不納稅與赤貧者。想要將這項數字，直接拿來和現代的城鎮人口數字相比，是不可能的，因為當代城鎮的定義和這時候的城鎮構成定義，有許多地方都不相同（摩托化運輸和鐵路，早已經使城鄉關係發生改變）。例如薩里郡，一三七七年時每平方英哩的平均人口密度，大約為四十人，算是農村地區；現在，同樣一塊地方，每平方英哩的人口密度已經超過兩千人，而且還沒有被併入整個大倫敦地區計算。以下的資訊，提供給有興趣的人做參考：諾福克、薩福克、亨廷頓這三個郡，仍然是農村地區，每平方英哩的人口密度，大約在三百八十一到四百四十二人之間（根據二〇〇一年的調查統計）；律倫郡每平方英哩人口密度為二百四十三人，多塞特郡三百八十九人，德文郡二百七十三人，康沃爾郡三百七十八人，而康柏蘭、西摩蘭兩郡合併為康布瑞亞（Cumbria），則有二百一十八人。現代各郡的人口密度，很大程度取決於位於該郡內的城鎮和工業，而不再是該郡的自然地形景觀。

第二章 民眾

沒有人能夠告訴你，十四世紀時的英格蘭究竟有多少民眾。各項估計傾向認為，在一三〇〇年時，英格蘭有大約五百萬人（上下增減五十萬人），而到了一四〇〇年則有兩百五十萬人（上下增減二十五萬人）。[1]所有人都同意的一件事情是，本世紀末的人口，要比世紀初少得多：幾乎減少一半。總人口數在一三一五到二五年間縮減百分之五到十，在一三四八到四九年的大饑荒時減少百分之三十到四十，而在本世紀的後半段又掉了另外十五到二十五個百分點。兒童大量出生的數字，無法快速扭轉這些損失。在上一章，你已經見過造成景觀變動的各種效應，對整個社會來說，這是一種創傷與衝擊的經驗。直到一六三〇年代，人口才又重新回到五百萬大關，到一七四〇年代，方才突破五百五十萬人。

中古時期民眾的壽命有多長？這要看你住在哪裡，還有你所能享有的是何種財富。一個住在伍斯特郡的二十歲自耕農，在十四世紀的前半段，平均能夠指望再多活二十八年；他們在本世紀後半的子孫，則還可以期待三十二年的剩餘人生歲月。[2]這聽起來很不錯：或多或少，壽命都可以年過半百。可是，這項枯燥的數據意謂著，有半數的成人在五十歲以前就死去。而且，這還是伍斯特郡裡**富裕人家**的統計數字。相同區域裡的貧苦農人，平均壽命少了五到六年。更有甚者，這些數字是對已經年滿二十歲的人口所作的統計：有半數人在還沒活到二十歲就已死去。嬰兒出生時的預期壽命，就像約克夏的華倫．波希村（Yorkshire village of Wharram Percy）那樣，可以低到只有十八歲。

基於這個原因，中古時期的多數人口相對上年紀都很輕。你所見到的人，有百分之三十五到四十年紀不滿十五。而在年齡光譜的另外一端，十四世紀時只有百分之五的人口，年齡在六十五歲以上。年輕人很多，老年人很少。這樣的落差，在你看年齡中位數統計的時候，最令人感覺震驚：如果你按照年齡大小，將當代的英國人依序排列，位在中間的男女，年紀會是三十八歲；如果你在十四世紀時作相同的事情，中位數會是二十一歲。這表示在所有人口裡，有一半人的年紀只有二十一歲，或者小於二十一歲。[3]

年輕人占絕大多數，導致所有社群聚落與活動層面的社會差異。在中古時期的街道上，男男女女平均只有不到十八年的時間好吸收各種經驗，使用在他們的人生各個方面。他或她能夠徵詢建議的長者，更是屈指可數。這個社會因為有年輕人口而變得更加暴力，傾向支持奴隸制度，而且還舉行殘酷的格鬥，男子為了娛樂目的，生死相搏。當你考慮這些現象時就會明白：這個社會已經發生徹底的變化。中古時期與古羅馬時代沒辦法相比，但是中古對於役使奴隸的理解，與古羅馬奴隸制度的差異並不太大；而觀賞騎士馬上比武的熱情，也和古羅馬平民欣賞角鬥士（gladiator）的血腥戰鬥沒什麼不同。兩者之間，只存在一個重要的區別：中古時期的觀眾知道，比武的鬥士都是甘冒受傷與死亡的風險，自願參加比武。他們是貴族騎士，為了尊嚴與榮耀而戰，而不是受迫的奴隸，互相砍劈，剁成碎塊，來取悅那些嗜血的觀眾。

中古時期的民眾長得什麼模樣呢？大致上，他們只比我們稍微矮一點。男子的平均身高大約是一百七十一到一百七十二公分，女子的平均身高則約是一百五十八到一百五十九公分。他們的腳掌也比較小，大部分英格蘭男子的鞋尺寸在四到六英吋，女子則是一到三英吋之間。[4]不過，你會注意到，富人的身高和你大約是差不多。[5]另一方面，窮人則顯著的較矮。這種懸殊差別，是由於飲食和基因選擇所造成。這樣的差距，給貴族在打鬥時的明顯優勢。

說到打鬥，你一定會遇見一些失去眼睛、耳朵或軀幹的男子，他們身上的傷殘，或是參加法國、蘇格蘭諸次戰役所造成，或是在一些不是那麼光彩的暴力事件裡所導致的。有些人的腿或腳受傷而沒有得到適當的醫療，導致跛足。這個數量令人驚訝的多，他們通常是在工作中發生意外所致。在某些城鎮，每二十個男子就有一人身上帶著碎裂或斷損的肢體傷。[6]此外，還要考慮出生時發生的意外。路易斯．德柏蒙（Louis de Beaumont）是德漢（Durham）教區的主教，他就以擁有畸形的雙腳著稱。大部分的人都在某段時間飽受一種疾病折磨，這種疾病影響他們外形的美觀（讓我們假設，他們的外表在一開始看來是美觀的）。

一般來說，中古時期的男子在二十多歲時度過他們的青春年少時期，在三十多歲時成熟，然後在四十多歲時逐漸老去。這表示男子得在相對來說還比較年輕的時候，就必須扛起責任。在一些城鎮，市民年滿十二歲就可以參加陪審團。[7]愛德華三世年方二十就對蘇格蘭人宣戰，儘管敵眾我寡（敵軍有兩倍人數），還是親率一支軍隊開赴戰場。這可不是輕率魯莽之舉。他以全然的自信，指揮帳下的貴族、騎士、重騎兵與步兵。要是在現代世界，他還是會被看成太過稚嫩，甚至連國會議員也做不成。當人們宣稱說「孩童在那些日子裡，必須得如此快速的長大」，他們應該停下來，好好反思下面這個事實。中古時期的男童，七歲就被期待有工作能力，他們因為犯竊盜罪判絞刑、上吊刑台的年齡，同樣也是七歲。他們十四歲就能結婚，十五歲就有服兵役的義務。貴族還沒年滿二十歲，可能就會被授予職務，或者是受命統領一支軍隊。在一三四六年的克雷西會戰（Battle of Crécy）當中，指揮全軍最前鋒部隊的重責大任就交給愛德華王子，當時他才十六歲。在今天，把指揮一個軍團作戰的任務交給一個十六歲的少年，這是我們無法想像的事情。

至於女性，你可以把上段裡的「青春時期」、「成熟」還有「逐漸老去」的生命時期，都各自提前六到七年。一名女子，在她十七歲的時候結束青春期，二十五歲時成熟，在她三十多歲時逐漸老去。用喬叟（Geoffrey Chaucer）筆下一個角色的話來說，一名三十歲的女子，就有如「冬季的牧草」。男孩與女孩還在襁褓時期，婚約就已經被安排好了；而女孩只要年滿十二歲，婚嫁就屬合法（不過，同居生活通常到十四歲時才開始）。青少年懷孕被積極鼓勵（這是另一個和現代英國的重要對比）。生在好人家的女孩子，大多在十六歲時嫁人，到了二十多歲就生下五到六個孩子（雖然他們當中的兩到三個已經不幸夭折）。因為與蘇格蘭、法蘭西諸戰役的關係，她們在這個年紀時，很多人已經成為寡婦。這麼說，當然是假定她們都能平安度過生產時的各種高度危險。

說這麼多，還是有非常少數的男性與女性能夠活到八十多歲。傑佛瑞．德紀奈維爾爵士（Sir

Geoffrey de Geneville），這位滿頭斑白灰髮的老騎士，也就是聖路易（St. Louis）傳記作者的弟弟，在一三一四年仍然健在於特林姆（Trim）的道明會修道院，當時他已八十八歲。[8] 精明機敏的約翰・崔維薩（John Trevisa）是康沃爾出身的神職人員、語言學者兼翻譯家，他大約在一三二六年來到這個世界，到了一四一二年，也就是高齡八十六歲時還沒有離開人間。年鑑史家約翰・哈汀（John Harding）生於一三七七年，一三九九年時寫了一部關於蘭開斯特王朝的開國之君亨利四世的勝利編年史。他活得夠久，還來得及在一四六〇年代把觀點翻過來，以完全相反、支持約克人的國王愛德華四世的立場，重新改寫整個故事。一四六四年時，他已經高齡八十七歲，依然健在。類似這樣非常高齡的例子，還可以在英格蘭的主教裡找到。一三〇〇年，他們被選為主教的平均年齡是四十三歲。當上主教之後，他們又活了二十一年，使得他們的平均壽命來到六十四歲。一四〇〇年在任的主教，他們獲選任職時的平均年齡是四十四歲。他們獲選為主教後還有二十三年壽命，使得平均年齡到達六十七歲。在這些主教中，德漢教區的史格婁（Skirlaw）主教，以及林區菲德（Linchfield）的柏格希爾（Burghill）主教，年屆七十還在主教任上。威克罕的威廉（William of Wykeham）高齡八十歲，仍然擔任溫徹斯特教區的主教。

三種階級

中古時期的社會，自我定位的認知是：上帝在社會上創造三種人，或者稱作「階級」群體（estate）：那些負責打仗的、負責祈禱祭祀的，以及在土地上勞作的。那些負責打仗的，就是貴

負責打仗的人

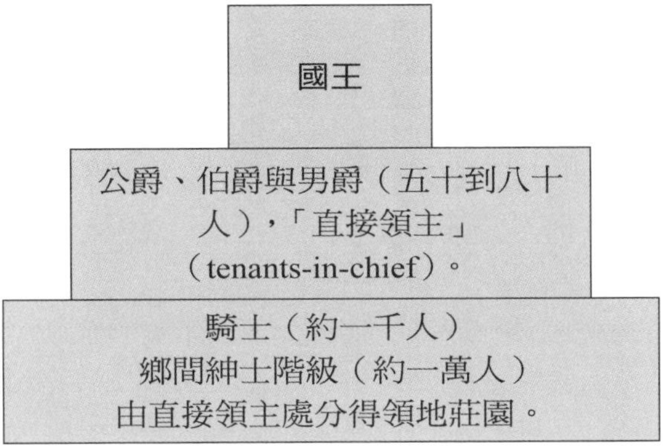

族階級。他們保護那些負責祈禱祭祀，以及在土地上勞作的人。神職人員負責禱告，並且負擔武士與勞動者的靈魂生活。那些在土地上勞作的人，透過繳納租稅、什一稅與服勞役，餵養貴族與神職人員。就這樣，每個群體依照各自的方式，對社會的整體利益做出貢獻。

這是個簡單俐落的概念，尤其對那些從事戰鬥和禱告的群體來說，特別有吸引力；他們使用這個概念，合理化這個社會公然實施的不平等狀況。但是，這個概念從十二世紀開始，逐漸變得陳舊過時。在一三三三到四六年間，英格蘭的長弓手有計畫的破壞這個概念；他們被列入在土地上勞作的群體，可是卻是相當強大的軍事力量，比起主導負責打仗的那一小群人，要重要得多。在那短短幾年之間，那些勞動的變成了那些負責打仗的人，因此對殘餘的舊貴族階級產生威脅。儘管如此，雖然這個社會模式相當不公平，它還是值得施行，只因為它顯示十四世紀的人是如何理解他們自身的社會階級系統。

如同圖表所顯示，那些負責打仗的人按照財富與所負擔的軍事責任排列成一座金字塔，包括好幾個等級。國王位居這座金字塔的頂端，他是王國裡所有土地之主。這些掌握在國王手中的皇家地產，每年帶來約三萬七千英鎊的收入。從這筆收入裡，國王支付皇室的支出，裡面包括好幾個政府部門。除此之外，國王還可以透過財政補助與其他稅源，另找額外的資金挹注軍費的開銷，只要國會批准就行。

第二個等級是領主勛爵，一共有三個等級：公爵、伯爵與男爵。[9]地位最高的是公爵，這個爵位是在一三三七年，由愛德華三世的長子「伍茲塔克的愛德華」（Edward of Woodstock），也就是後來的「黑王子」所創發。公爵通常是屬於皇室的頭銜：四位公爵當中的三個，設於一三七七年之前，都是國王之子。人數較多的是排行第二的大領主階級：伯爵。擁有伯爵頭銜的人數，在本世紀時在七到十四人之間上下波動。貴族的最低一階是男爵：人數約在四十到七十人之間。

上段所說的領主，都擁有**直接**受封自國王的大片領地，因此又有「直接領主」的稱號。他們通常會收到專屬個人的傳喚令，出席國會的每屆會議。這些人構成「貴族院」（House of Lords），也就是上議院。理論上，在戰事來臨時，他們必須帶著自己的隨從在每年抽出四十天時間，自費為國王效勞。不過，實際上那些願意為國王效勞者只是因為受到徵召，而且他們的開銷會獲得同等的報償罷了。

一般而言，貴族的地位與財富所得也略有關連。理論上，每位伯爵每年應該從他的封邑裡收到至少一千英鎊。大部分的實際收入，都在七百到三千英鎊之間。蘭開斯特的湯瑪士（Thomas of Lancaster）伯爵最富有，他有五處伯爵封邑，在一三一一年，他的年收入是一萬一千英鎊。在本世紀裡，只有兩個人的收入能贏過他。位列十四世紀「富有名單」第二名，是伊莎貝拉王后；

在一三二七到三〇年間，她每年都撥派給自己兩萬馬克（等於一萬三千三百三十三英鎊）的款項。第一名是蘭開斯特公爵，岡特的約翰，他在英格蘭與威爾斯的封地，為他帶來共約一萬兩千英鎊的年收入，還要加上一筆來自卡斯蒂亞（Castile），每年約六千六百英鎊的年金。[10] 大部分男爵的年收入，在三百到七百英鎊之間，但是有非常少數的例外（比如，伯克萊（Berkeley）爵爺），男爵的年收入，能夠到達一千三百英鎊之多。

封建階級的第三層級，由一群莊園領主組成，他們**並非直接**受封自國王，而是由直接領主處再行分封的地方領主。這些地方領主不會收到專屬的國會召集令，不過，他們或許會以「郡騎士」（knights of the shire）的名義，被選為該郡的國會代表。如果從擁有「男爵」頭銜，才能算是貴族的話，他們或許還不夠格；他們只是支配所屬的莊園佃戶罷了。按理來說，這批為數約一千一百人的領主，每年四十英鎊以上的收入，應該透過騎士而為國王所認可。這些人，還不能被稱為「鄉紳」（esquire）。鄉紳的頭銜經由承襲騎士的名位而來，可以配戴盾形家徽；否則，他們只是「紳士」（gentleman）。

前面提到的領主，並沒有囊括所有莊園地主。很多領地掌握在神職人員或機構之手，例如修道院或是大學院校。許多舊莊園被區分成好幾塊，由多位女性共同繼承。因此一位「莊園領主」或許只持有一位騎士的四分之一封地，少於一千英畝，每年獲利不過五英鎊。淪落到這一級的地方鄉紳大約有一萬人，他們每年的收入差不多在五到四十英鎊之間。[11] 他們這批人究竟有沒有資格被看成是那些負責打仗的人，現在是一個可以公開爭辯的議題。不管怎麼說，他們的法律地位與家世關係，給予這批人得以在同儕與佃戶、奴僕當中，行使權力和影響力，所以千萬別因為他們看起來好像沒什麼財富，就以為他們不怎麼具有重要性。

社會階級

俗世（地主與鄉間男性）	俗世（城市）	神職
公爵		大主教（archbishops）
伯爵		主教。受徵召出席國會的大修道院院長（Abbot），[12]醫院騎士團牧首（prior of Hospitallers），以及聖殿騎士團指揮官（Master of the Templar，至一三〇八年止）。
男爵		小修道院院長。規模較大的小修道院牧首（priors of the larger priories），以及托缽修會的領導人（牧師）。
騎士	城市的市長，以及自治市鎮的長官。	主教座堂的教士、大助祭（archdeacon）、規模較小的修道院院長。

鄉紳或紳士，每年從土地獲利兩百英鎊以上者。	資本額在一千英鎊以上的富商，以及市與自治市鎮的參議會成員。	其他高級神職人員，以及富裕的牧師（通常管轄多個教區）。
鄉紳或紳士，每年從土地獲利一百英鎊者。	資本額在五百英鎊或以上的中等商人。	單一教區的牧首。
小地主／自耕農	資本額小於五百英鎊的商人；某些職業人士（例如：醫師、律師，以及少數知名石匠、木匠）。	
農民（自由人，百姓）	小商鋪店主、地方生意人、熟練技工、城鎮自由人市民。	專職教士、牧師或資淺神職人員。
農奴（非自由人）	勞工	隱修士
家庭僕役	家庭僕役	
	乞討者	

負責祈禱的人

英格蘭神職人員的階層，與凡間世俗的貴族階級十分類似。大主教、主教，和重要大修道院的院長是靈性上的貴族；助祭、小修道院院長、教堂教士，以及資淺神職人員則位居較低的層級。

英格蘭神職人員的頂端，是坎特伯里與約克的大主教。這兩位大主教之間，又以坎特伯里大主教的地位較高。他的轄區涵括英格蘭十七個教區當中的十四個，以及威爾斯全境的四個教區。[13]每個教區都有一位主事的主教，直接聽命於大主教。約克大主教不需聽命於坎特伯里，但是在領銜地位上，必須略遜於他這位南方大主教同儕。他的轄區涵括其他三個英格蘭教區：卡萊爾（Carlisle）、德漢與約克。另外還有少數身著教會袍服的人士，他們是特別任命的主教。這些主教是大主教的副司祭，或者是天主教教宗任命的教士；他們被授與富有異國色彩的頭銜，比如「大馬士革大主教」、「基督城主教」（Bishop of Chrysopolis，譯註：即今日土耳其伊斯坦堡的一區），或者是「拿撒勒大主教」。不過，他們的威權來自教宗，他們也不屬於英格蘭教會階級的一部分。

至於教宗，你得先在心底記住兩件事。頭一件事情是，在本世紀的大部分時間裡，教宗駐錫之地不在羅馬，而在法蘭西南部的亞維儂。第二件事情是，從一三七八年開始，實際上有兩位教宗並立。這樣有違常理的分歧，完全是因一三〇〇年前後，教宗博義八世（Boniface VIII）和法王腓力（King Philip）之間的尖銳爭議而起。博義於一三〇三年逝世之後，雙方的爭辯被繼承宗座的本篤十一世（Benedict XI）暫時平息，但是即使博義死了，法王腓力的惱怒仍然沒有解消。

本篤十一世之後繼位的教宗克雷芒五世（Clement V）立場親法，他盡其所能的任命許多位法籍樞機主教以安撫腓力。除此之外，他還把自己的宗座教廷設在亞維儂。法籍樞機主教在人數上占優勢，他們持續選舉出法籍的教宗（然後教宗又任命更多的法籍樞機，回過頭再選舉出法籍的教宗）。這個情況一直持續到一三七八年。在這一年，天主教會發生重大的分裂。蘇格蘭、法蘭西與西班牙人支持又一位當選的法籍教宗，也就是克雷芒七世（Clement VII），他仍然駐錫於亞維儂。而英格蘭、義大利與大多數組成神聖羅馬帝國的日耳曼各邦，都認定克雷芒是非法僭立，因此支持另外選出的教宗伍朋六世（Urban VI），他返回義大利，並且在名義上將教廷遷回羅馬。簡單來說，在一三〇五年以前，只有一位教宗駐錫地是羅馬。在一三〇五到七八年之間，還是只有一位教宗，不過教廷設在亞維儂。一三七八年起，一直到本世紀結束為止，有兩位教宗並立，一位在亞維儂，另一位在羅馬，而英格蘭人只承認後者。

以上所言為何重要？原因是整個基督教世界（包括不列顛群島在內）的所有大主教、主教、助司祭、教士，都是由教宗任命。這給予他巨大的影響力。當一位英格蘭主教去世，國王可以寫信給教宗，請求提名可堪任命的主教候選人。但是，人事任命的選擇權仍舊操於教宗之手。無須我們多說，法籍的教宗並不是每次都會接受英格蘭國王的請求。此外還有其他問題存在。比起那些遙遠而且可能從未謀面的英格蘭人，亞維儂的教宗更加樂意將教會中的各項重要職缺授給身邊逢迎的侍從。所以在英格蘭教會，許多大助祭與教士都是外籍人士，而他們當中有很多人根本沒到過英格蘭，光是坐領他們被任命到英格蘭職務、不斷積累的薪津。最後，英格蘭與法蘭西開戰了。對於法籍教宗的怨憤，可想而知相當高漲。

大多數的大主教和主教，與他們在世俗地位對等的貴族一樣，也是莊園的直接領主，封地直接來自國王頒授。一位英格蘭的主教閣下，年收入與一位伯爵大致相等，每年總收入約在三千五百英鎊（坎特伯里）到五百英鎊〔羅徹斯特（Rochester）〕之間。一三〇〇年時，伊利的主教坐擁約兩千五百英鎊的收入，伍斯特主教則有約一千兩百英鎊。[14]在少數幾個例子裡，主教與伯爵之間的差距甚至更小。這些接任主教職缺的人士都是貴族之子，他們渴求能夠建功立業。德漢的哈特福（Hatfield of Durham）主教在一三四六年的克雷西戰役中，被任命統率後衛師團，行軍穿越諾曼第。約克的周闕（Zouche of York）大主教與此類似，也證明他的勇武，在同樣發生於一三四六年的內維爾十字之戰（battle of Neville's Cross）裡，共同帶領一支英格蘭軍隊獲得勝利。在這些事例裡最顯著的是發生在一三八三年，諾里奇的亨利．德斯潘瑟（Henry Despencer）主教入侵法蘭德斯（Flanders）。他自稱為「十字軍」，要和法蘭西人支持的教宗克雷芒作戰，但實際上他攻擊的，卻是該地區擁戴教宗伍朋的勢力（這也是英格蘭人所承認的教宗）。如果期待一位貴族主教打不還手是太不切實際的事情，你至少可以認定，或許他會遵守「不可殺人」的戒律。

從整體上來說，神職人員可區分成兩大類別。大主教和主教統率那些所謂的「**在俗教士**」（secular clergy），也就是指那些處在較低層級、管理俗世教務的教團教士。在大多數的場合裡，「**守戒教士**」（regular clergy）則不在他們的管轄範圍之內，守戒教士聽從修院牧首的召喚，最終也會成為教團的首領人物。隱修僧侶與教士從紅塵退隱，在修道院的門扉後過著寧靜的懺悔與禱告生活。與他們位階對等的女性同儕，也就是修女或女性牧師，也過著類似的日子。男性修士走入世間，出外宣道，但是**他們**的女性同儕〔聖芳濟會（Franciscan）的修女，被稱為「貧窮修女會」（Poor Clares），以及道明會的修女」則住在修道院裡。

守戒教士的類型

種類	所屬教會	備註
修道院僧侶	• 本篤會（因為該會教士的服裝顏色，也被稱為黑衣僧侶） • 克呂尼隱修院（Cluniacs） • 熙篤會（Cistercians，又被稱為白衣僧侶） • 加爾都西會（Carthusians）	遵守聖本篤戒律（The Rule of St. Benedict）的僧侶。他們由俗世隱退，過著懺悔與禱告的生活，並且身無私人財產。本篤會是歷史最悠久的教團，也是持戒最不嚴謹的修會。熙篤會要來得嚴格許多，而加爾都西會也同樣嚴謹，居住在遠離塵世的修道院小室之內。
持戒會士	• 奧斯定會（Augustinians）教士（奧斯定教士或黑衣教士） • 普雷蒙特雷修會（Premonstratensians），又被稱為白衣教士。 • 吉爾伯特修會（Gilbertines）。 • 三一會（Trinitarians） • 格雷蒙修會（Grandmontines）。	這些教士和僧侶一樣，只不過他們所遵守的是希波（Hippo）的聖奧古斯汀（St. Augustine）立下的戒律。吉爾伯特修會是惟一創立於英格蘭的修會：它允許僧侶和修女住在雙重修道院裡，而在同一教會內舉行崇拜儀式。

軍事教團	• 聖殿騎士團 • 醫院騎士團〔又稱「聖約翰耶路撒冷醫院騎士團」（The Hospital of St. John of Jerusalem）〕。	騎士團原先被創立的宗旨，是用來保護到聖地朝聖的道路。在一三〇八年聖殿騎士團遭到撤廢之後，英格蘭只剩下醫院騎士團還有顯著活動。
托缽修會（傳道修士）	• 道明會（黑衣傳道士） • 芳濟會（灰衣傳道士，或宣教灰衣修士） • 迦密會（Carmelites，或稱聖衣會，白衣修士） • 奧斯定傳道會（Austin Friars） • 聖十字修會（Friars of the Holy Cross），又稱兄弟修會（Crutched Friars）	與僧侶不同，傳道修士進入俗世，對窮人與富人宣揚神的旨意。他們業已放棄所有私產，宣誓要守貞戒酒；除此之外，他們可隨意四處遊歷。

有一個疑問，是你在中古英格蘭四處遊歷時一定會提出：要是僧侶都已經避世隱居，過著懺悔與禱告的日子，那為什麼你見到這麼多僧侶走出修道院，在國內到處旅行？答案是：他們要打理、照顧修道院的事情。大、小修道院的院長需要出席所屬修會的會議，而有多位大修道院院長與幾位小修道院的牧首受到召喚，參加國會會議。其他的僧侶進行某些旅行，是為了要獲取事物：包括為修道院的圖書館抄錄原稿手札，或者交換消息情報。但是，絕大部分的修道院事務都是去監管修道院的領地。在《坎特伯里故事集》的〈船長的故事〉（The Sea Captain's Tale）裡的

僧侶，經由他所屬的修道院院長允准，以監督修道院的莊園農場為名義，任憑己意到處遊歷。有些修道院名下擁有大量這類農場，以及遍及英格蘭南部的地產。本篤會所屬的格拉斯頓伯里大修道院（Glastonbury Abbey）與西敏寺都擁有超過兩千英鎊的優渥年收入，在豐年時甚至可以超過三千英鎊。大部分的修道院收入，在三十到三百英鎊之間。[15]

英格蘭的神職人員有各式各樣的種類與等級。除了上段提到的那些神職人員，還有數以百計的專職牧師與教士，分布在全國上下七百所醫院與附屬小禮拜堂。把這些團體也列入考慮，你會明瞭那些負責祈禱的人在財富與人數上，都可以和那些負責打仗的人相提並論。在一三四八年，全國約有六百五十座修道院（三百五十所修道院，三百所持戒禮拜堂）。另有大約兩百所男隱修院與一百五十所修女院，加起來構成上千座宗教修道場所。一三四八年時，裡面包括兩萬名男性與兩千名女性。再加上醫院（每所醫院都附設完整的禮拜堂專職牧師與其他宗教職員），還有教區裡上萬名領有薪俸的神職人員，以及一批人數未知的隱修士，為死者牽引靈魂、舉行彌撒的私人牧師與小禮拜堂祭司、大學的神學家、協助教士的修女，你會在當時的英格蘭見到至少三萬名全職的神職人員。要想進入修道院，或者成為一名教士，你必須年滿十八歲，這表示在英格蘭超過百分之二以上的成年男性是神職人員。

那些勞動的人

你可能會認為，三大社會階級裡最底端的那一層，是最直接了當：那些勞動的人就等同農民。或許你會想，到了這一層不太需要有什麼階級之分了。不過，你或許錯了。農民階層裡有許多依照財富與地位而分的等級，就和貴族與神職人員裡加起來的階級一樣多。一個小地主或自耕農，擁有一整個雅蘭（yardland，英格蘭古制，即三十英畝）的土地，還有八頭耕牛，他們的地位比起那些必須為地主耕作、只有一兩畝自用土地的農奴，要高出太多了。如果小地主的女兒嫁給鄉紳的年輕兒子，小地主的身分地位還可以提得更高。如果他的家裡出了一位莊園官吏（比方莊園總管），他的地位就更為加強了。以為中古農民是財富與地位一致的整體，這種看法是現代的一種迷思誤解。

究竟在實際上有沒有一個群體能被稱為農民階層，到現在還是各方爭論的議題。對莊園領主來說，這個議題的答案是**肯定**的：對他來說，就算農民裡有某人比其他人富有，那也沒什麼要緊，因為這些人全是他這位領主的佃戶。然而，這個時期並不使用「農民」這個詞。如果你去向一個「農民」提起這個詞，他大概會搔頭抓腮，搞不懂你到底在說什麼。一名教士可能會稱呼自己與同伴是「鄉人」（rustici）、「家僕」（nativi，那些生而為奴者），或者是「農奴」（villani），可是這些農民並不會稱其他人是「鄉人」，也不是所有農民都屬於「農奴」。給予他們身分認同的，並不是他們之間有什麼共通之處，而是那些將他們和別人區隔開來的差異。他們心裡最掛念的問題，像是：「你是從哪裡來？」或是「你的土地收入多少？」「你有一技之長嗎？」「你會演奏樂器嗎？」「你是非婚所生的子女嗎？」而這些問題最重要的一個，也比其他所有關於身分的問題都來得重要的提問，是：「你是個自由人嗎？」

自由身分是農民階層裡最大的單一區分標準（為了提起這整個階層的方便起見，讓我們繼續使用「農民階層」這個詞語）。那些不具自由之身的人，就是農奴或是僕役。農奴根據約定俗成的一系列習慣為地主工作，通常是每個禮拜為領主耕作三天。除此之外，他們平日還必須進行各種例行工作，比如為領主耕耙特定地區的土地，或者是為地主蒐集木柴與煤炭，以供莊園使用。他們提供這些服務所換取的酬勞，是獲得若干莊園領地的使用權，然後繳納租金。在本世紀開始的時候，在所有的農奴裡大約有百分之七十的人使用的土地，面積在四分之一到整個雅蘭之間，擁有超過這個數字土地的人則很少。[16]當輪到他們不必為領主土地耕作，或者是收工的時候（通常是下午三點左右），就能耕作自己的土地，或者是照管自己的花圃。可是，無論他們收穫了什麼，這些作物在法律上都歸於他們的領主所有，但是他也可以取走任何想取走的物品。

除了租地繼承稅之外，領主通常不會向農民要求什麼物品。租地繼承稅（heriot）是一項約定俗成的實物折抵租金慣例：當一位農奴死時，他的子女必須放棄一項物品，上繳給地主，這項物品可能是農奴最好的牲畜，或者是價值最高的財產。但是，就像一位老修道院院長對你說的那樣（他對法律的精通，還高過外交詞令），在法律上，他的農奴「除了自己的肚腩，他們什麼都沒有」。[17]事實上，這位修道院老院長還可以在農奴心中的傷口上繼續灑鹽，提醒他們，農奴沒有權利離開他的莊園超過一天。如果他轉賣土地，他同時也將農奴與他們的家庭一併轉賣出去。除了他之外，農奴沒有任何訴求法律裁決的憑藉。他們沒有上皇家法庭的權利，只能指望莊園私設的裁決庭。有些莊園的領主，對於被認定有罪的農奴擁有決定生死的大權。

還有更糟的事情。領主有權決定他轄下的農奴，誰該結婚，誰該嫁娶。要是一名農奴讓他的女兒（可想而知，她也是非自由身）嫁給另一個莊園的男子，那麼他必須付給領主一筆錢，以賠償領主失去農奴後代的損失。如果一名寡婦在丈夫死後幾個月內還沒改嫁，從而讓領主的土地有照顧不周的顧慮，她將在下次播種期開始之前（通常是三星期以內），被要求自行選擇一位能幹的丈夫再婚。假使她沒這麼辦，領主的管家或總管會為她挑選一位合適的男人。而如果這對男女拒絕婚嫁，他們會被罰款，而假如他們還是拒絕，就會被囚禁到他們願意為止。由**雙方父母**挑選中意新郎、新娘的媒妁婚姻，相較之下是受到祝福的。你會在一名農奴的人生裡，發現有很多互相牴觸矛盾的地方，這麼說並不誇張。

農奴想要擺脫奴隸身分，有兩條路：一是被領主釋放，成為自由人，另一條是逃走。如果一名男子逃亡到城鎮，並且住在那裡一年又一天，他在法律上就算是自由之身。當然，他必須拋棄之前在莊園的一切私有財產，與他關係最近的男性親戚會被罰款。[18] 如果他已經結婚成家，那麼他的妻兒會被逐出房子，家產會被沒收充公，因此已婚男子通常不太會選擇逃亡。要是他們試著逃走，他們的妻子會追出去把他們拉回家。同樣的，我們也應該要記得：自由人的經濟狀況，不必然會好過身為奴僕的表親。就算他身懷一技之長，也未必有工具或是資金可以創業做生意。大部分從莊園逃亡出去的人，都是出賣勞力為生，而勞力是非常廉價的。因此，城鎮裡總是人煙稠密，主要都是年輕小夥子想要追求財富和好運氣。當一名貧民窟裡的窮人死於營養不良、傷殘或疾病的同時，已經有大批年輕人湧入，正準備要取代他的位置，住在分隔成小間的出租房裡，靠著危險工作的勞力或從事不討喜的職業，勉強維持生活。

正如莊園裡的農奴佃戶之間存在著很大的差別（有些擁有超過三十畝的田地，有些則只有一兩畝地），小地主和自耕農在財富與身分地位上也有很大程度的差異。居於身分頂端的人，保有大批地產的所有權，不但足夠讓他的家人過好日子，還能雇用人工來幫忙耕地。他們的家裡也有好幾位奴僕。不過，這個群體也有相當大程度的不同與變化。在這個群體的頂端，有人已經能夠向領主租下整座莊園的土地，耕種土地，整頓庭園，彷彿他們自己就是莊園領主似的。這樣的情況，在大瘟疫爆發之後並不罕見；當時，領主愈來愈想要交卸他們經營莊園和領地的財務重擔，以固定的租金，整批的將土地出租出去。[19] 租下這類地產的小地主又和鄉紳聯姻，從而讓紳士與農民階級的界線區分，變得更加模糊不清。一個可以任命專屬管家的人，出入有僕役擁簇，還有紳士階級的表親，在莊園裡管著他的鄉親，這樣的人很難符合我們對農民的通常印象。

大多數的自耕農，生活並不比莊園的佃農來得寬裕有餘。他們當中的大部分人就有如農奴，只擁有不到一雅蘭的一般土地。顯然，他們沒辦法耕作整整三十英畝的土地，有三分之一左右的土地要閒置，所以他們必須靠剩下的十五或二十英畝土地吃飯。在豐年的時候，土地的收成會帶給他們一些閒錢；荒年的時候，他們要很辛苦工作才能賺到同樣的錢。他們可能還有別的權利，譬如在領主的公有牧地上放牧牲畜，或者是在林子裡收集木柴，但是小自耕農的處境在連年歉收的時候特別艱難，尤其是小自耕農人數大約占所有自由農民的半數，他們所擁有的土地都在八英畝以下，在荒年來臨時更是艱難困苦。在那可怕的幾年裡（例如一三一五到一七年時發生的大饑荒），農奴的經濟條件都比他們好很多，在這種情況下，他們別無他路可走，只能把土地賣給更富裕、日子更有保障的地主，然後過著靠勞力維生的日子。

基於以上種種原因，如果你騎馬晃蕩進一座小村莊，看到村民的妻子倚靠牆壁和別人交談，若你的心裡浮出：這看起來是一幅多麼和諧的景象啊！這時候你該回想，在這個村莊裡有許多的不公、緊張與恐懼，是你所看不見的。三四個地方官吏（莊園管家、陪審員、什一稅的收稅吏、麥酒釀酒師、治安官與牧場守門員）的出身家庭，飽受在莊園被他們指責的家庭的怨憎。有些家庭自認為出身比其他的家庭高貴，因為那些人可能具有農奴身分，或是因為這些家庭中有擔任奴僕的成員。在大部分的地方，莊園領主要不是被格外的敬重，就是受人特別憎恨。通常的道理（尤其是本世紀的早年）是：領主對下屬佃戶愈嚴格，他（可能是修道院院長或騎士）就愈發受到人們的尊敬或畏懼。整體來說，佃農對於領主**確實**是敬重有加。當你想到農奴的土地和生計，都特別需要仰賴他們的領主，在收成慶典和耶誕節也是如此，這種敬重就不令人感到驚訝了。佃戶洗劫、掠奪他們領主房屋和農場的情況，相對而言比較少見。一三八一年農民暴動所表達的理念（所有的農民都應該從莊園土地上被解放出來），反映的是大瘟疫之後的環境變遷，而不是階級之間長期廣泛的相互仇恨。

三個階級之外的人

上述社會三大階層模式的缺點，或許你已經明白不少了。主教可能會拿起武器去打仗，而且還是像伯爵、男爵那樣的莊園大領主。在某些情形，一個富有的農民與一個貧困的紳士，之間的身分界線也許根本無法分清。但是這套社會階級還有一個更大的問題，也就是事實上有許多人完全不在這套模式之內。比方說，商人到哪裡去了？如同第一章所說的，英格蘭全部人口大約有八分之一住在城鎮，所以這些人在社會三大階層的位置如何？他們很難被列入那些在土地上勞動的人，因為他們的收入並沒有繳給領主。還有其他人呢？他們在社會的位置如何？街頭魔術師、雜耍表演者，還有小丑呢？水手、僕役，還有像醫師、律師這類正在崛起的職業從業者呢？他們該列入這三大社會階層的哪一種？

無法歸類於三大社會階層裡的人們，是你所遇見的人裡最有趣的一群。先說僕役。你可能會以為，僕役是地位最低的人，身分甚至比那些勞工還低。可是，任何一位僕役都會告訴你，他們幹這一行是有報酬的。報酬的等級要看你服侍的對象是誰，以及你有什麼樣的本領而定。一名皇家法庭警衛算是公家僕役，可是，身為一個國王授權執行勤務的執法者，他擁有很大的權力，也許比被他沒收貨物的商人還來得大。與此類似，一個貴族大地主的管家，可能也是一位莊園領主。為領主監督莊園的總管算是領主的僕從，可是他位列一人之下，眾人之上，所擁有的權威可能比居住在莊園裡的人都還高。領主的兒子通常會被送去學習如何侍奉其他領主，他也算是僕從，不過儘管可能連收入都沒有，但是他的身分可不低。這群人裡地位最低的，是那個侍候辛勤工作農奴或自耕農的十歲男童，他的身分比起其他農民都還要來得低。或許他長大以後也會是個自耕農，但是在同時，他的地位會是低中之低。他得到的酬勞反映出這樣的身分，這類的男童與女孩除了可獲得食、宿之外，他們的勞力付出根本收不到任何酬勞。

你可以說，商人的情況也與此類似。在社會的頂端，存在著一些非常富有的大商人。幾乎每位這樣極為富裕的國際貿易商（他們所擁有的貨物與財產，價值等於或超過一千英鎊），都住在倫敦。他們的收入，粗略估算約是其財產的十分之一，大概和富有的騎士差不多。在倫敦所有的商人裡，大概有百分之十四的人可以列入這個等級。[20]其他許多商人，貨物價值在五十英鎊以下，收入自然也比較低。在他們這群人裡，有很大的比例是同時經營貿易又出租城鎮裡的房子，以維持生活。沿著經濟能力的階梯往下看，你會見到各種各樣的貿易販子，根本算不上是商人，因為他們的年收入所得相對較低，而且他們工作性質特殊，也有侷限性。他們的年收入，很少能夠超過五英鎊。這些裁縫、麵包烘焙師、藥劑師、鞋匠和屠夫，年收入有四英鎊就算是很不錯，比起送水工或勞工的平均收入要好得多了。位在這個階層底部的，是那些城市裡的非自由人，以及那些在城內沒有權利進行貿易的人。在本世紀的前五十年，貨運馬車伕每年能賺兩英鎊又十先令，就算是幸運；而勞工的年收入能到兩英鎊，也算得上是走運了（請參見第四章）。還有許多人的情形比這些人更貧困，不過至少他們還是受雇有工作的狀態。

城鎮裡的財富分配不均，還要加上莊園領主在農村的支配和控制，或許會讓你渴望逃脫中古時期的階級社會。如果你真這麼想，那你並不孤單。路上的旅人為數不少，有些行乞的貧民在全國各地漫遊，他們在每個地方都停留一段時間，然後繼續往前行進。這樣的人（他們大部分都是男性）所走的路，通常會包括有意願收容他們住宿的友善屋主，他們每年會在那裡停留一到兩個禮拜。痲瘋病人過這樣的生活，當然是被迫的；不過，一旦症狀開始出現，他們就變得不受人歡迎，以至於必須幽居在鄰近城鎮的醫院裡。人們比較樂意接待的，是那些到處走唱的表演者：雜技演員和魔術師。儘管絕大部分的職業音樂家都附屬於大人物的宅邸和宗教機構，你還是會遇上四處漫遊的吟遊歌唱家。在夏季的那幾個月裡，過著這樣的日子還不錯：四處旅行，用管樂器或三絃琴演奏一首輕快的舞曲。或許你決定在白天時幫助大家收割作物，然後在傍晚時和所有的勞動者一起跳舞。這種日子，確實比芸芸大眾裡那些到處叫賣、兜售某些服務的人所過的生活要好太多了。誰會想當販售贖罪券、保證洗刷人們原罪的販子？或者誰會想當占卜者，預言世界末日？又或者，誰想當隱修士，靠沿路經過行人給的救濟金維生呢？

女性

與男人不同，在說到女人的時候，通常不說她們做了什麼，主要提到的是她們的婚姻狀態。所以，中世紀的人傾向把女人分成下面這幾種類型：未婚少女、人妻、修女與寡婦。一名未婚女子或人妻的身分地位，取決於支持她生活的男性的身分地位。當她還是少女時，這個男性就是她的父親或繼父；如果她結婚了，那就是她的丈夫。一旦她結了婚，就要服從丈夫的權威。她不能在房事方面拒絕他，也不能在不經丈夫同意下借錢，或者處分任何財產，甚至不能立遺囑。修女依附她們的修道院院長，差不多也是同樣的道理，因為她們被認為是「基督的新娘」（bride of Christ）。只有寡婦和上了年紀的未婚女性，才有辦法達到某種程度的獨立自主；社會上甚至還時常根據寡婦亡夫的社會地位，來定義她的身分。這是婦女生活最基礎、最重要的層面。至少在名義上，女性的生活由出生開始一直到孀居，都是受人控制的；在大多數的情況裡，控制她們的人通常是男人。

女性一直是性別偏見底下的受害者。了解上述狀況以後，我們就算是往前邁進一小步了。這並不是因為女性是二等公民，社會階級與性別偏見的關係不大，身分地位高的女性和同樣地位的男性受到同等的尊重。問題的癥結在於，女性被認為要為這個社會的肉體、智識，以及道德的弱點負責。首先勸誘男人咬下禁果的就是女性，結果害得所有人類被逐出天堂伊甸園，而這件事情是很難被遺忘的。《聖經》這部文字記載，「在其中我們發現，女性代表人類的毀滅」（喬叟語），是所有偏見風俗的基礎（雖然喬叟本人不受這類偏見所影響）。一部在十四世紀時翻成英文的十三世紀作品寫道，女子個頭較小、比較溫順、端莊矜持，更加的溫和、柔軟，也更加的敏銳靈活；但是同時她們也「更加的妒忌、可笑與可愛，女子靈魂中的怨毒則較男子尤甚。」這位作者還說：女子「在本質上較為蒼白虛弱，更會說謊……在工作與行動上都比男子來得緩慢。」[21]對於女性的特質，這位作者很顯然並不是全然的厭惡，可是他對女性的報告實在不怎麼正面。

儘管你可能會感覺，這些性別偏見令人困擾，不過想看到這些事情能夠輕易改變，則非常困難。這不僅是因為社會對女性的憎惡，同時也是因為對法律的信任，以及社會習俗典範導致的緣故。男人按照律法行事，但是律法可沒有授權他去更動它，尤其這些律法可是經過好幾個世代才逐步建立起來。對於女性的偏見，律法也沒有辦法幫助他們了解問題所在。到底有多少人覺得法律對女性有偏見**是個**問題，則是還在爭論的議題。許多女性認為，社會本來就是由男性主導控制，這也是神想要打造世界的模樣，和對女性的懲罰。因為，如果有人在這類事情上想要找尋任何指引，他們會去看《聖經》；而《舊約．創世紀》可不是惟一充斥著性別歧視偏見的篇章。除此之外，十三世紀的各種知識發展（之後逐漸形成十四世紀知識菁英的看法）已經傳布一種亞里斯多德學派的格言，認為女子基本上是「殘缺的男性」。有少數受過教育的女子抨擊這類的性別歧視看法，可是面對這種情況，她們除了寫一些詼諧的反性別歧視文章，和她們的好友、熟識者分享以外，其實也沒有太多可著力之處。

使得社會各個層面的男女關係無法正常的因素，就是無法了解和節制性欲。這時候的醫學知識仍然根據三世紀作家蓋倫（Aelius Galen）的教導，他認為女性的子宮是「寒」的，需要持續被男性「熱」的精子溫暖。此外，如果女性沒有定期行房，她們的「種子」（這是蓋倫的說法）可能會凝結，並且將阻塞子宮，因而損傷她們的健康。所以，女性的身體需要定期發生性關係的觀念，此時已經廣為人知。婚姻被看成是滿足女、男兩性性欲的重要方式，因為它使伴侶互相「受惠」。按照這樣的說法，當對方想要償還婚姻的「債務」時，伴侶也不能拒絕。因此你身處這樣的社會：男人被引導去相信，他們的妻子與他們一樣，時常渴望頻繁的性愛；與此同時，女性則被教導，她們的肉體就是欲望存在的證明，而她們的子宮會被過剩的卵子所堵塞，除非時常有性行為。如果一個女人沒有結婚，那就代表她一定有某種問題。約翰．蓋德斯登（John Gaddesden）是本世紀早期牛津大學的頂尖醫學專家，他建議深受欲求不滿所苦的女性，應該趕緊找個男人，盡快與他成婚。如果辦不到，她們應當出門旅行，規律運動，並且服藥。要是這樣的生活方式沒有收到效果，而性欲又引發暈厥，女子就應該去找位接生婆，讓她在手指上塗抹油膏作為潤滑劑，放進這名女子的陰道裡，「使勁的動來動去」。22

對於女性性欲的不正確理解，加上《聖經》、法律，以及知識當中對女性懷抱的偏見，所造成的影響很深遠。蓋倫說，女子如果想要懷上孩子，就必須達到性高潮。對於那些已婚婦女來說，她們的丈夫願意在行房時賣力幹活，以求幫助她們懷孕，這真是再好不過了；但是對於那些在全國各地旅行時和大量年輕男子發生接觸的女子來說，這是很危險的。這背後的含義是：如果一個男子想要引誘一名女子，並且粗暴的強姦她，既然在這次性經驗裡，她沒有獲得任何愉悅的感覺，那麼她就不該懷孕才對。確實**有**一條特定的法律認定強姦是犯罪行為，而且被鄭重看待，觸犯該條法律者，只有皇家法庭才能執行懲罰（而不是由地方法庭執行）；但是，這條法律的施行非常困難。如果一名女子沒有懷孕，而也別無其他證據能佐證，原告所稱性行為的確發生，那麼犯人不太可能被要求負起刑責：任何審判都只會是她指控他的片面之詞。話又說回來，如果這名女子**的確**懷孕了，那麼她就會被視為在身體上享受這次性經驗（這是根據蓋倫的教導），因此在法律上來說，強姦並沒有發生。

上述這些困難，因為男性的社會階級，而變得更形嚴重。如果強暴犯的社會地位很高，要對付他是非常不容易的。如果法院傳票遞送員想要對一位有身分的男子採取行動，他會招致這位男子的敵意與憎恨，以及因輕信一名女子而質疑、指控某人，所引起的中傷攻訐的窘辱。一三八一年時，當一名皇家收稅吏有計畫的猥褻少女和年輕女子時，他的行為助長了農民叛亂（Peasants' Revolt）的爆發。法律之外的暴力行為，實際上是憤怒至極的父親所能採用的惟一方式。

前面所言，讓女性的命運看起來特別艱苦。然而，身為女性還是有若干不錯的好處。當國王頒布召集令給他的州郡長官，要招集一支軍隊的時候，冒著生命危險去戰鬥的都是男人，可不是女性。除此之外，身分高的女性仍然有資格享有那些打仗的人所擁有的一切權利。她們能夠在自己的名下繼承土地，當土地所有權限定在軍職出身者時，也不例外。地位高的女性也可以分享她們丈夫的職位與身分。很多寡婦的日子實在過得太過美好，以至於對人們來說，難以將她們與亡故的丈夫聯想在一起；畢竟，有多少伯爵遺孀夫人想要讓人忘卻，她們曾經嫁給伯爵的事實呢？

這種情況還可以適用到社會更底層。農奴的妻子與丈夫一樣，都是莊園領地的共同承租人，名下有屬於自己的有價財產。城市裡的女性，可以在她們的丈夫去世後繼續操持他們原來的買賣。所以，一名嫁給裁縫匠的女子，很可能自己也成為一位獨立執業的裁縫師，或者超過百種以上行業的任何一種執業者，即使是武器匠或商人也不例外。考文垂的瑪格麗特・羅素（Margaret Russell of Coventry）就是一個最好的例子，她是一位極富有的地方貿易商人。僅僅是她運貨到西班牙的一項事業，價值就高達八百英鎊。當一名女性擁有這樣的資本時，而以考文垂為出發地，經營國際貿易事業的時候，你很難看低她們，把她們當作是受壓迫的一群。你同樣也不該忘記，在整個十四世紀位居富豪排行第二位的，就是一名女子（伊莎貝拉王后）。妻子在法律上從屬於丈夫的這個事實，在她於社會上取得比任何人都高的地位時，相對來說就不那麼重要了。

我們要記得的另一個觀點是，對女性的歧視，只存在於法律裡，在實際人群關係中並不如此。如果一名妻子精神飽滿、活力充沛，她可能做得事情比丈夫還要多，就像喬叟筆下〈巴斯之妻〉（Wife of Bath）裡開心敘述的那樣。當一名男子毆打妻子，在法律上罪名成立，妻子可以在教堂的仲裁庭裡控訴丈夫的殘暴，因為他動手動腳得太過分了，讓仲裁庭強迫丈夫修正他的行為。[23]不過，沒有男子可以因為被妻子毆打，而把他的太座大人一狀告上仲裁庭，也沒有仲裁庭會同情這類男子，因為他們竟然虛弱到沒辦法抵抗自己的妻子。與此類似的是，如果一名男子要控告自己妻子犯了通姦罪，他就必須承認自己戴上綠帽子，而這樣一來，他會把自己弄得很滑稽可笑、狼狽不堪。如果丈夫與妻子共同犯罪（有許多家庭的確集體參與犯罪活動），要是他們所犯的是被處以吊刑的罪行，只有丈夫會上吊刑台。他的妻子只需要訴請，她是聽命於丈夫才犯案，就能逃脫一死。經由這些技術性的細節，法律裡公然不平等條文，看來愈來愈像是抄錄在羊皮紙上的紙面文章，而與大多數人的日常生活無關。按照〈巴斯之妻〉的說法：「任何曉得世間道理的妻子，可以讓她們的丈夫把黑的說成白的，她的侍女還在旁邊目睹並且支持。」

女性還享有其他的優勢。城鎮中女性識字的比例，令人訝異的高。修女或許不太會尋求資金贊助，但她們在學校裡可精明得很，教出來的女孩與男孩一樣多。接著，就是高齡優勢。如果一名女子能夠熬過一再生產所帶來的風險，她就有很高的機率可以活得比她丈夫更高壽。她受人敬重的程度與丈夫相比，也會逐漸提高。男人超過六十歲，通常會被看作是某種羞恥：他們雄風不再，而且無法再扮演主宰社會的男性角色。[24]而對女性來說，她們沒有因年歲增長而失去什麼力量，卻獲得了智慧。女性不必繳納什一稅，這是對農民階層的社會控制機制（請參見第十章）。另一個微妙的優勢，是來自女性在家庭裡所扮演的角色。女性負擔大部分社群聚落裡的日常事務，包括洗滌衣服、照料病者、安排死者喪事等等，結果是她們對於鄉鄰街坊之間發生的大小事，有更多的了解。這種情況也適用她們自己的家庭；透過她們的雙眼，看著家中僕役最近都在做些什麼，比起丈夫，她們更加了解實際上發生什麼事情。在許多富有的人家裡，妻子是丈夫與家中服侍人的橋樑，因為丈夫也許正在別處，忙著操持生意。她在丈夫缺席時，管理整個家庭，等到丈夫回家時，她會告訴夫婿，有哪些事情需要處理，誰該受到懲處（如果她還沒有親自施行懲罰的話）。對於這些女性來說，很難把她們和《聖經》裡所敘述的那些女子畫上等號。她們本身的地位非常具有優勢，如果偶爾需要說些應景空話，談一小段《聖經》裡的古怪故事，以維持她們的家庭秩序的話，那就這麼辦吧。

如你所見，中古英格蘭女性的命運，很大程度上與她們是不是有段好姻緣息息相關。有些丈夫對他們的妻子全心全意的奉獻。這些人裡面，既包括好幾位國王（尤其是愛德華一世、愛德華三世，還有亨利四世，他們都以深愛妻子著稱），也有貴族與平民男性。克莉絲汀・德碧珊（Christine de Pisan）描述她婚後的生活時，情深款款的寫道她已逝的丈夫，說起她十五歲下嫁時，他是如何的耐心等待，先求她能適應有他在身邊的日子，並不強迫她在新婚之夜和他行房。喬叟個人的觀點則清楚明白：「何者能勝過智慧？答曰女人；而何者能勝過一賢良女性？答曰無有。」但是，在事情的另外一面，對女人而言，一段壞姻緣是貨真價實足以致命的。這就是為什麼莊園的總管不顧女農奴的意願，為她指定婚配，是如此殘暴的原因。對於即將和這個即將強暴她、毆打她、花光她一切財富，並且陷她於日復一日苦差事，可能最後還會拋棄她的男子綁在一起，她卻沒有任何辦法阻止這件事情的發生。尤其每一次在她懷孕時，都要歷經一次小而關鍵、痛苦死亡的威脅，在她產下五個孩子的過程裡，大約等於有十分之一的死亡機率（請參見第九章）。在她的婚姻誓言裡，包含要對虐待她的丈夫，在性方面保持忠誠（但丈夫卻不需做出同樣的承諾）；而如果她離他而去，那麼不僅是她名下擁有的財產將被沒收，還有一切屬於她的正當嫁妝，也將喪失（如果她能活得比他長壽的話）。有些女性已經查覺，她們自己處在這樣一種情況裡，因此當有個聖人出現，也就是聖薇爾福提（St. Wylgeforte），專門守護那些受到惡劣丈夫凌虐的婦女時，就不令人意外了。對於這些女性，你無法伸出援手，只能滿懷憐憫的看著她們求助無門，惟有向聖薇爾福提禱告。

1 見 Hatcher, *Plague, Population*, pp. 13-14, 71。一三七七年的納稅人口普查，應該涵括十四歲以上的全部人口數，只有神職人員和赤貧者得以除外。總共得出的納稅人口，有一百三十八萬六千一百九十六人。如果我們以上述同樣的估算比例來計算，也就是納稅人數占全人口的百分之六十來估計，那麼總人口數大概是二百三十一萬人。早期對十四世紀的人口估計，通常都是這麼來的，這個數字，還要將一三四八到四九、一三六一、一三六八年的各次瘟疫造成死亡的人數也計算在內。人口數在本世紀持續減少，向下探底，一直到一四四〇年代才打住。見 Hatcher, *Plague, Population*, p. 27。

2 Dyer, *Standards*, p. 182.

3 見 Hatcher, *Plague, Population*, 特別是第七十一頁。這裡與年紀相關的估計數字，是取材自十六世紀的數字，見 Wrigley and Schofield, *Population History*，特別是該書第五二八頁的表格 A3.1。在這些統計數字裡，認為年滿二十五歲的人，未來還有三十二年的壽命，超過 Dyer, *Standards*, p. 182 和 Harvey, *Living and Dying*, p. 128 兩書當中的估算；這兩本著作都是以十五世紀的數據進行研究，他們都認為，年滿二十歲的人只能再活大約三十年。因此，對於 Wrigley and Schofield, *Population History* 一書表格 A3.1 當中的數字，要根據國家統計局（Office of National Statistics）網站所提供的數據，略微向下修正。

4 Dyer, *Standards*, pp. 316-7. 也參見 Roberts and Manchester, *Archaeology of Disease*, p. 57，該書認為當時男子的平均身高為一百七十一點八公分。

5 Greene, *Medieval Monasteries*, p. 161.

6 Roberts and Manchester, *Archaeology of Disease*, p. 75.

7 Coulton, *Chaucer*, p. 13.

8 Cockayne, *Complete Peerage*, v, p. 629.

9 有一段為期很短的時間，設有「侯爵」（Marquis）這項等級。一三八五年，羅伯特・德維爾受封為首代都柏林侯爵，這個頭銜，在技術上來說，一直由他保持著，即使在隔年，他就被封為愛爾蘭公爵，而直到他在一三九二年去世為止，侯爵的名位都沒有廢止。除此之外，在一三九七年，約翰・標伏特（John Beaufort）被理查二世封為多塞特侯爵；他的兄弟亨利四世，於一三九九年回到英格蘭後，剝除這個頭銜。接著，這個頭銜就被宣布為「非英格蘭」。

10 依莎貝拉王后的年收入，見 Mortimer, *Greatest Traitor*, p. 171。岡特的約翰，參見 Dyer, *Standards*, p. 36，他有一萬兩千四百七十四英鎊的年收入；Goodman, *John of Gaunt*, p. 341 則列出他在一三九四年米伽勒節結束後，到一三九五年之間的淨收入，大約是一萬英鎊（總收入為一萬一千七百五十英鎊）。

11 騎士和層級較低鄉紳的年收入，參見 Dyer, *Standards*, pp. 30-1。

12 出席國會上議院的修道院院長人數，有很大程度的變動。一三〇七年時，有五十四人受到徵召。到了一三九九年，則只有二十六人，分別是以下這些修道院的院長：彼得柏洛、格拉斯頓伯理、聖約翰科切斯特、伯理聖埃德蒙、阿賓頓、約克的聖母修道院、華特漢聖十字修道院、克洛伊蘭、巴爾德尼、聖班內休姆、茂美司伯瑞、雷丁、聖奧本思、塞爾比、湯美、巴托、西敏寺、坎特伯里的聖奧古斯丁、塞仁希斯特、伊芙斯漢、格洛斯特的聖彼得修道院、拉姆希、溫徹斯特的海德修道院、溫區康比與舒茲伯利。除此之外，考文垂的教士時常獲得徵召出席。要注意，這些出席國會的教士都高於伯爵，不過大主教的位階仍舊低於公爵。參見 PROME，一三九九年九月，緒論。

13 中古時期英格蘭的教區劃分如下：巴斯與威爾斯、坎特伯里、奇切斯特、考文垂和林區菲爾德、伊萊、埃克塞特、赫爾福德、林肯、倫敦、諾維奇、羅徹斯特、薩里斯伯瑞、溫徹斯特和沃斯特。威爾斯的教區則分為班果耳（Bangor）、蘭達夫（Llandaff）、聖亞撒夫（St Asaph）與聖大衛。

14 Dyer, *Standards*, p. 36.

15 這項統計，是基於Knowles and Hadcock, *Medieval Religious Houses* 一書裡的註釋，當中提到大部分教區收入的年所得，是在五十到五百英鎊之間。

16 Dyer, *Standard*, p. 119，轉引自E.A. Kosminsky, *Studies in the Agrarian History of England in the Thirteenth Century* (Oxford, 1956), pp. 216-23.

17 Coulton, *Medieval Panorama*, p. 76.

18 Finberg, *Tavistock Abbey*, p. 77.

19 一份一二七九年的租約，包含一整座莊園的佃農在內，收錄在Fisher and Ju ica (eds), *Documents*, pp. 102-3。

20 Dyer, Standards, pp. 193-4.

21 摘引自Coulton (ed.), *Social Life*, p. 433.

22 摘引自Leyser, *Medieval Women*, p. 97.

23 Leyser, *Medieval Women*, p. 114.

24 關於男性年老後雄風不再這一點，有幾個個案算是例外。國王愛德華一世年過六十之後，還發起對抗蘇格蘭人的戰爭，或許是當中最明顯的一個例證。羅傑・莫蒂默，在一三二二年起兵反抗愛德華二世時，年已六十有六。湯瑪士・爾平漢爵士（Sir Thomas Erpingham）參加爆發於一四一五年的阿金庫爾戰役（Agincourt）時，年過六十。諾森伯蘭伯爵亨利・波希（Henry Percy）年過六十歲還多次起兵反叛亨利四世，他在戰場陣亡時，年紀是六十六歲。

第三章
中古時期的特色

一三七九年的秋天，約翰．阿倫岱爵士（Sir John Arundel），也就是阿倫岱伯爵之弟，帶著一小隊士兵，騎馬來到一座女修道院，他們計畫要航海到布列塔尼（Brittany）半島。他向女修院的院長提出請求，希望能讓他與隨從士兵在此借宿，以等待海面風向轉變。女修院的院長很為難，害怕阿倫岱帶來的武裝年輕人會鬧事，但既然為旅人提供住宿是她的職責（也包括士兵在內），她最終還是答應了。不幸的是，風向並沒有改變。為了排遣枯等時間，這些士兵開始喝酒，並且調戲修院裡的修女。這些修女毫不令人意外的拒絕他們的勾引，還把自己鎖在宿舍樓裡。這樣做沒能阻止士兵，他們撬開房門，進入宿舍，並且強暴這群修女。

這開啟接下來一連串毫無節制的罪行。他們洗劫女修院，之後又闖進鄰近一座教堂，打算偷走聖餐杯與銀器，結果碰上一場婚宴派對。他們拔出佩劍，把方才成婚的新娘從她丈夫與家人、朋友身邊搶走，到頭來也強暴她。接著，見到風向終於轉變了，他們帶上這個女子，還有盡可能挾持來的修女上船啟航。大約一天之後，一場暴風雨從東面海上呼嘯而來，船隻被吹得偏離航向，艙底開始進水。阿倫岱下令將所有女子拋出船外，以減輕船隻負載的重量。在他們航向愛爾蘭海岸的途中，總共有六十名女子被無情的扔進波濤洶湧的海面。1

這是一個極端不尋常的故事，要說這樣的事情在當時是很普遍的情況，那是不正確的。儘管如此，我們還是相信記年史家湯瑪仕・沃辛漢（Thomas Walsingham）把整個故事記載下來有他的重要道理。中古時期的人相信，年輕男子只要成團結夥就會做出這類事情。確實，年輕男子可以極度自私、深具毀滅性，特別是當他們身攜武器、心懷煩悶、飲酒作樂，並且成群結夥的時候更是如此。當他們當中的大多數人攜劍旅行之時，所到之處無可避免的會有恐懼與衝突的潛流出現。要防止女性在城鎮之間單身旅行，這並不是性別歧視，而是明智的預防措施。這還要加上一些令事態更加惡化的因素，比如地理位置的偏僻孤立，還有在這些地方相對缺少王法，當犯行發生後能夠辨識犯人身分的方法並不多。你可以看出，為什麼中古時期的社會比你印象的那個社會，來得更加令人恐懼、戒備。

平民男子受徵召入伍，參加國王的戰爭，這是假定任何男子都能（而且願意）作戰。在本王國的許多地方，以及兩大邊境接壤之處（也就是和威爾斯、蘇格蘭接壤的地區），男人必須時常抵抗入侵者，捍衛他們的身家財產。同樣的，本世紀初期，在鄉間晃蕩的幫派團夥，也逼使那些相對較安全區域的人們，以自衛之名拿起武器。結果造成許多男子練習用以自衛的射箭與劍法，把自己軍事武裝，以保護身家財產。一種暴力的傾向在全民之間蔓延，攻擊者與防衛者都是如此。

伴隨這種暴力傾向而來的，是中古時期另一個令人厭憎的特色。人們可以極度殘酷的對待他人。當你目睹施加在違法者身上的刑罰時，你才算開始真正了解某些中古時期的人是如何思考：人們如何以最駭人聽聞的刑罰，包括吊刑、開膛剖腹，以及車裂分屍，以尋求補償犯人所犯的罪過。在現代，我們明白犯行愈是重大，懲罰就應該愈是漫長。在中古世界，犯行愈是嚴重，懲罰的**性質**就愈是激烈極端。這種殘酷同樣出現在日常生活。對於讓動物和孩童痛苦，人們的內心很少、或者根本沒有疑慮和不安。人們普遍相信，打狗不但是正確，也是對待牠們、讓牠們表現合乎要求的最好方式。鬥雞被看作是孩童的遊戲，女人與男子都愛看縱犬鬥熊和鬥牛的戲碼。上述這些可不是少數人的嗜好，而是大規模受到歡迎的娛樂節目。任何會血流成河的事情，都會吸引大批圍觀的群眾。

女子如果嫁了凶暴的丈夫，等著她的就是家庭暴力，孩童與僕役的情形也是如此。可想而知，孩童的家暴大多是來自他們的母親和父親之手。有一本名為《賢妻如何教導她的女兒》（*How the Good Wife Taught Her Daughter*）的教育小冊如此聲稱：「如果你的孩子反抗教導、不肯聽話，或者表現偏差，不要咒罵她們，只須挑一根有力的棒子連續抽打她們，直到她們哭著討饒，並且知道自己的過錯為止。」[2]無獨有偶，在喬叟〈船長的故事〉裡有個「賢良的淑女」，她被敘述有「一個小女孩隨行陪伴，這是個在她權威管教下的小弟子，年紀很輕，至今仍聽從棍棒的管教。」在這個時代，有一本對話體的書宣稱：「如果你有孩子，那就用棍棒來管教他們，然後在他們還沒長大成人的時候，（隨）時告訴他們什麼是好的行為表現。」[3]有些男子堅持，好的父親會把握每次機會打他的小孩，灌輸他們對於違法犯紀的恐懼感；反之，寬大的父親則是輕忽職責。犯竊盜罪的孩童，年滿七歲就可以處以問吊，或許能解釋這些極端的做法（從這層意義上來說，暴力的懲罰方式，也是嚴格道德教育的一部分）。不過即使如此，男孩必然是在一種認知之下長大的，這種認知告訴他們，一個男子對孩童、僕役、動物，以及女性施用暴力，是沒有錯的。給這成群十七、八歲男孩佩劍，讓他們喝酒，然後再把他們交給像約翰．阿倫岱爵士這樣的人來指揮，結果就是一場悲劇。

身處這樣充斥暴力的環境，知道誰才是你的朋友是很要緊的，因為如此你才能夠建立忠誠這個重要的價值。當貴族彼此陷入爭端時，他們所有的僕從也會和同樣人數的對手拼命。一三八五年，國王的異母弟、約翰．荷蘭德（John Holland）爵士手下的兩名僕從，和兩名為史丹佛伯爵效勞的鄉紳起了爭執。史丹佛的兩名手下謀害荷蘭德的人。荷蘭德本人親自帶著兩名僕從的屍身，找上伯爵的長子羅夫．史丹佛（Ralph Stafford）爵士理論。不幸的是，羅夫爵士堅決力挺他父親的僕從。雙方爭執到激烈時，荷蘭德憤而拔劍殺害年輕的史丹佛，從而開啟兩大家族之間的戰爭。

這種暴力相向的忠誠也不侷限在世俗的貴族。一三八四年，在某個場合裡，埃克塞特主教拒絕讓坎特伯里大主教訪視他的轄區，三名他府邸的扈從就逼迫大主教的信差，將他攜來信函上的蠟封給吃下去。[4]大主教的人馬上報復反擊，他們抓了一個主教的手下，逼他吃下自己的鞋子。這絕對不是王國之中最高階神職人員的僕從所該有的行為。

在這樣充斥暴力的社會，你**歸屬**哪裡是極度要緊。從某個城鎮出身的男子，就歸屬那個城鎮，以便當他們涉及某些風險時，能夠提供保護。莊園裡的男子同樣也歸屬那個莊園，這不僅是為了他們的安全，也為了他們的生計。許多人很看重他們歸屬城鎮的身分，程度甚至不下於他們的國籍。當一位信用破產的商人（例如像作風狡詐的旅店老闆）被勒令放棄他的生意，並且離開城市時，他所喪失的不只是賴以為生的生計，還有可以信靠、提供保護的交誼與友情。

幽默感

在這個充斥暴力激情的社會，你會碰上滿溢的幽默感。是的，這裡不但有幽默，而且還不少，就存在於暴力和性別歧視中間。不過，你是不是會覺得它們有趣，那可就是另一回事了。例如，這裡有一個中古時期的笑話。一個商人問身旁的人：「你結婚了嗎？」「我有過三任老婆，」第二個商人回答說：「不過她們三人全吊在我家後院的樹上，自殺了。」第一個商人回應：「祈禱上天啊，把這棵神奇的樹給我一小截吧。」

在我們這個時代，挖苦嘲諷可能是風趣機智的最低形式，但是在十四世紀，這幾乎可算是最高等級。它可以說是惟一一種不需要羞辱受害者的形式。本世紀最著名的幽默信件之一，是年輕的愛德華二世寫給法蘭西埃夫勒的路易（Louis d'Evreux）的一封信；在信中他承諾要送給路易「一些來自威爾斯的畸形獵犬」當作禮物，「牠們可以輕易逮住正在睡覺的野兔，還要致贈一些小跑步緩緩提溜的狗兒，因為我們都很明白，您喜歡懶惰的狗兒。」[5]同樣的，如果你在一三二八年底造訪宮廷，你看了羅傑．莫蒂默寫給他公開宣稱為敵的蘭開斯特伯爵的回信，可能會被信裡的嘲諷逗得樂不可支。莫蒂默先前受指責，說他讓皇室財政匱乏，他強烈否認所有指控，然後加上一句：「但是，如果任何人知道如何讓國王能更富有，他將會是最受宮廷歡迎的人物。」[6]

實用的笑話或許是幽默最普遍的形式。在這個充斥暴力的社會，男男女女都會因為看見他人受到傷害，而收到高度的娛樂效果。就拿斷手斷腳來說，這是年輕倫敦人最喜歡掛在嘴上的玩笑話。一群年輕小夥子在地上設一套繩索陷阱，等待毫不知情的路人踏進來。然後他們會突然把他懸吊起來，繩索套住他的腳踝，在這過程，他們會一直猛烈拍打他的頭。每個星期一，他們就會設好陷阱，在那裡守株待兔。黃昏的時候，你走過那裡可要注意，因為街上的塵土飛揚，讓人很難看清楚繩索。你就這樣一隻腳被繩索吊著懸空，直到你付出贖金為止。星期二，就換成女性……。同樣要小心注意。頭下腳上被倒吊在那裡，不論時間有多短，都是非常丟臉。見到這幅奇觀的人，會打從心底嘲笑你落得如此窘境，還會嘲笑你的內褲，或者嘲笑你沒有穿內褲。

在這個暴力的社會，即使是幽默也是暴力的。有天，國王愛德華二世騎馬沿著路前進，後面跟著一個名叫莫理斯（Morris）的廚子，結果他從馬上栽下去。莫理斯的身體大概哪裡出了問題，沒辦法保持平衡，而且再一次栽倒在地。國王可有縱馬過來，施予援手？或者派遣隨從去詢問廚子的健康情形嗎？完全沒有。不但沒有，他還一直笑個沒完。把眼淚擦乾以後，他賜給這名廚子相當於一年俸祿的金額，這並不是要幫助他能快點好起來，而是答謝他讓國王笑得如此開心。[7]有時候，這類暴力下流會被鄭重當成年度競賽的內容，例如「海克西搶帽大賽」（Haxey Hood game），就允許一名男子扮成小丑，親吻任何他遇上的女孩，或已婚女子。到了節慶結束的時候，他會因為如此肆無忌憚的放縱，被一根從樹上削下的大枝條砍翻在地上，然後被架在火上燒烤。

這種殘暴的幽默感與純粹的詭計花招之間，有一條清楚的界線，而這條界線並不有趣。當一個男人承諾會娶一個女人之後，說服她和他上床，而他如此良善動機的惟一保證，就只是用蘆草結成的戒指（就像他對婚姻的承諾一樣，很快就碎掉了），你會感到驚訝，有多少人會對這個想法發笑。對於一個年輕女子，夥同另外一個英俊的年輕男子，給她年邁的丈夫戴綠帽這件事情，經常能帶給人們娛樂、讓他們高興。在喬叟的《坎特伯里故事集》，就用了這個想法探討男女之間的關係，製造出非常好的效果。當然，透過喬叟的生花妙筆，即使是純粹的詭計玩笑，也變得滑稽而有趣。在〈采邑總管的故事〉（The Reeve's Tale）結尾處，也就是木匠割斷澡盆的繩索，讓澡盆從屋樑上摔到地面，是一段滑稽鬧劇，也是全篇最精華的地方。不過喬叟只有一個，而詼諧機智遠遜於他的惡作劇者，人數則成千上萬。一三五一年，倫敦市長必須通過一條地方規章，禁止少年對國會議員惡作劇，但是他們時常跑到國會成員的身後，偷摘他們的帽穗。

戰士的花之愛

現在你或許會認為：中古時期的特色就是由殘酷與暴力組成。如果你是這麼想，也不算離譜。中古時期的性格特色，是透過對上述兩者的強烈認知而組成。不過，也由其他許多事物所構成。這就像是一位傳記作者，只有當他能夠妥善面對傳主性格裡的衝突、矛盾和緊張時，他才算是開始了解傳主；你也是如此：當你開始明白人們內心的矛盾，才算是真正開始了解中古時期的人心。舉例來說，操弄暴力的最高等級專家，是那些能指揮千軍萬馬、對敵人施行壓倒性猛攻的軍事指揮官。但是，當你開始檢視他們的性格，會發現這些人並不殘暴。蘭開斯特公爵亨利是本世紀最偉大的軍事指揮官，他在一三四五年率領一支英法聯軍連戰皆捷。而他閒暇時的消遣娛樂是什麼？他喜歡的都是尋常事：狩獵、舉行宴會，還有在自己願意坦承下勾引女人，特別是農村女孩。可是，他也喜歡聆聽夜鶯的歌聲，嗅聞山谷之間玫瑰、麝香、紫羅蘭和野百合的芳香。一位指揮大戰役的將領閉上雙眼，深深呼吸花朵的芳香，這樣的圖像提醒我們：有些中古時期的貴族，和我們想像的膚淺、暴徒、惡棍，有非常大的距離。亨利甚至寫一本關於精神修練的書。

在這樣的人身上，你可以看到優雅的氣質與教養，理性的意識、人道的善意，以及慷慨寬厚的精神。而這樣的人也是極為真摯。當這位公爵對著一座圍城立下誓言，絕不放棄攻打，直到他將自己的盾徽鑲在城堡的牆上時，你可以確信他是會說到做到。甚至國王的敕令，也沒有辦法說服他放棄。或許在這些事情裡，最讓你驚訝的是這個武裝男子、這具戰爭機器，有多麼忠於堅守他個人所信仰的美德，而他又是多麼容易被感動而落淚。

對於這個時代那些下流、麻木不仁的幽默與暴力，最明顯的反差莫過於人們的宗教生活。從現代的標準來說，十四世紀人們對宗教的投入，可以稱得上是狂熱。你會發現人們日常生活受宗教影響之深，足以令你震驚。許多人每天都去教堂望彌撒，許多人每天都施捨金錢給窮困者，很多人每年踏上四、五次朝聖之旅，而有些人則每年造訪超過百座教堂。你可能會以為，以上所說的都是宗教上的作秀，用來顯現他們的虔誠信仰，目的是為了要促使低層人民相信，他們的上層與神更為貼近。不過，這樣的看法不但太過悲觀犬儒，也是錯誤的。在這整個社會裡，就如有暴力的潛流穿過，宗教同樣也有影響力。華特・曼尼（Walter Manny）爵士是本世紀最偉大的戰爭英雄之一，他個人則是國王愛德華三世與王后菲麗帕（Philipa）的友人。他的性格好勇鬥狠，是那種把自己陷於大群法國騎士陣中，也要死戰到底、不屈不撓的人。他聞名於外的事蹟，是曾經突圍一座正受到圍攻的城鎮，然後攻擊攻城投石機，只因為它打擾了他的晚餐。可是，他又是建立倫敦大修道院（London Charterhouse）的人，並且買下足夠的土地，好讓倫敦的貧困者在大瘟疫來襲時，可以在此埋葬他們死去的親人。或許他是個殺人機器，但是等他卸下武裝，就成了一個悲憫而虔誠的人，而這些美德，和他作戰時的驍勇一樣，都是他性格當中的一部分。

了解這些人的關鍵，在於他們愛面子、想要受人敬重。如果你想要逢迎一個男子，不論他從事什麼行業，只要對他說，他的舉止高貴、值得敬重，那就行了。男子想要出任城鎮和莊園的重要職務，因為這樣能增加他們的名望。人們想要被王國內的重要人物，特別是國王所看重、欣賞。特別是，人們希望能在備受榮耀與愛戴當中死去。在有些大型喪禮，你可以看到超過萬名的民眾前來追悼，這樣說一點也不誇張。愈多人出席你的喪禮，就表示你在生時必定愈受愛戴、榮耀與敬重。因此，大人物開始回報窮苦百姓，親自出席他們的喪禮。當倫敦主教理查・格雷夫森（Richard Gravesend）於一三〇三年下葬時，參加葬禮的貧民人數共有三萬一千九百六十八人。[8]這樣希望自己看來尊榮、受敬重的決心，在男男女女之間很普遍。詛咒或誹謗某人是一種嚴重的冒犯，而受害者的尊嚴，將會導致誹謗者被拉上法庭。或許就是這種古板又拘謹的愛面子觀念，才能解釋為什麼人們在看見驕傲的大人物帽穗被偷，或者他的腳踝中了繩索圈套，然後被倒吊在半空中時，覺得如此好笑的原因。

教育

中古時期人們的性格，有多大程度是受過教育之後的結果呢？在中世紀，如果回答說「程度不高」，這是言之成理。或者，你可以把問題顛倒過來說：中古時期的教育缺失，對於人們產生很深遠的影響。

在城鎮與鄉村，你會看見教區的牧師一星期一次，正在教導幼童什麼是七宗致命的原罪。除此之外，教育的大部分內容，主旨在於讓男童與女童為他們將來會從事的職業作好準備。一位騎士的兒子，會在年滿七歲時被送到另一名騎士的府上去磨練（通常是他的叔輩）。大貴族則會為他的兒子與女兒延請私人教師。建築工人的兒子，可能在七歲時就出道到工地上工。工匠的兒子與此類似，年紀輕輕就開始學徒生涯，學習怎麼計帳（無論是用筆記還是用竹籤），以及作生意的技巧。那些日後要在教堂侍奉的孩子，七歲時就被寄養在教堂，進行剃髮儀式，這些人必須嚴格遵守剃髮的規定，開始他們敬拜神的生涯。教育，就像中古時期生活的許多其他層面，是一種實用的練習。

大多數的城鎮都有正式的學堂，不過只有少數人有能力入學。大主教座堂、本篤會修道院、修女院，以及地區的小修道院，通常都設有附屬學校，而教堂的執事、神職人員，還有牛津與劍橋的大學生，就是在這些機構裡出身。正規教育的學費，每個學生最高需要十便士，對於大多數父母來說，這實在太過昂貴。對於農奴來說，這是不可能負擔的，況且這些家長為了把孩子送去上學，還得對領主支付一筆額外的罰金。那些上得起學校的少數人，在十四歲獲得牛津或劍橋大學的入學許可，先是準備學習三學科（文法、邏輯、修辭學），然後是四門進階的高級學問（算術、音樂、天文與幾何學），以取得文學學士學位。但是，這兩所大學在任何時期所收的學生各自不會超過數百名。正規教育是一項稀有的特權。

既然能夠上學接受教育的只是少數人，人們的識字比例或許會使你微微感到吃驚。也許你已經聽人說過，在有些時代，只有教士才會閱讀寫字。在大約一二〇〇年左右的英格蘭，確實如此。在那個時代，閱讀的能力在法律上就是神職人員的同義詞。不過在那個時代，莊園仲裁法庭沒有保留記錄，大部分的主教沒留下登記簿，而大面積的地產，除了地契文書之外很少發出其他文件。到了十四世紀，事情變得有所不同。莊園法庭的每一個議程都保留細節，而每座莊園的土地面積與風俗習慣也幾乎被保留下來。每位主教都留有登記簿。每位大地主都聘有好幾位職員。每位法官屬下都配有職司書記的人員，每位郡治安官、公產管理官員、督察官（coroner）也是如此。大部分富有的商人手上都有某種形式的帳冊。到了一四〇〇年的時候，即使是教堂的執事人員，也都在收支帳冊上記錄他們的收入和支出。[9]在城市裡的所有職業人：醫師、律師、公證人、外科醫師與教師，全部能讀會寫，而或許其他行業的工匠商人，他們識字的比例，最高可達百分之二十。

至於在農村地區，識字者的核心群體則由莊園的辦事職員、教區神職人員、教區教堂執事等人構成。當人們要列出一張鄉間地區最可靠、擁有地產者的名單時，讀寫能力通常會標明於上，這顯示他們當中有許多人是識字的。[10]農奴並不會出現在這類名單上，他們當中大多數人連自己的名字都認不得，何況是寫字。儘管如此，對於整個鄉間成年男性人口的識字率，你應該估計為百分之五，在城市則為百分之二十。[11]到本世紀結束時，上面這組數字對於某些特定的城鎮和都市來說，或許已經大為低估了。

對於外面世界的知識

另一個時常在現代世界反覆出現的迷思是：中古時期的平民百姓從來沒有出過遠門，到離家八或十公里以外的地方旅行。就像你會懷疑：集市日子裡，從哪裡湧進這麼多人到城鎮？這個迷思是不正確的。確實，大多數的農奴沒辦法到離開莊園幾公里外的地方，這是因為他們受限於與領主的契約，但是自由人就能，而且也確實遠離家園、四處遊歷。

想想看，一個家境殷實的小地主，想要替他的六、七個子女找到門當戶對的婚配對象。他或許必須考慮找本郡之外的人家，但不可能所有門當戶對的人家都聚集在鄰近的一個郡裡。照這種方式，一個家庭在一兩個世代之內，就會將它的人際網路擴散到寬廣的區域去。家庭裡的每個成員，早晚都會去造訪好幾個不同的市鎮集市，然後和親族成員互通有無，交換各個地方的心得資訊。在一個大村莊裡，你或許能夠找到三、四個這樣的家庭，他們關於附近市鎮和政治變化的消息，可說是非常豐富。他們對於方圓三十到五十公里內每個方向的市鎮情況，全都了然於心。他們也認識不少在地方上有影響力的人物。因此，一個複雜的人際關係脈絡網，就透過親族、友誼與生意等關係建立起來。而且，這些家庭的成員出遠門旅行時，會借宿在與他們有關係的人家裡。所以，他們會與遠親表、堂兄弟保持聯絡，確保有相互給予幫助的人際網路，以及可以留宿的地方。

再想想上一段這個小地主家庭所要負起的各種社會責任。讓我們且先假定，這些兄弟的其中一位被選中，擔任領主的莊園總管。如此一來，這位總管就必須在他主子的莊園與財產管理人之間旅行，而這位財產管理人，可能人在王國內的任何地方，正伴隨領主在旅行。這位小地主或許有另外一位兄弟，是一位傳道的修士，在各個城鎮村莊之間旅行傳道。又或者他是一位水手。也許他們有位表親或堂兄弟，擔任鎮上任期一年的治安官。他因為接任這個職務，不但需要在莊園和鄰近莊園之間來回旅行，也必須出席領主的仲裁庭和郡的法庭，它們之間相隔都有三十到五十公里。如果上述這些人的母親，來自一個持有莊園部分產權的家庭，那麼他們或許就和某位在貴族府邸擔任隨從的人有親戚關係，這位仁兄正在全國各地到處旅行。如此一來，這個消息資訊的網路，就從原來的莊園大大延伸，擴展出去了。

只要你開始考慮這些需要出門遠行的不同性質活動，就會明白：自由民時常在十五或三十公里，或者更遠的距離之間旅行。土地價值超過四十先令的小地主擁有本郡國會代表的選舉權，而這就需要到郡治所在的城鎮跑一趟。教區的神職人員必須長途跋涉，去取得教會的晉職授令，或者是參加教會的審判。皇家法庭的法官與他們的書記屬員和僕從在全國各地巡迴，而他們每到一地，所召來的地方官吏、遭到控訴的男女，人數都在數百人以上。許多人在全國各地的朝聖路上遊歷。還要加上那些從修道院和貴族府邸上派出來的人員，他們必須去監看位在遠方的領地。從以上所述你就能明白，出遠門旅行不但很普遍，幾乎是難以避免的事情。

公證遺囑這件事是一個好例子。遺囑執行人必須在一座特定的教會法庭上宣誓，並且公證遺囑。所以，他們就得到以下所述的任何一個法庭去辦理：主教的教區法庭、會吏長或大助祭（archdeaconry）法庭、教會官員開設的「特別」法庭，或者坎特伯里大主教座堂底下設的法庭〔位在蘭貝斯（Lambeth）〕。缺乏大眾交通運輸系統，不能當作缺席的藉口。距離遙遠同樣也不是理由。當一名住在德文、康沃爾兩郡交界處的男子死去時，由於他在兩郡都擁有財產，他的遺囑執行人別無選擇，只能跑一趟埃克塞特，這趟來回旅程大約一百三十公里，要花好幾天時間。如果死者的遺產橫跨林肯與約克這兩個主教牧區，那麼出遠門到蘭貝斯公證就勢所難免（來回旅程大概四百八十公里）。公家的事情迫使男男女女踏上旅行之路，即便他們可能不樂意這麼做。

英格蘭人曉得國境之外是什麼情形嗎？在這裡，實際的例子又派得上用場了。當一三四六年，英王愛德華三世率領一支軍隊跨越海峽，抵達法蘭西，他麾下的一萬五千人是徵召自全王國各地。那些派往加斯柯尼（Gascony，譯註：今法國西南部與西班牙接壤的地區）的軍隊，或者是本世紀五位國王所徵召前往蘇格蘭作戰的士兵，也是同樣的情形。這些來自英格蘭南部的人，進入蘇格蘭境內造訪許多不同城鎮，沿路上和許多不同的男男女女照面，聽見幾十種地區的口音。根據官方的統計數字，超過三萬的英格蘭人渡過多佛海峽，參加一三四六到四七年的加萊（Calais）圍城戰。這些人發現自己並不是馬上就能夠開始戰鬥；許多人必須從自己的家鄉跋涉三、四百公里，才能抵達上船出征的地點，在那裡，他們開始與來自王國各地的士兵同袍接觸，在旅程中見識各個地方，並且傳播一些他們必須得說出的消息和故事。

關於海外發生的事件資訊，有各式各樣傳遞的方式。首先是英格蘭神職人員與教宗之間的定期聯繫。英格蘭的神職人員與信使絡繹不絕的經由法蘭西，往羅馬或亞維儂而去；沿路上，他們與操持各種職業的人接觸，從旅店經營者到僧侶、貴族地主都有。另有為數可觀的英格蘭人長途跋涉，到聖地亞哥－德孔波斯特拉（Santiago de Compostela）、羅馬、科隆（Cologne，東方三聖王的埋骨之處）與聖地（Holy Land，即耶路撒冷）這些地方朝聖。這些旅人同樣帶回他們對外面世界的知識。數千名英格蘭人參加征討普魯士、立陶宛，或是征伐尼柯波利斯（Nicopolis）的十字軍；為了抵達目的地，他們必須遠途跋涉，和許多來自不同國度的人會面。然後，就是那些國王發出的信函，裡面記載了在全國流傳的消息，由進出宮廷的人傳遞進來。來自法蘭西與西班牙的信使時常到來，這有部分是由於愛德華二世的妻子，是法蘭西國王之女，而他的表親則是卡斯蒂亞的國王。愛德華三世則與他低地諸國的親戚有更多往來。他的兩個兒子都娶卡斯蒂亞的公主為妻，另一個兒子則與米蘭公爵的女兒婚配。理查二世娶布拉格（波希米亞）的公主為妻，而亨利四世的兩個姐妹，則分別是卡斯蒂亞與葡萄牙的王后。在十五世紀初期，他的一個女兒嫁給挪威、丹麥與瑞典的國王為后。英格蘭或許是個島嶼國家，但是從來沒有與世隔絕。

另外一個取得國際消息的管道，是透過海員與商人。來自林恩（King's Lynn）和波士頓的水手，通曉到挪威、瑞典、丹麥海岸，以及波羅的海諸國的路線。英格蘭商人在哥本哈根與但澤〔Danzig，也就是現在的格旦斯克（Gdansk）〕建立永久根據地；有幾位敢於冒險的商人，甚至前進莫斯科公國（當時以「莫斯科大公國」為人所知）。阿奎丹（Aquitaine）公國是英格蘭國王繼承的封地，而大多數英格蘭的酒都來自公國境內的加斯柯尼；許多水手離開普利茅資港，對於南下到博爾多（Bordeaux）的航線瞭如指掌。在英格蘭的南部海岸與低地諸國之間，有許多條頻繁往來的航線，特別是通往法蘭德斯的幾個製衣城市，例如布魯日和根特，都從英格蘭進口巨量的羊毛。有幾個漢薩同盟（Hanseatic League）底下的日耳曼城市，也和英格蘭商人打交道。在整個基督教世界裡，英格蘭也許不是最重要的貿易國度，但是它的經濟連結，則確實從愛爾蘭與葡萄牙，一直到君士坦丁堡和莫斯科。

對一個平民百姓來說，上面所述具有什麼意義呢？這要看他或她住在哪裡而定。那些住在倫敦和主要港埠〔尤其是多佛（Dover）〕之間主要路線的城鄉居民，對於外國人和客商每日來來去去司空見慣。不過，大概每個英格蘭人都認識曾經在蘇格蘭、愛爾蘭、法蘭西、西班牙作戰過的人，或者知道誰曾經在東歐參加過某次征討普魯士的十字軍。這些旅人從士兵那裡聽來的故事，真正和它們有直接關連與牽扯的人，可能一個也沒有。所以，當喬叟高聲說起一名騎士參與立陶宛、普魯士、俄羅斯、葡萄牙和土耳其各地的戰事時，大部分的觀眾都很熟悉這些地方的名稱，而且就算他們從來沒看過一張地圖，也都曉得這些地方距離英格蘭有多遠。而當他說起那位知曉波羅的海與費尼斯提耶角（Cape Finisterre，位於伊比利亞半島南端）之間所有港口，以及布列塔尼半島到西班牙之間每一個水道的達特茅資（Dartmouth）船長故事時，觀眾都知道他說的是誰；每個人都聽過大名鼎鼎的約翰·霍利爵士（Sir John Hawley），他是身兼海盜、商人，還連任十八次達特茅資市長。甚至，當喬叟提及敘利亞與亞洲的時候，都能在中古時期的世界觀裡找到一席之地。

曾親自造訪過耶路撒冷、維爾紐斯（Vilnius，立陶宛首都，歷史名城，位於國境東南）、柯尼斯堡（Königsberg）和但澤等地的英王亨利四世，和阿比西尼亞（Abyssinia，即今日的衣索比亞）國王互通書信。[12]愛德華三世招待前來作客的「印度國王」之子。[13]一四〇〇年的時候，君士坦丁堡的皇帝親自到英格蘭訪問，由拜占庭帶來一團希臘正教的祭司。或許我們能這麼說：即使許多農奴終生從來沒有離開莊園，就算大多數的人沒有到過英格蘭以外的地方，他們還是擁有某種世界觀，知道大海相隔之外地方的情況。

要明白基督教世界的邊境以外是什麼情形，那可是完全不同的事情。在中古時期的英格蘭，沒有人到過中國或印度。當時的各款世界地圖的確提及中國人，他們稱中國人為「身著絲綢之人」（Seres），但是，對於亞洲的知識至為貧乏，實在很難稱得上是知識。古人對於印度與衣索匹亞之間的混淆〔起自西元一世紀時老普林尼（Pliny the Elder）的誤會〕，至今仍然存在。[14] 因為一封十二世紀時偽造的信函，許多人相信印度實際上是三個國家，而且都有驚人的財富，由一位基督徒王子統治〔祭司王約翰（Prester John）〕。印度由此被認為是亞洲的同義詞，最誇張的一種說法，認為它的國境涵蓋半個地球。隱居在修道院的理論家所提出的修正見解，並沒能幫助更正這樣的錯誤，他們的見解以神學理論為基礎，認為印度的東海岸，就位在從西班牙往西幾日的航程之內。

雖然大部分的人在思考上述這些事情的時候，都知道世界是個球體，但人們相信亞洲、非洲和歐洲的大片土地，是由一片巨大無垠的海洋所環繞。這片海洋的另外一邊（因此也是世界的另外一端），是第四塊大陸，被稱為對應之地（Antipodes），或者是「未知的南方邊境之地」（Terra Australis Incognita）。人們沒辦法到那裡，因為那裡太熱了。人們想像出那裡住著一些種族，例如其中一種叫「巨足人」（Sciopods），這個種族的人只有一隻大腳。在需要減輕足部的酷熱時，巨足人就用他們的背靠地，用大腳的陰影來遮蔽身體。在這塊土地上，除了他們，還住著許多傳說中的種族。[15]這些種族包括「反足人」（Antipodes，他們的腳尖向後）、「亞馬遜人」（Amazons，女人只有一個乳房）、「狗頭人」（Cynocephales）、「象耳人」（Panoti，男人耳部長出象鼻），以及「無頭人」（Blemmyae，沒有頭顱的種族，他們的臉長在胸口處）。

即使是對於我們所居住的世界這一端，人們的知識可能也很模糊。人們將南方大陸傳說中的種族，與像印度和衣索匹亞這樣遙遠地方的住民混淆在一起。人們發明一些居住在這些國度裡的種族，例如衣索匹亞穴居人（Ethiopian Troglodytes，手腳敏捷但聾啞的穴居人），以及讓妻族（Wife-Givers，這個族的男人鼓勵所有路過的人與他們的妻女睡覺，希望藉此得到餽贈）。有些在亞洲的種族，據說會吃掉父母，在雙親年事漸高的時候，把他們養肥餵胖，然後在例行的宴席時宰殺上桌。約翰．曼德維爾（John Mandeville）在這方面是廣受信賴的權威人士，他宣稱在東亞一座名為「三丁」（Sandin）的島嶼上，一個人如果患病，而兆頭並不好的時候，療治他疾病的方法就是讓他的家人將他扼殺，煮熟、炙烤他的軀體，然後舉行一場歡樂的宴席，招待朋友親戚分食他的肉。[16]

問題是，上述所說的「知識」，並不是全部都錯。在東亞，或許真的**有**食人聚落存在。在衣索匹亞，**確實有**黑皮膚的人（雖然這些黑人並不像當時的百科全書所聲稱的那樣，皮膚是被烈日所烤黑的）。地理專家會告訴你，在印度的海岸邊有一座大島（也就是我們所知道的斯里蘭卡）。你可能會想：很不錯啊。直到這位專家又補充說，斯里蘭卡每年有兩個冬天，兩個夏天；而且在島上，龍與象都很常見。常見到大象，這沒問題，但是常看到龍？這還沒完：從斯里蘭卡回家的路途上你會碰上獨角獸和鳳凰，還有不計其數的傳說生物。獨角獸是不是又是旅人道聽塗說的故事，其實指的是印度犀牛呢？說不定，龍也是對會吃人的濱海鱷魚的錯植記憶？答案已經無從得知了。

十四世紀的英格蘭人，確實知道大象與鱷魚看來是什麼模樣。埃克塞特主教座堂其中一處神龕就有一幅精美的大象浮雕，而亨利三世在倫敦塔裡還豢養一頭象（牠在那裡活了三年）。至於鱷魚，「英格蘭人巴斯洛繆」（Bartholomew the Englishman）已經寫下這一段描述：「牠的嚙咬是有毒的，牠的尖牙森然成排，令人生畏……如果一頭鱷魚在水濱發現人的蹤影，牠會盡其所能將人殺死，為他的死去而哭泣，然後將他吞食落腹。」不過，要說英格蘭人對外面世界確實情況所知不多，是沒有錯的。惟一你可以肯定的事情是，他們對於基督教世界之外的了解，混雜著事實和虛構；也許可能全部都是虛構的，因為沒人能從另外一邊把他們的故事給兜起來。

分辨能力？

對於距離遙遠的國度，在事實和虛構之間分不清楚是可以理解的；但是這應該提醒你，在更多的事情上，他們也是分不清事實與傳說。有時候，中古時期的人似乎驕傲的是他們知識的**廣博**，而不是專精或正確。受過完善教育，並且懂得思辨的人，十分了解這種態度的缺失所在。他們有些人已經讀過薩里斯伯里的約翰（John of Salisbury）筆下作品，他在作品裡寫道，如果有三座教堂同時宣稱，自己擁有施洗者約翰（John the Baptist）的頭顱，那麼他們之中至少有兩個是錯的。與此類似，喬叟也提到許多其實是豬骨頭的「聖人遺骨」。可是，大部分的人並不怎麼受這些問題困擾。他們與這些問題的距離遙遠，這表示他們不必思考施洗者約翰擁有三顆頭顱的問題，以及這個問題背後所代表教會散布不實訊息的問題。對於大部分人而言，神所降下的道理就能解釋一切事情。事物之所以是它們目前的模樣，是因為上帝已然決定它們應然的模樣，即使在施洗者約翰擁有三顆頭顱這件事情上，也是如此。

對於在中古時期街道上生活的男男女女來說，真正對神的旨意造成威脅的，並不是理性的思辨，而是魔鬼所做的事跡。在這個國家的某些地方，把成群的烏鴉看作是魔鬼的使者。在另一些地方，說凱爾特語（Celt）的人會被排斥，因為這被當成是魔鬼的話語。光是說話時提到魔鬼的名字，就能使牛奶變酸、水果滋味變差。不管你到哪裡，都能聽見一些魔鬼降臨本郡，或是某某地方的故事，在這些故事裡，魔鬼或是出現在教堂，或是把剛死的女巫從她的墳墓拖出來。很耐人尋味的是，有些全國性的浩劫，通常不被當成魔鬼的事跡，而被看作是來自上帝的訊息。一三六〇年的「黑色星期一」，一個可怕的暴風雨襲擊英格蘭軍隊，降下的巨大冰雹殺死許多士兵、馬匹，這被看成是天意的干預，要人們停止戰爭，以談判取得和平協議。發生在一三四八到四九年的大瘟疫，也類似的被許多人看成是上帝對人們諸般邪惡所進行的審判，這就與《聖經》裡諾亞生活的時代，人們惡貫滿盈，上帝降下洪水毀滅他們，是完全一樣的道理。年鑑史家湯瑪仕．沃辛漢甚至還引申說，農民大叛亂是神的作為，旨在懲罰倫敦人的罪惡。如果你親眼看見埃塞克斯與肯特郡的農民不分青紅皂白任意殺戮，甚至殺害坎特伯里大主教、攻擊國王之母，你或許會不同意上面的見解。

最能夠總括中古時期的人對魔鬼、奇蹟，以及這兩者當中一切事情所抱持態度的詞語，就是「迷信」。人們並不了解物理的定律，或自然的規律，甚至不明白人類身體的功能。所以，他們不明白這個世界運轉的侷限之處在哪裡。他們對於「常態」的認知，因而也會呈現某種不穩定的情況。任何事情都有可能發生。在他們心目中，巫術魔法確實存在，而所有存在於事物背後的各種超自然力量，都被想像成擁有令人敬畏的可怕威力。占星術被用來決定一切事情的時機，從什麼時候該服藥，到什麼時候該接受洗禮。煉金術或許真能將鉛和鐵煉成黃金。而關於巫術與魔法的各種可能性，則完全任憑旁觀者的想像力馳騁；它們和巫師或魔術師真正的本領，並沒有關係。

人們對魔法認知光譜的另外一端，甚至可以將超自然力量使用在日常生活。如果你丟失一件價值不菲的物品，而且你相信它是被人偷走了，你可以去找魔術師或巫師尋求協助。只有你將無辜的人當成罪犯，才可能會惹禍上身；然後你或那位魔術師，或許會被控以毀謗的罪名。但是要注意，觸犯法律的是毀謗中傷，而不是魔法本身；一般的魔法，只要不涉及異端邪說，通常都會受到容忍。可是，在魔法認知光譜的另外一端，就是異端魔法，這後果可就嚴重得多。一三二四年，一位愛爾蘭貴婦艾莉絲．凱特勒夫人（Dame Alice Kyteler）與她的同夥，被控以棄絕基督之罪：她們據說以活雞獻祭給魔鬼，詛咒她們的丈夫，製造出一種藥膏；這種藥膏以獻祭給魔鬼的雞腸，加上「令人作嘔的蠕蟲和大量草藥、死人的指甲……未受洗而就死去孩童的衣服，以及許多種令人厭惡的材料製成，一起盛裝在被斬首的小偷頭顱骨裡，放在橡木柴所生的火上煮沸而成。」[17] 雖然犯異端罪者，在十四世紀的英格蘭通常不會處以火刑（到了一四〇一年，才正式成為法定的刑罰），不過這些指控正好發生在愛爾蘭。當局利用這個機會，將艾莉絲夫人的幾名同夥活生生燒死。

這類人的愚見或迷信，根本不被看成是異端，而被當作是宗教信仰當中的項目（譬如施洗者約翰居然有三顆頭顱）。想想販售贖罪券者的工作吧。人們心頭一直掛記著他們的原罪，他們會因為這些原罪，在贖罪日時遭受審判。所以他們購買贖罪券，以換得赦免。一份最高權限的贖罪券，書寫在精緻的皮革紙上，可以清除你所有的罪惡；因此，這也是最昂貴的贖罪券。價格居次的，是特定用途的贖罪券，清除你良心上因特定的罪（比如通姦）而產生的愧疚；或者是有特定時效的贖罪券，讓你能夠忘卻在一段時間裡（例如一個月）所犯下的罪。這項奇怪的生意，還只是這個時代裡犬儒與盲目信仰的一種而已。你會因為贖罪券販售者在生意不好時，降價求售的不道德舉動而深感震驚。很多人確實把它看作是可鄙的行為，但是也有許多人相信付錢換求赦免，和禱告有同等的效力。當你考慮到這一點時，贖罪券販售的是一種精神救贖的承諾，這和內科醫師賣出紓緩身體的保證，並沒有太大的不同。如果我們用中古時期的醫藥標準來思考的話，比起販售贖罪券的人，內科醫師還比較可能會傷害你。

或許，上述這些愚見與迷信最令人感覺到奇怪的一個層面，就是對預言的廣泛信仰。政治預言在中古時期的英格蘭，是一個相當獨特的現象。好幾個世紀以來，作家寫下許多神祕難解的文字，目的在於敘述未來政治局面的興衰起落。這些預言採取各種各樣的體裁：〈亞當．戴維的五個夢〉（Adam Davy's Five Dreams）寫於一三〇八年，內容是一系列關於愛德華二世的神祕景象，裡面還提到他訪問羅馬的情節。〈六王預言〉（Prophecy of the Six Kings）首篇寫於一三一三年，是關於英王約翰（King John）以後六任國王的故事，其中宣稱愛德華三世將重光所有原屬於祖先的疆域。〈聖多瑪士的聖油膏〉（The Holy Oil of St. Thomas）解釋了若干油膏的起源，還有它們神祕的力量；油膏是於一三〇八年時，由布拉班特（Brabant）公爵為了愛德華二世的加冕禮，而帶進英格蘭的。這些預言都起了很大的反響。人們相信這些預言。而他們之所以會相信，背後可是有堅強的理由：因為這些預言會以這樣或那樣的形式，落實成真。愛德華二世也許在某種意義上，確實去過「羅馬」，因為他在亞維儂覲見過教宗。正如〈六王預言〉所預測的，愛德華三世確實成為一名收回所有祖先固有疆域的戰士，在戰場上打敗西班牙人，並且在巴黎城門前作戰。政治預言因此具有這樣自動應驗的因素，而人們因此對預言深信不疑。所以當亨利四世登基為王時，他所親自過問的頭一批事情之一，就是敷上聖多瑪士的聖油。預言指出，他將成為一位成功的聖戰士。

在中古社會，**確實有**理性主義者與科學家存在；不過，你將會發現，他們的著作比起上述的預言，要來得更加古怪奇異。其中最顯著、最特別的例子，就是十三世紀的偉大科學家兼哲學家羅吉爾・培根（Roger Bacon）在作品中的一個段落。在這段文字裡，他試圖解釋為何有這麼多人，將魔法看成十分平常之事。他寫道：

> 船隻可能不需要槳櫓或划槳手就能移動，因此大型的船隻，可能只需要單人駕駛，就能航行於大海或河道之中，而且其速度比動用大批人馬，還要快速迅捷。車輛不需要動物馱運拉載，就能以飛快的速度開動……。搭載人的器具可以在空中飛行，透過特定的機械設計，精巧的建造一對機翅，就像鳥類飛行時那樣拍擊空氣。其他的器具雖然體積小，卻能將原

來非常巨大的物品懸吊起來……。再次，吾人或許能製造出可在海洋或河道上行走的器具，即使是深入海底也不會為身體帶來任何危險……。而下列這許多物品，或許也能夠被建造出來：橫跨河流的橋樑，沒有任何橋墩一類的支柱，而且也沒有聽到機器或引擎的聲音。

你絕對無法想像，在一位生活於中古英格蘭迷信社會的芳濟會修士筆下，會看到這樣的文字。我們甚至會懷疑，是不是有另一位時空旅人，已經將現代船隻、汽車、飛機、起重機、潛水衣和伸縮橋樑的原理，全都告訴培根？不過，在你對中古時期的人們種種愚見，投以輕蔑眼光的時候，想一想上面這段文字吧。這段文字背後所根據的是同樣的精神，也就是**任何**偉大的發明，都是有可能實現的。「當其他人有如暮色中的蝙蝠，所見者惟黯淡與盲目之時，他卻如同處在日間的充足光線下，這是因為他乃是一位具有實驗精神的大師。」培根如此讚譽一位與他同時代的人物。[18]這句話同樣可以用在培根他自已身上：當任何事情都有可能實現的時候，實驗是非常重要的。至於他的飛行機器與潛水服裝，如果讓你想起達文西（Leonardo da Vinci）的設計圖，這並不令人訝異。因為，羅吉爾．培根的大名，就在達文西的筆記本上出現過。

1 這則故事出現在Riley (ed.), *Historia Anglicana*, i, pp. 418-23。或許是出於宣傳目的，這則故事當中的暴行非常可怕，但是女修道院的名稱卻沒有提及。在鄰近的地區，無法找出類似這所女修院。不過，巴爾博（Barber）在他所著的ODNB文章條目裡，卻對阿倫岱爵士引發的這次事件，指出若干確實的細節。不論上述兩種說法何者正確，史家沃辛漢相信暴行的確發生過。他們因此表現出人們的暴力本質，這種本質，據信是由社會裡繼承而來。

2 Furnival (ed.), *Babees Book*, p. 46.

3 Bradley (ed.), *Dialogues*, p. 9.

4 Coulton (ed.), *Social Life*, pp. 519-20.

5 Hamilton, "Character of Edward II," p. 8.

6 Mortimer, *Greatest Traitor*, p. 214.

7 Coulton (ed.), *Social Life*, p. 470.

8 Woolgar, *Great Household*, p. 1.

9 十四世紀少數教區執事人員記錄的帳冊，至今仍存於世。根據Hutton, *Rise and Fall*, pp. 263-93所載的名單，最早的一份是一三一八年的布里吉瓦特（Bridgwater），接著分別是聖米伽勒、巴斯（一三四九）、聖詹姆斯、希頓（一三五〇）、利本（一三五四）、聖約翰、格拉斯頓（一三六六）、聖奧古斯丁、希頓（一三七一）、聖尼古拉斯、希頓（一三七九）和塔維斯托克（一三九二）。這些帳冊含括的地區包括國境北方與西南方（從約克郡到德文郡），它們透露出來的史料價值，代表這些帳冊的格式才是廣泛為十四世紀時的人所採用，而不是現存的若干帳冊。

10 Kaeuper, "Two early lists of literates."

11 作為比較，我們來看一五〇〇年時，英格蘭整體識字的人口比例，大約為百分之十（Stephens, "Literacy," p.555）。城市居民的識字率為百分之二十，而鄉村居民識字率為百分之五，可以得出整體識字率為百分之六的結論；這樣估算，是以第一章裡我們所提到的，居住在城市裡的人口，占總人口數的百分之十二為基準。隨著保存記錄的方式，在十三世紀起了革命性的進步，以及教育在該世紀的推展情況，這個百分之六識字率似乎和一五〇〇年的百分之十相稱，是十六世紀前教育推廣取得顯著成果之前的合理數字。

12 Hingeston (ed.), *Royal and Historical Letters*, i, pp. 421-2.

13 Mortimer, *Perfect King*, p. 360.

14 Simek, *Heaven and Earth*, pp. 61, 86.

15 Simek, *Heaven and Earth* pp. 88-9.

16 Simek, *Heaven and Earth* p. 83.

17 Coulton (ed.), *Social Life*, p. 522.

18 摘引自 Gimpel, *Medieval Machine*, p. 193.

第四章
日常生活基本必需品

走進這個國家任何一處教堂或禮拜堂，你會看見許多面牆上繪有《聖經》裡的故事場景，但是你會過一陣子才明白：它們確實是出自《聖經》的典故，只不過畫裡的人物穿著並不是基督時代的衣裳。這些圖畫裡，來自聖地的每一個人，看起來好像是從中古英格蘭社會走出來的。古羅馬人穿著中世紀的服裝。基督與祂的門徒，看來也像是中古時期人們的模樣。如果圖畫裡有船隻或是士兵，那也都是中古時期的模樣。在中古時期的英格蘭，完全不了解文化發展，對於不同時代的人有不同的言行舉止，也毫無了解，而對古羅馬與羅馬帝國治下的巴勒斯坦有文化差異這件事，更完全沒有概念。對於造訪十四世紀的時空訪客來說，很難忽略這件事的諷刺意味，因為正是這些文化上的差異，最能讓你感受明顯的震撼，甚至令你困惑。

文化上的差異，還不只是服裝而已。語言、日期、工作時間，關於十四世紀日常生活的事物，幾乎每一件事都和現代世界不同。這類文化上的差異，在傳統史書裡通常不被放在顯著的位置。可是，正是因為這個原因，我們需要對日常生活的若干最基本的面向，稍微加以敘述。你需要曉得怎麼講時間早晚，什麼時候、在哪裡你能買賣貨品，為什麼有些人要付過路費，而有些人不必；還有，要怎麼樣才算是有禮貌。留心這些細節，應該能幫助你避免在與人相約時遲到、被人套上枷鎖在鎮上示眾、遭人搶劫，或者被人看成是一個瘋子。

語言

在現代世界，語言只是緩緩的進行變化。找一本在你出生一個世紀以前出版、以你國家的語言寫成的書來讀，就算念起來有些過時，但是你幾乎不會覺得有什麼困難。在十四世紀，事情可完全不是這樣。整個社會由上到下，都處在放棄一個語言（法語），開始改說另一個語言（英語）。這個過程十分特別，但是更令人訝異的事情是，放棄本來語言的，並不是處在社會階級底層的人，而是那些高層人士。雖然自從諾曼人於一〇六六年到來之後，英格蘭的貴族階級一直說著法語，而且最遲到十三世紀後期，格洛斯特的羅伯特（Robert of Gloucester）還記載：「一個人除非能說法語，不然人們對其所知不多。」然而在十四世紀，語言徹底發生了變化。

這是為什麼呢？簡單回答的話，那就是格洛斯特的羅伯特那句名言「說法文的人才能贏得尊重」，已經過時了。在一三〇〇年的時候，這句話是對的：如果你不會說法語，你就沒辦法贏得鄉里之外人們的敬重。國王說的是法語，他麾下的貴族、騎士、神職人員、牧師教士和僕役說的也都是法語。整個官員階層都說法語。社會高層人士裡，英語流利的人少之又少。沒有人委託將文學作品改寫成英文，而少數被寫下來的英文詩，在形式上幾乎全都是些針對教士與貴族的抗議詩，或帶有宗教目的。但是到了一三五〇年的時候，讓子弟學習英文的貴族愈來愈多。這樣的變化，很大程度上是由於國王愛德華三世帶有民族色彩的觀點，他說英語，並且表達對這種語言的驕傲，甚至將他自己的箴言刻上皇家紋章。一三六二年，他頒布詔令，在法庭上可以使用英語答辯。在這之前，如果你想在法庭上提出抗辯，只能使用法語。國王愛德華三世藉此公開宣示自己支持英語是「民族語言」的立場。

就在同一年，他的首相到國會演說，也使用英語。到了本世紀結束的時候，大部分的貴族與高級教士，既會說英文也說法語。愛德華三世的兒子用英文寫了好幾本書，當中還包括《聖經》最早的翻譯本；他的孫子，也就是約克的愛德華（Edward of York），將蓋斯頓・福玻斯（Gaston Phoebus）一本關於狩獵的著名作品翻成英文。當亨利四世於一三九九年，在國會當著所有貴族大臣與主教的面宣布登基稱王的時候，他說的是英語。稍後，亨利致書信給他的首相（坎特伯里大主教），使用的也是英語；而在一四〇九年，他甚至以英文撰寫遺囑。比起在他們之前的貴族，愛德華三世與亨利四世對於將英文帶入官方階級有很多作為，他們扭轉三百年來宮廷裡輕視英語的情況。

當然，事情也有例外。即使是在一三九〇年代，你仍然會遇到許多英語並不流利的人。有為數不少的老派騎士與貴婦，實在沒辦法再學另一種新語言，寧可繼續說他們的盎格魯法語（Anglo-French，這個時候，法語在宮廷裡還保持主導地位）。在康沃爾，大多數的人口並不說英語或法語，繼續說的是古老的凱爾特語。顯然，如果你迷了路，闖入威爾斯侯國的封邑，你會碰上好幾個說威爾斯話的聚落。即使是在英格蘭本地，許多腔調和方言，也有著各式各樣的明顯差異。一個諾森柏蘭郡的人，要聽懂德文郡的人所說的話，非常困難。某些說英語的南方人，在他們北方的表親造訪的時候，因為表親說的話腔調聽起來實在太怪，而誤以為他們所說的是法語，這種情形並不少見。

地理與社會階級並不是主導語言選擇的惟二因素。你時常會發現，神職人員寫下同一個字詞時，往往寫出好幾種不同的腔調。英語本身很少被當成書寫使用。一三六二年後，如果你確實被傳召出庭，用英語作證，你所說的證供將會被翻譯成拉丁文記錄下來。[1]財務記錄與此類似，也以拉丁文寫在財庫的包裹上。說一種語言，寫的卻是另一種語言，聽來複雜得令人生畏，不過這麼做其實有許多好處。在如此多官員階層的人都說盎格魯法語的時候，這種語言是全國各地溝通的標準模式。無獨有偶，盎格魯法語也使得英格蘭官員能輕易的與加斯柯尼的人溝通。拉丁文因為使用的是標準化的字母拼法，扮演更加重要的角色。在法文裡，字的拼法不像拉丁文這樣有統一的標準。這時的英文，同樣也沒有標準拼法，而且還使用兩個在現代英文裡已經消失的薩克森字母：「yoght」（發「gh」音）和「thorn」（寫作「þ」，發「th」音）。雖然人們很少在交談時使用拉丁文，但是它為整個基督教世界的人們提供一個非常便利的溝通管道：從加那利群島（Canary Islands）到立陶宛，從冰島到耶路撒冷。

如果你用英語和地方上的人士交談，發現他們說的話有點粗野，可不要驚訝。就像十四世紀的地名，就是對地點的直接描述（比如糞溪街和撒尿巷），日常的對話同樣也是直率又下流。喬叟在他的《坎特伯里故事》裡描述一位情場聖手如何追求一個被他看上的有夫之婦，是「靠著性交征服她」。在同樣這部作品的另外一處，喬叟的投宿主人對他聲稱：「你那茅坑般的臭韻詩，連坨糞都不如。」日常用語就是這麼直接又切題。所以，如果有人很熱烈的拍你的背，然後對著你大喊：「你的屁股還有你的卵蛋還真有福啊！」可不要誤會了，這其實是一種讚美。

日期

新的一年在什麼時候開始呢？一月一日？並不總是如此。雖然貴族確實是在元旦這天交換新年禮品，中古時期的英格蘭人卻將主曆的一年之初定在淑女之日（Lady Day），也就是三月二十五日。或許你會覺得這很奇怪，但是更奇怪的還在後頭。關於一年的開始，有許多種認定的方式，而且它們當中的好幾種還同時被人們使用。除了一月一日和三月二十五日之外，還有第三種日期，能算是「新年」的第一天，也就是國庫所使用的九月二十九日，「米伽勒節」（Michaelmas）。編年史家亞當．穆里莫斯（Adam Murimuth）也採用這個紀年法，他的作品廣被抄錄、接受和改編，使用的都是這些奇怪的日期。

中古時期的日期計算系統，對於在國際間旅行的人來說，變得更加複雜。在英格蘭，人們都交換過一三六七年的新年禮物了，但是在佛羅倫斯和威尼斯，還是一三六六年，到了比薩卻又變成一三六七年了，因為當地的新年，開始於**之前一年**的三月二十五日。如果你在一三六六年一月一日這天由英格蘭搭船出海，然後在二月中旬到達義大利比薩的港埠，當地已經是一三六七年了。你往威尼斯前進，在二月底時抵達，你又會回到一三六六年。你在三月一日動身離開，年分則會是西元一三六七年。等你到達佛羅倫斯時，年分又回到一三六六年。在三月二十五日或之後，回到你停泊在比薩港口的船上，時間已是一三六八年。等到航行至普羅旺斯，你會發現自己再次回到一三六七年。在回程時，到葡萄牙或卡斯蒂亞略作停留，這些地方還是以羅馬人到來的年分作紀年，所以已經是一四〇五年了。此時，西班牙紀年（Spanish Era，即以西元前三十八年作為元年的一種紀年系統），在葡萄牙（使用到一四二二年）和卡斯蒂亞（使用到一三八四年）仍然被使用。[2]

事實上，在英格蘭很少有人使用西元紀年。大部分人所使用的，反而是一套比較複雜的系統：即位紀元。這種紀元系統，是以國王登基後在位年數計算。按照這套紀年系統，「新年」實際上開始於國王繼位後的一週年。西元一三八八年也許開始於三月二十五日，但是大部分的英格蘭人會說，三月二十五日這一天屬於國王理查二世第十一年（理查在一三七七年六月二十二日繼位）。目前為止都還可以。複雜的地方在於以世俗系統紀年，但是一年當中的各個節日卻是以教會的方式計算，一部分還隨著可變動的節日（復活節）為基礎。所以，一三八八年的三月二十三日這一天，全稱是「國王理查二世登基後第十一年的天使向至福童貞聖母馬利亞報佳音節之前的那個星期一」。念起來實在很囉嗦。這還是一套很容易出錯的紀年系統。如果將「天使報佳音」（Annunciation）換成「聖母升天」（Assumption），你就會得到一個完全不同年分、日期的節日（一三八七年八月十二日）。十四世紀記錄年分的方式看起來或許很有詩意，但是整件事情也就只有這麼一個好處而已。

計時

報時也有它的複雜之處。這些困難並不是來自分歧的計時方式：昔日那種以日出日落作為計時的基準，此時正逐漸讓位給「時鐘／小時刻度」的計時方式。愛德華三世於一三五〇和六〇年代，引進第一座機械式時鐘進入宮廷以前，除了另一座由富有實驗精神的聖奧本思（St. Albans）修道院院長「威靈佛的理查」（Richard of Wallingford）所設計的實驗時鐘以外，英格蘭是沒有時鐘的。從拂曉開始，人們把白天的時間分成區段，藉此計算時間。日與夜不分季節，區分成兩個一樣長的時段，結果就是日間的「小時」（以白天時間區分為十二個鐘頭）在夏天比較長，在冬天比較短。因此，十四世紀的計時方式，就是去估算日頭在天空運行到哪個部分。這可以透過日晷儀，或者觀察陽光投射在較高物體上的影子來達成。

在〈法庭警衛的故事〉序言裡，喬叟對前述兩種方式有很好的描述：「我們的居停主人見到明晃晃的日光，在從日出到日落的弧線上，業已跨過一個四等分的刻度，還要加上大約半個鐘頭。」十二小時的四分之一刻度，代表太陽已經來到日出後的三個小時；所以，如果你再加上前面提到的半個小時，時間大概就是上午的九點半以後，十點之前。喬叟筆下的敘述者確認了這點，因為他注意到每棵樹的樹影都與它們的高度相等，這表示太陽目前的位置，在日出後的四十五度角高度，他曉得在四月的時候，這大約是上午十點鐘。如果你知道該如何測量的話，會使用一具銅製的星盤來估算太陽的角度。大部分的小康人家，都擁有這樣的星盤。[3]

只有在貴族豪邸、若干大修道院和主教座堂的鐘樓上，你才會看見機械式的大時鐘。到了本世紀結束的時候，安置時鐘的場所，有索爾斯伯里和韋爾斯的主教座堂，以及幾處皇家宮廷與城堡，其中包括西敏寺、溫莎、女王堡（Queensborough），以及國王御屬蘭利城堡（King's Langley）。在喬叟的〈修女院教士的故事〉（Nun's Priest's Tale），提及一處在修道院鐘樓上的時鐘。很明顯，時鐘是以一種全然不同的方式，來規範一天的時間：夏季時，白晝的時間有十八個小時，夜晚則有六個小時（並不是日夜各十二小時）。因為這個原因，人們同時使用兩種不同的計時方式：時鐘上的時間與日光時間。所以，如果你的意思是指「時鐘的時間」，你得特別說清楚，才能區分這兩種計時方式。注意：時鐘並沒有**顯示**時間，它藉由敲響鐘聲來報時。因此，你會發現人們不只說「時鐘的時間」，也會說「敲鐘的時間」。4

在城市與市鎮，早在時鐘發明之前，鐘聲就是一種報時的重要管道。在倫敦，聖馬丁大街（St. Martin le Grand）上安置的那座大鐘，就是人們要留心傾聽的鐘聲。這座鐘的鐘聲會告訴你，市場什麼時候開市，宵禁什麼時候開始。在倫敦這樣的大都市，許多鐘聲響起，背後各有不同的原因；分清每座鐘的聲音，是計算時間的第三種方式。大部分的人在黎明時就起床，他們的一天開始於第一個鐘頭：「日出晨禱」（Prime）。第三個鐘頭（大約是上午九點），被稱為「第三時」（Terce）；第六個鐘頭（中午）稱「六時禱告」（Sext）；第九個鐘頭則叫做「九時公禱」（Nones），如此類推。日出後第十二個鐘頭是晚禱時分，鐘聲響徹全城。當全鎮都聽得到鐘聲的時候，鐘響時間比預定早或晚了幾分鐘，或者鐘聲是不是按照「時鐘時間」來計時敲響，都無關緊要。因為負責敲鐘的那個人，就為所有人定下標準時間。

在以上所說的時段裡，身為一個旅人，你需要特別注意宵禁時間。在倫敦，當一天的尾聲到來、聖馬丁大街的鐘聲響起時，城門就會關上，所有「人回返住家或旅店」。在城內，巡夜的守夜人開始執勤：每區配置六名守夜人，看守城門的人數更多；而只有記錄良好者，才能上街擔任守夜人，也只有在他們上街的時候，才能攜帶燈籠。所有的酒館此時必須關門。在河面上的所有船隻都要栓繫妥當。宵禁以後，如果在街上發現陌生人，可以用「夜間遊蕩者」的罪名予以逮捕。正因為這個原因，如果你在宵禁鐘聲響起時，還沒有找到落腳歇息的地方，你最好直接離開倫敦城，在城牆外的市郊，或者南瓦克區（Southwark）找個地方過夜。不然，守夜人會將你帶往本市其中一座監獄去過夜。待在這些地方一段時間，最不讓人感到舒服愉快，更別提在那裡待上整晚了。

各種度量衡單位

我們已經看到語言、文字的拼寫、日期和時間各方面，欠缺或者少有一致的標準，那麼，當我們聽到十四世紀時的英格蘭，還使用為數可觀、各式各樣不同的度量衡單位時，也許就不會覺得那樣吃驚了。舉例來說：「一耕之地」（ploughland）指的是八頭耕牛在一年裡所能犁過土地的面積。同樣這個單位，在地形陡峭的德文郡，與在平坦的諾福克郡，所丈量出的面積畝地大不相同。「英畝」本身多少也有些變化不定，這反映出這個地方，八頭耕牛在一日之內能夠犁過多少面積的耕地。雖然愛德華一世試圖將英畝面積做統一規範，明文法定為四千八百四十平方英碼，可是民間的計算方式仍然繼續沿用。在赤郡（Cheshire）的英畝面積，比法定面積幾乎大上兩倍；約克夏郡的英畝面積還要來得更大。在康柏蘭郡，地畝的面積每個地方都不同，從超過法定英畝一倍到兩倍都有。[5]說凱爾特語的地區，對土地的計量也有不同，而且面積要大上非常多，比起英畝大上十五到三百倍不等。[6]至於長度單位，舊日法國一哩大約等於一點二五法定英哩，而很多受過教育的英格蘭人還是使用舊法哩來計算距離。[7]這個國際標準，在實際上是惟一通行的距離長度計量單位。在各地，英哩的長度在使用的時候都不一樣，比如在西約克夏郡，一英哩等於兩千四百二十八碼（長度等於一千七百六十碼的現代英哩，直到一五九三年才規定出來）。

其他的度量衡單位，複雜之處也為數不少。與其說這些度量衡單位五花八門，不如說它們在丈量不同物品時，有各自不同的詮釋方式。一英呎的長度和現在一樣，都是十二英吋；但是如果你要丈量的是一件衣裳，那麼使用的單位就是厄爾（ell），通常是四十五英吋（但是在說法蘭德斯語的地方，那就是二十七英吋）。也許最複雜的計算單位，就是那些與液體有關的。一加侖的葡萄酒，容量和同樣是一加侖的啤酒或麥酒並不相同。一「大桶」（hogshead）等於六十三加侖的葡萄酒，或者是五十二點五加侖的啤酒或麥酒。除此之外，「大桶」並沒有標準的容量；啤酒有一種標準，麥酒有另一種，葡萄酒還有第三種。如果你在倫敦買啤酒，一大桶的容量是五十四加侖，如果你買的是麥酒，容量就變成四十八加侖。

這聽起來已經夠複雜了，但更複雜的還在後頭：德文郡擁有自己一套特別的重量和丈量尺寸的系統。一「桿」（rod）等於十八英呎，而不是十六點五英呎，所以一英畝等於五千七百六十碼，而不是四千八百四十碼。在秤量起司或奶油的時候，一「石」（stone）重約十六磅（而不是十四磅）。德文郡的一磅重十八盎司，而不是十六盎司。一英擔重一百二十磅，而不是英格蘭其他地方的一百一十二磅。在德文郡，一「蒲式耳」（bushel）是十加侖，而不是通常使用的八加侖。在稍後的一個世紀，有一名旅人這麼宣稱：一個來自密德蘭，或者英格蘭北部的人，「或許遍遊歐洲列國，也難以找到比他自己故鄉德文郡更加陌生的丈量標準了」。[8]

身分

十四世紀開始的時候，在英格蘭的鄉村地區遇見只有單名的人，這並不少見。舉例來說，有個叫做埃伯特（Ilbert）的佃農，總是替領主耕作固定那幾畝田地，同樣也在威斯考特（Westcott）的那棟農舍裡度過人生歲月；除了埃伯特，他不大可能還會有其他的名字。一個中低階層的人，通常不會有世襲的姓氏。如果他叫做約翰，這是個非常普遍的名字，那麼毫無疑問的，需要將他和郡裡的其他約翰做區分，修道院的神職人員可能會稱呼他是「威斯考特的約翰」，或者「埃伯特的兒子約翰」。可是，不管他被叫做上述哪一種稱呼，都只是區別特徵，而不是家傳的姓氏。如果約翰搬到南考特村，他很快會被人叫做「南考特的約翰」。在一三〇〇年，只有你的上司官員、有錢人家和政治階級才會有家傳姓氏，這讓他們能在居住地之外還可以辨別身分，或者是為他們未來延續權勢做見證。因此，所有你遇見的小地主和鄉間紳士都擁有世襲的身分姓氏。佃農不會出遠門，也不會出任官職，就沒有這方面的需要了。

上述的這些，全都在一三二五到七五年這段期間發生改變。改變的部分原因是由於一三一五到二三年這段時期的經濟低迷，特別是在一三四八到四九年的大瘟疫之後，佃農在莊園之間搬遷的情況愈來愈常見。要分辨來自愈來愈多地方人士的需求，變得更加顯而易見。而且每個人都需要擁有一個傳承的家族姓氏，不是只有富人與時常出外者才需要的這種觀念開始產生了，以至於到了十五世紀的時候，人們會期待一個叫「威斯考特的約翰」或者「約翰．埃伯森（John Ilbertson，埃伯特的兒子約翰）」的人，應該不管在威斯考特或西敏都該叫這個名字。再者，有了家族姓氏，表示即使是約翰的兒子，也會跟著姓埃伯森。到一四〇〇年，每個人都該有個家傳姓氏，已經很普遍了。

身分不只是姓名而已。身分包括你從哪裡來，還有它背後的意含：你離那些能保護你的人有多遠距離。身分還包括地位。在貴族的情形，他的身分很顯然的是指他的頭銜，或者他受封的莊園領地名稱。倫敦的一位自由人開設的公司或是公會，可能也會構成他的部分身分。在其他的市鎮與都市裡，一個人在本地具有自由人身分的這個事實很要緊，這表示他擁有若干確切的權利。修道院院長的身分與此類似，仰仗他所屬的宗教機構；舉例來說，西敏宮的院長，重要性要高過福拉斯利（Flaxley）修道院的院長。接著，身分當然也靠紋章家徽來區分，它使得貴族領主、騎士和鄉紳與社群聚落裡的其他人區隔開來，「其他人」當中，還包括這些世襲家族的後裔商人。可別等閒看待這件事。有些騎士將他們的家族盾徽，看得和他們的家族姓氏一樣重要，因此會打上冗長又昂貴的官司，來證明他們的家族盾徽是獨特的設計。

所有這些構成身分的因素，在徽記印信裡全都出現了。印信是蓋在軟蠟上的字模，讓男性或女子能確認加蓋印信的資料為真。大部分貴族的印信，圖案、盾徽，或者是貴族身著盔甲，騎在馬上手擎盾牌的描繪圖樣。印信上通常會有銘文，刻記貴族的姓名與最重要的頭銜；如果印信的主人只是騎士，那就刻上他的主要封地。世俗貴族的印信是圓形的，商人的印信也是，圖案是一隻鳥，或是其他的標誌（如果商人沒有配戴徽飾的資格，就會如此設計）。教會和女貴族的徽記印信不是圓形，而是長而對稱的多角形。人們通常會親自保管印信，或者交由祕書或專職教士收妥。當印信主人死去時，印信的模板會被銷毀。如果印信遺失了，失主會敦促城鎮的傳令人宣布：加蓋印信戳記的資料，已經不再代表他本人的批准。

印信也能夠用來代表團體的身分。不只是修道院的院長擁有個人的印信，他管理下的修道院也有公印。各城市與鄰近由市長或市政委員會治理的市鎮，同樣使用印信。各式各樣的組織都有徽記印信：商人公會與倫敦的公司行號、牛津與劍橋的學院、修道院、牧師會教堂，甚至包括若干橋樑。和個人的印信一樣，這些徽記代表身分與權威，在中古時期，印信就等同於簽名。

至於王國的國璽，共有兩方大印，一枚由國王的首相掌管，蓋在首相簽發的文件上；另一枚在財庫大臣之手，用於財庫的文件。這兩方大印都有六英吋見方，分為不同顏色：首相使用紅色的蠟，財庫大臣則用綠色。用在國王自己函件上的印信稱為御璽，體積要小得多。至少，在本世紀開始的時候，是維持這種情況。愛德華三世在位時，逐漸讓掌璽的官員代用御璽，在國王的指導下處理日常政事，而國王自己則又有一枚新的「祕密用璽」或圖章，用來確認他的私人函件與各項指示。這枚印信由國王的祕書掌管。到了一四〇〇年，共有四枚皇家印信在使用：國王的祕密用璽、御璽，以及兩方形狀不同的大印。

舉止與禮節

或許你會覺得，中古時代的社會既骯髒、暴力又低俗粗鄙。這樣想或許沒錯，可是這並不表示當時就沒有高標準的禮節。在富人與掌權者的團體裡，行為舉止表現恰當合宜尤其重要。大貴族可能很不好侍候，而對他們有任何失敬之處，很容易會引來痛苦、憎恨與暴力。這種情況，只要看看對犯了謀殺的眾多人所發出的特赦信，就能明白了；然後再看本世紀數千名被處絞刑的人犯，絞刑台不曾長期閒置。他們說，人是由規矩禮貌造就的。確實，缺乏禮貌規矩，也可以使一個人毀滅。

重要的事情是，要記得對尊重的需求是放諸四海皆準的通理。在現代，你想要藉著無視於社會上的長輩，給予身邊同輩深刻印象的想法，在中古時代的英格蘭是沒有用武之地的。當你到訪某人家，他的社會地位與你平輩或是高過你，屋主會希望你解下隨身武器，交給門口管家，或是遞給主人。「進到屋裡的這個人，看啊，他沒帶任何危險進門，」他們如是說。千萬別在未取得屋主許可的情況下，就進到他的屋子裡，不管屋主是何種身分，都是一樣。如果你造訪的是小地主或商人的家，可能會有僕役通報你的來訪。如果前往的是重要貴族的府邸，會由管家或府邸司儀（或是他的招待人員）領著你去見他的主人或主母。將你的禮帽、便帽或斗篷遮風帽取下，直到你被告知可以戴回去了，才能再戴上。

你進到府邸主人房間的時候，裡面如果有身分和你相等的男女，你應該要鞠躬為禮。如果他們的身分比你還高，你該屈膝行跪禮至少一次（右腿單膝下跪，直到地面）。如果你被引導覲見國王陛下，特別是你和國王還不是那麼熟的時候，在廳堂或房間入口處，你就要行跪禮，走到房間中段，停下來，再次屈膝行禮。如果國王想對你說話，他會召喚你向前。當司儀官員告訴你止步，就要照做，並且再行三次跪禮。要等國王先開口，你不可先對陛下說話。國王要你說話時，開口時永遠要以問候語作開場，像是「願我主平安」。每次國王要你發言時，說話前都要鞠躬欠身為禮。不可迴避國王的注視，你應當誠懇而直接的看著他（在和身分與你相等或比你高的人說話時，也是如此；這和之後幾個世紀的禮儀不同）。絕對不要背對身分地位比你高的人，這麼做是非常無禮的。

如果你受邀到一位大貴族的府邸停留一段時間，你會發現：在大部分的時間裡，你都是站著的。當身處這種場合時，千萬不要自己找地方坐下，除非在場身分最重要的人允許你這麼做。這位身分最顯要的人，不一定是貴族宅邸的主人；如果國王或王后，或是任何身分顯貴之人駕臨同一幢房屋，並且出席同一場合，根據社交禮儀，發號施令的權力，就自動的由屋主轉到國王或王后身上。如果有一位身分高過你的人士進到屋裡，你要挪動身子，讓他站在較靠近宅邸主人或主母身側的位置。正當你全程站立在做這些事情的時候，記得眼睛不要對著房間四處亂瞄。同樣的，別自顧自的搔癢，或背靠柱子或牆壁站立。別挖鼻孔、剔牙齒或摳指甲，也別在室內吐痰。除非你自己就是這屋裡身分地位最高的人，或者你和在座地位最高者非常熟，要不然，你必須對自己的行為舉止慎之又慎。任何事情，都可以被用作指控你「失敬」之罪的罪證。而能夠決定行為是否失敬的，是那些高身分地位的人士，可不是你。

在表達敬意的姿勢和一般禮貌的動作之間，並沒有清楚穩固的界線；講得更清楚點，兩者交互影響，融合為一。所以，你需要知道上了餐桌，該怎麼應對進退，特別是在和一群熟悉社交禮儀的人共餐的時候，更是如此。忘掉你聽來的那些關於中古時代餐廳的奇談吧：什麼大家在餐廳裡大口嚼咬牛肉雞肉，猛摔骨頭之類的行為。沒有任何人家，會將這樣的行為看成是合適的舉止。關於餐桌禮貌，有嚴格的規定要遵守。在每次進餐之前，你必須立刻洗手。用刀切麵包，不要撕開它。如果餐食裡提供飲酒，在舉杯之前，先揩淨你的嘴。不要靠著餐桌吃飯。要是你面前擺放著多道菜餚，不要一下就把最好吃的部分全拿給自己，而是一次取一樣，放進碗裡。不要東挑西選，拿食物沾鹽，這樣的舉止很低劣，會被看作對主人的不敬。同樣也要記得一般尋常的禮節，像是嘴裡有食物的時候，不要張口說話，或者是當人們在飲酒時，不要對他們談話。要是身分地位尊貴者邀你同杯共飲，把嘴擦乾淨，接過酒杯來喝，然後再遞還回去。別把酒杯遞給其他人，這是專屬於主人或身分尊貴者的恩賜，而且意味著是他們專門給你的賞賜。[9]

對於女性，另有一套禮節規範。女性開口咒誓，這是非常不合適的。雖然喬叟筆下的巴斯之妻就這麼做，但除非你像她一樣，是個獨立自主的寡婦，否則你很可能會為自己惹來麻煩，而且會使得你的丈夫或父親蒙羞。年輕女性不該甩頭，不可扭動肩膀，也不能讓不是家人的男子觸摸到她的手；而女性如果在外面喝得大醉，會被看成驚世駭俗之舉。同樣的，女子不能圍觀公開的摔角比賽，或者與陌生人攀談，如果她們如此，可能會惹來不好的名聲。女子出門在外，通常都應該要在家族男性或女性成員的陪伴下，手挽著手外出。

十四世紀的人們，對於肢體語言的詮釋，通常與現代頗有出入。男子或女性在處於深深的哀痛或憂傷時，當然會哭泣，但是同時你也會發現，人們因為某些沒那麼具情緒性的理由而流淚。

當一名商人或債權人，提前來向你索討積欠款項，或者是要求履行某項你已經承諾的效勞時，他很可能會因為加諸在身上的壓力，導致不得不向你催討索要債款，而流淚哭泣。朝天空高舉你的雙臂，這是另一個與今日有著微妙不同處的肢體語言：在中古時期，這個動作表示感謝上帝，所以和放鬆、獲得拯救有關，而不是象徵絕望。很少人在歡迎他人時握手；這個動作，反而意味著在人們見證之下，雙方達成協議的證明。[10] 兩個男子之間親吻的舉措，需要依照不同的情況背景來解讀：當男子在公眾場合親吻，是和平的象徵，是對被吻者效忠的確認，或者是行禮如儀的動作。這不僅僅只是表達歡迎而已，也不具有任何性方面的意涵。不過，要是一名男子在大庭廣眾之下親吻一個並非家族成員的女性，就**確實**有性方面的意味了，所以你該避免在眾目睽睽之下，與你相識的異性朋友來個大動作的親吻。就算你只是在對方臉頰上輕輕一個啄吻，也會引來人們的側目。

迎接人的禮儀

最初的印象非常要緊。如果你在迎接某人的時候，態度過於友善或太過冷淡，很可能會影響未來你和這個人的關係。在這個方面的最好建議，可以在一本英、法語雙語指南手冊上找到，裡面有許多用來迎接人的用句。舉例來說：

當你走在街上，遇見任何你認識的人，或是你的舊識朋友，如果他們係豪勇之士，你當快步趨前，準備先行向他或他們打招呼。對淑女或少女脫帽為禮；如果她們也脫帽，你需再次脫帽回禮。在行禮時，你可對他們致意：「願上帝保佑您，先生。」這是人們在問候他人時所說最簡短的話。或者，在另外的場合裡，可以這麼說：

「歡迎您，先生。」

「是的，女士或小姐，歡迎您。」

「先生，願上帝賜您美好一日。」

「夫人，願主賜您美好一日。」

「諸位朋友，歡迎您。」

「您從事何職業？近來如何？這一向都在哪裡？」

「我這一向都在國外。」

「在哪一個國家？」

「先生，這說來話長；不過，如果您願意，任何我能辦到的事情，您都可以吩咐我去做，我定會十分樂意接受。」

「先生，感謝您殷勤的話語與您的良善美意。神必會酬謝於你！」11

購物

當城鎮的鐘聲敲響一天的序幕，商店開門營業。如果今天是集市的日子，那麼市場裡的商人也要展開一天的生意。

當然，你要在哪裡購物，得看你希望購買的是什麼樣的物品。在市場裡，是買不到鎧甲武器或者珠寶的，你得到城市裡特別的店鋪去才買得到。大都市和某些城鎮有超過一個以上的集市。有些都市裡的大市場可能太過擁擠，以致於另外需要許多個專門的小市場。比方說，在埃文河畔的史特拉特福（Stratford upon Avon），每個星期四分別有不同的集市，各自交易穀類、草料、牲畜、雞鴨和日用品。倫敦則有各式各樣的市集，從每天都集市買賣家禽的利登霍爾市場（Leadenhall market），到每星期五集市、交易馬匹的史密斯菲爾德方場市集一應俱全。

在市鎮裡的市集，集市的主要目的是為了居住在城市，以及周邊郡縣的人們提供生活貨品。不過，大部分的市集也具有批發功能，比如將牲畜批發給屠宰場。在沿海市鎮，每天的魚獲都在漁市販售。部分的魚獲由當地人購買、消費，但是大部分都由漁獲批發商運往內陸，在這些市鎮的市場上販賣。在這些市集，漁貨是直接賣給消費者，魚販不可能把貨批下來賣一整個星期，因為沒有辦法保存。其他種類的市集貨品，還包括那些並不是日常需要的用品。野兔、家兔、小山羊、狐狸、家貓和松鼠的皮毛（用來作為富裕之人服裝邊角的裝飾），在市場裡都找得到；但是在大多數的小市鎮裡，對於這些商品的需求量，都不足以使各家店鋪每日進貨。所以，巡迴販賣毛皮的商人就應運而生，他們在各市鎮之間穿梭移動，在各市鎮集市的日子到達。

市場裡也有五金器材行。如果你想得知市場各行各業的全貌，只需站在路邊，然後檢視進城鎮的推車和馬車裡，都裝載著什麼樣的物品。舉例來說，在一三二八年的紐華克，你會見到以下這些物品被運進市場：穀物（主要是小麥，燕麥或黑麥比較少）、醃肉與培根火腿、新鮮肉類、鮭魚、鯖魚、鰻魚、海水魚、魚乾、青魚、阿伯丁郡（Aberdeen fish）醃魚、綿羊、山羊、豬、羊毛、磨製過的皮革、皮製品、毛皮、各種款式的服裝、鐵、鋼、錫、崧藍、葡萄酒、袋裝的羊毛布、蘋果、梨子、核桃、亞麻布、油畫布、木料、新的推車、馬匹、母驢、木板椿條、厚木板、草料、（用來鋪地板的）茅草、床罩、玻璃製品、大蒜、食鹽、綑柴、木炭、枯枝乾柴、釘子和馬蹄鐵。[12]

上述是你**能夠**在市場購買的物品清單，可以讓你清楚了解，有什麼物品在市場上是買不到的。當你在市集各攤商間漫步的時候，沿街可能有叫賣的小販正兜售著派餅，不然的話，想買吃食，你得上餐館才有。你或許可以在市場買到衣服，但是要讓身上穿的衣服裁縫合身，你還是得上裁縫鋪才行。一名鞋匠可以在市集買到他要的皮革，所以你要買鞋子，上門的地方是他的鞋鋪，而不是市場。像這樣的鋪子都被安排在市場附近，通常正對著市集。在諾里奇，市場實在太過繁忙，導致商家真正的買賣交易不是在市場，而是在周邊的巷弄街道上進行。每天所能提供的服務種類（包括在市場關閉的日子），要依照居住在城鎮內商家而定。在一三〇一年的科爾切斯特，你能找到十名鐵匠，八名裁縫織工，八名肉販，七名麵包烘焙師傅，五名木匠和十三名布商。這些布商競爭的是同一行生意，他們全都販售像手套、皮帶、皮包和針盒一類的皮革製品，不過也有少數幾位專門販賣罕見商品。在他們之中，有一位同時也是製衣匠，另外一位則販賣化妝品與軟膏所用的銅綠和水銀。[13]

每個星期都有市集的城鎮，通常也會有一年一度的大集市，這類大型的集市時常在七月到九月之間的節日舉行（總是在五月到十一月之間）。這類大型集市是中古時代英格蘭的盛會。大集市通常一連舉行三天，在哪位聖人節日的前一天開始，然後是節日當天與隔日。在有大集市舉辦的時候，數以千計的人湧進市鎮。因為平日市集已經提供國人每週一次購買貨物商品的機會，所以這類的大型集市就給人們一年一度的機會，可以採買更加奇特、更有異國風情的貨品。大型集市是許多城鎮居民能夠從批發商那裡買到大量貨品的機會，這些貨品會被存放在他們的倉庫裡，以備接下來幾個月之用。比方說，染坊工人想要取得某些稀有顏色染料頗有困難，因為這些顏色的染料囤放在幾百公里之外，從而無法運輸到每個市場，但是染料的供應商會在大集市出現。商人引進異國香料和稀有水果，像是柳橙、檸檬、無花果、蜜椰棗和石榴，也出現在大集市，特別是出現在那些鄰近城市的大集市。

各地的交易都有規範。大部分的主要城市和城鎮都有「商業同業公會」（Guild Merchant，有時候拼做「gild merchant」）：這是一個有權決定在市場裡誰可以自由貿易、誰不得進行貿易的組織。[14]這樣的機構在市場裡向非城鎮居民的商家收取不少稅收，並且收取各項林林種種的費用，像是橋樑維護費（Pontage）、擺攤租費（Stallage）、道路維護費（Pavage）。在某些情形下，這些公會組織可能會禁止非居民販售某項貨物。萊斯特的商業公會就設下嚴格的規定，禁止任何非本鎮自由人販賣衣服、蠟、魚或肉類等貨品。公會還可以頒布規定，限制誰**可以**在市場沒有開張的日子買賣，例如，除了鎮上具自由人身分居民得以買羊毛織品以外，一概不准交易；或者是禁止肉販的妻子在同一天裡，將買來的肉品又轉賣出去。[15]

這種對貿易的監督管理值得人們感謝，原因有好幾個。「購者自慎」（Caveat Emptor，譯註：或譯為「貨物既出，概不退換」）的警語，應該用大寫字體標示，銘刻在每個市場的入口處。你真的很難置信，究竟有多少種不同的詐術與欺騙手法，被用在那些不夠當心注意的消費者身上。你去詢問倫敦利登霍爾公會的任何一位職員，他會告訴你：烹飪用的鍋子是用廉價劣質金屬製成，然後塗上黃銅漆偽裝銅鍋；烘烤的麵包被塞進石頭或鐵塊，以湊足法律規定的重量。如果你造訪一座城市，就能親眼發覺這裡正使用什麼樣的詐騙術。擺在攤鋪展售的物品都精過精心安排，好遮掩它們的缺陷。羊毛線在編織之前就極度拉長，讓它看來長度更為增加（之後縮得更加厲害）。衣服有時候還混以人髮編織。鞋子使用低於標準的劣等皮革製造。肉類就算已經發臭腐敗，酒類就算已經變酸，麵包上頭已經長出綠毛，而且被認為到了會危及購買者生命的程度，還是照樣拿出來賣。受潮的胡椒粉，使它膨脹，增加重量，然後賣掉，卻會更快腐敗。數量短少是另一個惡名昭彰的問題，從一三一〇年開始，工匠必須宣誓，他們製造出來的木質度量器具，尺寸都是大小適中。甚至，連囤積穀物者都能賣假的燕麥。你會問：這是怎麼一回事啊？那些「燕麥」真的是燕麥嗎？在一大袋腐壞的燕麥被賣掉的時候，答案是否定的；在麻袋上頭，還會故意擺放一些品質不錯的新鮮燕麥充數。16

別覺得你被詐騙了就是活該倒霉、該要接受這樣的命運。無論你在哪裡購物，你都能找到一訴冤情的機會。商人公會對於他們所經營管理的市場，隨時遭受其他市場挑戰，這個情形他們非常清楚，所以極度想要維護市場和市鎮居民的好名聲。城鎮的領主與此類似，也很在意確保他們來自市場的規費收入能不受損害。有權舉辦大型集市的人，同樣有權利（與責任）召開審判詐欺不實商家的法庭。這些審判庭被稱作「派餅麵粉法庭」（piepowder courts）。

如果你是商家舞弊詐欺的受害者，直接去找有關當局處理。在大型集市舉行時，舞弊的商家會被處以罰款。在城鎮裡，他則會名符其實的被上枷示眾。木枷是一塊厚重的木板，將有罪之人的頭和手扣住，使他無法躲避羞恥感，或者圍觀民眾對他的羞辱（以及任何朝他扔過來的東西）。一個販賣劣質肉品的肉販，會被拖過城鎮的街衢，然後來到一處柵欄上枷，他的身邊放滿燒焦的腐肉。販賣劣質麵包的烘焙師傅，待遇也是如此，只是擺放在身邊的換成麵包而已。被逮到販售劣酒的釀酒師，會被拖扯到柵欄處上枷，強迫他喝下一大瓶自己釀造的酒，然後，將剩下的酒從頭淋下。復仇的甜蜜，彌補了劣酒的酸楚。

錢幣

如果你找上鎮裡任何一位還算得上小康的鎮民，取下懸掛在他們腰帶間的皮囊，看看裡面的錢幣，你會見到中古時代各式各樣的錢幣圖樣與大小尺寸。這些錢幣都使用很長一段時間。即使錢幣的圖樣已經磨損，變得幾乎難以辨識的時候，這些銀質便士（penny）硬幣的尺寸，說明它們仍然是被各方接受，完全可通行使用的貨幣。因此在愛德華二世在位時所流通的硬幣，主要是在他父親愛德華一世長時間在位時，以及他的祖父亨利三世時所鑄造的。慢慢的，這些硬幣的數量逐漸減少，取而代之的是有愛德華三世頭像的銀幣。到了一四〇〇年，隨機撈起一大把銀幣，會看到一大堆盛年時期的愛德華三世頭像，在硬幣裡翻來覆去。

硬幣圖樣的種類與範圍之廣，會令你感到吃驚。從一二七九年，愛德華一世大幅改鑄硬幣開始算起，到一三九九年理查二世遭到罷黜的這段時間，總共出現大約一百六十種不同的便士——每年推出超過一種。其中有部分原因是，和現代不同，在當時，同時有好幾處鑄幣廠在運作。皇家鑄幣廠至少有三處，分別位於坎特伯里、特韋德河畔伯立克（Berwick-on-Tweed）與倫敦塔。此外也有私設的鑄幣廠，由伯里聖艾德蒙斯修道院的院長、德漢教區的主教，以及約克大主教營運。愛德華三世於一三五一年在加萊另外設立一處鑄幣廠，而雷丁（Reading）的修道院院長則以國王的名義，在一三三〇年代開了另一所鑄幣廠。這些鑄幣廠，每一處都有好幾位給硬幣上標記的鑄幣師。在約克和德漢的鑄幣廠，每當有新的大主教或主教被遴選出來，這些地方的鑄幣廠就會變更硬幣的圖樣款式。所以在新王繼位，或者是愛德華三世採用，或放棄一個頭銜（比如「法蘭西之王」）的時候，就有一批新硬幣出爐。

一直到一三四四年，商人皮囊裡的硬幣都是銀質的。少數愛德華一世在位時期發行的四便士銀質硬幣，目前還在流通；不過大部分你會碰上的硬幣，面額都是一便士、半便士和四分之一便士（farthing）。一三四四年，國王愛德華三世下令鑄造一批品質良純的二先令銀幣（florin）或價值六先令的金幣（double leopard），以及面額一先令或三先令、半先令或價值一先令六便士的錢幣。他的目的和佛羅倫斯人所推出的「弗洛林」銀幣一樣（這種錢幣通行整個歐洲），是要宣傳推廣他統治的國家——弗洛林的流通，宣告佛羅倫斯這個義大利城邦國家的國際重要性。[17]而遺憾的是，你卻很難見到上述這些英格蘭錢幣。這是由於錢幣當中的黃金成分，價值高過錢幣的面額，所以幾乎是在推出之後就立刻被重新鎔鑄。不過，在好幾次嘗試之後，愛德華掌握一三五一年發行的諾布爾（noble）錢幣的尺寸比例（價值六先令又八便士）。這個模式在本世紀的後半一直沿用。此後，他下令用黃金鑄造諾布爾、半諾布爾，以及四分之一諾布爾錢幣。至於四便士、一便士、半便士和四分之一便士，則用銀來鑄造。

諾布爾幣的面額是六先令又八便士，乍看之下似乎很奇怪。然而，這個面額卻特別實用。在英格蘭，有兩種通行的金額計算單位：一英鎊（合二十先令）與一馬克（合十三先令又四便士）。一枚諾布爾錢幣正好是三分之一英鎊，或者是半馬克。手上有這麼一枚與上面這兩種單位比例相等的錢幣，是一項很顯著的進步，如此就不必再為了每馬克或英鎊，去秤一百六十或兩百四十枚銀質小便士的重量了。

物價

比起現代世界飛騰的物價標準，你會很高興知道，中古時期的物價相對比較穩定。這是藉由執法單位長期對糧食，如麵包、葡萄酒和麥酒供應價的監控而達成的。在一三〇五年，品質一般的葡萄酒，一加侖大約要價三便士，麥酒一加侖則是一便士。過了一世紀，這些價格仍舊維持不變。不過，在動亂的時期，物價可能同時全面性的變動。穀物的價格在連年歉收之後上升，同時各項奢侈用品的價格則暴跌。反過來說，在一三四八到四九年的大瘟疫期間，大量糧食和牲畜供過於求，以至於經濟進入通貨緊縮的循環。正如萊斯特的編年史家亨利・奈頓（Henry Knighton）所指出的，在一三四九年，你可以用一枚新鑄的諾布爾錢幣（六先令八便士）買到一匹之前要價兩英鎊的馬，合原來價格的六分之一。他同時也提到當時一頭牛只值十二便士，對比在大瘟疫爆發之前，一頭牛的價格是這時候的八倍。

在現代世界，英國人並不慣於討價還價。但這件事情，對身處中世紀的你來說必須要適應，因為討價還價是建立價格的主要方式。下面的對話，是當時的一個範例，告訴你該如何預期這套方式的運作模式：

「夫人，你手上拿的這件衣服有多少厄爾？或者，這整件衣服多少錢？簡單講，這麼說好了，一厄爾多少錢？」

「先生，我給您一個合理價錢；您可以買到質優又便宜的貨。」

「是啊，確實。蒙您照顧了。請建議我該付多少錢吧。」

「如果您願意惠顧，這件衣服一厄爾值四先令。」

「這不合理。這個價碼我可以買一件上好的大紅袍。」

「您這麼說是沒錯啦，但我還有一些更好的，可以賣到七先令。」

「我願意相信您。但是這件衣服顯然不是如此，它不值這個價錢，您也曉得這一點！」

「先生，您認為它值多少錢呢？」

「夫人，這件衣服對我來說，一厄爾頂多值三先令。」

「這麼說實在太過分了……」

「不過，說實在的，我該花多少來買，才不會有所損失呢？」

「我告訴你，一句話，這件衣服應該一厄爾五先令，當然你可以用這些錢，去買更多衣服，但我是不會再讓步了。」

「夫人，那麼多言何益呢？」18

雖然十四世紀時的通貨膨脹頗為和緩，你還是不可能拿這時候的價格，和現代世界的標準相比。任何的比較，都會造成誤導和誤解。舉例來說，一三三九年，在埃克塞特造一張市場魚販用的桌子所需要的百枚釘子，總共要價三便士；這個價錢大概等於木匠製作這些桌子的工資（每個人每天為二又四分之三便士，還要加上買酒錢）。[19]在現代，這些釘子的價格不會低於四英鎊；而且沒人會給這麼低廉微薄的工資，就算你給木匠再多的啤酒喝，也是一樣。在撰寫本書的時候，一位木匠工作一日的酬勞已經接近一百英鎊，這個酬勞增加到釘子價格的二十五倍以上。在長期的通貨膨脹趨勢下，造成如此的懸殊差異，要注意的是，它出現在大部分的產品和服務當中。在一三九一年，亨利四世要買一磅的番紅花，必須付十先令的價錢；在今天，番紅花依然是由人工採摘，而每公斤的零售價是兩千英鎊（每磅九百零九英鎊），比起十四世紀時，價格上漲百分之十八萬一千七百。按照同樣的物價，亨利國王每購買一隻閹雞，需要付五便士。如果雞肉的價格以番紅花的比率增加的話，那麼在今天，一隻雞的價格就要逼近三十八英鎊。如果雞肉價格按照木匠薪資成長的比例增加，那麼每隻雞就要價一百五十四英鎊，比起本書撰寫時實際抓一隻雞的價格，高出三十倍。

之所以強調這一點，是想要顯示某些在今天我們習以為常的事情，在中古時代的社會裡，要更加的受到重視與珍惜。在十四世紀的時候，食物比起現代的英國來得更有價值，價格也更昂貴。另一方面，勞力則相對比較便宜。土地的價格賤如塵土（每畝土地的租金只有一到兩便士，對於承租的自耕農來說很普遍）。但是，一隻雞的要價超過勞工一日的勞動所得，而一磅糖的價格，則比勞工所得高出兩倍。另有一個不同的層面，在供需方面決定這些物價的高低。再者，對於商品或是服務的銷路或需求，在全國各地有所不同。農村地區的食物價格，比起城市要便宜得多。在都市裡，一頭豬通常要價三先令，但是在鄉村的市集，只需付兩先令就能買到。燕麥的價格與此類似，在鄉村的價格是都市價錢的一半。既然食物的售價相對的低廉，其他物品的價格在鄉村地區也跟著便宜起來。蠟燭的價格在城市每磅要價兩點五便士，但是在鄉村只要一點五便士。[20]供需的準則依照一個更加在地化的模式來進行。當貨物的運輸是如此緩慢、困難與昂貴的時候，金錢的意義也就隨之不同了。

勞動與工資

在中古時期的英格蘭，要賺取收入並不容易。很少人可以由農奴的身分力爭上游、一路奮鬥，最後攀登到一個能夠獨立自主的位置。那些經由貿易、戰爭發財，或者是靠教堂、法律致富的人，通常有家世背景，至少是出身手頭寬裕的富有之家。甚至連生涯帶有若干傳奇色彩的倫敦市長狄克．韋廷頓（Dick Whittington），也不能說他是一路由貧民區奮鬥出身的。沒錯，他去世的時候，已經是一個極度富有的人，但是他誕生之時，卻也並不怎麼貧窮。他的父親威廉．韋廷頓爵士（Sir William Whittington），是格洛斯特郡的地主。

你能夠找到什麼工作，而這些工作又會付給你什麼當作報酬呢？你可能在事前已經有所推測，想在城鎮裡找到一個值得從事的工作，你需要加入這個鎮的商業公會（或者，在某些城鎮是需要加入某些特殊技藝的公會，例如木匠或金飾匠公會），然後成為城鎮的自由鎮民。加入公會，或者是靠繼承會員身分，或者是繳納一筆入會費，通常是一到兩英鎊。想要成為倫敦公會（或是倫敦同業公會）的會員，你可能需要繳交最高達三英鎊的入會費。想成為一名學徒，同樣也需要向師父繳交一筆費用。如果你沒有城鎮公民的身分，又不是商業行號或特殊技藝的學徒，那麼勞力就是實際上你惟一的選擇出路。

受雇勞動者的每日酬勞[21]

勞工類別／時間	一三〇一－一〇	一三三一－四〇	一三六一－七〇	一三九一－一四〇〇
木匠	二・七五便士	三便士	四・二五便士	四・二五便士
勞力工人	一・五便士	一・七五便士	三・二五便士	三・二五便士
蓋屋工人	二・五便士	三便士	三・五便士	四・二五便士
蓋屋匠的同事	一便士	一・二五便士	二便士	二・二五便士
石匠	五便士	五・五便士	六便士	六便士

很明顯，你在哪裡工作，還有你為誰工作，是存在著一些差別。另外，依照季節的不同，

酬勞工資也有變動。一三〇六年，為埃克塞特主教座堂鑿石的石匠夏季工資，每天是五點二五便士；在冬天，因為白晝縮短的關係，每天是四點五便士。這樣的情況，在大部分的建築與勞力行業裡很常見。一三四〇年代，倫敦的磚瓦匠夏季的每日工資可以到五點五便士，冬季則是四點五便士。[22]不過，即使是以磚瓦匠的工資來說，你還是會發現很難存下一筆錢，繳納公會那筆兩英鎊的入會費。本來就低的工資，在極為昂貴的食物價格之下更顯得微薄。在本世紀初期，勞工的所得大概會有三分之二以上，都會花費在食物與飲料。或許你可以選擇包吃包喝，另加上一便士的工資，或者不包吃喝，給你二點五便士。臨時受雇來收成的工人，特別能體驗這種混合型態的酬勞給付方式。受雇期間，他們每日領取五便士的工資，還有隨你吃到飽的伙食。可是，一等收成結束，他們很快就會被解雇。

沒有人在禮拜天工作，除了星期假日之外，一年當中還有四十到五十個「宗教節日」，同樣也不是工作日。將這些日子考慮在內，大多數一般的石匠，一年到頭的平均收入，大約是七英鎊一先令又六便士。這是一筆很可觀的收入，比大部分人的所得都還要多。可是，如果他後來成為一名手藝精巧的石匠師傅，還可以賺得更多。在一三六五年的威靈佛，手藝嫻熟的石匠師傅每星期的工資是四先令，而在溫莎城堡大重建期間，領班的石匠師傅每星期可領到七先令工資。[23]手藝高超的木匠師傅所領的酬勞，差不多也是這個價位。這樣就使得這些師傅的年所得來到十至十七英鎊的等級，與受過高等教育的律師、醫師接近。因此，即使你不是出身自有田有地的大戶人家，一樣可以發展到在社會上受人敬重的地步。

相比之下，當管家的收入就實在不怎麼樣了。甚至連皇室人員的待遇，也不能說是豐厚。雖然愛德華二世麾下的主要官員，年收入確實達到八馬克到二十英鎊，而再往下一個層級，國王陛下的衛隊每日的所得是七點五便士，還包吃喝，到了第三級，每日工資就只有四點五便士了。僕役的每日工資是一個半便士，可以在府邸裡吃一餐，然後和同樣是僕役者共睡一間寢室。[24]這還是身為頂級機構的僕役，才有如此待遇。在其他貴族府邸上的侍者和僕從，如果一天的工資能超過一便士，就該額手稱慶了。一名住在小地主家裡的男僕，每星期的工資可能只有四便士。在府服務的女僕，工資比男僕要少上將近一半，每週大約只有兩個半便士的酬勞，而且她的工資常常是整年整筆的拖欠後付。同樣的情況也出現在參加收成勞動的婦女和少女身上，她們的工資只有男性同事的一半。[25]當富有之人如此炫富、擺排場，而憑勞力掙錢者，工資又是如此的低微，那麼有這麼多人會鋌而走險去作奸犯科，就不令人訝異了。

---

1 Ruffhead (ed.), *Statutes*, i, p. 311.

2 這段文字改編自普爾（R. L. Poole）的記述，摘引自Cheney, *Handbook of Dates*, p. 3。

3 喬叟為兒子寫一篇關於星盤的文章，亨利四世還是德比伯爵的時候，在一篇文章裡提及他曾修理自己的星盤觀測儀。見Mortimer, *Fears*, p. 154。

4 Smith (ed.), *English Gilds*, pp. 370-409. 其實這是發生在十五世紀的例子；這種講法開始的確切日期已經無從查考。這種風俗習慣的產生，要早於國王愛德華四世在位期間，不過用語則是當代的。

5 Dilley, 'Customary Acre.'

6 Finberg, *Tavistock Abbey*, p. 11n.

7 Hindle, *Medieval Roads*, p. 31.

8 本段中所引用的計量數字，來自於Finberg, *Tavistock Abbey*, pp. 30-1。

9 對於名望、舉止和禮貌這些層面的描述，大部分都取材自Furnivall (ed.), *Babees Book*，特別是"The Babees Book"、"Stans Puer ad Mansam"和約翰·羅素（John Russel）的"Boke of Nurture"等文章。女性舉止的描述，大部分取材自《賢妻如何教導她的女兒》這本書。

10 威利（Wylie）聲稱，尚·德漢葛斯特（Jean de Hangest）、德胡格維爾爵士（Lord de Hugueville）在一四〇〇年與國王亨利四世正式會見之後，和他握手為禮（Wylie, *England under Henry IV*, iv, p. 263）。勒·羅伊·拉德禮（Le Roy Ladurie）的《蒙泰盧》（*Montaillou*），頁一四〇則提到，十三世紀法國人之間，握手為禮並不普及。

11 Bradley (ed.), *Dialogues*, pp. 4-5.

12 Fisher and Ju ica (eds), *Documents*, pp. 237-8.

13 Coulton, *Medieval Panorama*, p. 302.

14 關於商業同業公會的名稱，我遵照《劍橋不列顛城市史》（*The Cambridge Urban History of Britain*）的用法，使用「Guild Merchant」，而不是更常見的「gild merchant」。眾所周知，有兩個最重要的城市，從來就沒有同業公會（倫敦和諾維奇是最常被引證的例子）。然而，隨著這項議題日趨複雜，而且如果要敘述公會與其轄下商人、所在城鎮當局之間的關係，所需的篇幅，將超過此處所能容納，所以，這裡對於城鎮當局的描述，會儘量保持簡要。

15 參見Bolton, *Economy*, chapter four: "The Growth of the Market."

16 這些例子，全都發生在十四世紀，引自Riley, *Memorials of London*。
17 Mortimer, *Perfect King*, p. 210.
18 Bradley (ed.), *Dialogues*, pp. 15-16.
19 Rowe and Draisey, *Receivers' Accounts*, p. 7.
20 Dyer, *Standards*, p. 210.
21 對於在溫徹斯特主教地產（平均為八座莊園）內工作的木匠與勞力工人，參見Bolton, *Economy*, p. 71；對於蓋屋工人和他的同事，參見Dyer, *Standards*, p. 215；石匠則參見Salzman, *Building*, pp. 70-77。
22 Erskine (ed.), *Fabric*, pp. 182-3; Salzman, *Building*, p. 72 (tilers).
23 Salzman, *Building*, p. 74.
24 Woolgar, *Great Household*, pp. 31-2.
25 這也同樣適用於建築業，參見Salzman, *Building*, p. 71。

第五章
服裝穿著

好萊塢拍攝的電影給我們一些刻板印象：中古時期的人，身上穿的都是千篇一律的制式服裝。國王在宮廷裡漫步的時候，穿著貂皮作裝飾的袍子，騎士總是身著鎧甲，淑女穿著隨風飄動的長袍，充滿思慕的來回走動著，而宮廷裡的弄臣穿著刺眼紅、黃色的連身衣褲，在那裡歡騰跳躍。與此類似，時尚女裝（haute couture）的團體，帶著魅力十足的現代感主張說，具有現代時尚意識的流行潮流，在一四〇〇年時是不可能存在的。上述這些印象都是錯誤的。在十四世紀時，服裝款式經歷的改變，比之前任何世紀都還要重大。而男性的服裝風格在本世紀的變動，也超過從此之後的各個世紀。

服裝在一三〇〇年的時候，走直接、實用的風格路線，服裝是透過色彩和衣服的材質，而不是經由剪裁，來呈現穿著者的階級身分。事情大約到了一三三〇年時，開始起了變化。重要的不同處，在於有一隻袖管被裁剪掉了。剪裁合身袖管的出現，使得服裝能呈現身材的線條。衣服不再像從前的束腰短上衣那樣，它們顯現出男人與女性體態上的自然曲線。結果，在男女的服裝之間呈現更大的差異。大約在一四〇〇年，設計怪異的服裝時尚達到全盛期。短上衣後面拖著燕尾，開口裁得很高，以至於男子可以炫耀他們的大腿一直到腰身，還有長長懸掛的袖子，以及尖得誇張的鞋子。

儘管有這種新貼身線條的性感出現，若干重要的社會與道德層面，仍舊持續限制人們的穿著。在社會上，沒有任何一個層級的人能夠想怎麼穿就怎麼穿。女子從來不能在公眾場合裸露她們的腿或手臂，你惟一能見到露出腿和手的是洗衣婦。穿著仍舊是維護社會秩序的關鍵手段。倫敦的風塵女子只要戴上黃色頭巾，並且遵守城市相關法規，她們的暴露穿著就可以被容忍。如果讓娼妓穿上一般的服裝，會對所有自重自愛的人妻，以及市鎮良民的女兒形成道德不好的示範。同樣的道理，痲瘋病患者應該穿上斗篷與喇叭長褲；這構成部分的社會契約，在這樣的約定俗成底下，這些人才能被社會所容忍。教士與僧侶同樣被期待要穿著符合他們身分地位的服裝。貴族穿昂貴的皮草，地位稍低的男女穿較便宜的毛皮，平民女性則穿兔毛服裝，如此類推。在中古社會，你身上的穿著就象徵你是什麼樣的身分。

在某些層面，你的穿著也表明你的保護者是誰，以及效忠於你的臣民位於何處。在貴族府邸服務的男子，通常要穿該府的制式服裝：依照這位貴族的紋章家徽顏色所設計的同款制服。或者，大貴族的僕從也可以穿上有貴族家徽的頸圈衣領作為替代，向所有人告知，他擁有其主的庇護。這是衣著的嚴肅用途：一種符號上的威嚇。攻擊一位穿著貴族府邸制服的男子，就等同於攻擊貴族本人。反過來說，如果如此穿著的男子攻擊你，那你最好得小心提防。如果他的主人決意要保他平安無事，免受法律的制裁（也就是被稱為「干預與本人無關的訴訟」的行為），那麼你很有可能無法看到正義伸張。一群男子糾集成群，穿著同款府邸的制服，理論上這群人仍然要受到法律的管轄；但是實際上，他們幾乎是招惹不得的。

服裝潮流時尚的變化，很明顯的和它的社會功能並不完全相容。你沒辦法期待一個社會，既用保守道德標準來決定衣著，又不斷改換流行。你能想像倫敦的街頭巷尾流言蜚語，談論著「今年妓女頭上戴的黃色頭巾又挑高了多少」嗎？你也無法想像修女穿得花枝招展、鮮豔深紅。結果就是，在那些鼓吹潮流變化的人，與維持傳統服飾現狀的既得利益者之間，根本上存在著一種緊張關係。因此，當局通過禁止奢侈浪費的法令。這些法令限制人們的穿著，不得超越其身分地位所應有的標準。在本世紀初的倫敦，禁止穿著浮華的規定是這麼說的：

> 平民女性出門在外，到市場購物時，不得穿戴羊皮或兔毛以外材質製成的頭巾，違反者將由治安官沒收之。穿用毛皮披肩的淑女不在此限……因為女店員、托兒乳母、其他服務業人員，以及穿著俗麗的蕩婦把自己打扮得跟名媛一樣，頭巾上往往以貂皮或鼬毛裝飾。[1]

禁奢法令是以倫敦的禁止浮華穿著令為基礎再作補充，在一三三七年明文載於法令全書。從那一年起，只有年收入一百英鎊以上的人，才有資格穿戴毛皮。這項法令受到普遍的蔑視，有許多商人和鄉紳的妻子仍然堂而皇之的穿著貂皮和鼬毛服飾外出。所以在一三六三年，禁奢法令進一步的延伸其規定，由於「許多人的服飾嚴重僭越其身分與地位，情況遍及全國各地……」

一三六三年頒布的禁奢法令中，對於穿著服飾的相關規定[2]

身分地位	可以穿著的服飾
土地收入每年一千英鎊以上的貴族領主及其家人。	沒有限制。
土地收入每年四百馬克（等於兩百六十六英鎊十三先令又四便士）的騎士及其家人。	可以按照他們的意願穿著服飾，不過在服裝上不能穿戴貂皮、鼬毛，除了女性的髮飾以外，也不能穿戴有寶石的服裝。
土地收入每年兩百馬克（等於一百三十三英鎊十三先令又四便士）的騎士及其家人。	整套服飾布料的價格，不得超過六馬克（合四英鎊）；不得穿黃金服飾，不得穿戴有白鼬毛皮、貂毛袖管，或者有任何寶石鑲邊裝飾的斗篷、紗罩或長袍；女子除了髮飾之外，身上不得穿戴貂皮或鼬毛與珠寶。
土地收入每年兩百英鎊的鄉紳，以及貨物總價在一千英鎊的商人及其家人。	整套服飾布料的總價不得超過四點五馬克（合三英鎊）；不得穿戴金、銀、錫的服飾，服裝不得有鑲邊裝飾，不得配戴毛皮或寶石。
平民地主及其家人。	整套服裝布料的總價，不得超過四十先令（兩英鎊）；不得穿戴珠寶、金銀，不得穿用鑲邊裝飾、漆琺瑯鐵器或錫器；除了羊毛、兔毛、貓或狐狸的毛皮外，不准穿戴皮草；女子不准戴絲綢頭紗或禮帽。

僕役及其家人。	整套服裝布料的總價，不得超過兩馬克；不得穿金戴銀，不得有鑲邊裝飾，不得佩戴琺瑯鐵器或錫器；女子不得戴用價值超過十二便士的紗罩或禮帽。
木匠、耕作莊稼者、駕耕犁者、牧羊人、牧牛人、養豬戶、擠牛奶女工，以及一切在田地勞作，所屬貨物價值未達四十先令者。	只允許穿著每厄爾價值十二便士的農村土布袍，以及麻布製成的腰帶（或繩索）。

皇室成員

禁奢法令並沒有對皇室成員的穿著，施以任何限制。對他們來說，壓力反倒是來自相反的另一邊：如何透過極度華麗的服飾，來穿出王權的威風，並因此而顯露他們的身分。因為這個原因，皇室家族成員往往成為時尚潮流的開拓者。今天他們身上的穿著，貴族不到幾個星期之後就會跟進，而地方城鎮的富人，大概在未來幾年之內也會以較廉價的材質仿傚。因為這樣，對於社會中下層競逐時尚潮流日益升高的情況，國王陛下本人至少要負起一部分責任。

國王沒有穿戴典禮儀式所用的袍服時，都穿著什麼樣的服裝呢？讓我們看愛德華三世的例子。一三三三年二月，愛德華國王時年二十，御駕來到伯立克，穿著的是「一件綴滿珍珠的綠色天鵝絨套裝」，或者是「一套披著朱紅色天鵝絨的艾克頓衣（aketon，一種內有填充襯墊的外套），鑲滿鸚鵡和其他圖樣與裝飾」。[3]兩年以後，你會看到他「穿著一件上衣，以及一件大紅斗篷披風，上頭繪著滾金邊的雉鳥，還有鳥類棲息在樹枝上的圖案，這些鳥類的胸部，各繡有兩位天使，鑲上珍珠，握著一把黃金弓，這把弓是由一串珍珠鍍銀精心製作的。」[4]愛德華可不是一個鋒芒內斂、不愛炫耀的人。

在服裝衣著上，愛德華二世與理查二世也沒能樸素到哪去。這一點，中古時代英格蘭的王后同樣也記錄輝煌。就如同國王為男性服飾的鋪張奢華訂下標準，這些王后也成為女性的模範。愛德華一世的續絃王后瑪格麗特與愛德華二世的王后伊莎貝拉，都與她們的故鄉法國保持密切關係。身旁環繞的全是法國帶來的僕從，她們對於巴黎與漢斯（Rheims）推出的新布料與款式瞭若指掌。理查二世的王后安妮，同樣也帶來她家鄉波西米亞的時尚潮流。菲麗帕王后一直與她的老家埃諾（Hainault）保持聯絡，她還擁有一個十分寵愛妻子的丈夫，盡可能的下令讓他的朋友為她找來許多奇珍異寶，以及裝飾著珠寶的衣著。要是你碰見一名女子，戴著「棕紅色的頭巾，上頭鑲綴一百五十四顆象徵星辰、黃金鑲邊的珍珠，每顆星辰都是由七枚大珍珠精工雕刻製成的，當中最碩大的一顆珍珠，特別置於頂端，」或者「天鵝絨滾邊、佩有白色珍珠與黃金猿猴裝飾的狸毛帽」，毫無疑問，她一定是位王后。[5]

貴族男子

當男子模仿社會上層人物的穿著，已經是普遍常態的時候，看看有錢有勢的人怎麼穿衣服，是很有幫助的。在本世紀的頭一個十年，你在宮廷府邸裡看見的一般人的穿著，是由幾件袍子組成的套裝：選定三或四件衣服互相搭配。當中最重要的，是那件束腰外袍：這是一件有袖子、下擺像長裙，幾乎直垂到腳踝的服裝。它的裁縫方式如下：在袖子和身體部分，通常沒有縫線。衣服的前後（包括袖管）各自由一塊材料裁切下來，然後縫合在一起。這樣的縫製方式讓袖子和衣服都很寬鬆，容易讓手臂穿進去。如果這件服裝另有一對與服裝分離，而裁製緊身的袖子，那麼每回穿這件衣服時，都要將袖管縫上去。[6]

束腰外袍的身體部分仍舊維持寬鬆的剪裁；它修飾肩線，儘量呈現穿用者的魅力。穿這種外袍的時候，有時會戴皮帶，但並不總是需要；在允許放鬆的場合有一種優雅簡潔感，從衣物豐富的織法帶出的線條裡呈現出來。通常外面還會再披上一件罩袍。罩袍的袖子通常粗短寬大，比束腰外袍的袖管略短，所以不會遮住外袍的顏色。人們喜歡對比強烈的顏色搭配，比如：紅色的外袍與綠色的罩袍，或者藍色的外袍搭配棕色的罩袍。

大部分時候，你還會搭配第三樣物品：一頂羽毛帽，以及第四樣：一襲斗篷。禮帽是由軟材質的布料製成，當帽沿不壓下來遮住你的頭時，就垂在腦後。斗篷可能是一塊方型的大布，用來披在你的肩膀（或許在身體前頭，由一枚珠寶鈕扣夾緊）。或者，它也可能被裁製成一方大圓圈，中間一個大開口，供頭穿入，兩個較小的孔讓手臂伸入。這類服裝通常垂到地面。雖然穿著這類服飾，衣裙搖曳迤邐，令人印象深刻，但是實在不怎麼方便，而且很容易就被裙摺絆倒。很快你就會明白，方便，並不是貴族追求的事情。服飾愈是不便利實用，穿著者的地位就愈高。

在這些袍子底下，你該穿什麼呢？一件棉麻布的襯衫。材質最佳的麻布產自漢斯，次好的則來自巴黎。穿在下半身的貼身衣物，也就是你的「褲子」（breeches）或「內穿長褲」（braies，可別和稍後提到的同名外褲搞混了）。這些衣物也是麻布織成，通常直垂到小腿，有時在膝蓋處會以小繩索綁束。這貼身衣褲的皮帶或繩索，會從衣物的上頭穿過；而衣物本身則會提拉上來，包裹住繩索或皮帶，以免剪裁使得穿著者的皮膚感覺不適。這個時期的內穿長褲十分寬鬆，既然外面穿有長袍和罩袍，你的內裡襯衣就不需要穿得太過緊身了。

大約從一三三〇年開始，你就會注意到外袍的剪裁樣式發生變化。男士不再將他們的袖管縫在衣服上，而開始使用一項偉大的新發明：鈕扣。[7]真是謝天謝地！你大概還不了解，這枚小小的鈕扣在多大程度上改變了男男女女的服裝穿著。這類鈕扣的應用，帶來真正長足的進步。使用鈕扣，你就可以讓外袍或外套開在前襟，不必套頭穿上，活像在穿修士袍。如此一來，服裝就能舒服貼身，並且兼顧社會風俗、視覺感官，與剪裁上的緊身、優雅效果。[8]只有老人、肥胖者、迂腐守舊的人和神職人員，才不認為這個改變令人振奮，也因此紀年史家才會普遍的不以為然。

讓我們將時空推進到一三五〇年代。當法蘭西國王在一三五六年被英軍俘虜，並且於隔年被帶回英格蘭的時候，站在宮廷前迎接的你，該穿什麼樣的衣服呢？你的貼身衣褲，還是由麻布襯衫和內穿長褲組成，不過現在內穿的褲子剪裁變得較短較貼身，和現代的內褲沒什麼不一樣，褲頭也用條繩索擔任鬆緊帶。在內穿褲的外頭，你會穿一條上好羊毛製成的有色長褲，類似現代的緊身長褲。這些外衣褲通常是貼附在內穿褲的鬆緊繩索上的（有點像是現代女性穿用的吊襪帶）。在上半身的內穿襯衫外面，你會穿一件剪裁合身、寬鬆適中的外衣。或者，你也可以選擇緊身上衣（和外衣相同，但是加上襯墊）。

這兩種服裝都有鈕扣扣緊的袖子，並且從前排扣上鈕扣。它們通常是兩色相間，譬如一半藍色，另一半是黃色。這被稱作「斑駁色」或「不純混色」（mi-parti）。如果你穿的是一件單色的上衣，或者天氣寒冷，你會再添上一件對比顏色的外套，然後低低的繫著一條皮帶。或者，你也可以選擇在襯衣上添一件排扣大長袍（cotehardie，緊身上衣的豪華版）。萬一，當你扣上那件新縫製的排扣緊身上衣，卻發現這件緊身上衣只是很殘酷的將你肥厚的肚腩突顯出來；別忘記這個時候的男士，也是穿著束腰。當身著盔甲的騎士形象精確而且深入人心的同時，就沒有那麼多人知道下列這個騎士的形象，同樣具有代表性：他們也穿著束腰和吊襪帶。

當然，時尚潮流不會一成不變，而且從來沒有像十四世紀中葉這樣，變動得這麼快速。就像編年史書《布魯特》（*Brut*）作者滿心不悅的指出：人們衣著的款式，每年都在更動。他評論人們使用「tapet」（服裝的尾端裝飾花樣，廷臣常以此裝飾他們的袖子和帽子）時，一點也高興不起來；說到「dagge」（人們將服裝的尾端刺成孔狀）和人們將禮帽加長時，也是如此。他稱呼這些為「惡魔的服裝」，並且歸咎給菲麗帕王后身邊那些來自埃諾的隨從。[9]對時尚服裝反感的，不只是他一個人。在一三七〇年，另外一位作家震驚的聲稱，現在的罩袍下擺愈來愈短，短到你都可以看見男子的臀部輪廓了。到了這個時候，如果你想在宮廷裡穿著得體正式的服裝，可以穿一種叫做「patlock」的緊身上衣，這種服裝直接將襯底或緊身長筒襪直接打結，綁在裡面。或者作為替代，你也可以穿件長袍。以上說的兩種服裝新款式，似乎是在一三六一到六二年之間起源於英格蘭，然後很快就散布到歐洲大陸。你可能會戴一頂帽子，摺疊出瀟灑俐落的形狀，在「帽沿長尾」（liripipe，帽尾管狀特別加長的尾端）上打結。在一三六〇年，讓你的帽子正常的往後擺放，已經是過氣的穿著。同樣的情形，也出現在斗篷的流行穿法：人們不再將頭穿進中央的圓孔裡，而有更多的男士嘗試一種瀟灑的新穿法：將頭穿進一側原來供手臂穿入的孔洞，然後將斗篷的許多皺摺收攏，披在一側肩膀上。

本世紀的尾聲，見證了上述所有服裝時尚的放縱實驗，來到一個狂亂的高潮。在一三九〇年代，穿得像貴族男子，意味著他得穿著長袍或短上衣外套，還有長度適中的袍子、排扣大長袍，和各式緊身上衣。這些外袍裡最奢華的，偶爾會被稱作「胡普蘭長衫」（houpeland）：這是一種合身訂做的服裝，高腰高領（領口**真的**開得很高，一直開到耳垂），還有製作精美的長袖管，大量的袖口飾品，一直垂到地面。穿著這樣的服飾，你就能看到這些矯飾浮華的貴族，展現出被他們垂到地面的飾品與長袍摺邊所絆倒的高超本領了。另一個極端，你說不定會比較喜歡一種叫做「宮廷褂」（courtpiece）的服裝，這是種長度非常短的上衣，穿著者不但會露出臀部，而且衣服僅僅只比穿著者皮帶下方的胯部低了兩英吋，所以他既然展露前面膨脹的緊身曲線，也能露出臀部的渾圓線條。[10] 很明顯，要穿著這類服裝，一定有適合的時間和場合。比方說，如果你穿著「宮廷褂」在國會裡閒晃，或者是出席一場喪禮，都屬於不智之舉。但是本世紀來到尾聲，代表男性服裝性別化的趨勢到達了高峰。此時的我們，距離國王愛德華一世在位的時期已經很久遠了，當時貴族還穿著束腰外衣，像天鵝絨窗簾布那樣，從肩膀披落而下。

鞋子與髮型

男鞋款式的發展就和男性服飾的變化一樣劇烈與極端。在一三〇〇年，鞋子的左右腳幾乎沒有什麼分別。這些鞋子可能在外面裹以金飾，縫合嚴密，線頭清晰可見，但是仍然做出同時適合兩腳穿用的形狀。隨著本世紀時間的推進，那些最善於用科多瓦（Cordovan）軟皮革製鞋的鞋匠，開始分辨左右腳間的不同。不過，真正顯著的發展是鞋尖的長度。一三〇〇年的時候，一般貴族男性穿的鞋子可能看來很昂貴，但是造形並不奇怪，鞋尖處裁切整齊，並沒有什麼特異顯眼之處。到了一三三〇年代，鞋尖開始拉長再拉長。英吉利海峽兩岸的貴族像是在競賽似的，爭相穿著最長的鞋子。且不管是什麼動機引發這個潮流（為了增加腳掌的長度，還是男子氣概？），到了一三五〇年時，人為加長腳尖長度，正如火如荼的進行著，長六英吋、長七英吋、長八英吋，同時還在鞋尖填塞羊毛線，以使鞋子的形狀更加定形。愛德華二世在位時，已經有些貴族走路時很難不被自己的鞋尖絆倒。雖然老一輩的男子在長袍底下，穿用的仍然是長度正常的鞋子，但是穿著非常短的緊身上衣的年輕男性，將他們的誇張造型往前再推進一大步。所有鞋子裡最長的一款，是長二十英吋的「克拉科」鞋（Crackow），這是從波希米亞進口的流行款式，但是實在太長了，以至於這種鞋的尖端必須綁在吊帶襪上面。穿著這款鞋子想要上樓，幾乎是不可能的。

服裝和鞋子的款式都發生劇烈改變的同時，人們在回顧時會很驚訝的發現，整個世紀以來男子的髮型幾乎沒有什麼變化。當然，國王引領時尚潮流，但是在愛德華一世、他的兒子愛德華二世，甚至是五十歲以前的愛德華三世，你不會看到有什麼顯著的髮型改變。這三位男性都將頭髮中分，以便留下位置好固定王冠或頭環，所以有長綹的頭髮從兩邊披垂下來，到臉頰的高度。愛德華三世在後半生將他的頭髮留長，垂到肩膀。即使是理查二世和亨利四世（至少，直到他禿頭以前），也沒有在髮型上和他們的祖先有太大的不同。理查國王的頭髮稍微短一些，所以頭髮密厚地蓋住雙耳，而稍稍披在身後的肩膀上。

上述提到的這些國王，除了理查是惟一例外，全部都留有鬍鬚。他們的鬍鬚或許像愛德華二世那樣短而濃密，或者幾髯長鬚，如年老時的愛德華三世，又或者像黑王子和亨利四世那樣呈分叉狀。無論他們選擇什麼樣的造型，俗世貴族都會蓄鬚。相反的，神職人員則絕不留鬍子。每隔兩星期，他們就刮鬍、剃髮一次（從頭頂剃去頭髮）。[11]對於貴族男子來說，剃掉鬍鬚也因此被看作略微不妥之舉，對一位國王而言，剃鬚自然也隱含這樣的意思。理查二世的臉上根本就沒有長什麼鬍子，所以很難蓄鬚；這在某些人的眼裡，令他們十分驚駭，因為國王陛下如少年般乾淨的臉龐，與眾人所期待的王者形象截然相反。[12]如此疑慮，伴隨著他在位期間大多數百姓對國王的觀感，是一個顯著的徵兆，說明外在的形象在中古世紀的社會，有多麼重要。

貴族女性

就和服裝反映出社會階級的重要性一樣，服飾同樣也很重要的反映性別的差異。但是，當服裝只是寬鬆的從肩膀垂下來的時候，你要怎麼分辨男性和女性的穿著呢？在一三〇〇年的時候，男子和女子穿著的外衣款式十分接近。男女的服裝在頸口的線條與裙下擺的長度略有不同，但是主要的差異在於頭部的造型。在本世紀的前三十年，人們注目的焦點不在你的臀部和胸部，也不在你的手和腿，而集中在你的臉和髮型。在一三三〇年以前，說起服裝穿著，如果講男女之間的差異是在肩膀以上，而不是胸部以下，這並不算是離譜的說法。

到了本世紀進入尾聲的時候，這種服裝上相似的情況，幾乎完全消失了。男子的服飾愈發突顯男性的特徵，而女性的穿著卻還是長長的垂掛下來。若干規矩仍舊擁有不可挑戰的地位。女人不能暴露她們的手臂與腿，不然就會被認為是舉止放蕩。還未婚配的女孩，也不該穿戴頭飾，只有已婚婦女才有資格穿戴頭巾。儘管如此，這還是一個男女之間的服裝穿著差異愈來愈大的世紀。在當代社會，女性服裝的設計重點方向，通常是要吸引異性的注意；這一點在男性服裝的性別化上，更具有加倍令人驚訝的效果。隨著時代而產生變化的，並不是女性的裙子長短，而是男性所穿的裙子。難怪修道院裡的編年史家，感覺有出聲評論的必要。他們譴責男性，認為他們誇耀非常短的裙子，以及緊緊貼身的褲管，他們也抨擊女性，居然因為看見了這些服裝，而感到快樂喜悅。

在一三〇〇年時，女士如果想要引發騷動，可以穿著一件長袖的上衣，下半身搭配連身長裙或細亞麻布的直筒連衣裙。這服裝的袖子，直到你穿上衣服之後才會縫上去，讓材質更加貼近你的手臂。穿上這些服裝之後，或許你可以再穿上一襲不分內外邊、對比顏色的長袍；這很像是一件和身長相當的外袍，但是原來的袖子部位則裁切成大孔洞（所以才「不分內外邊」）。有時候，衣角會繫上金絲線，尾端還有流蘇裝飾。這種不分內外穿長袍的顏色，幾乎和內穿衣物呈對比。如果你上身穿紅色的衣服，垂到地面的長袍，最適合的顏色就是藍色。等到衣服全都穿著妥

圖一：在中古時期的英格蘭，命運的輪盤是很常見的譬喻。命運女神親自轉動輪盤，在輪盤上，國王、教士、城市中產階級民眾與農民，全都發現自己突然被高高舉起，在榮耀的巔峰時刻，又突然快速落下。

圖二：人們對於在基督教世界之外的認知，是非常模糊的。在這張十五世紀初期的圖畫裡，亞歷山大大帝正接受白象獻禮。

圖三：所有在社會上有地位的女性都留著一頭長髮；不過，她們在公眾場合時，都會儘量將長髮遮掩起來，不讓它放下飄散。這張圖中，一位女婢正將她女主人的長髮梳理成兩絡長辮，並且將這兩條長辮相互纏繞，結成「鸚鵡螺」的髮型。

圖四：已婚婦女在公眾場合，會穿戴頭巾。圖中這名婦女所戴的頭巾包裹住頭髮、頭的兩側、脖頸和臉頰。

圖五：社會期待女性在外努力勞作，而不只是待在家裡。在收成農忙時節，她們和男性一樣努力工作，收割領主的農作，以及自己的收成。

圖六：嫁給有暴力傾向丈夫的女子，日子會過得非常艱苦。只要他沒有真的殺死妻子，或是導致她傷殘，男人打老婆是完全合法的，而且通常下手多重都沒有關係。

圖七：另外一方面，法律極度站在男人這一邊，法條中不承認女性有能力毆打她的丈夫。因此，圖中這位女子可以避免法律的刑責。

圖八：有身分地位的女性喜歡狩獵，不過仍然需要遵守若干道德規範。圖中這位女子看來輕鬆寫意，不過她的頭髮是經過精心梳理的，梳成「鸚鵡螺」髮式；而她的手臂並沒有真正的裸露：她穿著一件淡灰色、長袖的束腰上衣。

圖九：十四世紀早期時的貴族男子穿著。注意那長而平滑的袍子，寬鬆的袖子，以及樸實不花俏的鞋子。

圖十：十四世紀晚期的貴族男子穿著。到了一三九五年前後，男子服飾有很大的差異。注意圖中人所穿的極短上袍，和腳上那鞋尖極長的鞋子。男性穿著在本世紀變化的程度，要超過其他時期。

圖十一：十四世紀初期時的貴族女子穿著。圖中的皇后穿著一件紅色的內襯衣，外罩一件灰色的袍服，搭配一條長斗篷或紗罩。和這個時期男性的盛裝打扮類似，斗篷由肩部鬆緩垂落地面。

圖十二：十四世紀尾聲時的貴族女性穿著。袍服依舊是垂地的長度，但是外穿的罩袍現在則是貼身、較短、有毛鑲邊的剪裁，類似現代的外套。內袍也變得比較貼身，和現代服裝一樣，更緊貼上身與手臂。

圖十三：十四世紀早期時的農民服飾。比起貴族穿著的長袍，農民穿的上衣和外袍都更短、更適合工作時穿用，不過衣服從肩部往下的剪裁方式，則是一樣的。

圖十四：十四世紀尾聲時勞工的穿著。圖中蓋屋工匠穿著縫有鈕扣的外套或緊身上衣，以及更為結實的緊身褲。

圖十五：十四世紀初期的女性穿著。連身長裙從肩部一直垂到地面。袖口有花邊裝飾，開口貼緊手腕。

圖十六：到了一四〇〇年，女性仍然穿著長袖連身長裙，儘管剪裁上貼身許多，還是與她們祖母輩的穿著非常相似。圖中只有那位站在織布機前的貴族女性穿著一件近似現代剪裁的袍子，由超過一種布料裁織而成。

圖十七：圖中（被責打）男孩穿著的長褲，很像十四世紀早期成年男子所穿的褲子。這種長褲在大腿部分寬鬆，到了膝蓋部位則收緊，然後收束在腰帶的位置。

圖十八：這幅極度殘忍的圖片，提供研究者一窺當時男子內衣穿著的機會。這幅以火刑處決聖殿騎士團成員的畫作，成於十四世紀末，可以看出當時男子穿的內襯長褲已經縮短、貼身許多，並且容許人們能再外穿一條緊身長褲，上身則是一件非常短的上衣。

當，你可能會想再披上一襲斗篷；或許是金線鑲邊的紫羅蘭布，編織成紅藍相間的花色紋路，剪裁得很長，在你的身後拖曳；又或者你也可以選搭一件長度更長、袖管寬鬆、毛皮襯裡的「佩麗席翁」（peliçon），這是一襲上好布料作成的斗篷式大衣，衣角拖得很長，以至於還需要一名僕從跟在身後，為你拎著衣角。

到了本世紀中葉，內外不分的長袍已經開始顯得有些過時了。所有那些從你的佩麗席翁拖曳的衣尾，看來也同樣的老氣、不實用。除此之外，秀出脖頸成為女性的流行穿著服飾（低領口的設計約在一三二五年開始出現），甚至露出她們的肩膀。訂做合身的袖子與鈕扣，意味著從一三三〇年代起，你就不必非得把袖子縫在衣服上不可，而可以像男子那樣，穿著長身外袍，以及排扣的大長袍了。內衣方面，你還是穿著連身長直筒裙，所以你的裙擺仍然直垂到地面。反過來說，你的束腰上衣或排扣長袍，剪裁得非常貼近胸部、臀部和腰身，秀出你的身材，你的性感就從這樣的剪裁裡增強、流露出來。有些婦女用狐狸尾巴製成的襯墊來墊高她們的臀部。[13]或者，你也可以選擇穿緊身束腰來突顯腰身。如果你是緊身上衣款式的擁護者，那就在臀部上方低低的圍上一條鑲滿黃金或珠寶的皮帶。與此同時，你的斗篷應該穿得比之前還要低，然後使用金質的紐帶或細索綁緊，固定在胸部上方的位置，好讓你展露肩膀的線條。

到了一四〇〇年，宮廷裡的最佳服飾，和一百年前的模樣幾乎已經沒有什麼共通之處了。它們使用來剪裁的布料非常類似，都是從法蘭德斯或法蘭西進口，但是款式卻完全不一樣。亮紫色和紅色的百褶連身長裙，通常有紋章家徽的符號作為圖樣，並且搭配錦緞和珠寶飾品。穿上這件長裙之後，你可以選配一件對比顏色的緊身上衣，然後在裡面穿上束腰，好來襯托突顯你沙漏般的腰身，並且在上面穿一件匹配稱頭、有毛皮作裝飾、長度到臀部的宮廷褂，如此剪裁使得毛皮裝飾可以從宮廷褂的衣角邊往上擺，穿過你的胸部，放在肩膀的位置上。金質或鑲有珠寶的鈕扣，為一名仕女精緻優雅的穿著，畫上完美的句點。當然，這幅精緻迷人的景象，無法適用在所有女性的身材與體型上；很多女性一想到要拼命塞進非常緊的緊身胸衣，還有最新流行的水蛇腰服飾裡，就會感覺悚然而驚。不過，到了本世紀進入尾聲的時候，還穿著一三〇〇年時的束腰長上衣的人，幾乎只剩下老年人、體型肥胖者，以及神職人員了。

髮型與鞋子

談到中古時期的女性外觀，如果不講頭飾的話，就根本算不上是完整。而敘述頭飾的時候，如果不提到髮型，同樣也是不可能的事情。在本世紀開始的時候，最受到歡迎的貴族髮型，或許是一種稱作「鸚鵡螺」（ramshorn）的款式。一頭長髮（所有的貴族女性都留長髮）盤在頭中央；兩邊各編單條長辮；然後就不斷纏繞再纏繞，直到在耳際編織成一個圓髮髻或鸚鵡螺，再於適當的位置以髮簪固定住。如果你是已婚婦女，就會在頭頂戴上髮圈、頭巾、帽子或面紗，並且在任一邊夾住固定。在一三〇〇年，當你身上穿的長袍直垂到地面，而衣服的袖管長到遮蓋住你的指關節，你的臉和手指頭，是整個身體惟一會被人看見的部分。

到了愛德華三世在位的時候，事情全都起了變化。最令人感到驚訝的進展，就是將兩條在鬢角上下的髮辮結成條柱狀框住臉龐。通常這些編織成條柱狀的髮辮，會被包裹在金質的絲網裡，垂在臉頰的兩側，這是在一三六〇年代時，王后所喜歡的髮形樣式。沃維克（Warwick）女伯爵和王后是完全同一個時代的人，她的髮型妝扮也與王后類似；不過，她並不是拿硬挺的金質條柱髮框來框住臉龐，而是將兩條髮辮織成一條，繞在頭頂，再以一頂金質的格網包裹起來。如此一來，她的臉頰周圍邊，就環繞著一個顯眼的金髮弧形。

上述這些髮型都十分奢華，要花上好幾個小時才能梳理妥當。大部分的貴族女子對於將長髮結辮，或者改變頭髮造型，梳成鸚鵡螺髮髻，或者戴上髮圈、花冠還是帽子，以及頭巾（如果她們已婚的話），都感到很愉快。理查二世的妻子，也就是波希米亞的安妮，偏愛將頭髮梳成一條長辮子，垂在腦後。未婚的女孩喜歡拿珠寶飾品裝扮她們的頭髮，這些飾品通常是由黃金和寶石製成的假花，或者是有毛皮鑲飾的帽子。對貴族女子來說，在公眾場合披頭散髮，讓長髮自然垂落是很不尋常的事情。就算是戴著頭巾，也要將長髮盤起來，好讓它被遮掩住。在之前一個世紀，以及之後一個世紀，留著一頭長髮，對女子來說很普遍；但是十四世紀的貴族女性，只有私底下在她們的起居室裡才會如此。長髮一般被看作是勾引誘惑，所以長髮就如同裸露的手臂和腿那樣被遮蓋起來，以避免不得體的情形發生。只有狂野放蕩的女子，才膽敢讓她的頭髮未經梳理，就披頭散髮的示眾。

本世紀之初，貴族女性的鞋子和服裝一樣，或多或少的與男性的鞋子有類似之處，但是隨著男女之間的時尚穿著模式差異分歧愈來愈大，他們的鞋子也起了同樣的變化。女子的外衣變得更像是裙子或長袍，但是仍舊維持長身，所以穿在腳上的鞋子，能賣弄擺闊的空間也就不大。這時的女性，確實從未有穿著長到誇張鞋子的呼聲出現，她們的鞋尖大約只有一英吋，女性因此得以避免像「克拉科」鞋那樣的荒謬炫耀。

市鎮平民男女

許多貴族服飾穿著的變化，也反映在城鎮平民男女的衣著上。這個群體的人，最能敏銳察覺自己社會地位改變的徵兆。在本世紀初的時候，滿街的男子都穿著長及膝蓋的外袍，搭配直長筒褲與帽子。他們的服裝與貴族男子之間最主要的差異，在於長度（商人的外袍通常剪裁得比貴族外衣來得更短）與衣服的材質。一三〇〇年時，城鎮平民女性的穿著差不多也是如此。一名服裝入時的商人妻子和同時代的貴族女性一樣，穿著長袖上衣與不分邊的外袍，不過所用布料的材質比較差而已。她的袖口和帽沿也有毛皮作裝飾。當然了，對於已婚婦女來說，頭巾是出門在外不可少的社交禮儀穿著。

到了本世紀末，商鋪店家、貿易商和工匠師傅，都穿著彩色的直筒褲、下襬到大腿的外套與緊身上衣。如果這些人的經濟狀況允許，也許還會往身上添一條毛氈布，或者是海狸皮毛的帽子。又或者，他們還是會選擇戴上禮帽。你身邊那個富商，雖然身上服裝所使用的材質沒那麼昂貴，袖管也沒有貴族的服飾那麼長，他還是盡其所能的炫耀身上穿的胡普蘭長衫、高領套裝，還有長袖管等等。如果城裡有人戴著一頂摺疊得很輕巧的帽子，那準是他沒錯。不過，雖然穿著一件緊身短上衣與褲子，他所穿的鞋子尖端並沒有長得過分。鞋匠師傅自己所穿的鞋子也是如此，他很可能穿一雙用普通熟皮革或小牛皮製成的靴子。在本世紀的後半段，城鎮居民有時候乾脆不穿鞋，而喜歡把鞋底縫在褲子的足底段，這樣一來，他們的「鞋子」就和褲管同一個顏色了。

有毛皮裝飾的天鵝絨外套，在一三九〇年代非常受到貴族仕女的喜愛，而這種服裝款式，大多數市鎮女性居民只能夢寐以求。穿不上這種服裝，她們穿的是樸素的連身長裙。長達地面的束腰外衣，以及裁縫合身的窄袖，在這套衣服外面，再罩上亞麻布工作罩衫或無袖襯衫，除非天候寒冷，不然不會再添加一層衣物。巴斯之妻穿著一襲大紅長袍，蕾絲花邊的直筒褲襪，以及一雙新的軟鞋，「她的大屁股上圍著一條騎馬裙」，面紗在她的下頦，還有帽子與馬刺。像她這樣的服裝穿著，並不能代表市鎮裡最富有的女性（就像她自己承認的，她身上穿的衣服都是自己編織的），但是她的穿著，看來確實就像她這個階級的人應有的裝扮。

勞工上半身沒有襯衫可穿，他們只穿著長褲，一頂帽子和一件束腰單衣，單衣上用絨線或是用皮帶繫著。有些人將束腰上衣的底部摺邊拉起來，塞進皮帶裡，以求工作起來更加方便。在整個世紀裡，在他們衣著上發生的任何改變，都很少受到人們的注意。除此之外，只有神職人員所穿著的服裝，和他們在一三〇〇年時的先輩相近。沿途托缽的修道士、教士和教會，與主教座堂的資深神職人員，所穿著的都是傳統的束腰上衣或教士袍，對應他們的階級身分和駐地，通常是黑、灰白和棕色這幾種顏色。聖芳濟會的修士穿著灰袍，道明會的修士則穿黑袍。他們之所以對跟上時尚流行有所疑慮，並非因為他們不曾留意服裝衣著；對他們而言，維持傳統、掩蓋男女身體線條的服裝，幾乎和富商所看重的最新流行服飾同樣重要。教士從不穿襪子。不穿什麼衣物，一直是表達時尚潮流的另種方法。

鄉村平民男女

如果你認為，一三〇〇年以後服裝的變化只對城市裡攀龍附鳳的人有影響，對農民階層的衣著沒有造成什麼重大改變。你會這麼想，是可以被諒解的。以本世紀的早期來說，你這樣認為是正確的。一三四〇年的時候，你在鄉間小徑漫步，你會看見此時人們的衣著，實際上和一三〇〇年的時候所穿的服裝沒有太大的差異。但是，當每個人的服裝穿著都幾乎完全一樣，那麼去探討衣服上少數某幾樣獨特不同的地方，特別是那些經濟情況較好的農民身上所穿的服裝，就顯得更加具有重要意義了。農村男子不穿貴族男子和市鎮富人穿著的那種「斑駁色」衣服，他們也不穿尖頭鞋，或配戴任何不需要的昂貴物品。儘管如此，如果你在莊園佃農要上工的時候去觀察他們，你會發現，沒有兩個男子的服裝款式是完全相同的。

讓我們以一三四〇年時，林肯郡的一處莊園作為例子。站在那邊的是一位家境不錯，正驅趕著一隊耕牛的佃農。他穿著紅棕色的上衣，下擺只到膝蓋上方，衣擺兩邊各開了幾英吋的裂口。戴在他頭頂的，是一頂款式與服裝匹配、同樣是紅棕色的帽子，尾端短而尖（或者是帽沿長尾）。他穿戴一條質料不錯的皮帶，一襲淺棕色羊毛罩袍，以及一雙長度到小腿肚的靴子。他手執一條長鞭，正回頭瞪視著跟在身後的犁田漢子，大概是要引導耕犁的方向。那掌耕犁的漢子身上也有一頂紅棕色的帽子，不過帽子是掛在背上。戴在他頭上的，是一條俐落的毛毯帽，帽子的前沿拉得很高。他也穿著一件沒有染色的無鈕扣上衣，衣擺垂到膝蓋處，圍上皮帶，藍灰色的褲管，厚重的手套，以及長達小腿肚的繫帶靴子。

在田野的另外一處，另外一位佃農正在播下穀物的種子，這些種子原來是放在他身上圍裙前擺折起的口袋裡。鳥雀突然飛降下來，想啄取穀物吃，被一個手持彈弓的男孩趕跑。這個男孩穿著一件紅褐色上衣，腰際圍一條麻布帶子，頭戴一頂帽子，長長的尖端向後，垂到他的腰際。在後面，莊園房屋裡的領主僕從也穿著類似的染色上衣，不過沒有戴帽子。在廚房裡，有些廚師上半身打赤膊，只穿著長褲。在大火造成的高熱環境下工作，他們不需要顧及儀容美觀，只要將工作做好就行了。[14]

如果你把時鐘往後撥，到本世紀的最後幾十年，去看看上述這些人的孫輩，你會發現一三〇〇到四〇年時的上衣，到這個時候，顏色已經變得更鮮豔（尤其是藍色和紅色的衣服），款式也有所變化。驅趕耕牛隊伍的那個漢子，現在頭戴皮帽，身著一件只到大腿部位的長袖短上衣，外罩無袖粗布大衣。當他舉起執鞭的手臂時，袖管從外袍的衣擺顯露出來，用繩帶捲高，現在更像是寬鬆的褲管了。他回頭瞪視的那名耕犁漢，現在穿著一件有鈕扣的短外套，前臂的袖子捲起，裡面穿的襯衣，袖子也捲起來。他還是戴著一頂老皮氈帽，經過多年的碰捧，和他祖父在許多年以前戴的那頂帽子，並非全然不一樣。那個拿著彈弓的男孩，仍然露出小腿，但是現在他穿著一件短外套，用條皮帶圍束起來。在莊園領主屋裡的僕從，穿得倒是比他們的祖先要好得多。乾淨亞麻布製成的襯衫，有棉花襯底的上衣、長褲、摺疊禮帽或布帽，皮帶上則掛著佩刀。[15]當然，在廚房裡的僕役，上半身依舊打著赤膊，在廚房的高熱裡揮汗工作。這種情況就跟任何時代一樣，變化對每一個人造成的影響都不一樣。

農村的女性有一個重要的共通處，這在結了五次婚的巴斯之妻身上就能看出：她們縫製自己所穿的衣服。她們或許不是全都自己紡布，自己編織衣服，但大多數人確實如此。沒有人用針織布（針織法這時還沒有發明），所以為了她們自己、孩子和男人在冬天保暖起見，她們需要織出一些耐用厚重的布料。而為了製作這些耐穿耐磨的布料，需要染色，再把布料作成衣服。當你了解一個農村女性平日的工作，包括這些紡紗、編織、染色和服裝製作，另外還要加上煮飯、洗衣、擠牛奶、看護養育，以及幫助收割（還有其他的工作）的時候，你對她的景仰就會有如滔滔江水般增加，不知所止。

鄉村裡製作的衣服實用而樸素，這些由粗羊毛製成的衣服，統稱為鄉村土衫。顏色主要有灰、綠、深棕色、紅棕色，也有沒染色的衣服。在本世紀早期，一個在農田勞動的女性，穿著全身外袍，再罩上一件亞麻布罩袍，頭上戴著具有頭飾、面紗功能的頭巾。她下半身穿亞麻布做成的「布褲」（clout），這是男子長褲的女性版，環境使她必須如此穿著。有時候，她會選擇不戴頭巾，而改戴一頂帽子，她在農家院落裡走來走去工作時，都將袖子的尾端捲起。對有些人來說，這樣穿著似乎有些不恰當，不過大部分的女性工作時，無論在穀倉還是在家裡，都是和其他女子一同。如果是出門在外工作，她可能會穿上一件厚重的羊毛斗篷，戴著一頂帽子與頭巾。農村女性服裝穿著的樸實無華，讓我們能夠想起服裝光譜上的另一個極端：宮廷褂，還有克拉科鞋，這都是些宮廷裡多嘴又好裝腔作勢男子的穿著。

裝飾品

對大多數人來說，服裝只不過是他們外在打扮的其中一部分而已。城鎮裡和貴族女子或許會使用香水，香水只在幾個城市裡的專賣商人那裡才買得到。麝香、龍涎香、丁香、荳蔻，還有小荳蔻，都被用來使身體味道芳香。橄欖油用來使美麗的秀髮保持柔韌。葡萄根莖的灰燼作成的軟膏，在醋裡燉煮半天的時間，敷用在白髮上，可以使白髮變回金色。至於化妝品，香料商的鋪子裡同時販賣美白化妝品、小圓鏡、梳子、剪刀、鑷子和夾子等物品。鑷子是年輕女性用來夾眼睫毛的，而夾子則是用來除去多餘或不好看的頭髮。你也可以用生石灰來做這件事，不過你可以想像，使用生石灰得非常小心，因為它很容易造成灼傷，最後弄得比你開始美容之前還要糟糕。[16]

大部分人隨身都帶把刀子，他們用刀子處理日常事務，也拿來切食物。如果你上市集或是到鎮上，你隨身會帶著一個小錢包，懸吊在皮帶上。它可能只是一個小皮囊，用條繩索繫著；或者它是個有金屬絞鏈、框架的皮包，天鵝絨布或羊皮的表面，覆以絲綢裝飾。一直到一三三〇年代，人們才開始使用口袋，所以通常錢包是用來放置錢幣的。[17]要留心，你的錢包很容易在人群裡被那些「偷錢包賊」給偷走，他們只消割斷懸在皮帶上的繩索就能得手。他們下手的時候，你甚至不會察覺到。

大多數社會地位高的人，都會穿戴珠寶。珠寶出現的地方，有可能是男子繪有家徽衣領上的鈕扣，以及金戒指、徽章或夾扣。女性也可能穿戴有家徽的項鍊，藉此作為她們政治忠誠的證明。但是珠寶所蘊含的意義，遠不止於政治象徵而已。寶石被大眾看作是具有魔法和醫藥能力的物品。在《新約聖經．啟示錄》，新耶路撒冷城的根基是「用各樣寶石修飾的。第一根基是碧玉，第二是藍寶石，第三是綠瑪瑙，第四是綠寶石，第五是紅瑪瑙，第六是紅寶石，第七是黃璧璽，第八是水蒼玉，第九是紅璧璽，第十是翡翠，第十一是紫瑪瑙，第十二是紫晶。」（譯註：

引號內文取自中文和合本《新約聖經．啟示錄》，第二十一章第二十節）所以，如果見到男男女女穿戴的戒指、胸針上鑲嵌著寶石，就不令人訝異了。所有寶石裡，紅寶石價值最高，藍寶石緊追在後。接下來則是各種鑽石、翡翠，還有各色紅寶石（顏色較淡的、玫瑰紅的寶石）。紅寶石能保護穿戴者免受毒害，翡翠則能防疾病與瘋狂的侵犯。鑽石讓人晚上不做噩夢，並且賜給穿戴者智慧。

如果你想要一窺社會階級最高層人士佩帶珠寶的富裕奢華程度，那就來看看為蘭開斯特的亨利公爵做金飾的匠師，在一三九七到九八年間的帳冊。這些帳冊囊括三十筆不同的付款記錄，包括修補他的淡色紅寶石領針、購買一只淡紅寶石戒指、打造好幾柄匕首刀鞘所用的銀、一串用來保護主人免受毒害的醫療寶石鎖鏈、佩戴在獵狗身上的銀項鍊、他佩劍的銀質劍鞘、好幾十枚銀質家徽領針項圈（預備要賞給他的僕從）、他自己要穿戴的鍍銀領針、垂飾、珠寶皮帶，「七百一十個太陽，裝飾在黑天鵝絨『Hanseline』（一種極短的上衣）上，全都要做得一模一樣」（要價十五英鎊九先令又十便士）、「十六朵鍍銀的百合花，用來裝飾在壺帽（kettle-hat，一種頭盔）之上」，諸如此類。上面這些，甚至都還沒碰觸到真正的寶石部分。在帳冊的下一頁半，我們會見到他在這一年裡所購買的珠寶清單。有一尊布達佩斯的聖約翰金像，這是要送給國王的禮物；一隻金箔模型帆船，上頭鑲有珍珠，是送給皇后的禮物；金質小方片和領針，送給其他的王室成員；最後，一對鑲有鑽石的金戒指，一只紅寶石戒指，四只藍寶石金戒指，幾十只鑲有其他珠寶的金戒指，還有九隻胸針，則是要送給他親近的（男性）同儕。[18]如你所見，服裝只是一名貴族外表的基本裝扮而已。穿著頂尖的服裝款式，想必你同時也閃耀著金光。

睡衣

在中古時期的英格蘭，並沒有特定的夜間就寢穿著。你該穿什麼衣服才適當，這要看你在什麼地方，還有你住的地方隱私性如何而定。女子可以繼續穿著她們日間穿的連身長身衣裙，或者換穿一件款式差不多的乾淨衣服，然後戴上到處都看得到的皮製睡帽（每個人都這麼戴），上床睡覺。只有和愛人同床睡覺，你才該裸身而眠。男人在這方面比較留有餘地，這也是因為男子的裸體沒那麼多禁忌。所以你可能該穿件襯衫睡覺，不過你也可以選擇什麼都不穿，只戴頂睡帽就上床，就算是在醫院或旅店和人共享一張床，也是一樣。[19]

喬叟在《公爵夫人之書》（*The Book of the Duchess*）裡提到他本人在自己的床上裸睡。然而，心存禮貌和體面的男子，會在離家外宿的時候，穿著褲子上床睡覺。[20] 教士僧侶總是被認為在其宿舍時，該穿著衣服睡覺。人們甚至期待他們在入浴時，也要穿著長褲洗澡。[21] 而在某些情況底下，你在被逮時，可千萬要抓牢你的褲頭，別讓它掉下去，這件事情尤其要緊。當一三三二年九月的一個晚上，蘇格蘭國王愛德華·巴里奧（Edward Balliol）遭受攻擊的時候，他騎上一匹沒安放馬鞍的馬逃脫，身上穿著睡衣，就這麼一路奔往卡萊爾。[22] 還有更糟的例子：一三五六年，當英格蘭騎士羅伯特·赫爾（Robert Herle）在夜裡被襲，他和其手下被人找到時，都是赤裸的。[23] 當你赤身露體的時候，是沒有辦法和武裝士兵對抗的。

劍與盔甲

這不是本關於中古時代比武格鬥的書，所以這裡也不是討論武器和盔甲的地方。除此之外，如果你以為可以加入一場十四世紀的比武，而且還有機會能全身而退，你一定是瘋了。大部分的比武者都比你強悍得多。騎士在六或七歲的年紀，就開始受人教導如何打鬥，首先他們拿的是木劍，然後拿的就是真傢伙。到了十六歲，他們當中許多人就成為武技熟練的格鬥好手。你沒有辦法和他們匹敵。你同樣也沒辦法和長弓兵對抗。北方的小夥子在七歲時就開始學習射箭，到了十六歲時，已經有辦法拉開中世紀最致命的殺人武器。至於槍砲，這時候能找到少數幾尊加農砲，全數都存放在皇家軍火庫裡，這就是全部的槍砲了。火砲則不是你能買到的。

讓你會想把穿著盔甲這件事情拋諸腦後的另外一個原因，就是成本。就算是在本世紀初年，你會需要一頂頭盔、護胸鐵甲、遮罩全身的鎖子鏈甲、綁腿鏈甲和護肩甲，還有長矛、劍、斧、匕首和盾牌。在上述這些配備底下，你還需要一件棉花襯墊的艾克頓衣，以及你或許能買得到的其他墊料；這些東西總共加起來，要價五或六英鎊。但是，盔甲在款式和價格都快速進展。在一三二〇年代，你需要護脛甲和護膝、肘膝部位的鎖子鏈甲、護肘、金屬手套，以及保護手臂的金屬片板。你一旦開始把錢花在品質優良的鎧甲上頭，所需的成本馬上激增。到一三五〇年，你需要網狀的劍鞘和足部盔甲、護脛甲、護大腿的甲片、手臂的護甲、後背與前胸的護甲、一片保護你咽喉部位的甲片，還有後頸部的護甲。到了一三九〇年，你身邊的那些騎士騎馬上陣格鬥時，全身上下攜帶的裝備超過三十六公斤。如果你也照樣跟著這麼做，就算你有某種程度的劍術，也幾乎不可能舉起你的佩劍，進行一兩個小時的格鬥的。

一整套盔甲的成本高得驚人。一套前胸和後背的護甲，很輕易就要走你的三英鎊；盾牌值十八先令，頭盔則要兩英鎊。當你把所有的開銷加總起來結算的時候，總金額差不多在二十英鎊上下。然後，你當然還要買一匹戰馬，要價可能高達四十英鎊，還要再加上馬的護甲費用，以及支付薪水給照料馬匹的男童；更別提還要花錢請人替你穿上這一身的盔甲，交給你好幾柄槍矛、一把更好的劍……。而在一天行程結束的時候，上述這些開銷花費，全都變成一套毫無疑問非常不舒服的「鋼鐵衣」，而某人正準備拿著鋒銳的武器來重擊它。即便在馬上比武格鬥，看來很吸引人，你還是聰明一點，這件事情讓騎士來做就好。

這麼說好了：你可要記得，根據一二八五年頒布的「溫徹斯特法令」（Statute of Winchester）的條款規定，所有年紀在十五到六十歲的男子，為了維護和平的目的，都必須持有某種武器。那些身家財產價值二十馬克或以上的人，或者領地年收入達十英鎊者，必須擁有一套護胸鐵甲、一件鎖子甲衣、一柄劍與一把刀。那些土地收入達五英鎊者，必須有一件襯棉墊的外套、護胸甲、刀與劍。即使是最窮的男子，也必須要持有某些武器：刀劍或弓和箭，或者（對某些住在森林裡的人來說）是一把十字弓與弩箭。

把錢投資在一柄劍上是個不錯的主意。手上有把劍，不但是遵守法律的規定，即使只是為了嚇阻在路上隨機找人下手的盜匪，將你自己武裝起來，也是順理成章的事情。農民使用的劍很便宜，你能夠用最低六便士的價錢，就能在一些地方買到一把劍；但是，要是你夠明智的話，會佩帶一件看來知道如何使用的武器。一柄耐用的劍，加上皮革包邊的握把，大概一到兩先令就可以買到；一套好材質的劍鞘與皮帶，價格在一先令以上。學習如何使用刀劍，你在路途上應該就比較安全，特別是當你結伴旅行的時候。

關於你佩帶刀劍，有各項嚴格的規定，這點可要記住。在一三一九年之後，除非你是騎士，否則不能佩劍進入倫敦；你必須將佩劍留下，交給住宿旅店的老闆。同樣的規定，在本世紀稍後，也施行於其他的城鎮與都市。你不能佩劍進入教堂，也不能佩劍進國會。如果你造訪另一位男子的房屋或城堡，你應該解下武器，交給守門人。雖然，你可能已經讀過〈總管的故事〉（The Reeve's Tale），故事裡的學生快樂地佩劍騎馬，不過當他們回到劍橋的學生宿舍時，就會將上述的武器解下。上面說的這些，看來似乎都有些不可思議：你可以攜帶能致人於死的武器進特拉姆平頓（Trumpington），卻不准帶武器進劍橋；不過，這些跡象都表明，即使中古時期的社會看起來粗暴野蠻而令人害怕，但這些殘暴與恐懼，卻不是粗魯不文的。

---

1 Riley (ed.), *Memorials of London*, p. 20.

2 *PROME*, 1363 October, nos 25-32; Ruffhead (ed.), *Statutes*, i, pp. 315-6.

3 TNA E 101/386/9 m. 12.

4 TNA E 101/386/18 m. 59.

5 TNA E 101/385/4 m. 28; E 101/386/18 m. 59.

6 Newton, *Fashion*, p. 4.

7 到一三三四年左右，鈕扣已經被運用在皇家禮服上了，參見E 101/386/18 m. 58的記載：「交給王子殿下的裁縫匠五十六顆珍珠，以便製作王子外套上的鈕扣」（一三三四年三月三十日）。

8 這種設計上的變革，似乎是受到艾克頓衣面世所帶來的影響。艾克頓衣是一種內墊襯衣的外套，通常穿在內裡襯衣和遮罩胸部的鎖子甲中間。由於艾克頓衣必須非常合身（過於寬鬆會導致撕裂破口），袖子部分的衣料，不能使用與衣服其他部分相同的布料。因此，衣袖部分必須分開縫製，然後縫上艾克頓衣的襯裡（在後腰部用帶子繫緊）。大約從一三三〇年開始，艾克頓衣的窄袖風格，普及到庶民百姓的穿著當中。當國王愛德華三世賞賜艾克頓衣給逮捕羅傑．莫蒂默有功人員時，他同時也將此衣賞賜給另外兩名未參加戰鬥的人員：一名教士，和另一位神職人員（Shenton, "Coup of 1330," pp. 23-4）。因此可見，這個時期的艾克頓衣，其穿用目的並非是馬上比武。一三三三年二月，愛德華國王下令支付一筆款項給他的鎧甲匠師約翰．德柯隆（John de Cologne），當中提到「一件紫色天鵝絨艾克頓衣，上有珍珠鑲綴而成的玫瑰圖飾」，以及「兩件朱紅天鵝絨、鑲綴鸚鵡和其他圖樣裝飾的艾克頓衣」（TNA E 101/386/9）。這些衣服縫製的目的，很明顯是要作為觀賞用的。之所以如此認為，是因為如果那件紫色的艾克頓衣，如果是用作實際穿用，而非典禮儀式用服，那就不必以珍珠裝飾了。我們曉得，最早在一三二七年，愛德華國王實際穿來比武用的艾克頓衣，上面確實就有黃金鑲飾，也因此它們上頭的裝飾程度，肯定非常的高（像是黑王子留在坎特伯里大主教座堂裡的那件鎧甲襯衣或艾克頓衣，上頭的裝飾那樣）。儘管如此，還是有證據顯示，艾克頓衣可以被用來作為餽贈並未出席觀賞（更別提上場參賽）馬上比武男子的禮品；另外還有一些事實說明，在一三三三年左右，艾克頓衣上頭可以鑲上俗麗的金飾，當成有襯底的外套，穿用在與比武無關的用途和場合上；甚至，它們還可以被製成亞麻布的戰袍，一位「裁縫與鎧甲匠公會」的會員，在一三二七年時，獲得國王愛德華頒下的製衣特許敕書（Davies and

Saunders, *Merchant Taylors' Company*, pp. 13, 50）。這說明了，為平民量身裁縫服飾的出現，正好成為推進新穿著時尚的力量。這樣的看法，可以由當時提到艾克頓衣的資料裡獲得佐證：艾克頓衣「在胸前開襟」（Newton, *Fashion*, p. 15）。這種轉變，到了一三三八年的時候完成，因為在一三三七年九月，一份僕役制服的衣料和毛皮的清單裡，就看得出來——在一三三八年九月的記錄，則是「十四厄爾的綠色塔夫綢，和一磅半的棉花，以便用來填充一件以雜紅色科隆布製成的短袍，上頭以黑色染料灑綴，還有銀、鍍金、琺瑯瓷漆的鈕扣，衣服的款式，則是供國王身邊侍從人穿著之用……。十四厄爾的紅色塔夫綢，和一磅半的棉花，用來填充一件同樣款式的袍子，這件袍子使用不同深淺的紅、黑兩色麻紗布製成，有與上款袍服類似的鈕扣，其穿用的目的，也和上件袍服相同。（TNA E 101/388/8）。之所以要提到這些，只是因為有可能這款新服飾問世的功勞，事實上應該要歸於國王愛德華二世。他的御用裁縫師，劍橋的亨利在一三二七年獲得一筆款項，「酬其製作八件外袍罩衣，每件十四便士」：這則史料，在日期上要比最早在文獻中被記載的前排鈕扣外袍登場，還要早上六年。見Cunnington and Beard, *Dictionary*, p. 54。

9 Brie (ed.), *Brut*, ii, pp. 296-7.

10 宮廷褂出現的時間，確實要比正文中提到的日期早上許多，只不過它們在十四世紀晚期並不常見。我見過最早出現的例子，是一三三四到三五年，國王賞賜給王后的「宮廷褂」（curtepye）。這件衣服是以棕紅色的布料製成，「oneree des gargulottes dor de les elees de soie de diverses coloures (TNA E 101/386/18 m. 59)」。雖然這很明顯是一件女性服裝，而且我們可以認定它是穿在束腰短上衣外頭（蓋住大腿），這款服飾在一三四四年左右，就為男子所穿用了。一三四二到四四年的皇家史料記載，有十一名伯爵和騎士穿這款宮廷褂，和國王一同去打獵。（TNA E 101/390/2, m. 1）

11 Harvey, *Living and Dying*, p. 132.

12 當時有些理查的人像圖，表明他臉上根本無鬚：例如西敏寺、威爾頓雙折版畫（Wilton Diptych），以及菲利浦・德梅哲瑞斯（Philip de Mezieres）獻給理查國王的手稿繪像。甚至理查在生前製作好的喪禮雕像，臉龐的鬍鬚是可想像得到最少程度的關注，唇上幾乎沒有任何鬍鬚。這幅最細微分叉鬍鬚的人像，參見克里頓（Creton）的畫像（繪於一四〇一到〇五年）。理查國王稍可看出有頭髮的肖像，見於《雕像之書》（*The Book of Statutes*）的書前圖頁，以及舒茲伯理的敕令。

13 Cunnington and Cunnington, *Underclothes*, p. 33.

14 對於一三四〇年農民穿著的描述，絕大部分是取材自《聖詠經》（*Luttrell Psalter*），小部分取材自《史密斯菲爾德敕書》（*Smithfield Decretals*）。這兩本古籍，現在都藏於大英圖書館（British Library）。

15 關於本世紀末農民衣著的資料，沒有比《聖詠經》更豐富了。除了許多大英圖書館可在線上閱覽的手稿之外，參見Basing, *Trades and Crafts*；Cunnington and Lucas, *Occupational Costume*。

16 關於化妝品，參見Woolgar, *Senses*, pp. 136-40, 175。

17 一三四一年，在一名倫敦學徒的兩個口袋裡，被人搜出錢來，參見Sharpe (ed.), *Letter Books 1337-1352*, pp. 249-75, at fol. ccxviii b。

18 本段裡所有的資料出處，都來自TNA DL 28/1/6 fol. 22r-23v（金匠）, fol. 24r-v（珠寶）。

19 這方面的例子，參見一幅知名的插圖，收藏於格拉斯哥大學圖書館，檔號：MS Hunter 252，第七十包。由Thorp, *Glory of the Page*, p. 31複製。

20 Duby (ed.), *Private Live: Revelations*, p. 525.

21 Duby (ed.), *Private Live: Revelations*, p. 525; Woolgar, *Senses*, p. 35.

22 Mortimer, *Perfect King*, p. 100.

23 Woolgar, *Senses*, p. 35.

第六章 旅遊

想像一下：你此刻身在倫敦，打算動身到切斯特，你要怎麼安排行程？你可能會以為，只有兩個選擇：騎馬前往，或是搭船沿著海岸線行進。可是，等到你開始實際考慮可行性的時候，事情可就沒那麼簡單了。如果你有足夠的錢，可以負擔繞遠路，那你會需要有人保護。如果你決定搭船，你將冒著遇難失事和遭受攻擊的風險，尤其是在愛爾蘭海域。愛德華二世在位年間，那裡有像湯瑪士·頓恩（Thomas Dun）這樣逍遙法外的蘇格蘭海盜出沒。

長途旅行是需要謹慎計畫安排的事情。儘管有很多農民被差遣參加對蘇格蘭或對法蘭西的戰役時，確實是在全國各地移動來去，卻沒人想去招惹他們；尤其是這些人成群結夥，又有長弓與劍武裝，無論如何也不必為了區區幾個便士去冒險招惹。回過頭來說，你一個人在外閒晃，吹著怪異曲調的口哨，錢包裡又有足夠的銀子，走進投宿的旅店時，每一個惡棍無賴都會盯上你，因為你是個會走動的麻煩人物。

你的第一個問題是安排要走哪條路線。在現代世界，你會去找地圖來看。在這裡，看地圖可不是個選項。此時全國上下找不到幾幅地圖，少數確實存在卻沒有比例尺。繪製地圖的目的也不是要幫助旅人。中古時期的地圖，是在空間架構之下記錄知識的管道。地圖是圖書館內供人參考的作品，不是在鄉間道路上查詢的工具。當時最好的地圖就是所謂「高夫地圖」（Gough Map），裡面的確包含道路與城鎮，但是這幅地圖的尺寸實在太大（大約像一扇門的體積），用質地堅硬的上等皮紙製成，並不適合折疊起來放進旅人的行囊裡。不論是誰繪製這份地圖，它大概就是被當成擺放在寬敞府邸辦公室的參考作品，而這個府邸或許就是位於西敏鎮的皇宮。[1]

既然地圖有這些短處，你別無選擇，只好向人問路。可是，要是一個倫敦人從來沒去過切斯特，他要怎麼知道該往哪個方向走？走對路的關鍵，從辨明動身出發的正確方向開始。既然切斯特位於赤郡，這是位在西北邊的郡，那麼從通往西北方向的公路出發，就錯不了。在這個時候，指南針還沒有被使用來指引方向（雖然地中海地區已經開始使用指南針，此時還沒有普及到歐洲北部地區）。[2]反而是你選定的旅行路線，也就是在出發地和目的地之間的一系列市鎮，將會引導你到達。有一本對話書提供下列這則範例：

「善心人啊，我要去（置入要去的城鎮名）。我該從哪個城門出去呢？而我又該從哪隻手的方向出發呢？」

「往右手邊，你走到看見一座橋的時候，就走過去；你應該會在左手邊找到一條小路，它會帶你到一個鄉村地方，在那裡，你應該會看到一座有兩座高塔的教堂。那裡距離你要投宿下榻的地方，應該只剩下四英哩的路。這樣對你的錢來說，也比較划算。」[3]

所以，假如你詢問一位見多識廣的倫敦人，他會告訴你從赤楊門出城，穿過史密斯菲爾德，然後往北，走通往埃斯林頓（Islington）、芬曲立（Finchley）和巴奈特（Barnet）的路，到了巴奈特以後，走通往聖奧本思的路。這以後該怎麼走，他可能就不清楚了；不過你到了聖奧本思以後，還可以再問人，然後你會被指引，走到托斯特（Towcester）和戴文垂（Daventry）等等地方，就這樣一路走到切斯特。

令人訝異的是，即使沒有地圖和指南針的幫助，有些人在思考的時候，能夠運用空間概念，衡量整個國家內的各個廣大地區。沒錯，他們確實擁有其他的技能協助：觀察夜空星辰，和日間太陽的位置，都是辨別方位的重要方法。但是，當一支敵軍就在三十二公里以外的地方，而必須快速部署我軍，以求能搶占戰略上的較佳位置時，這些技能的作用，就顯得有侷限性。想像一下，你在一三八七年的十二月，正好跟隨著五名作亂犯上的貴族（Lords Appellants）起事。你率領的軍隊試圖設下圈套，要困住國王的寵臣羅伯特．德維爾（Robert de Vere），此時他帶著大約四千兵力，沿著瓦特靈步道，向東南進發，目標是倫敦。你正從北安普頓方向行軍，朝他接近，要在沃維克與牛津兩郡的交接處攔截敵軍。

德維爾得知你逼近的消息，於是變更進軍路線。他穿過牛津郡，直接朝正南方而去。你要如何著手圍困敵軍的部署？沒有地圖的幫助，你怎麼能知道自己在**哪裡**可以攔截敵軍？或者，你到達那裡要花多久時間？答案就在對於河流，以及對於有哪些地方他們能夠橫渡的知識。在這個情況，你統領的主力部隊急速往德維爾軍的後方移動，並且往南追擊。你部隊裡的另一部分人馬，則以急行軍的速度，晝夜不停進發，目標是率先搶占兩座關鍵的橋樑。這兩座橋樑分別是新橋（New Bridge）和拉德寇特橋（Radcot Bridge），位於牛津郡境內的泰晤士河上。這樣一來，德維爾的軍隊後有你的主力作為追兵，前則有一支特遣隊趕在他們前頭，占領兩座橋樑，他們就被圍困住了。當你看著一幅大比例尺、細節標示清楚的地圖時，上述這一切似乎是再明顯不過的策略；但是當你佇立在北牛津郡，看著圍繞在你身邊的山丘，思索著究竟哪條路才適合派出你的士兵、切斷德維爾往泰晤士河進發的時候，這絕對不是一件簡單容易的事。

無庸置疑，在中古時期的英格蘭，你不可能單憑自己，就能率領一支大軍；但是為將用兵之道背後所蘊含的各項原則，就是逐日、常規的運用方位的打探辨明。如果你曉得主要河流所流經的郡縣，並且知道哪裡可以橫渡這些河流，你就能以自己的方式，在腦海中為這個區域，繪製一張概略的地圖。有些人在思考他們身處的郡縣時，心中浮現的不單單是一系列的道路和城鎮，還有一連串的河流與陵谷。如果你身處國內的某處陌生地方，或者是人在外國，沿著一條大河走，是辨明遠距離方位最有效的方法之一。一條大河不但會引領你朝一個固定方向前進，也會帶你到貿易市鎮，因為貨物通常是經由水路運輸的。在那裡，你能找到對於遠距離貿易網路經驗豐富的人。在那些沒有河流、人煙稀少的地區，你可以聘用地方嚮導，支付日薪，帶你到下一個城鎮，交給下一位嚮導。辨明方位，因此成了各種知識的混合：對地區的了解、知道哪個城鎮在哪個郡、靠太陽和星辰判定羅盤上的方向，以及對於河流、渡口、山丘和曠野的熟悉程度。

道路

在現代世界，不同的道路提供我們各自不同的使用目的：高速公路是為了長程旅行，而田埂小徑則通往田地原野。中古時期的英格蘭也與此類似。這個時候有好幾條大公路馳道，分別是佛西道（Fosse Way）、厄爾邁街（Ermine Street）、瓦特靈道與伊克奈爾道（Icknield Way）；它們都是羅馬時代修築的道路，一直到薩克森人與諾曼人統治的世紀裡，都還在使用。與之對比，則有許多不受注意的公用道路跨越各地：有些路徑，只是臨時用石塊砌成十字標示，除此之外，根本沒有任何東西能顯示這裡有這麼一條路的存在。

本王國的公路體系（也就是連結各個城鎮的公路網），基礎就是羅馬時代的道路網；向西到達埃克塞特，往北則到與蘇格蘭的邊境。道路的總長大約是一萬英哩（一萬六千公里）。高夫地圖上顯示，在一三六〇年時，約有三千英哩的主要道路還在使用之中；更進一步細看的話，會發現這些道路裡，此時仍然有百分之四十的道路是原來羅馬時代的路面。[4]這些道路幾乎全都是在西元二世紀末之前就修築完成，所以，知道路面的狀況好壞各有不同，也就不令人感到驚訝了。某些道路的鋪石還在原來的位置，車輪壓輾過的地方深深凹陷，表面磨損。另外有些地方，路面的鋪石被搬走去修建別的東西。有時候，你在路上發現攔路的障礙物，可能是因為路面下陷，或是大株路樹倒塌。即使是佛西道這樣一條重要的道路，也時不時的遭到阻塞。

所以，並不是所有羅馬時代修築的道路，路況都和它們原來一樣筆直。實際上，也不是所有的羅馬時代道路，都還留在它們原來的**位置**。一條老道路上的鋪石歪七扭八、崎嶇不平，看來或許更像是路障而不是路面；而在這種情況之下，中古時期修築的道路，就選在附近較平坦的地方。同樣的，也有相當數量的城鎮座落在羅馬道路網之外。舉例來說，普利茅資就不是在羅馬時代的基礎上建城的，因此附近也沒有任何羅馬時代的道路。同樣的情形也出現在康沃爾的每個城鎮（羅馬時代最西陲的建築物，僅到埃克塞特）。富庶的考文垂鎮、牛津的大學城，以及愛德華一世在位時期才發展起來的新城鎮，也是差不多的情況。所以，雖然此時的道路系統是以羅馬人的建設為基礎修築起來的，但可別想像這些道路都是平石鋪面的筆直大路，而且還四通八達，串連各個城鎮。

地方道路是全國公路網的輔助系統：城鎮裡的街道與巷弄、連通被圈圍田地方場的通道，以及穿越廣闊田野和一般土地的寬廣路徑與（驅趕綿羊專用的）道路。另外，在莊園之間、農場到村落中心之間，有連通彼此的路徑；也有連結小村莊到地方教會的路徑，還有供馬車走的道路、連通市集和港口的道路，以及修道院使用的道路（連通僧侶的教會和他們的地產莊園）。這些道路，有若干是沿著羅馬時代舊路修建，但大多數的道路，都是中古時期的建設（如果這些能算得上是建設的話）。不少舊道路遺跡和馱馬路徑，都只是穿過荒野高地的小徑通道而已。上述這些全然不同的道路合在一起，就是對這個時期整體路況的簡潔描述。

整體而言，主要的公路幹道維修情況還算良好。它們必須維持良好路況，因為國王陛下時常要沿著這些道路出遊。沒錯，國王的足跡確實沒有遊遍整個王國；比方說，於十四世紀在位的所有國王，全沒造訪過康沃爾或德文。[5]不過，總的來說，只要發現任何因為維修狀況惡劣而導致堵塞的道路，國王會迅速頒下詔令，要當地的莊園領主負責維護。因此，國王與貴族能夠以較快的效率，對道路進行維護。在一三〇〇年一月，即使當時白晝只有九個小時（而且還要再扣去兩個小時進食），六十歲的國王愛德華一世帶領著他的整個朝廷，能夠以小跑步的速度，每天平均前進二十點六公里。一三三六年九月，青春正茂的國王愛德華三世撇下皇室，以每天平均前進八十八公里的速度，騎馬奔赴約克。[6]如果他還必須分心憂慮愛駒是否會因為路況不佳而絆倒，就不可能有這樣快的速度。

然而，其他道路的維修狀況就不是那麼好了。你會一直在莊園領主的仲裁庭聽到這樣的抱怨：某某人將經過他屋外的道路，以木材、廢棄的拖車或垃圾堵住，使人無法通行。有時候你也會發現，路上那些令人不愉快的障礙物，都是在大雨過後，泛濫溢流到路上的茅坑便溺，弄得整條路都是糞便、樹枝和農場的垃圾渣滓。當位於山腰的路徑毀壞無法通行時，馬車駕駛和旅人只能繞過危險路段，找條新路繼續前進。同樣的情況也適用在馬車的車道，因為這些道路是中古時代修築的路徑，不是羅馬人建造的公路，沒有實際標示路徑位於何處，馬車的駕駛遇到某段路無法使用時，就只是將「道路」往左或往右遷移。

路況最不可靠的道路，是那些連結莊園與小市鎮的通道和公路。有的時候，地方居民一逮著機會，為了取得要價低廉的泥土，就將道路的填土挖走。天候好的時候，這種行為會讓路面崎嶇難行，被迫繞道；下雨天的時候，路面會形成深深的泥沼。有個惡名昭彰的路段，位於艾根姆（Egham）與斯坦斯（Staines）之間。天氣差的時候，在這條路段前進，看來就像是進入一段洪水氾濫的道路；積水已經深達兩到三點六公尺，而且沿途沒有任何警示。一三八六年，一名男子就在這條路段慘遭溺斃。而負責該路段維護的切爾特希（Chertsey）修道院院長，竟然厚顏無恥的聲稱死者所攜帶的貨物歸屬於他，理由是該名男子的死亡是發生在他的轄境。[7]

橋樑

我們把橋樑的存在，視為是理所當然的事情。在現代，只要走在一條路上，前頭遇上河流，幾乎總是會出現一道橋樑，讓我們能橫渡。而在中古時期的英格蘭騎馬前行，很快你就會明白：好的石橋還真的不多。如果你沿著公路策馬行進，這條公路所連接的，是兩座繁榮而且距離相對較近的市鎮，或者是連接倫敦與一座郡縣市鎮，那麼你有不小的機會，可以擁有一趟愉快的遠行：在平整的鋪石路面結構上行走，橋樑上有尖拱門，橋樑橫跨的兩岸，還各有菱柱狀的分水橋墩。不過，如果你的旅行路線離開公路，大部分的時間裡，你會發現自己行走的路徑就這樣消失在泥濘當中，或者被河流所淹沒。行人偶爾可以碰上踏腳石或臨時搭建的木板橋，不過，你往往還是難以避免弄溼身體。

石砌橋樑的偉大時代，是從約翰王（King John）在位時期（一一九九至一二一六年）開始的。倫敦大橋，就起造於這個時候。其他大型石砌橋樑，例如位於埃克塞特和羅徹斯特的橋樑，便是稍後十三世紀時的建築。在這之前，要橫渡河流，要不從淺灘涉水而過，就是搭造木橋。即使到了十四世紀的今天，許多重要河流上頭架設的，都還是木板橋，維護的情況也不一樣。有些橋樑實在搖晃得太厲害，以至於別人會建議你：別冒著危險上橋，從原來的淺灘渡口（通常還留在原處）騎馬過河還比較安全。在丘陵密布或高山地區，通常很難見到橋樑。在更加貧瘠的地方，並不居住在領地內的莊園領主，看不出有什麼理由，需要一再重建木造的建物，而又無法抵擋冬季時洶湧奔流而下的山洪。基於這個原因，如果你到湖區（Lake District）或達特穆爾的近郊旅行，你會發現：找到一座狀況良好的橋樑，就和碰上一條維護良好的道路一樣，相當罕見。西摩蘭在一四〇〇年的時候，有十二座石砌橋樑。[8]在本郡，這相當於每四萬一千英畝就有一座橋樑。

這些石橋建築或許會讓你想起在本世紀當中，那些重建、擴建或改建的地方教堂。它們兩者之間，並非毫無關連。捐資修築一座小禮拜堂，或者重建一座教堂，會被視為是虔誠之舉，修造一座石橋也有同樣的意義。做這樣的事情純屬為他人奉獻服務，因此，對於十四世紀那些想要藉著行善舉獲取榮耀的男男女女來說，這是一種顯而易見、又時效長久的慈善之舉。所以，橋樑建築非常仰賴商人階層財富的增加。就像維護地方教堂，保養橋樑也被看成是信仰虔誠之舉。出資修橋的贊助人，其責任不是橋樑修復就完結了，因此大多數的橋樑都保持相當不錯的狀態。在許多橋樑修護的案例裡，教區主教也出力襄助，他們對所有出資貢獻修復橋樑的人，給予充足的恩惠和赦免。透過這種方式，許多人可以響應教會的號召，投入奉獻鄉里的行列。最先捐款建橋的人，將會名垂不朽；那些對維護橋樑有貢獻的人，其原罪都能獲得赦免。和這些宗教意涵背後邏輯完全吻合的是，在大多數大型橋樑（與許多較小型的橋樑）上面都建有禮拜堂。

過路費

在結束橋樑這個主題之前，還有一個十分顯著、絕對與宗教無關的橋樑保養維護方式值得一提：對往來通過者收取過路費。

想像你是個商人，你想要過橋進城，必須要付過路費。如果你有推車隨行，就得付出額外的費用，增收費用的高低要看車內貨品而定。假如當地無橋樑，那你就得支付渡船費作為代替。接著，你在進城時，必須在一個特定的城門口支付入城費。進了城，你就得繳交擺攤的場租，以及你所屬貨物的儲存費。如果你身在港口，你或許也要繳交碼頭使用費和貨物搬運費。為了要取得販售某些特定商品的權利，你可能需要繳納額外的費用給商業同業公會。除了上述費用，當你進口貨物到國內的時候，首先要繳交的就是關稅和進口服裝稅。

凡事只要**能夠**標價，決不會免費贈送。就算你不是商人，騎馬進城只是為了私人目的，你可能還需要繳交城牆修築捐（murage）與鋪路費（pavage）。橋樑使用費（pontage）只是幾十種類似名目的稅捐當中其中之一罷了，而且要是你是外地人，這些費用會更加不符合比例的重重壓在你的身上。設法獲得一張自治特許狀，通常也就同時取得免於繳納各項費用的權利。頒發特許狀的，如果是層級較低的小領主，特許狀的有效範圍不會太廣。但如果他是位大貴族，這張特許狀的範圍，就能達到他權威所及的各個城鎮。要是頒發特許狀的就是國王陛下，那麼本狀就適用於所有向國王繳租稅的土地和城鎮。所以，一位住在約克的自由民，因為約克鎮受惠於皇家特許狀的緣故，他進入其他皇室治下市鎮的時候，就不必繳納城牆捐和鋪路費。免稅捐的適用範圍實在太過廣泛，以至於必須從那些目前有繳交稅捐義務的人身上徵收，以求彌補，其中就包括像你這樣的外地人。

這些稅捐費用是多少錢呢？每個地方徵收的額度各有不同。要搭乘從西敏到倫敦的渡船，你要繳交兩便士的費用。搭乘馬車進倫敦城，要花費你一便士的費用。駕著滿載的馬車駛出倫敦，你要再花費一便士，或者因為你載運的貨品內容，被收取更高的額度。一三五六年因為需要維修市區道路的費用而徵收特別捐，所以每個進入七座城門的訪客都要繳交一便士。每輛你所擁有的馬車，需要另外再徵收四分之一便士的費用。這樣看來，駕著幾匹馬、帶著幾位僕從在城鎮之間旅行，費用可能十分昂貴。免於繳納皇家稅捐的權利（適用於皇家轄下自治市鎮裡的自由民），因此就是一項相當重要的便利優勢。

陸路交通運輸

為什麼你會對在道路上行進思之再三，最主要的原因就是擔心遭受攻擊。「溫徹斯特法令」規定，所有的莊園領主，必須淨空其轄境公路兩側距離各六公尺寬的土地。所謂淨空，包括將這塊範圍內所有的樹木和矮樹叢砍伐掉，只有橡木，因為能夠作為建築和船舶的建材，價值很高，可以例外保留下來。這種淨空措施，並不總是能有效的維持下來，人們在路上還是會遇上攔路搶劫的盜匪。有的時候，比方說，當許多旅人將來到領地內參加大市集，領主可能會雇用武裝保鑣，在特定路段巡邏。但是這種情況很少見，大多時候，你身邊除了和你同行的夥伴之外，別無其他保護。在一家旅店裡和其他即將與你走同樣路線的人見面認識，通常是個好主意。

在你整裝出發之前，你還需要一匹馬騎乘；除非你和那些狂熱的朝聖者一樣，打算全程步行。馬匹的外型與體積大小林林種種，各不相同。人們通常會這麼說：「一匹好馬要具備下面這十五項特質與條件，也就是：三項如男子、三項如女子、三項如狐狸、三項如野兔，以及三項如驢；牠應該像個男人那樣，大膽、自傲、能吃苦耐勞；牠應該如女人這般：胸部高聳、鬃毛順美，容易依靠；牠應該像一頭狐狸那樣，有漂亮的尾巴，短耳，小步跑時姿勢俊逸；和野兔一樣，牠應該有雙大眼，一雙乾耳，並且善於奔跑；而像頭驢，牠應該有瘦長的臉頰，扁平的腿腳，和四隻好蹄。」[9]

體型最大、也是目前為止最昂貴的馬匹，是作戰用的軍馬（destriers）。這些軍馬要價可達四十英鎊；在某些特殊情況，這些馬轉手以後總價更高，可以到達八十英鎊。[10]很明顯，有些牲畜只有富有的貴族領主才負擔得起。在愛德華三世於一三三八到四〇年間低地國諸役期間失蹤或戰死的軍馬，每匹要價在十到二十英鎊。[11]但這樣的價格，還是超過你對座騎能負擔的額度。購買一匹出外打獵用的良駒，會花費大約十英鎊。供婦女騎乘的小馬，或是平日騎用的良馬，要價接近四英鎊或五馬克。要價比較低的牲畜：跑馬（rouncies）、中等馬（hobbies）、駑馬（nags）和拖車用的馬匹（hackneys），通常用來短距離騎乘，或者載運貨物。馱馬或拉貨車的馬匹，要價大約五到十先令；拉馬車的馬匹價格則稍高一些。要注意：瞎眼的盲馬價格，通常只有上述要價的一半。要是你覺得好奇：為什麼會有這麼多盲馬？那是因為牠們都是遭人偷竊的馬匹，而將牠們眼睛弄瞎，則是惟一能防止牠們找到回家路線，或是辨認出真正主人的方式。

買下座騎以後，你還需要許多其他的物品。你大概要花五先令買一副好馬鞍，韁繩與套索配備另外需要六到十二便士，至於馬刺：裝有小齒輪的馬刺正在流行（你的腳後跟上有一具小輪軸，掛著紗穗吊飾），要價兩先令。如果你買不起小齒輪，也可以在你的鞋上安裝樸素的金屬材質馬刺（六便士）。天氣不好的時候，你會需要若干遮蓋用的皮革，或者上了蠟的罩布。少數女性使用側坐馬鞍（這項習俗起於一三八二年，波西米亞的安妮嫁給理查二世之後，由陪嫁隨員當中的女性引進英格蘭），如此一來，要在騎乘時還能保持得體禮儀，穿一件乘馬專用的裙子就很要緊。有些人出門在外，還要帶上更多物品，比方說：一把小刀、一根湯匙、一隻碗、一盞燈籠、蠟燭、梳子、馬刷子、鞋匠用的線（十分強韌，在馬鞍裂開，填塞物暴露出來的時候，足以將其縫合回去）、大眼針，以及皮革小酒囊（方便在路途中飲酒）。那些長途跋涉的旅人，裝載在馱馬行囊裡的物品更多：他們自己的鋪蓋、墊子、枕頭、平紋布或普通亞麻布織成的被單，還有羊毛毯子。最後，別忘了帶上有聖基道霍（Saint Christopher）圖像的圓牌，他是守護旅人的聖徒。既然這一路上坑坑洞洞的地方很多，樹林裡又有盜賊，你或許會需要聖徒的庇佑。[12]

就如你事先的預料，你帶愈多東西上路，你的腳步就愈加遲緩。將這些寢具通通包裹會需要不少時間。帶著幾匹馱馬上路，即使是走在路況最好的公路上，也要花費一些時間。因此，當需要快速旅行的時候，隨身帶的東西愈少愈好。大部分不急著趕路的旅人，或許以每小時不到五公里的速度，一路抵達他們的目的地。你每天想要待在馬鞍上幾個小時，這是有限制的；所以大部分的旅人每天都會設定一個行程終點，試著不要走過了頭。對大多數人來說，一天走二十四公里（十五英哩）的路，算是相當可觀了，尤其對那些年紀較大、身材較胖，或者同行家當較多的人來說，更是如此。國王帶著整個宮廷成員上路，要是一天走三十二公里，其實就等於一路拖著他們前進了；一天走十六公里比較常見。在夏天，很少人一天行進超過四十八公里（三十英哩），冬季時則很少超過三十二公里。[13]

想要速度更快是可能的。一個身體結實、又配有一匹好馬的信差，可以跑更長的距離。要是他是位**皇家**信差，身負重要訊息要傳遞，而且又有足夠的錢，可以在中途換馬，他所能達成的速度會相當可觀。夏季遠距離最快速的記錄保持人，是一位信差，他在一三〇七年七月七日這天的第五次公禱時（大約是下午三點）騎快馬出發，要將國王愛德華一世駕崩的消息，從布魯夫（Burgh on Sands）趕往倫敦，在七月十一日當天或之前，傳遞給愛德華王子知曉（現在，他已經是愛德華二世了）。[14]這段路的距離至少約四百九十七公里（三百一十英哩），平均每天要趕一百二十八公里的路。秋季的最快速記錄，由一位十萬火急的信差保持：他在一三二七年的九月受差遣，從柏克萊出發，途經諾丁漢，趕往林肯。這位信差在兩、三天裡行經大約兩百四十公里，在九月二十三日的夜間趕抵。[15]

在秋季一天要趕九十六公里的路，因此是辦得到的，如果道路狀況乾燥良好，夜間又有月光之助，或許還能走得更遠。至於在冬季，一四〇〇年二月，理查二世駕崩的消息，由一位男僕從龐蒂弗拉克特（Pontefract）出發，帶給亨利四世知曉，全程共約兩百八十五公里（一百七十八英哩）。這花了信差三到四天時間，包括中途換了一次馬，因此相當於一天趕八十公里的路。[16]上述這些屬於特殊狀況。即使是皇家信差，平常也沒有以這種速度趕路。大部分的信差，一天大約走三十到五十公里的路（依季節而定）。他們的座騎是自備的，不是國王提供，所以他們才不想因為皇家事務，就操垮他們的座騎。[17]

如果你的座騎生病倒下了，你就需要花錢找獸醫幫忙。許多馬醫都能對你生病的愛馬提供最好的醫療建議。動物的油脂也許能敷用在馬的腿蹄上，蜂蜜和奶油可能也有效果。有時候，或許能為生病的馬兒討來一些膏藥和丸藥。[18]乾爽的棲身之所、食物和休息對大多數的牲畜來說，是最好的治標良藥。如果名貴的良駒在比武時受了傷，通常可以獲得如傷口包紮上藥之類的醫療照護。一三九七年的一月，蘭開斯特公爵亨利買下各種各樣的藥品，來幫助他名下一匹叫做「灰白鑲金」（Lyard Gylder）的馬，為此他必須將這匹馬留在加萊。同時，他也為另一匹購自法蘭西的馬支付醫藥費用。在本案例裡，這兩匹馬的醫療費用是三先令七便士。他的第三匹馬，名叫索瑞爾·布萊克威爾（Sorell Blackwell），在之後沒多久也病倒了，需要五先令的醫藥費用。當他的軍馬病倒的時候，獸醫的要價便更高。「幾匹軍馬和獵馬」的食物與醫藥費用，達到六英鎊之多。[19]出門旅行並不便宜，尤其當你是個貴族，帶著僕從和幾匹馬同行時，更是如此。

要是你並不特別熱中騎馬，那麼還有什麼其他的選擇呢？首先，你大概要先消去「搭乘馬車」這個選項。所謂馬車，指的是由馬匹拖拉的兩輪車輛，它們是用來載運**物品**（而且還是很特定的某些物品），可不是供人搭乘的。獸糞車就是專門用來載運獸糞，乾草車載運的就是乾草，或者大量的穀類。如果一輛馬車被用來載運木炭，大概就沒有其他用途了。牲畜的移動都靠牠們自己的腿腳，其他大部分的市場產品則由馱馬載運。就算是最大型的馬車（也就是四輪馬車），通常也只是用於輸運貴族領主的裝備：他的盔甲，或是購入的大葡萄酒桶。大馬車有時候也用在大市集交易的散裝運輸。這類笨重的玩意兒，要由六到八匹馬來拉，除了駕駛以外，幾乎很少搭載別人。牠們的速度實在太慢了，甚至還輸給大隊馱馬運輸隊伍，一天也趕不了十九公里（約十二英哩）以上的路。[20]

四輪客用馬車的情況，也與此類似。在本世紀的前幾十年，想在全王國上下找出一打以上的客用馬車，是不可能的事情。只有皇室的女性成員，或者是年長的貴族女性，出門時才有可能搭乘馬車。即使到了本世紀末，這類馬車都還是非常昂貴的車輛，要價數百英鎊，有時候甚至達到上千英鎊之譜。[21]四條輪輻、一點八公尺高的車輪，由車廂底下的輪軸直接連結起來，輪軸塗上厚重的油脂（它們沒有任何懸浮液）。車廂底盤由上漆的巨型橡木橫樑製成。底盤上方，就是一節木頭材質、筒狀車頂的車廂，由顏色鮮豔的布料或皮革作為遮蓋。車廂的兩側是顏色亮麗的建築雕刻裝飾，讓整節車廂看來就像是一座配備車輪的皇宮。車廂裡面擺設座椅、床鋪、坐墊、壁毯和地毯，車廂窗戶有絲綢製成的窗簾，以及皮革材質的外罩布簾，甚至還設有供淑女吊掛鳥籠的掛鉤，和供獵鷹棲息之用的棲枝。

這樣的行動宮殿，確實是在全國各地旅行的時候，惟一能保持乾爽的良方妙法，但是這類大型馬車在路上非常罕見。它們不但造價高昂、難以購買，維修保養的費用也極其昂貴。這種馬車十分笨重，需要一隊（四或五匹）馬才能拉動（通常用一條鎖鏈將所有的馬匹鍊起）。這些馬匹需要餵食和梳理毛髮，車軸需要持續不斷的上潤滑油，韁繩挽具需要保養（比如，皮革材質的長韁繩要保持柔軟有彈性），而路上的每次顛簸，都會對車輛的平穩帶來威脅。僅僅是製作材質強韌的車輪輻軸，外面以鐵皮包裹，就要價不菲；懂得製作這種口徑車輪的師傅，也不像本世紀後期那樣普遍容易找。通常你花三先令或更多錢，就能保證在每出一趟遠門之後，保養好車廂和車輪。加上馬的燕麥穀類飼料成本，和照管馬匹的馬伕薪水，再算上任何這類有錢到能夠搭乘包廂馬車出遊的人，都需要支付武裝保鑣隨行護衛的酬勞，那麼你就看得出來，這種交通方式為什麼每年能花上你數百英鎊，昂貴得連眾多男爵和商人都難以負擔。

最後一個選項，也就是英式敞篷馬車（litter），這是體能不再適合騎馬的貴族和懷孕女子的首選。這類馬車，由兩根長桿承載一席座位，然後讓兩匹馬一前一後的拖拉推進。[22]座席本身有一個圓形的木質穹頂，像是馬車車廂的縮小版本。這類敞篷馬車並不能完全避免顛簸的問題，所以搭乘的時候也不是相當舒適。要是路面崎嶇不平，馬匹有絆倒的可能，那麼再加上敞篷車廂和搭乘者的重量，就有翻車的危險。就算馬兒站得直挺挺，你還是會發現，敞篷座席在馬匹前進時，從這邊到那邊來回搖來又晃去，讓乘客暈眩不已。勃根第公爵（duke of Burgundy）在走向他生命終點的時候，從布魯塞爾到哈萊（Halle）；一路上，他讓工人走在他所搭乘的敞篷馬車前面，持鐵鍬和鶴嘴鋤在前方夷平道路，這樣他的旅程才能走得更舒坦些。[23]

水路交通運輸

有一種浪漫的想法，認為海洋是永恆的、是永不改變的，海浪拍打著這個世界的礫石海灘，從不間斷。全球暖化效應正在出現，或許提醒了我們，上面這個想法存在某些缺陷之處；就算如此，我們還是會傾向於認為，說到海洋，它必定有某個方面，**曾經**是永恆不變的。真相是，一直以來海洋總是在改變，河流也一樣。水位有高低起伏；海口、河流、港埠淤塞；而海岸的侵蝕則將懸崖峭壁的面孔消磨殆盡。泥沙在海床上飄移，讓某些沿著出海口、可供航行的水道，變得更加詭譎難測。魚群在淺灘處游動，吸引灣岸邊的漁夫往更深水處過去。而海岸邊的堡壘工事與港口的牆壁，在大浪和春季的風暴摧折底下崩壞。一波又一波持續拍向海灘的浪潮，實際上是關於這片海洋惟一不會改變的事情。

前面提到的，全都是自然現象所產生的結果。如果你加上社會和政治因素去做考量，海洋的變化就更加的明顯。因為計算圖表和星盤（可用來觀測星辰與太陽的角度，以便導航）的改良，在海上迷航的危險快速消減。在一三〇〇年的時候，很多人認為，在海面航行完全看不到陸地，是一件令人擔心煩惱的事：水手就不喜歡這樣，他們偏好沿著海岸邊航行。所以，愛爾蘭海不是給膽小怕事的人航行的水域。從葡萄牙到地中海的航道也是一樣，特別是那裡有被風暴席捲、橫掃到大西洋的危險。但是到了一四〇〇年，星盤已經變得普及，許多人都知道怎麼使用。喬叟筆下的故事當中，有一段就提到他的兒子如何使用星盤。在這個時候，羅盤還沒有被普遍使用（喬叟筆下的船長，就是靠著他對月亮、潮汐和洋流的知識，來辨認方向），但是有太陽、月亮的方位圖表與星盤，水手在航行穿越一片廣闊海域的時候，就能更有信心。

在政治因素方面，當你非常確信向你迫近的卡斯蒂亞兵艦，並不是要向你致上英雄式的歡迎，而是要讓他們的船員登艦，砍斷每一個他們找到的人的喉管，然後把你的屍體丟下船去，你就知道在承平時候航海，有多麼的安全。海軍的勝利非同小可，意義重大。像是一三四〇年的斯魯伊斯（Sluys）一役，法軍艦隊幾乎是整個被摧毀；一三五〇年卡斯蒂亞的艦隊在溫卻爾西（Winchelsea）被打垮，都使得所有人貿易和旅行更加安全平順。

雖然一般的說法，都認為英法兩國之間的衝突，爆發於一三四〇年，不過實際上兩國的海盜彼此互相攻殺，在此許多年之前早已開展了。比方說，法蘭德斯海盜約翰．克拉布（John Crabb），大約在一三一九年，法蘭德斯與法蘭西的盟友蘇格蘭人和英格蘭交戰時，從故鄉出發相助。他這種傭兵式的作戰態度，正是人們害怕之處。如果你在陸地參加一場激烈的戰事，而看起來你所屬的這方陣營快要打敗了，你可以逃跑。但是在海上，你無處可逃。那些在戰鬥中沒有陣亡的人，通常在之後被殺害，然後被拋到海裡。如果你明白蘇格蘭人、法蘭西和法蘭德斯的海盜，專挑沒有防護的商船下手，你就知道走海路實在不比陸路來得安全。所以，這正是當約翰．克拉布於一三三二年被華特．曼寧爵士（Sir Walter Manny）捕獲的時候，各方歡欣鼓舞、鬆了一口氣的原因所在。當然，法國百姓同樣害怕像偉大的英格蘭商人兼海盜約翰．霍利爵士這類人物。只不過法國不是海島，而大不列顛卻是。確實有些物品必須靠海路才能到達英格蘭。比方說，每年來自波爾多的葡萄酒船隊。而你可以確定的是，這類托運船隊的防護實在不怎樣，它們和船上的人員將永遠見不到不列顛的海岸。

船舶

本世紀初的時候，你在英格蘭水域看見的船舶，主要有以下兩種類型：大帆船（hulk）和柯克船（cog）。這兩種類型的船隻，都是以魚鱗式拼貼外殼打造：船殼是由厚木板首尾重疊，接在一起。這兩種船隻都有方形大掛帆，掛在桅桿桁端中央。兩者主要的差別，在於大帆船從船頭到船尾，重疊交錯的船殼都突出水面之上。這樣的設計，給予這種船隻寬敞、曲線優美勻稱而活潑的外表。柯克船的船殼板，等高的固定在船首和船尾，使它的外型看起來更直接了當、有方向感，龍骨更加突顯。這兩種船隻在掌舵的方式上也有不同。有著直船尾柱的柯克船，通常在中央設有一具船尾舵。曲線優美的大帆船，可沒有僵硬而垂直的地方，好來安放船尾舵，所以這類船隻持續使用側舵（相當長的划槳）來操控方向。[24]

在本世紀中葉，來自地中海的熱那亞式船隻，開始出現在不列顛的水域。它們是大型船艦，被叫做武裝大帆船（carrack）；有時候，這類船隻配備多支桅桿，可以張掛大三角斜帆（隨船形張掛的不規則船帆，不像正方形的船帆那樣，穿掛在桁端上）。這些設計增強船隻的操縱機動性。因為打造船隻的方式不同，使它們的體積更大：這類船舶是以外板平接法（carvel-built）打造，而非魚鱗拼貼。外板平接打造的船隻，每片船殼鑲嵌平擺，然後直接以釘子固定在船隻的龍骨架構上。這種造船方式可以節省許多橡木和山毛櫸木材，造價比較低廉，船身也比較輕。所以，它的速度也更快、更好操縱。類似的規則也運用在單層甲板大帆船（長度可達約三十九點六公尺）的建造上，這種船舶同時使用風帆和船槳作為動力。很明顯的，後者這種動力方式，比起完全仰仗風力的船艦，在控制和操縱方面都更上一層樓；所以海軍非常希望能獲得這類的船艦。北歐的造船業者在一開始時抱持懷疑的態度，一直到十五世紀的前二十年，他們還是堅持守著原來魚鱗式拼貼船殼的造船法。[25]但是地中海造船技術帶來的教訓，讓他們開始反省，而且進行更進一步的實驗，更改現有的造船方式，打造體型更大、速度更快的魚鱗拼貼式船舶。

英格蘭造船業者反省的結果（或者更確切的說，是他們在政界的後台大老闆反省的結果，因為他們已經見識到這些熱那亞船舶的威力），很大程度上可以從船隻體型的改變上看出來。大帆船被造得更大，以便長程航行。體型非常大的船舶，沒辦法靠一具側舵駕駛，而任何船舵要是太長，也難以駕馭。因此，就開發出適應大帆船、懸吊在船尾中央的尾舵。有些船還配有第二條船桅，用來協助船隻的掌舵。[26] 柯克船也變得更大，某些皇家戰船，甚至長達三十九公尺（約一百三十英尺）。除此以外，大帆船與柯克船在建造上的基本差異開始被打破。到了一四〇〇年的時候，有些船隻的某側船底板已經高出水面，像大帆船；而船首則保持水平，像柯克船。有些船隻的主桅桿上，配備不止一張風帆，在頂端加上小的「輔助帆」（bonnet）。造船工匠開始打造更好的船艙，將船尾建造成一座在柯克船上的船樓堡壘，尤其是建在加高的甲板上，下方還配有大型船艙。柯克船的船樓向後退，同時船頭更加的流線化。愈大型的柯克船，橫樑龍骨就做得更加突出，以方便水手能更有效率的利用它們的尾舵。

讓我們這麼說：你現在身處的地方，是一三七〇年代的（林肯郡）波士頓港，正眺望著對面的碼頭。各種大小船舶都停靠在港口內上下搖晃。柯克船有各式各樣的形狀和大小體積：大型的與小型的柯克船，有些船隻的主桅桿，設在甲板非常前頭的位置，另有些船舶的桅桿立在船尾處。如果你在鄰近造船業者的工坊裡，看見一艘船隻被吊離水面，以便填補漏水的縫隙，你會看到某些船隻的船底板直樑龍骨明顯的尖銳突出，有些則弧度平緩。船底尖銳的那類船比較強壯，也比較重，適合在遠洋航行；弧度平緩的船隻則能做多用途使用，可用來在沿岸與內河運輸。那裡還剩下一艘栓繫住的大帆船，正等待搭載大量的托運貨物，穿越海洋到瑞典和丹麥。也許還有一艘大型熱那亞單層甲板帆船或武裝商船，停泊在港內，準備要載運大量羊毛到法蘭德斯，或是南下到地中海。

一艘典型商人的柯克船就繫泊在你的面前。這艘船的船主，名叫理查・托提（Richard Toty），他使用這艘船在沿岸載運葡萄酒。這艘船大約長二十四點四公尺，橫樑長約八點二公尺。這艘船安有龍骨，並且結合若干輕帆船平接的外板造法，雖然船體主要還是以魚鱗拼貼法打造而成。造船工人使用小釘子、鐵螺栓，還有木榫來組裝拼接。這艘船有尖狹的船頭、優雅的曲線，在船尾處，設有寬敞的「堡壘」船樓（或上層甲板）。這裡有舵柄，可以操控船尾舵。這艘船沒有船頭艙房，也沒有類似的船頭甲板。在船身裡，有一塊鋪有厚木板的區域，是儲存葡萄酒桶的所在；這塊區域，當船停泊在港內時，打開艙蓋門，但在出海航行時，則蓋上帆布。惟一供乘客搭乘的地方，設在船尾高起的甲板艙房。四具大錨、一艘救生小艇與划槳，就被放置在這裡。[27]

這種船舶不是你要進行一趟長程旅行時的選擇。船艙的空間不夠，連少數幾位乘客都沒辦法容納，棲息之處就更別提了。但是，如果你非要搭便船，穿越英吉利海峽，或者南下到波爾多、西班牙，和托提一起去買葡萄酒，那麼你有很合理的理由能夠放心：你會到達目的地。四方形的大風帆並不笨重，雖然它們能在風向正確時發揮最好的效能，卻沒辦法阻止逆風航行的情形出現。托提對此經驗豐富，他會抓起風帆底下的一角，朝著船身的前方，或甚至是船頭大力扯動，對準順風的方向。[28]當然，這麼作會給索具裝備的側邊帶來很大的壓力，所以需要有「桅索」顧名思義來固定主桅桿，也需要強韌的支桅索，從側邊支撐住桅桿。但是這些船舶都能順利達成任務。柯克船是英格蘭國際貿易的主力船種。

海上生活

搭乘柯克船，沿著海上航道南下波爾多或西班牙，海上的生活非常艱困；如果你要穿越波羅的海，抵達斯堪地那維亞半島，日子就更加艱苦了。吃得不好，沒人洗澡，也沒人刮鬍子。在風暴來襲時，想要讓任何東西保持乾燥，都是不可能的；而且你可以預期，在海上的大部分時間，你的全身都會保持溼答答又慘兮兮的狀態。船艙裡充斥著尿液、排泄物和嘔吐物的惡臭味，更別提還有老鼠的尿騷味。在夏季的時候，船艙裡的燠熱幾乎讓人難以忍受。你不但要留神船艙裡的各種液體，身在船上，更是幾乎沒有什麼東西可以抵擋海浪對船身的襲擊。

你每天可能就在海浪持續拍打的噪音當中醒來。在外海航行時，船板彼此磨擦，發出吱呀的聲響，彷彿這艘船正試著把自己扯碎。如果你被迫在這樣的船艦裡待上好幾個星期，你的精神和脾氣都會變得愈來愈不好。男子變得粗暴，時常爆發醉酒和鬥毆。在上述情況發生時，你或許會發現，理查一世時期制定的殘酷海洋法律能夠派上用場。如果一名男子在船上謀殺另一個人，懲罰是將他和被害者的屍體綁在一起，扔到海裡。如果男子所犯罪行是痛毆他人，他會被五花大綁，然後浸海水三次。當你的耳邊充斥著船友嘲笑你暈船的聲響，而你很想拿起皮帶，狠狠賞他一頓鞭子時，請牢記上面的刑罰。

現在，該來說說氣候了。如果你搭乘的船隻停止不動，或者偏離航道，你就會發現，食物和淡水都不夠用了。通常，船艦只會攜帶當趟旅程的糧食補給，所以意料之外的拖延行程，是能夠要命的。除了海盜以外，海難是所有人心中最大的恐懼。當你揚帆出海的時候，總是有機會碰上有個暴風雨在地平線那端，朝你直撲而來。暴風雨能對水手和乘客帶來致命的威脅：船隊七零八落，船隻翻覆和進水，船舶觸礁，或者被吹到地圖沒標明的未知水域。船隻的艦長通常會在船上準備一把斧頭，在風暴看來要把船身扯裂的時候，一斧頭將主風帆砍斷。而確實有不少船隻在海上解體成碎片。無論怎麼樣，它們的使用壽命也只能撐二十年左右，因為填塞堵漏的塗料會耗損，木榫和船底板會腐蝕，而鐵釘會鏽壞。設於懷特島（Isle of Wight）上的聖凱瑟琳燈塔，建於一三二八年，是極少數在夜裡發出亮光的燈塔。

一趟橫越英吉利海峽的旅程，所花費的時間是幾個小時，確實不需用到一天；但是，有好幾個例子卻顯示，橫渡海峽要花三到四天，甚至更久的時間。有一次，法王約翰二世（King John of France）想要橫渡英吉利海峽，竟然花了十一天；而更不走運的賀斐・德雷翁爵士（Hervé de Léon），為了從南安普敦到阿爾夫樂（Harfleur，法國北部城鎮），在海上航行了十四天。[29]大部分的旅人在登船出海之前，會去他們所喜愛的聖人祭壇，添上四便士的香油錢。

讓我們假定，你又再次回到波士頓港，計畫要走海路到波蘭。這樣一趟旅程，大約要費三星期左右。因此，小型的柯克船就不適合了；你需要搭乘更大的船隻，大概需要一艘雙桅桿帆船，長度超過三十公尺，以便容納你和隨行的僕從。當你穿過碼頭，會見到酒桶、木箱和籠子正被懸吊起來，等待放進船身裡。走過步橋和踏板登船：這艘船建有一層特殊的甲板，裡面設有木質的籠子，可以在旅程中飼養雞隻，還有磨石，廚師可以在這裡生爐火。在你的上方，是船索裝備、桅索、側邊固定索與風帆。這些配備都纏綁在甲板上，你可能會發現，還放有備用的木板，以便在海上時進行維修。走下階梯，你會看到成堆的備用繩索與帆布。風帆布在維修過後，會撐著使用一段時間，或者是朽壞、被扯裂。新的繩索定期作為碼頭繫泊之用，而索具裝備則每年替換兩次。這裡同時也是乘客的臥舖。這裡很暗。當你從有明亮陽光和海鷗叫聲的上層甲板，突然換到底層又暗又臭的地方時，一根小蠟燭是你惟一所擁有的照明。

當然，你在船上的待遇，會因為你富有的程度而有所不同。如果你是公爵的兒子，正準備搭這樣的船舶出海航行，那麼你會擁有單獨隔間的臥艙。這間臥艙是特別為你全新打造，設有吊床、輕便可移動的祭壇、供你心愛的獵鷹棲息的樹枝與懸掛吊燈的掛鉤。[30]你搭乘的這艘大帆船，甚至還會在下層甲板設置馬廄，以安置你的馬匹。你的廚子能在船上使用瓦灶和泥窯。你帶來成袋的杏仁（在旅程中會磨碎成漿液，供烹調使用），和所有香料、調味品一類物品，都能堆放在船上。活的龍蝦、鰻魚、螃蟹裝載在木桶裡，排在甲板上，隔壁擺的就是裝滿葡萄酒與麥酒的木桶；旁邊還有關著牲畜的籠子，裡面有下蛋的母雞，甚至還有一頭乳牛，供飲用新鮮牛奶（以及在船上辦宴會的時候，提供牛奶）。醃魚和新鮮水果也會裝載上船。你可以成天看海打發船上時間，或者帶上你的獵鷹，一起去捉海鳥，或者和同船的乘客玩擲骰子遊戲、練習劍術。又或者，喝下大量葡萄酒，然後聽著你的吟遊歌手演唱。每個星期有一次，你可以上岸補充飲水。在這樣的情況之下，搭船前往非常遙遠的地方，還能夠有相對舒適的日子，是有可能辦到的。

就算是最高貴、最優雅的貴族，也必須要面對下面這項事實：和這麼多人擠在如此靠近的距離裡生活，會妨礙彼此的作息。一位曾經到耶路撒冷旅行的道明會修士，解釋箇中原因。[31]當你上床睡覺的時候，身邊會擺著一具小夜壺。這夜壺是小陶罐（不是瓷器，因為瓷器容易打碎）。至於大部分人想要睡在下層甲板（特別是天氣惡劣的時候），那是非常擁擠的。那裡也很暗，所以這些充滿尿液和嘔吐物的夜壺尿桶，被拿出船艙傾倒的時候，應該都是在黎明時分。在這種環境裡，睡在吊床上還真是個不錯的主意。

早晨起床後，你的腸胃開始活動，你會加入在船頭排隊上大號人群的行列，船頭設有兩個座位，各自延伸出船頭的兩側。在這種突出水面上、不安穩的座位上拖得太久，絕不是件好事，因為後面排隊等著上大號的人這麼多，而且要是可能的話，你正處在少數幾個最危險脆弱的位置上。在地中海的大帆船裡，大部分的人都睡在甲板上，晚上的時候，你得要爬過所有人的身體，才能到達位於船頭的廁所。如果晚上沒有月光，那你就幾乎處在完全黑暗之下。上完廁所後，回到剛才你原來臥鋪的機會不大。如果當你在上廁所的時候，不慎掉下船去，這就會是你這輩子所犯的最後一個錯誤。這下，你可就真正名符其實的「人為廁所亡」了。

因為有這些問題，所以這位道明會的朋友告訴我們：有些人會爬到船身側邊（也就是人們叫做船舷上緣的地方），當船隻在黑暗裡上下顛簸時，他們苦苦找尋船頭的位置，還有那個天可憐見的位置。好絕望啊！可是，當暴風雨來襲時，你所能夠做的也不多。要不你就在船艙的角落蹲下來（因為惡劣氣候的緣故，那裡擠滿人），要不就冒著被海浪捲下船的危險，出去上廁所。現在你就開始能明白，為什麼甲板下方的船艙，氣味如此不佳的原因。每一場暴風雨來襲，你都會見到船上的男男女女，在黑暗與恐懼之下，將他們的腸胃與靈魂徹底掏空。

1 參見Milles, *The Gough Map*。

2 Fisher and Ju ica (eds), *Documents*, p. 289.

3 Bradley (ed.), *Dialogues*, pp. 49-50

4 Hindle, *Medieval Roads*, p. 31.

5 亨利四世的確造訪過德文郡，而且至少去過三次。然而，頭兩次是在他還沒有登基為王的時候，第三次造訪時，則已經在十五世紀了。國王愛德華一世、二世和三世，都避免到這個半島。

6 Mortimer, *Perfect King*, p. 460.

7 Hindle, *Medieval Roads*, p. 20. 另一個例子發生在一四九九年，引自Coulton (ed.), *Social Life*, pp. 426-7，在這條史料裡，一名手套商人在鄰近艾爾斯伯瑞（Aylesbury）的路上，被一名磨坊業主溺斃在泥水坑裡。喬叟提及過同樣的問題，在他的〈磨坊主人的故事〉裡，有名學生遭遇同樣的情況。

8 Hindle, *Medieval Roads*, pp. 41-3.

9「聖奧本思之書」，引自Reeves, *Pleasures and Pastimes*, p. 103。這形容來自於一位巴黎的經理，參見Bayard (ed.), *Medieval Home Companion*, p. 108。

10 Woolgar, *Great Household*, p. 190.

11 Lyon, Lyon and Lucas (eds), *Wardrobe Book*, pp. 313-27.

12 亨利四世在即位之前，曾經在他的信差前往國王駐錫處送信時，為他購買聖基道霍的聖像圓牌，祈求一路平安。參見Mortimer, *Fears*, p. 154。

13 Ohler, *Medieval Traveller*, p. 97.

14 Chaplais, *Piers Gaveston*, p. 23.

15 TNA DL 10/253.

16 這個信差在實際上的時間安排，與是否受到阻撓干預有關，因此這裡的時間並不是準確的記錄。參見 Mortimer, *Fears*, p. 216。

17 Hill, *King's Messengers*, p. 108.

18 Woolgar, *Great Household*, p. 193.

19 TNA DL 28/1/9 fol. 6v, 7r.

20 Woolgar, *Great Household*, pp. 181-2.

21 Jusserand, *Wayfaring Life*, p. 95.

22 Jusserand, *Wayfaring Life*, p. 101.

23 Johnes (ed.), *Monstrelet*, i, p. 30.

24 Hutchinson, *Medieval Ships*, pp. 50-5.

25 Hutchinson, *Medieval Ships*, p. 44.

26 Hutchinson, *Medieval Ships*, pp. 60-1.

27 為了要完整描述一艘中古時期的船舶，我合併參考兩篇中古造船的史料，一篇是柯克船「布瑞門」號（Bremmon Cog，造於一三八〇年）的建造記錄，另一篇則是一三七三年，一艘類似的船在波士頓港的簡短記載。「布瑞門」號柯克船，請參見 Hutchinson, *Medieval Ships*, pp. 16-9。理查・托提的船，請見 *Calendar of Inquisitions Miscellaneous*, iv (1377-1388), p. 125。

28 Hutchinson, *Medieval Ships*, p. 59.

29 Coulton, *Medieval Panorama*, p. 325.

30 Smith, *Expeditions*, pp. 23, 26.

31 本段關於在船上生活的個人衛生描寫，大部分取材自十五世紀末菲力斯・法柏（Felix Faber）的文章，文章內容詳見 Duby (ed.), *Private Live: Revelations*, pp. 587-8。

第七章 何處棲身

如果你出遠門旅行，就需要找落腳棲身的地方。接著要考慮的問題，就是當黃昏時分來臨時，你人身在何處、要如何度過這個夜晚。這件事情，不一定能完全如你所願。如果大雨滂沱，道路成為水鄉澤國，你就被迫得在最近的村舍找尋避雨的地方。與此類似的，如果你從同行旅人那裡得知，前方的路上盜匪充斥，可能你會選擇先找間旅店待著，直到湊足人數才敢一起結伴走上公路。就算你在夜幕降臨之前，就已經抵達預定的市鎮或村落，你還是有可能來得太遲，以至於找不到下榻之處，尤其在附近地區有市集日或大型集市時，更是如此。如果國王御駕出巡，或是有貴族的隨從和你來到同一個市鎮，那麼你想要找到落腳棲身的地方，就更加麻煩了。

儘管如此，中古時代的英格蘭人確實了解旅人所面對的困難，你會發現許多人願意將他們的住宿處和食物和你分享。即使是喬叟〈采邑總管的故事〉裡那個小氣吝嗇的磨坊主人，也願意提供床鋪，給兩名聲名狼藉的學生過夜。接待外客被看作是慈善的事功表現，在一杯麥酒和一盤起司、麵包之後，聽著外來的陌生人說說新鮮事，則是這類慈善之舉最愉快的回報方式。不過，你要確實記住：並非所有人都是平等的，社會地位在其中扮演很重要的角色。如果你是貴族領主，不管你走到哪裡，幾乎都會得到招待（你的政敵所屬的宅邸和城堡除外）。要是你是農民，要是你去敲主教宅邸的大門，你大概會被人發出噓聲、驅趕離開。頂多，你會被告知：明天早晨再回來，那時候，主教府邸廚房會將殘羹剩飯分送給窮人。

提供給旅人的溫暖歡迎，通常伴隨著某些不成文的規定。頭一條，你必須尊重借宿主人的財產所有權。第二條，你的借宿主人在你的投宿期間，要為你的行為負起法律責任。所以，在修道院、莊園宅邸或者旅店裡，你會被要求解下隨身攜帶的佩劍，或是其他的武器。在私人屋宅停留的時候，將你的佩劍交給房屋的主人，是謙恭有禮的表現。第三條，如果你在某人的屋裡死亡，你所攜帶的貨物，就自動成為屋主的財產。最後一條規定，是避免長期逗留，超過屋主提供借宿的期限。有句老話是這麼說的：三天之後，有兩件物品會開始發出臭味，一是死魚，二是沒被邀請的不速之客。

民宿旅店

民宿旅店顯然是尋找下榻之處時的首選，但這並不表示它們全都是殷勤好客、家常簡樸的地方，而是因為商業需要而開設的，和那些豪華旅社恰成對比。許多到鎮上的訪客，從來不去這些旅社投宿；如果你找到一家私人民宅，願意提供下榻之處，旁人會極力推薦你接受。

經營一家民宿旅店的嚴峻現實，可以在那些選擇以這項行業作為謀生之道的人們身上看出來。旅店的老闆通常是身材粗壯、嚴肅正經的人，他們的身形像頭熊，很熟悉竊賊、街頭小販、乞討者和惡棍的詭計花招。如果有旅客在骰子賭博遊戲裡輸光身上所有的錢，他付不出帳單的懇求就會被置若罔聞。房東會將他趕出去，沒收他身上的物品、馬匹，有時如果沒別的方法來彌補欠帳，甚至連衣服都會被拿去抵債。同樣的，如果旅客在民宿旅店裡惹麻煩，他會被扔到黑暗的街上，要不是被竊賊、殺人犯盯上，就是被巡夜者逮捕。而且，應付這些喧鬧粗暴的房客好像還不夠，旅店的店主還必須和訂立行業規範的地方當局打交道。當局期待他為食物訂下合理公道的價格，並且為那些酒醉鬧事、有時甚至狂暴動粗的房客負起責任。靠經營旅店來維生，可真不是件簡單容易的事情。

想要找到一個能下榻過夜的地方，並不總是那麼簡單直接。這要看你能不能說服旅店主人，他收留你過夜，是一件值得的事情。在某些城鎮，地方規章要求民宿旅店的店主，對每一位訪客提供下榻之處，無論他們是騎在馬背上到訪，還是靠一雙腳走來，都要一視同仁。之所以極需要這些地方規章，是因為旅店的店主時常拒絕人們住宿的要求。如果你騎馬抵達，特別是如果你還差遣僕從前來，代表你提出住宿的請求，要是還有位置，你想要得到一個下榻之處幾乎沒有任何困難。如果你靠著自己的一雙腿走過來，店主可以聲稱你是個漂泊的無賴，藉此規避地方規章的相關要求。如果你看上去一臉窮酸相，很可能付不起房錢，那麼你大概找不到棲身之處。這就像許多店主喜歡掛在嘴邊的：旅店不是慈善事業，如果你要的是慈善事業，那就去找修道院吧。

讓我們這麼設定：在夏末的一個傍晚，你騎著馬進到鎮上；在馬鞍上整整八個小時以後，這時的你，已經疲勞透頂。你的僕從已經打點好，讓你在一間名叫「天使」的旅店投宿過夜。你在一定的距離之外，就能看見這棟堂皇的石造建築、旅店臨街的寬敞門面，還有建築中間的一座拱門。一位天使的畫像，就漆在掛於拱門上方的木板。在你縱馬經過拱門下方的時候，留意那道厚重的木門，它將旅店和街道隔離開來。如果旅店店主想要持續招攬客人上門，這樣的安全措施是必要之舉。

現在，你發現自己身在庭院裡；即使是在最好的旅店庭院裡，也沒有鋪石或鵝卵石，而是將泥土直接壓平。在你的左右兩邊，是供房客住宿的廂房：兩層樓的木板構造建築，上頭是陡峭的木瓦屋頂。一樓設有入口處，連接外面的樓梯和走廊，還有地下室。在你下馬的那個庭院，有個馬廄男童來接手你帶來的馬匹，帶牠們去設於後面的馬廄，餵牠們飼料與飲水。或者，另外一種情形，要是馬廄的男童沒有出現，那就把你的馬匹栓在庭院的標竿，然後穿過廳堂，去找店主或他的妻子：

「感謝上帝，夫人您在這兒！」進到旅店大廳、看見店主的妻子時，你可能會這麼說。

店主的老婆穿著皮革圍裙，這時正在高腳桌後方服務另一群旅客。

「朋友，歡迎您。」她回應道，轉身過來向你致意。

「我能在這裡要張床嗎？我可以在此住宿嗎？」

「可以的。我們的床全是又好又乾淨的臥鋪，您一行十二位、都是騎馬來的吧？」

「不，我們只有兩位。這裡有吃的嗎？」

「有的是，食物很充足，感謝老天爺！」

「請拿些吃的來給我們吧。給我們的馬一些乾草，還有一些稻草；看看牠們喝水了沒有。夫人，我們還欠什麼呢？我們明天會來結帳，付的金額應該會讓您滿意。現在，請帶我們去臥房吧；我們會很滿意的。」

「珍奈特！點根蠟燭，領著他們上去陽字號客房，然後帶些熱水給他們洗腳，拿些墊子給他們墊腳，最後看看桌子是不是擺放整齊。」[1]

上述這段對話所在的大廳挑高，直接可以看見屋頂的橫樑；大廳的中央，有一座爐灶，設在鋪平的石板上。其他旅客正在用餐的高腳桌，有一側被撞塌了。炊煙裊裊升起，從屋頂的一道柵板排到外面。在這裡，有這麼一個傍晚，你和你的僕人可以和別的旅客同席而坐，店家會提供麥酒、濃湯、麵包和起司。在大多數城鎮的旅店裡，店主被禁止向投宿房客以外的人提供飲食，因此旅店的廳堂就逐漸成為旅人聚會的場所。行程計畫在這裡制定，路途上的同伴在這裡搭檔，而腹中飢渴也是稍後入夜時，在這裡獲得緩解。

要是這一幕「房客在旅店廳堂爐前喝著啤酒、交換故事」的景象，看來似乎是打發漫漫長夜的良方，你可要注意了：待在民宿旅店裡，並不浪漫的地方還真不少。光是大廳本身，就因為各式各樣的氣味，而特別顯得「五味雜陳」：餿壞的食物、酸掉的啤酒、泥漿、（在街上踩到而帶進屋裡的）馬糞，以及撒在鋪地茅草上的獵狗尿。在若干最好的旅店裡，這些令人不舒服的茅草很快就會被撤走，代之以乾淨的鋪料，還混合著薰衣草、玫瑰花瓣；那些品質最糟糕的旅店，地上的鋪料可就不時常更換了，也沒有花瓣與香料。除了火以外，僅有的人為照明，只有以動物脂肪製成的蠟燭，或者是茅草燈（浸透動物油脂的藺草或茅草，放在金屬材質的燈座上）。至於照明的方式，它們很是拙劣貧乏，而且還氣味不佳。如果廁所就在附近，對改善氣味絕對沒有什麼幫助。通常所謂的廁所，是一個座位和一具大木桶，每天早晨由某位可憐的僕役負責，帶往這個城鎮相當於「糞溪」的地方傾倒。如果離旅店大廳不遠處有個糞坑，那麼糞坑裡的氣味，時不時就會無可避免的飄送過來。

如果旅店大廳裡的臭味和差勁的照明，足以名列惡劣衛生條件之首，那麼客房裡的住宿設備，很可能就會在令人不舒服的排行榜上名列前茅。要是你的運氣好，會被分到在大廳附近的客房。如果運氣不好，你得走出大廳，爬一段木頭樓梯，才能到達你的臥房。在那裡，你會看到好幾張床，有時候是一打以上，甚至更多。每張床上可以睡兩名、三名甚至更多名男子。雖然女子很少自己前來旅店投宿，她們仍然會被集中分配在同一間房裡。已婚夫妻有項好處：他們為一張床位付兩倍的價錢。假如你和你的配偶一起來旅店投宿，店主會要求一個單身漢搬床，以便為你們兩個人挪出空位。

床鋪本身是由繩索綑綁紮起來的木頭框板。茅草床墊填塞在亞麻布或帆布床單裡，鋪在床板上。如果你投宿的是不錯的旅館，店家在第一層床墊上，或許還會加鋪另外一層床墊。在最好的旅店裡，每間客房只有一到兩張床，你可能還會看到有一具小櫃子，供你擺放私人物品，一隻大水罐、一具銅盆，供你洗手、臉和腳。要是你和同行的夥伴半夜裡感到內急，那你得在黑暗中走一小段路。也因為這樣，房客在走廊摔倒，或摔下樓梯的聲響時有所聞。睡在客房下方的看門獵狗，很容易就被驚動。在夜半時分，你的清夢時常被聲響吵醒：狗吠聲、你同房的房客打鼾聲，以及不知是哪個人，沿著走廊或階梯，朝著旅店中庭撒尿，或者酒醉嘔吐的清楚聲音。

投宿民宿旅店，另一個令人心生不快的地方，是住宿的開銷。一個晚上的下榻之處，要讓你花費半便士到一便士的費用，還要加上一點五到二點五便士的用餐費用（如果餐裡有肉，費用更高；要是有喝酒佐餐，還要再加價）。除此以外，讓你的馬兒吃飽、獲得照料，是最重要的事情；每頭馬匹在馬廄休息、吃草料，大概的花費在一點五便士（夏季）與三點五便士（冬季）之間。當然，你也必須為你的僕從支付住宿（四分之一便士）和伙食（一便士）的費用。在都市裡名聲佳、石造建築的好旅店裡投宿，帳單還會更高。在某些情形之下，在旅店住上一晚，你自己、僕人和三匹馬的總花費，可能會達到一先令又六便士。但別忘了，如果你受到不錯的招待，店主會希望你在離開的時候，給他一些小費。這種習慣適用在任何你投宿過夜的地方，包括富裕的私人宅邸也是如此。就像喬叟在〈船長的故事〉裡講的那樣，受歡迎的客人「不會忘記給整間宅邸裡最刻薄的侍從小費」，並且「按照招待他的主人與所有僕從的身分地位，給予他們適當的禮品」。[2]

城內住宅

你到了城裡，想投宿的對象，不會是那些最窮苦的居民。在第一章，你已經見識他們所居住的低矮單層住宅，總是煙霧瀰漫、汙穢骯髒、擁擠而潮濕。而另外一方面，一名富商的宅邸，不但像一家旅店那樣寬敞，還有更多令人感到舒適愉快的設備。

商人的豪宅格局差異非常大。不過在這裡，我們拿販售牛油蠟燭的商人理查．威利斯頓（Richard Willysdon）於一三八四年在倫敦泰晤士街所建的豪宅來當例子。看看豪宅的前頭，有一長排的店面，這是威利斯頓出租給商家的地方。這些店面，就構成這棟面街三層樓木造建築的底層。底層樓高三點六六公尺，二樓高約三公尺，三樓則高約二點一三公尺。在這條街區的中央，是一道拱門入口，由泰晤士街通往庭院。你走過這片庭院，會發現自己置身在一處寬敞的入口大院，倉庫建築在你的左手邊，而一棟又高又長的廳堂，則矗立在你的右手邊方向。爬上短短幾階石造台階，就能登堂入室。這時出現在你面前的，是好幾間木造的廳室，包括客廳、禮拜堂和下榻的客房。

你往右手邊走，進到這棟大廳堂裡去。這裡有一間廳室，專門用來給予你，以及其他威利斯頓所招待的客人留下深刻印象。它的面積和挑高，都將讓你大吃一驚：長十二點二公尺，寬約七點三公尺，高度則在九到十二公尺之間。室內空間寬敞而通風，木質結構的屋頂，則更為它增添典雅的氣息。牆上垂掛的畫飾，和沿著牆壁所設長凳上那些五顏六色的坐墊，為房間添加活潑生氣。鋪石地板給予整間廳室一種穩重厚實的感覺；在這間廳室的下方，是一處拱形的地下室，用來儲藏貨品。窗板敞開，你可以看見窗戶上鑲著的，都是帶微綠色的薄玻璃片，這些玻璃片不透明，但是能夠讓光線透入，並且阻擋室外的寒冷。在室內中央有一座爐灶，輕煙在日光照射裡冉冉升起，飄向屋頂。

讓我們轉過身，更深入探索這棟房子。你進到一處名為「屏風玄關」的地方，這裡用一道屏風遮擋通道，以免大廳的門開啟時，要直接面對冷風。如果你回頭往通道走，穿過大門對面，你會看到一處酒品儲藏間，這裡用來儲放啤酒、葡萄酒和其他各類酒品。走道旁的下一扇門裡，是食品儲藏間，麵包和所有的「乾貨」（包括香料、桌巾和其他亞麻布料）都儲存在這裡。走道的盡頭，在這些房間後面、藏身在出租商店之後的，就是廚房：這是個正方形的大房間，屋頂對著橫樑，有好幾具大型壁爐。

走回大廳，然後一直走到底。映入你眼簾的是商人屋主的桌子。在桌子的一邊，擺放的是他的壁櫥，屋主在裡面展示他最好的獎杯與銀器：銀製的湯匙、酒壺、大盞杯（鍍銀的飲酒器皿）與高腳杯（兩邊各有握把的酒杯）。在這面牆的盡頭有一扇門，通往起居客廳的南面，威利斯頓和他的家人在客廳度過許多時日。客廳的樓上是屋主家人的臥房，以及貴客的睡房，從房間看出去，視野可以穿越庭院，來到泰晤士河邊，看著穿梭如織的船舶。威利斯頓甚至擁有專屬的私人碼頭。他租下這片甚有價值的土地，每年的租金是十二英鎊。[3]

你能在商人的豪宅裡找到的物品，就和他們房子的格局一樣豐富多變。如果你在威利斯頓的私宅與他鄰居的府邸裡信步閒晃，你會在臥房裡見到羽絨鋪成的床，在小禮拜堂裡看到漆繪木質祭壇、鍍銀的基督受難聖像、印章、《聖經》，甚至有上等皮紙精製的浪漫故事或史書。你會看到那些良善公民應該要穿戴的佩劍、胸甲、好幾箱衣服，以及洗手的器皿（如臉盆和寬口水罐）。你會見到數量眾多的臥房用亞麻布，還有各式各樣的餐具：從錫合金盤子到銅製酒壺，還有琺瑯瓷釉鍍銀高腳酒杯。家具相對比較欠缺，不過你在客廳裡可以看到長凳、小櫃子、燭台和牆上的掛飾吊毯；在臥房裡，你會發現睡床的種類令人訝異：從大又舒適的羽絨床，到又低又窄，供給孩童、僕人睡的滑輪床。這些男男女女的個人特質與特色，能夠從他們所使用的物品裡看出來，這些物品意味著他們的創造力：比如說，一具觀測星辰位置的星盤，或者像豎琴、鈴鼓或長笛一類的樂器。在這些物品裡面，最令人感到興趣的，是那些要價高昂的奢華私人財產。一三八三年，在波士頓貿易商人威廉・海爾寇特（William Harecourt）的華宅，你可以找到一頭名叫「紳士」的獵鷹，以及另外幾隻老鷹。在一三三七年，倫敦一家酒店老闆休・勒貝佛（Hugh le Bever）的住宅，你還可以見到一只以椰子製成的稀有酒杯。[4]

兩名商人的家宅財產清單

（一）一三三七年，倫敦的休・勒貝佛的家產：[5]

項目	價值
床墊一席	四先令
毛毯六條，嗶嘰布一條	十三先令六便士
綠色罩毯（遮罩床墊的毯子）一條	二先令
撕裂的床罩一件，附有森德爾綢（Sendal）製成的套布	四先令
亞麻布床單七條	五先令
餐桌布一條	二先令
餐桌布三條	十八便士
羽絨床三張	八先令

坐墊五頂	六便士
黃銅鍋三具	二先令
黃銅鍋一具	六先令
黃銅鍋具兩雙	二先令六便士
破損黃銅鍋一具	二先令六便士
黃銅箔片錫燭台、黃銅盤、小黃銅盤各一	二先令
壁爐一處	三便士
壁爐內木柴鐵架一對	十八便士
臉盆兩只，附洗滌水槽一具	五先令
燭台鐵架一具	十二便士
三腳燈架一具	二便士
鐵頭盔一具	二便士
鐵製烤肉叉一條	三便士
油鍋一具	一便士
漏斗一根	一便士
小帆布袋一個	一便士

餐巾七條	五便士
亞麻布老床單一件	一便士
枕頭兩具	三便士
便帽一頂	一便士
記數器一具	四先令
儲物櫃兩具	八便士
布幔窗簾兩襲	八便士
衣物布料兩件	一便士
置物小櫃六具	十先令十便士
摺疊桌一具	十二便士
椅子兩把	八便士
壁櫥一具	六便士
木桶兩只	二先令
葡萄酒桶六桶	四英鎊
金屬大酒盞一只	六先令
椰殼製酒杯，附銀質腳架與包套	一英鎊十先令

銀湯匙六根	六先令
薪柴	三先令

（二）一三八三年，林肯郡的波士頓，威廉·海爾寇特的家產：[6]

項目	價值
鍍銀燭台八具	五英鎊
有蓋銀酒杯三只	四英鎊
銀盤六個	二英鎊十先令
床兩張	一英鎊六先令八便士
精製絲綢床四張以上	三英鎊
毯子八條，被子六條	二英鎊
床單八對	二英鎊
精緻絲綢窗簾四對，半遮華蓋兩頂	一英鎊六先令八便士
銅鍋三具	四十先令
銅鍋八具以上	十三先令四便士
大黃銅平底鍋三具	十先令

小平底鍋五具	十先令
臉盆、水罐各三只	十三先令四便士
大臉盆一只	六先令八便士
錫杯器皿三十個	一英鎊
錫杯四只、器皿六個、加侖壺兩只、品脫錫壺四只	十先令
火爐後檔板一片、壁爐鐵架四具、鐵叉兩根、燭台一座	一英鎊
平底大鉛鍋一只、小平底鉛鍋五只	二英鎊十先令
大木櫃兩具	一英鎊
小木櫥五具	十六先令
桌子三張、高腳台架三對	三先令
背筐（椅背裝飾布）三件、罩布（刺繡鑲邊的長凳或座椅裝飾罩布）六件、坐墊十八個	一英鎊十先令
羽絨床三張	十五先令
屏風一扇	六先令八便士
獵鷹兩隻，「溫馴的」獵隼一頭	十英鎊

修道院與其他宗教機構

無論你出遠門到哪裡，在某個地方、某個時刻，你可能會想找一處宗教機構所設的客房投宿過夜。無論這個宗教機構是修道院、小隱修院還是醫院，提供住宿招待是他們身為基督徒的職責所在。對於僧侶和修女來說，這麼做尤其重要，因為這是聖本篤訂下的會規裡的訓詞。「讓所有遠來的客人，都像基督那樣受到接待，因為祂會說：我作客旅，而你們留我住。」（譯註：典出《新約聖經・馬太福音》，第二十五章三十五節：「因為我餓了，你們給我吃；渴了，你們給我喝；我作客旅，你們留我住。」）可是，必須要說，某些僧侶對這項職責所抱持的觀望態度，遠超過其他教士。那些位於偏遠渡口附近的教士，見識過太多的旅客與朝聖者，遠超過他們所能接待。勃肯赫德（Birkenhead）修道院就特別為旅客設立一間招待所，因為這些要渡過墨爾西河（Mersey）的旅客，都希望在趕搭於晨間啟航的渡船之前，能夠在這裡投宿一晚。[7]

你在修道院所能得到的投宿待遇，不但要看你的社會地位如何，也要視這家宗教機構本身的財富而定。貴族和高級教士通常會得到和院長一樣的住宿待遇。除了教堂正廳、室外庭院和你投宿的客房以外，一般來說，你是不可能獲邀進入教堂或修道院的內部。即使是設有招待賓館的地方，也不要視為理所當然能得到接待。在某些更加忙碌的修道院，只有騎馬或乘轎前來的人，才會獲得接待，入院內下榻；走路而來的旅客，可能會直接被帶往位於馬廄上方的宿舍過夜，那裡是專門收容朝聖者、為修院工作的勞工，以及貧苦遊民的地方。

在一處有相當規模的修道院所附設的招待賓館，裡面通常包括一處石灰牆、有廊道的廳堂，廳堂裡有兩到三間隔間，有天窗，廳堂中央處設有火爐，保持室內溫度。有些招待所的規模更大：柯克史托爾（Kirkstall）修道院附設賓館裡的廳堂有五處隔間，還有中央火爐，以及專供身分最顯貴賓客住宿的廂房。這類客房通常不加裝飾，因為此種建築的目的在於充實人們的精神生活，而不是使訪客感到舒適自在。如果毗鄰處設有廚房，修道院會派兩名該院的修士負責監管理；如果沒有廚房（大多數的小隱修院都沒有賓館廚房），供你食用的飯菜則從修院僧侶廚房裡由僕人拿出來，從遞菜用的小偏門進入招待所，放在鋪有桌巾高腳桌上。薄暮以後，窗板會闔上，並點燃牛脂蠟燭，以輔助爐火的亮光。如果這是棟石造建築，那麼就有可能在室內點燃油燈。這些油燈是從石牆上鑿出延伸的石造台座，裡面放滿燈油，再放上點燃的燈芯。至於睡覺的地方，你得儘量在茅草鋪成的床墊上，讓自己過得舒服點。至少你要感恩：這些茅草床墊每年都會更換一次。[8]

考慮到環境衛生，修道院附設的賓館會自成一套衛生系統。許多修道院都能有效率的提供洗滌、飲用和烹飪的用水。當中不少還擁有發展程度很高的下水道系統，有的甚至還有沖水設備。通常，修道院的用水來自石間湧泉，或者是鉛管引來的水，透過石造下水道或鉛製的地下幫浦（有時活塞片則是銅製的），送達修道院的各個位置。排水孔與水管連接，並且以石板覆蓋。下水道遍布於所有廁所盥洗設施的地板下方，包括僧侶的宿舍與修道院附設的賓館在內。關於後者，那可是非常考慮到「公眾」的方便性。這種廁所通常的格局，是設置三到四個（有時候更多）木頭馬桶，排成一列；而馬桶之間，並沒有任何間隔。在試著排出一坨狼吞虎嚥、充滿消化肉食的糞便之際，一邊坐在馬桶上，和你同行的旅人聊天說地，想必會是你很難適應的事情。

在眾多宗教機構有一項設施存在的目的，很大程度上是用來使旅客感受到愉快。這個設施就是醫院。你可能會將醫院和疾病、醫藥聯想在一起；有些醫院還會特別讓你想到生病的人，尤其是麻瘋病人。不過，很多醫院其實是提供食宿招待（hospitality）的地方〔因此這也是「醫院」（hospital）名稱的由來〕。特別是被稱作「上帝之家」（Maison Dieu，或Domus Dei）的醫院，更屬於這個類型。它們的格局通常是一間大廳堂，四周圍繞著床位。醫院裡總是設有一間小禮拜堂，你應該在到達的時候來此祈禱，離開之前在這裡望彌撒。有時候，大廳特別深長，比如位於萊斯特的聶華克（Newarke）醫院，就有十七處隔間，全長約六十一公尺。這家醫院的設立，是為了要造福百位貧窮體弱的百姓，他們由一位院長、四位專職教士和十位女性負責照料。[9]這家醫院的規模非常大，它對四處遊蕩的窮人、長期住院的慢性病患提供飲食。

設在奧斯泉（Ospringe）的「上帝之家」是家小醫院，或許是更加適合你投宿的理想處所。它位於倫敦與坎特伯里之間的主要幹道上，專門為了造福朝聖者與麻瘋病人而設立。醫院由院長、三名修院會士與兩位神職人員負責經營管理。正如你腦海裡可能會有的念頭：猜想麻瘋病人和旅客是否被安置在一起，睡同一張床，而醫院設立的最高宗旨，並不是希望讓來賓感受舒適。頗具規模的大醫院，或許會擁有專屬的廚房與餐廳，在用餐的時候，會由一名院方人員大聲朗讀日課戒律。如果沒有，那麼等著你的，就是黑麥麵包，還有清淡的蔬菜湯或肉湯。睡在茅草床墊和破損的床單上，吃的是黑麥麵包，喝的是淡得像開水的啤酒，鄰床躺著的則是氣味刺鼻的麻瘋病人，除非你對上述這一切有著特別的愛好，否則還是考慮到其他地方投宿吧。

城堡與堡壘式莊園豪邸

當代的歷史學者通常宣稱，城堡建築的全盛時期，大約在一三〇〇年的時候就宣告結束。如果你在一三五〇年代，站在溫莎城堡之下，或者於一三八〇年代，立於博迪亞姆城堡前面，然後看著數十輛手推車和馬車，每天載運石塊與木板穿梭於泥濘的道路上，你大概就不會同意上述歷史學者的看法。城堡和堡壘化的莊園豪邸，在這個時候仍然大規模的在興建與改建。之所以如此，其中一個理由是安全考量。特別是在理查二世在位期間，國王頒下數十件城堡的准建執照，因為在當時，又有一波法蘭西和蘇格蘭入侵的恐懼再次興起。但是，所有這些城堡建築的重建還有其他原因。老舊城堡裡的窄小房間，還有陰暗的廳堂，讓人愈住愈不舒服。在全國各地，你都能看見貴族改建他們的府邸，以追求更奢華的居住環境，德文伯爵幾乎將他位於歐克漢普敦（Okehampton）的城堡整個重建。馬奇（March）伯爵翻新他的家族位於魏格摩爾（Wigmore）和陸德洛（Ludlow）的兩處宅第；後者重建之後，其實已經達到皇宮般的規模。

沃維克伯爵以類似的奢侈方式，翻新沃維克城堡，建造新的大廳、城門樓，還有兩座全王國最豪華的塔樓（蓋伊塔與凱撒塔）。內維爾的領主重新建造他位於邦布洛（Bamburgh）和雷比（Raby）的城堡；柏克萊領主重建柏克萊城堡的大部分內裝；岡特的約翰公爵改建他位於肯尼爾沃斯（Kenilworth）與赫特福（Hertford）城堡內部的格局。他的兩個弟弟，愛德蒙與湯瑪士，也分別翻新重建位在弗德林蓋伊（Fotheringay）和寇迪克特（Caldicott）的城堡。尤其是他們的父王，也就是愛德華三世，更擴建或修葺大量的皇家城堡。他同時還以兩萬五千英鎊的代價，在女王堡建成最後一座皇家新城堡。他在溫莎城堡所做的翻新工程（在外牆之內，其實幾乎全部翻新），要價超過五萬英鎊，是中古時代英格蘭最昂貴的建築工程。如果十四世紀不算是興建城堡的全盛時期，那這個時候也確實算是**重建**城堡的全盛期。

堡壘式宅第擇地而建，目的在於威懾地方、招待宴客，以及進行防禦。十四世紀後期，最重要的十二處新建城堡，都是防禦工事完善的建築，有高塔、吊橋和多處懸吊閘門。[10]不過，它們同時也是領主權威的象徵。在城堡裡過日子，十分舒適宜人：城堡裡有寬敞的廳堂、採光良好的起居客廳、宏偉可觀的廚房與烘焙坊，還有足夠的廂房讓每位來訪的扈從、鄉紳都能擁有專屬的客房。如果有任何事情是足以在這些新城堡和十二、十三世紀的前輩之間做出區別，那就是這些城堡內廂房的數量。在一三五〇年左右，貴族已經將城堡建築陳設的優先順序，從原先聚落的防禦轉變為吸納、保持個人的隱私空間，譬如在博迪亞姆城堡，有超過三十間廂房可以用做招待賓客住宿的客房。

當你來到一座城堡，或是堡壘式的莊園宅第前面，穿過吊橋，你的視線會被中庭花園所吸引。這是一處十四世紀宅第的典型庭院廣場，有白色粉刷的牆壁、廳堂裡上釉的玻璃窗，面對大廳的則是起居室和小禮拜堂。要是宅第的主人在家，穿著制服的僕人就會東奔西跑地忙碌：從儲藏間帶著食物到廚房、從井裡取水注滿數十只水桶，用來燒洗澡水，並且攜帶柴薪堆放在廳堂裡。一位男僕接下來會繼續領著你四處參觀：這扇門通往酒窖，這扇門通往大廚房，這扇門到肉品儲藏室，那扇門是通往小禮拜堂，而沿著這幾層石階，上去就到服侍員工位於儲藏室上方的宿舍。如果你抬頭往上看，會見到大廳和起居室上方的鉛瓦。在整棟建築上方，飄揚著畫有領主家徽的旗幟。

和任何一座中古時代的建築一樣，城堡的生活重心在大廳。貴族宅第的大廳面積大小各有不同，主要取決於建築的整體功能，而較少依照宅第主人的身分地位而定。德文伯爵位於歐克漢普敦城堡的大廳，功能大致上是行政中心，和伯爵狩獵歸來的休憩之處，長約十三點二公尺，寬七點三二公尺，高十二點二公尺；這種面積和高度，和莊園領主宅第的大廳，或是一個富商的豪宅相當。一名富裕騎士位於鄉間的府邸大廳，也許還要大上許多。約翰・普騰尼（John Pulteney）爵士位於潘思赫斯特（Penshurst）的宅第（一棟堡壘式的莊園大宅），大廳長十八點九公尺，寬約十一點九公尺，挑高則不低於十八點三公尺。主要貴族的城堡或堡壘式的莊園宅邸，規模大致上都很類似，它們都有無遮飾的屋頂橫樑木，不過都已經被煙燻黑。[11] 例如：埃克塞特公爵位於達廷頓（Dartington）的宅第大廳，長約二十一公尺，寬約十一點六公尺，挑高十四點六四公尺。[12] 這類大廳的地板，通常是拼成圖樣的磁磚。大廳中央則是從地磚下生起的爐火。所有的室內牆壁都經過粉刷，並且繪上圖樣，圖樣的內容，或者是模仿石紋脈絡的紅色線條，或者是更加精細繁複的設計，例如家徽、月亮和星辰，或是蜜蜂、蝴蝶與花朵。在大廳的尾端，有一處高壇，擺放著宅邸主人的餐桌、他的椅子和幾張長凳。在主座位中央正上方，延伸出一座穹頂華蓋，被人稱作「錦緞」，有紅色的絲綢，從座位後方的布幔上垂降下來。

每次用餐時間之前，服侍人員會沿著大廳的兩側，擺放高腳餐桌。他們帶來鑲有淡綠玻璃和金邊的陶瓷葡萄酒杯，以及盛著麥酒的大壺，逐一擺放就緒。其他人忙著將蠟燭擺在由牆壁伸出的燭台上，並且點亮枝形吊燈燭台上的蠟燭。這些吊燈燭台是鐵製或銀質的圓形箍台，直徑大約一點八公尺，由皮帶滑輪吊起。在府邸主人的桌上，這時候已經鋪上一條純白色亞麻布料的餐桌布，直垂到地板上，然後是第二層餐桌布，中央有彩色的線條，垂降下來；這條餐桌布就是「薩那布」（sanap），最精心烹飪的上等美食，會被擺放在這條餐桌布上，供屋主和他的貴客享用。色彩鮮豔的坐墊，被擺放在高壇的長凳上。宅第主人餐桌上的三柄燭台上，插上材質良好的蠟燭，此外還有其他珍貴稀有的奢侈品，比如他那只鍍銀的鹽罐，和那盞琺瑯瓷釉的鍍銀酒杷。

一四〇〇年，德文郡的達廷頓府邸，主人不在時所留物品清單：[13]

- 絲綢鑲邊的床一張，有公牛與各式雄獸圖飾；另外有三面以韃靼布（由韃靼進口的華麗絲質綢布）製作的幔布，以繡有金箔鑲邊公牛的床布套覆蓋，另有兩條公牛圖飾的小掛毯，以及八具有公牛圖飾的鑲邊絲綢床坐墊。
- 絲綢鑲邊的錦緞床一張，床上有穹頂，門的兩柱以英格蘭和埃諾的王室圖徽作為裝飾。另外三面垂掛的幔布，以森德爾綢（一種紅色的薄絲綢）製成。
- 韃靼布鑲邊床一張，繡有文字，並且附有同樣以韃靼布製成的紅色布幔簾幕。
- 十九條上頭繡有鸚鵡圖樣的白色小掛毯。
- 十四條上頭繡有已故的杭廷頓伯爵與其夫人家徽，以及伯爵家繪有麥翁鳥（Wheat-ear）圖案家僕服飾的紅色小掛毯。
- 十二條上頭繡有已故的杭廷頓伯爵家徽的藍色小掛毯。

- 兩個長金紅色座墊。
- 兩個紅色天鵝絨長座墊，八個同顏色的一般坐墊。
- 八個紅色外衣的鑲金短坐墊，十二個白色外衣的鑲金坐墊。
- 四個白色長坐墊，套衣是白色大馬士革綢，鑲有「M」字圖樣，以及金色皇冠。另有兩個同樣材質的短坐墊。
- 兩個外衣是綠色大馬士革綢的長坐墊。
- 一個外衣是黑色大馬士革綢的坐墊。
- 三條金色掛毯。
- 一個外衣是黑色舊大馬士革綢的坐墊。
- 一條大廳掛毯。
- 四條綠色錦織掛毯。
- 七條白色掛毯，繡有不規則黑色幅線鑲邊。
- 三件（床用）布幔，附有一條白色短帷幕，圖樣同樣是不規則黑色幅線鑲邊。
- 一張錦緞床，附三條韃靼綢紅布幔。
- 十一條白藍相間棉織圖樣舊地毯。
- 一張綠錦緞床，附三條韃靼綢綠布幔。
- 八條長地毯。

- 一張錦緞破損的舊床，附三條韃靼綢藍布幔。
- 另一張諾福克式舊床，附三條卡德（Card，一種亞麻布）布幔。
- 一張有著紅色精繡鑲邊的老床，附有三條顏色相襯的布幔。
- 一張有著紅色精繡橡樹葉圖飾的老床，附有三條韃靼綢布幔，和七條精繡掛毯搭襯。
- 一件椅背精繡布套，兩件椅把手掛飾布，有同樣的精繡橡樹葉圖飾。
- 一張紅白兩色絲綢床的布套。
- 一本彌撒用書，一本輪唱歌譜，裡面包含一本詩篇，以及一本彌撒聖歌集。
- 小禮拜堂裡的祭壇帷幕，法衣袍服，白色法衣和布幔。
- 八件餐桌布，六條手巾，五條其他桌巾布。
- 兩只銀碗和銀洗手盆。
- 一隻銀鍋，一盞有蓋銀鹽罐。
- 七只銀杯，其中一只附有鍍銀杯蓋。
- 六支銀湯匙，六只銀盤，四只銀茶碟。
- 五具鐵皮包裹的小櫃子。
- 廚房內有四具標準黃銅鍋。
- 四個較小的銅鍋。
- 六個小銅鍋。

- 五個非常小的銅鍋。
- 兩件大烹飪廚具。
- 兩件小烹飪廚具。
- 四根大銅鍋勺。
- 四根小黃銅鍋勺。
- 四隻平底煎鍋。
- 三隻大鐵平底淺鍋，以及一隻舊平底鐵鍋。
- 六根鐵耙。
- 五具大臼。
- 一百五十六只錫碟子。

城堡裡的生活，會讓你印象深刻的，大概不會是這些金或銀製品，而是所有東西的規模。一個能用琺瑯瓷釉鍍銀酒杯喝酒的人，是有錢的人；但是一個人連手下的**管家**都能用這樣的酒杯喝酒，那就是有權勢的人。大部分的男爵，在他們的府邸裡都有大約四十五名下人。一三八四年時，德文伯爵擁有一百三十五人；伊利主教則有八十三人服侍。[14] 岡特的約翰（本世紀除了國王本人以外，最富有的英格蘭人）有一百一十五名從人，不過這個人數並不包括另外一百五十名武裝隨扈，奉命在王子有需要時服侍他。一三一八年，愛德華二世的王宮裡大約有四百五十到五百名男性僕役。[15]愛德華三世麾下的僕從人數更為可觀，在一三四四到四七年，他的家僕超過八百名，而在這段時間裡，他大多身在國外。[16]在比較平靖的一三六〇年代，他有三百五十到四百五十名僕從。在承平時期，規模最大的貴族府邸並不是國王的皇宮，而是愛德華二世的表親、二代蘭開斯特伯爵湯瑪士（Thomas, earl of Lancaster），在本世紀初，他麾下的家僕不少於七百零八人。想像一下：這支猶如小型軍隊的大隊人馬，沿著英格蘭北部的公路招搖行進，發出嗡嗚聲響，人們紛紛從屋子裡跑出來觀看浩浩蕩蕩的伯爵大人一行通過。

一三九二至九三年的皇宮：[17]

職位或階級	人數
皇室官員（大總管，宮廷事務大臣，皇家財庫審計官、御衣保管員、金庫看守官、典璽官、祕書、施賑大臣、內科御醫、外科御醫，以及皇家禮拜堂司祭各一人）	一一
皇家騎士	八
神職人員	二五
糾儀長（Sergeant at Arms）	三
宮廷宿衛軍官（Sergeant of office）	一七
扈從騎士	一〇一
御用獵犬飼養員	一〇

宮廷廂房內侍	二〇
御馬房侍從	八九
其他侍從（包括信差）	八〇
男僕	五三
馬車駕駛	一四
清潔人員	二
總數	四三三

當你在城堡裡信步閒晃時，或許會驚訝的發現：這裡幾乎很難看到女性。在德文伯爵府邸裡服侍的一百三十五名僕從，女性只有兩位。這個情形在當時是正常的，即使是在那些女爵府邸，情況也是如此。[18]府邸或許會聘用洗衣婦（在中古英格蘭，洗衣被視為是必須由女性擔任的工作），但是不會讓她住在府邸內。能夠在宅第裡居住的女性，只有貴族的妻子、女兒，以及她們的陪嫁女婢。廚房裡的工作僕役、侍從、家僕、司膳總管、管家，甚至是洗盤工，全都由男子和南童充任。如果在府邸服侍的男子選擇結婚娶妻，那麼他就必須搬離主人的宅第，另外成家。

當你緩步踏進大廳，讓我們假定，現在正是一場盛大筵席開宴之前，大廳的司儀會指揮男僕確認每位賓客都已入場，而且按照他們的身分地位依次就座。即使是身分階級較低的人，也就是那些鄉紳、男侍從、府邸僕從和下人，也依照階級依次坐定。大廳裡最資深的官員，坐在鄰近主人高壇右手邊的位置。這個桌位被稱為「首酬」席（reward），正對此桌的被稱作「次席」（second mess）。在大廳這個更受寵遇的一端，坐著一干重要人等，例如宅第主人的僕役長、他的專屬牧師、總管，以及其他重要賓客。接著再走過去，是府邸內的重要侍從人員：賑濟官、服裝總管、廚房職員、莊園收稅官、馬廄總管、理財帳房與宅第主人的祕書。再往前走，坐著的還是府邸裡的低階侍從：花圃園丁、屠夫、麵包烘焙師傅、釀酒師傅、蠟燭製作師傅、馬蹄鐵匠、鐵匠師傅、家禽飼養員、信差，以及其他的僕役（不過，在有些府邸，會讓這些僕役坐在別的廳房裡）。

在冬季，晚宴之後的屋外天色已經暗下來，單憑燭光，你很難看清整個廳堂的全長。當這些僕從坐在長桌旁說笑，他們的臉頰上透出玫瑰般的顏色，你的僕從也在其中。當大廳裡擠滿人的時候，因為人們肢體的動作和高聲的談話，室內很快就暖和起來。心情也同樣的溫暖。和這裡相比，莊園的房子有更好的排水下水道，民宿旅店可能在地理位置上更靠近城市鬧區，私人宅第確實是最舒適的下榻處所，但是你不可能找到比貴族領主的爐火旁，更加愉悅與適合聊天的地方了。很多主人喜歡在某個傍晚，挨在爐火旁，對著他們朗讀浪漫詩歌。如果不是這樣，那就是大家的談天說地、說古論今，或是插科打諢，讓你的心情一直保持愉悅；如果在特殊的節慶，還可能會跳舞。大多數的貴族領主都養了自己的樂班，他們在用餐時和餐後奏樂演唱。雲遊四方的樂手，也時常會在莊園宅第裡停留，用演奏音樂來換取自己的食宿（如果他們的音樂奏得好，還有賞金可以指望）。入夜之後，當大家就著燭光、擲骰子或下棋作樂的時候，坐在爐火旁長排椅上的資深府邸總管，會開始發話，指揮男童分送食物，動物脂肪製成的蠟燭垂淚，累累滴在燭台上。

如果你的身分地位，能夠讓主人分配給你一間廂房，你和你的僕從就會被引領到位於起居大廳走廊旁，或是城堡住宿塔樓上的房間。通往房間的台階通常陡峭而昏暗，順時鐘方向往上盤旋（這是一種傳統的建築格局，用意在防範右手持劍的敵人在此揮舞武器）。那位為你帶路的僕從，一定會帶著燈籠或油燈來照亮你的面前路。進到了廂房以後，他會點亮附於床架上的蠟燭。窗板從室內開啟；牆邊壁爐裡，可能正生起小火。靠著這點微弱的光線，你或許能夠辨明下列這些家具的位置：擺放衣物的小櫃、通往臥室的門口、那張供你僕從睡覺的矮床，以及牆上供你擺放私人物品的壁櫥。

在貴族府邸裡的床鋪，因為周圍繞著布幔，又有羽絨床墊，因而顯得尊貴特出。[19]亞麻布床單、羽毛枕頭、羊毛毯，還有色彩鮮亮的床罩，都讓你感覺相當舒適（一直到你被臭蟲叮咬以前都很舒適）。供你懸掛毛巾或毯子的橫桿，附在床架或是牆壁的支架上。同樣的，這裡也有一條橫桿或棲枝，讓你心愛的獵鷹能夠落腳，餵牠吃廚房提供的特選裁切肉片。如果你想到床架上的蠟燭該怎麼處理，辦法要不就是讓它燃燒整夜，或是在你上床睡覺之前將它熄滅。有些人覺得，將這根蠟燭收進自己的衣服裡，沒有什麼大不了。[20]正如你所意識到的，這麼作並不聰明。

或許你會認為，城堡裡的公共廁所想必是臭不可聞。在這裡，情況卻未必如此。新建的如廁區域十分高雅。廁間的木板鋪以綠色的布幔，而出口處則塞以軟墊，以避免臭味外洩。[21]有些城堡的廁所，在馬桶下方設有大坑，排泄物直接落進壕溝裡，並以泥土掩埋。另外一些城堡，排泄物落進一條斜管，來到預先設好的木桶裡，城堡的清潔工再將桶子拿去倒掉。這當中最進步的一種，是本世紀末時為貴族成員所設計的室內馬桶。這款馬桶由鐵製成，座位部分鋪上羽絨坐墊，而下方放有可抽取的銅盆。[22]無論你走到哪裡，都有成堆的毛料或布巾，供你「擦拭下面那裡」。[23]有些大貴族堅持使用棉布，但棉布不是到處都有。在你身旁已經準備好一盆或一罐清水，供你如廁完畢洗手之用。

待在貴族府邸裡，還有更多的事情可說，不過限於篇幅，只能暫且作罷。這裡或許還有另外一件重要的事情要說：如果你抵達的時候，宅邸的主人不在，你在這裡所獲得的接待，會非常的不一樣。如果你的身分地位夠高，還是能夠得到一間廂房，但是整座府邸將會十分冷清。廚房裡沒有調醬汁的廚師在爐火上攪拌湯鍋，沒有男童負責翻轉烤肉架上的肉串，庭院裡也沒有匆匆忙忙的制服家僕，拿著柴薪和大水罐走來走去。當主人不在時，大部分的城堡幾乎是空空蕩蕩，而那些皇室府邸在總管外出時，同樣也是如此。這個時候，城堡裡只有一個負責看城門的人、三到四名管家，加上幾位身分低微的僕役。大廳裡又冷又黑，細亞麻布不見蹤影，燭台吊燈沒有點燃，而壁櫥裡也空無一物。通常一座空城，沒有必要留下大量人馬駐守。除非城堡所在的位置，處於非常危險的區域，否則是不可能遭受攻擊的。事實上，中古宅第建築堡壘式的設計，本身就足以阻止大部分的強盜試圖從外頭闖入。

農民的房屋

農民所住的房屋，就像他們的家庭一樣，有許多不同的種類，而且房屋的格局隨著地域不同，產生很大的變化。不過，或許此刻你正在想，投宿在英格蘭中部一名家境小康、名下有三十英畝耕地的自耕農地主家裡，不知道是什麼情景。他的房子可能是一棟隔成三間的木造建築（長約十三點七公尺，寬約四點六公尺），建造在岩石地基上。正房裡有兩間隔間，第三間隔間在房子底層的另一端，用作儲藏室；全家人的臥房在頂樓，搭條樓梯上樓。通常這種房屋的屋架，是由兩條彎曲的橡木構成，再加上一條穿越頂端的屋脊樑，然後以橡木或榆樹作成的木板鋪成房子的牆壁。整棟房子看上去稍微有些歪歪扭扭，因為這些木材都是未經加工處理，它們要等房屋完工後，過了前面幾年，才會扭轉成固定的形貌。牆壁用石灰和白蠟木當支架桿，填入柴泥、混調的泥土、麥稈、動物的糞便和毛髮。屋頂由塗了石灰的白蠟木作框架，沿著橡木作成的屋脊樑兩邊搭建，上頭鋪以柳枝或麥稈。鋪設在這些地方的少數瓦片和瓷磚，可能會受到從爐灶裡竄出的火花影響。如此一來，這些地方就形成保溫良好的有機環境，招來害蟲在房屋的牆壁和屋頂上盤桓。

你從一扇裝設鐵絞鏈的橡木門進到屋裡。裝在門上的鐵絞鏈夠強韌，適合橡木門的塊頭，足以確保這扇門能夠鎖上。開門後就是房屋正廳，顯得十分陰暗，只有坑爐裡的火光，還有從窗外透進來的光可供照明；窗戶加裝窗板，玻璃沒有上釉，開得很小，以保持室內的溫暖，並且把寒冬的冷空氣擋在外面。家具包括一張椅子、兩把凳子、幾具小櫃子和其他一些小物品。牆壁沒有油漆，但是可能塗上一層石膏。抬頭往上，你會看見屋頂的脊樑，以及樓上的臥房，都已被煙燻黑。屋主有若干物品，掛在牆上或懸吊在脊樑上：一些工具、一串串準備過冬食用的醃肉、木桶、三角煮鍋、大鐵圈和水桶。地上鋪滿蘆葦和牧草。這層鋪料底下直接就是地面，在更換鋪料的時候，會用樹枝捆成的掃帚清掃地面。

生爐火的位置，在大廳中央一處用黏土襯底的凹坑裡；從秋末到春天，爐火一直燒著不熄滅。如果這爐火還用來烹煮食物，那就全年到頭都不會熄滅（雖然在夏天的時候，烹調大致上是在戶外進行）。火叉或烤架一類的器具，就儲放在灶爐旁邊。這裡也擺著一只大銅鍋，裡面的食物已經煮滾了。鉚釘固定的平底煎鍋、窠臼和杵槌、烘焙燕麥餅用的石板，要不是掛在牆上，就是收在櫥子裡。有些農民甚至將他們的穀類與蔬菜糧食，也收納在大廳的櫥櫃裡。

你投宿的屋主一旦接待你，就會讓你坐在靠近爐火旁的板凳上，這樣可以使你暖暖身子；同時間，他的家人正忙著準備餐食。他們不會希望你以任何方式幫上任何忙，因為你是個付費投宿的房客。屋主或他的僕役（大部分的自耕農都有一到兩名僕役）會在高腳架上安放餐桌板，然後安排擺放餐具：木質的碗、陶瓷水罐和飲酒的盃器。要是他自認身分地位不低，或許還會購置幾根銀湯匙。鋪在餐桌上的是亞麻布或帆布，往下垂到地面。屋主坐在桌首的位置。他負責切開麵包和肉（如果有的話），然後分給餐桌上的每個人。這個家的其他成員在你旁邊入座，坐在板凳上。一個拿著大開口水罐的男童走過來，確保大家在用餐之前，都有機會能徹底將雙手洗乾淨。

吃完晚飯後，屋主會催促孩子回房睡覺，然後他會湊近爐火和你整晚聊天。在牛油蠟燭搖曳的光輝裡，你可以看見他的面容。即使在這麼微弱的光線底下，你或許會發現屋主的妻子還在織補、縫合家人的衣服，瞇著眼睛做針線活。就寢的時間到了，屋主會在樓上的寢室裡，提供你和隨身的僕從一張並排雙人床。這張床是一頂床墊，裡面填以茅草或麥稈，放在厚木板上，亞麻布床單，羊毛毯子和枕頭，以及一件床罩。在喬叟〈采邑總管的故事〉裡，那兩個投宿的學生，就獲得主人款待，和他們一同分享一張位於臥房的雙人床；磨坊主人和他的妻子（同睡一張床）也睡在臥房裡，他們的女兒（睡另一張床位）和寶寶（睡嬰兒床）也是。夜裡，房間是徹底的黑漆漆一片；在農民的房子裡，可沒有徹夜點著蠟燭這回事。如果你實在內急，那就得爬起身來，摸黑找到房門，爬下樓梯走出戶外方便。臥室裡，你是找不到夜壺的。[24]

牛津郡，考克斯漢（Cuxham）的羅伯特．歐德曼（Robert Oldman）的家產，約一三五〇年代：[25]

項目	價值
三具銅鍋	每具一先令
兩只平底鍋，以及一只三角煮鍋	一先令
供木質水酒杯使用的鐵箍環	一先令
兩只金屬大水罐	每只六便士
一只水盆與水罐組	八便士
另一只水盆與水罐組	二先令八便士
帆布衣一件	九便士
布毯一條（用作床罩）	三便士

床罩附床單	三先令四便士
布毯一條、床單兩件、四條毛毯	五先令四便士
桌布一件	二先令六便士
毛巾一條	六便士
衣服兩件	八便士
小木櫥一具	二先令
凳子兩張	八便士
長板凳一張	一點五便士

大多數農民的房屋裡，就像那些社會階級較高人士的宅第一樣，都欠缺家具。在羅伯特·歐德曼的家裡，能稱得上是家具的項目，只有小木櫥一具、凳子兩張和一張長板凳。很顯然，估價鑑定人認為他家的床和餐桌，沒有任何價值。但是歐德曼的衣服就價值三十四先令，光靠這些衣服，就讓他的家產遠超過多數農民。那些住在茅草小屋裡的農奴，所屬的家產除去自己棲身的陋室之外，就所剩無幾了。房裡只有一間正方型房間，長和寬都只有四公尺不到。屋頂的鋪料是茅草和草泥，如果沒有修整，不到幾年就會漏水。冬天的時候，你很有可能必須跨過門前那一大窪水才能進門，這水窪是屋頂漏水積成的。屋門自身的轉軸固定在地基的一塊石頭上，和房頂上的屋架綁在一起；因此，沒辦法輕易的將門轉開。門上沒有鎖，只有門栓。窗板靠幾片獸皮從上端

拉起，在底部用一根樹枝支撐著，讓窗戶開啟。地面就是泥土地，上頭鋪了茅草。整間房子顯得很潮濕。

屋裡同時也煙霧瀰漫，喬叟可能會說：「她的閨房煙霧濛濛。」窗板的這種安排設計，意味著這房子即使是在白天也光線不足，顯得昏暗。用餐的器皿和家具或許包括一張高腳桌、一瓶陶瓷水罐、幾只木碗、一張長板凳和小凳。睡覺的地方藏身在一道木板條籬笆的後面，靠著房間的一側：三塊厚木板拼成的床，一頂以曬乾的石南屬植物或蕨類葉片作成的床墊，上頭鋪著一張床單，還有一條舊毯子。其他的財產，可能還有一具烹飪用的銅鍋、一具舊的大汽鍋、一具木簍筐，以及一具擺在室外用來從井裡打水的木桶。這或許是某個人的家，但是你絕對不會用「舒適家居」這種字眼形容它。

---

1 這段描述是取材自當時一本對話體的書籍，當中有在旅店中投宿的情節，見 Bradley (ed.), *Dialogues*, pp. 49-50。

2 Woolgar, *Great Household*, p. 26; Chaucer, trans. Wright, *Canterbury Tales*, p. 149.

3 Kingsford, "London Merchant's House," pp. 137-58.

4 有十一只椰殼酒杯，由中古時期保留至今。見伊頓公學（Eton College）在 Marks and Williamson, *Gothic*, 第一九〇項條目所舉的例子。這則條目說得很清楚，這些酒杯十分稀有。

5 Riley (ed.), *Memorials*, pp. 199-200. 我之所以會認定休・勒貝佛是一位酒館店主，是因為他擁有不少價值昂貴的酒器，家裡還有六大桶的葡萄酒。

6 *Calendar of Inquisitions Miscellaneous*, iv (1377-1388), p. 128.

7 Greene, *Medieval Monasteries*, p. 154. 該招待所在一三一七年獲頒執照令狀。

8 Harvey, *Living and Dying*, p. 131.

9 Prescott, *Medieval Hospital*, pp. 137-8.

10 這裡提及的十二處新建城堡，分別位於女王堡（起造於一三六一年）、法烈杭格福德（Farleigh Hungerford，一三七〇年）、農內（Nunney，一三七三年）、薛爾伯恩（Shirburn，一三七七年）、波頓（Bolton，一三七八年）、瑞瑟爾（Wressle，一三八〇年）、薛利夫胡頓的城堡（Sheriff Hutton，一三八二年）、溫菲爾德（Wingfield，一三八五年）、博迪亞姆（一三八五年）、隆姆利（Lumley，一三八九年）、布倫斯佩斯（Brancepeth，一三九一年）與潘利斯（Penrith，一三九七年）。

11 十三世紀末，魯德洛（Ludlow）城堡內的大廳，長二十公尺，寬九公尺；十四世紀末，達廷頓城堡內的大廳，長將近二十二公尺，寬將近十三公尺，高有十四點六公尺。

12 Emery, *Dartington Hall*, p. 153.

13 Emery, *Dartington Hall*, p. 268，引用 TNA C 145/278 no. 37。有些不屬於宅邸的物品，例如領主的盔甲，就被遺漏掉，沒有被提及。

14 Woolgar, *Great Household*, p. 12（阿倫岱爵士）；這些資訊來自英格蘭歷史建築協會（English Heritage）的網頁，關於德文伯爵在歐克漢普頓（Okehampton Castle）城堡的頁面。要注意，後者和伯爵府邸裡用餐麵包的估計分量，有很大的不同；後者似乎是以僕役的總人數計算得來的。

15 Given-Wilson, *Royal Household*, p. 11. 這段描述來自於 Tout, *Place of Edward II*, pp. 244-81。

16 *Collection of Household Ordinances*, pp. 3-4. 這些人裡，包括在府邸內服務的審計官員、侍衛長、府邸的扈從與吟遊詩人，但是並沒有將工匠（例如造屋工人和木匠）、衛兵計算在內。這份名單也漏掉管家、司庫總管，還有財庫官員等人，所以並不完整。

17 Given-Wilson, *Royal Household*, p. 278.

18 Woolgar, *Great Household*, p. 8.

19 許多這個時期的圖畫裡，床旁並沒有設布幔。不過有些卻看得到，像是在十四世紀早期《聖詠經》裡的插圖，見 Woolgar, *Great Household*, p. 77。本世紀末的時候，亨利四世付了一筆錢，以購買用來懸掛床旁布幔的掛鉤。見 *Fears*, p. 128。在一本寫於十四世紀的法文書（Wright (ed.), *La Tour Landry*, p. 6），描述一位皇帝的女兒睡在周圍設有布幔的床上。

20 Bayard (ed.), *Medieval Home Companion*, p. 106.

21 Furnivall (ed.), *Babees Book*, pp. 179-80.

22 TNA DL 28/1/5 fol. 29r. OED 裡對於室內馬桶最早的條目說明，時間定在一四一〇年。

23 這裡對於廁所內擺設的描寫，是取材自 Furnivall (ed.), *Babees Boke*, pp. 179-80 一篇寫於早期十四世紀的文章。

24 在喬叟〈采邑總管的故事〉裡，磨坊主人的妻子就是因為內急，才會離開房間。

25 Dyer, *Standards*, p. 170，引用 P. D. A. Harvey, (ed.), *Manorial Records of Cuxham* (Oxfordshire Record Society, 1976), pp.153-9。

第八章
飲食吃喝

當代的時空旅人，來自一個有良好飲食指南和超級市場的時代，很容易就會忘記：在中古時期的英格蘭，人們仍然會因為飢餓而死亡。本世紀小麥歉收的年分分別是：一三一五至一七年（大饑荒）、一三二一至二三年、一三三一至三二年、一三五〇至五二年、一三六三至六四年、一三六七至六八年、一三六九至七一年，以及一三九〇至九一年。[1]上述這些還只是小麥歉收的年分；同時期還有不少穀類作物收成不佳，而只要這些作物的其中一種歉收，人們就要遭災受苦了。如果一場季節性的暴風雨來襲，讓所有的穀類作物都泡在水裡、爛在田裡，牛群、羊群和豬隻在氾濫的河流與泥濘裡溺死，並且帶來藉著洪水傳染的疾病，那麼，除了樹上結的果實（如果有的話）和去年收成時剩下的存糧以外，窮苦人家就沒有別的東西可吃了。

當連續兩年作物歉收時，人們就一家家的死去。長期營養不良的孩童首先死去，他們虛弱的狀態很容易就罹患疾病，但是成人在步上他們的後塵之前，也撐不了太久。為了拼命活下去，男人和女人什麼都吃：根莖、雜草、蜉蝣、黑麥草、野豌豆、橡樹果實，甚至樹皮也能下肚。他們轉而犯罪，無論在哪裡，只要可以就下手偷竊食物和牲畜。[2]有時候，國王和他的臣僚試著想要緩解這種情況，可是，除了降低進口穀類作物的關稅之外，他們別無良策。這個做法對主要城鎮以外的地方毫無效果，因為鄉村地區的農民沒有辦法親自進城買穀物。就算他們可以，也沒有辦法負擔飆漲的價格。

饑饉所帶來的各種悲苦慘痛，對於那些受困於圍城裡的人們來說，感受更是淒厲嚴峻。當你發現自己受困在一座城堡或城鎮裡，城門外是勢欲摧城的大軍，你很可能要在下面這兩種可怕的下場裡做出抉擇：一是投降，然後被吊死；或者是抵抗，然後可能因為飢餓而緩慢的死去。那些選擇後者的人，可能會因為缺乏食物，遭受到完全無法想像的痛苦折磨。如果你在一三四七年的夏季造訪加萊，就能見識到情況能糟到何種程度。一三四六年九月，在圍城開始的時候，防守加萊的法軍指揮官已經先將大部分的老弱婦孺遣走，所以留下來的都是身強體健的成年男子。接下來的十一個月，這些人吃光城裡所有的糧食供給。城裡的所有動物：狗、貓、馬，也全被吃掉了。到了七月，他們只能抓老鼠果腹。一三四七年八月四日，守軍終於力竭投降，投降的原因，寫在指揮官呈給法王的信函裡：他們除了吃掉彼此以外，已經沒有別的東西可吃，而他們寧可戰死沙場，也不願吃下戰友與親屬的肉。

加萊圍城戰是個極端例子，而在這一章裡，我們主要關注的是比老鼠、馬匹和狗隻更美味的食物。儘管如此，在你端詳中古英格蘭充滿隱喻的菜單時，這些極端的慘況還是值得你牢記心中。很多現在受到你喜愛的食物，在當時無法取得。當時沒有馬鈴薯或番茄，它們的原產地在這個時候還沒有被發現。基於同樣的原因，這時候也沒有火雞肉可吃，那麼耶誕節你的餐盤上會放著什麼食物呢？如果你負擔得起，餐盤上擺的可能是天鵝、鵝肉、牛肉、火腿或培根。[3]你找遍整座市場也沒辦法買到胡蘿蔔，因為當時的蘿蔔屬於不適合食用的野生紫色品種，能吃的種類都還沒有栽培出來。米飯只有小規模的進口，而通常在義大利、西西里等地製造的通心粉，此刻還沒有在英格蘭亮相。和所有真實的旅人一樣，你別無選擇，只能吃在地的食物。在許多情況下，你會發現除此之外惟一的選擇就是挨餓。如果一成不變的水煮培根肉、黑麥麵包和青豆菜單讓你倒胃口，那麼你應該慶幸，自己不是待在一間食物霉壞的屋子裡：培根已經酸腐發臭、麵粉被老鼠飽餐，而青豆則變得潮濕霉爛。

進食的時刻規律

現代人每天吃三頓豐盛大餐，但在中古時期的英格蘭不適用。在這個時代，你每天只能吃兩餐。除了極少數身分地位高、不知節制的人以外，人們通常不吃早餐。一名屋主可能會拿麵包和起司當午餐，特別是如果他預備騎馬走遠路，或是要迎接勞碌的一天時，更會如此；不過大致上，他到午餐以前是不會進食的。午餐是一天當中主要的一餐，通常是在早晨十點到十一點之間用膳，時間早晚視季節而定。接下來是晚餐，這就更加簡單了，大約在下午到傍晚的時候，也就是四到五點鐘的時間用飯。雖然中古時代的日常飲食和今天我們的健康用餐觀念並不一致（比方說：他們將捲心菜反覆燉煮，直到裡面的維生素C都被破壞殆盡為止），不過仍然是有項好處：它為接下來的早晨提供最大的能量補給，因為人們還有一整天的工作勞動，以消耗掉卡路里。

另外一個重要的烹飪規律，起因自對於吃肉的嚴格規定。教會規定人們，在每個禮拜的星期三、星期五與星期六，還有從大齋節起到基督降臨節（耶誕節前四星期）這段時間都禁止食用動物的肉。這些日子加起來超過半年。在大齋節當天，甚至連雞蛋都在禁吃之列。這項規定既然施行於整個社會，甚至連國王陛下在內都需要遵守，因此沒有任何旅店主人或貴族恩主，敢在你造訪的時候打破它。在禁食肉類的日子，吃肉的人很容易就會遭到舉報，扭送教會裁判庭。這是條原罪，而且將會訴諸犯男或犯女的良心，直到他或她藉由告解、獲得救贖以後，教會的審判庭才會判處恩赦或是刑罰。

飲食規律的第三個層面，就完全視季節當令可取得的食材而定。水果在秋季更加新鮮，而在收成的時節，從白麵包到水果餡餅等所有的食品都變得十分充裕。肉類的供應，在秋末時節也很充足。在冬季那幾個月裡餵食牲畜的代價，意味著許多動物在聖馬丁節（十一月十一日）將被宰殺。這些肉品裡，許多會馬上被烤來吃掉，其他的則用鹽醃起來，留著冬天吃。果菜園裡的產品明顯是季節性的，實際上，蔬菜類食材或許可以說是所有食物裡最依當令季節而變動的產品；與此同時，它們沒有什麼經濟上的價值，所以也沒有遠距離的蔬果貿易。至於魚類，種類在夏季較多且新鮮，這時各個海域並不那麼凶險，而且來自沿海市鎮的商人有較長的日照時間，以運輸他們的漁貨到內陸市場販售。冬季的時候，魚市場裡賣的主要是醃魚或魚乾。甚至連烹調這些食物的形式，也隨著季節變易而有所改變。夏季的時候，烹煮食物大多在戶外進行。這麼做，有部分原因是氣候的關係，另外有部分是因為在小房子的爐灶上烹煮，容易在室內造成無法忍受的高熱。夏末和秋天時，社群集體烹煮、烤肉很普遍；冬天的時候，食材比較不新鮮，而且更常使用燉煮來烹調。

基於以上種種原因，當你想念愛吃的食物（尤其是肉類製品）時，你的願望通常很難實現。一天裡的特定時段，一週裡的特定日子，還有一年裡的各個季節，都是影響飲食的因素；比起今日世界，它們在當時扮演更重要的角色。

農民的家常飲食

在第二章時我們已經提過，農民可分為富農與貧農；用不著說，有三十畝地身家的已婚自耕農地主，吃得當然比沒地沒菜園的單身勞工要好很多。飢餓的旅人，在那些糧食缺乏的地方不受歡迎，是同樣無須多說就能明白的道理。但是，且讓我們假定：你正在一戶地主的家裡的餐桌前入席，這戶人家的房子有三間隔間，這種房子格局，我們在上一章已描述過。

在你的面前，可能會擺著好幾款種類的麵包。本世紀初年的時候，黑麥麵包相當普遍，另一種由小麥和黑麥麵粉混合製成的「馬斯林」（maslin）麵包也很盛行。[4]一直到一三五〇年以前，你都不大可能在自耕農的家裡吃到精緻的白麵包。不過，假如招待你的屋主保留一塊地，勤加施肥，用來種小麥，在一些特殊的日子裡（尤其你又是客人），你還是有可能吃到白麵包。在其他時候，你會發現餐桌上的麵包，要不是由大麥作成（特別是西邊的幾個郡）就是燕麥，或者是燕麥混合小麥麵粉擀製。除了麵包，你面前或許還有麥餅（尤其是在北方）。如果這些食物不合你的胃口，那可以考慮吃「馬麵包」。這種麵包是由一種落花生磨製的麵粉，加上麥麩、豆莢製成的。如果當時的人用奇怪的眼光打量著你，那是因為「馬麵包」並不是給人吃的食物。但是在有些地方，你可能會吃到一種叫做「托特」（tourt）的全穀類麵包。這種麵包出爐後，切成薄片，盛在木盤或錫盤上供人食用。使用結束後，這些木盤會被拿去給豬吃，因為木盤上頭已經浸透吸飽肉汁。在農民的家裡，沒有什麼東西是可以直接丟棄浪費的，即使是盤子也能吃。

和你所推測的一樣，麵包在中古時代的農民飲食裡，扮演重要的角色。正因為如此，麵包的價格一直由法律所控管〔「麵包敕令」（Assize of Bread）〕。可是，**購買麵包**這件事情卻純粹屬於城市裡的活動。招待你的鄉村自耕農屋主，很可能是自己做麵包的。他或妻子會將穀類作物拿到磨坊（通常是水車磨坊，但是早期的木頭風車磨坊可能已經出現），磨坊主人會將穀類磨成麵粉，拿取小部分比例的麵粉當作酬勞（通常是十六分之一，或二十四分之一）。如果屋主在住家附近設有一處土窯或石窯的話，他和妻子或許就能自行烘焙麵包，否則他們得拿著磨好的麵粉到村裡的麵包師傅那裡去烘烤。最後做出的產品可能會在家裡保存一個星期，不過一個星期以後，這些麵包通常都已經變硬，而且只能當成托盤和餵養家禽使用了。

如果還有什麼食物，可以和麵包競爭中古英格蘭農民主食的地位，那就非肉湯莫屬了。肉湯有濃、淡的分別，從白色的濃稠燕麥粥、較稀的青豆湯，到以大蔥製成的白色清湯。招待你住宿的屋主在將湯碗端上餐桌時，會希望看見你「眼睛為之一亮」的表情；這碗湯裡面放了青豌豆、菜葉，一些培根肉和白菜豆。湯品的基本成分配料有肉湯、切碎的菜葉、燕麥和鹽，但是除此之外，其實任何東西都能放進湯裡。通常會使用麵包屑，好讓湯能更加濃稠。如果你拿起木質的湯匙開始攪拌，很可能會在其中看到洋蔥、大蒜，以及其他菜園裡的產品，比方捲心白菜。湯裡的豆子如果不是那種你熟悉的小青豆，就可能是其他白色的豆種。在貧苦農民人家裡，大灰豆也被拿來食用。既然所有東西都是生的，或是帶著綠色，在吃之前都會用沸水煮熟。有一個流傳很廣的看法，認為青色的蔬菜（特別是捲心白菜）對你的身體不好，如果它是生的，那就更加有害。

在農民屋舍裡吃到的一切蔬菜，很可能全都來自屋後的菜園。如果你去菜園四處看看，會發現園裡沒有多少裝飾用的灌木，或是會開花的植物（薰衣草和氣味芬芳的玫瑰除外），惟一栽種的樹木都是會結果實的果樹。這裡沒有草坪，整體設計概念沒有休憩娛樂的元素。相反的，倒是種了成排的葉菜蔬菜類作物。如果屋主想吃甘藍菜，或者拿去餵動物，他得自己栽種。更重要的是，如果他想在作物完全歉收的情況下還能有東西可吃，栽種甘藍菜是個很保險的策略。因此，菜園就滿足它的雙重功能：維持生計與食物風味。對屋主來說，田畝很重要，因為他的穀類作物栽種在那裡，莊園裡的放牧地和丘陵很重要，因為可以餵養他的牛羊，但是他日常飲食裡最大部分的食物都來自屋後的菜園。這些在菜園裡採收的洋蔥、大蒜、青豆、大蔥、帶莖的春洋蔥（chibol）、捲心菜、豆類、洋芫荽、西洋芹和茼蒿，都讓他深感驕傲。要是果園裡還有幾株照料不錯的果樹，那毫無疑問，這家人就能整年吃得不錯。不只是在秋季，因為無論是自然方法或是人工醃漬，水果都能保存很長一段時間。每個人都儲藏蘋果，不過心裡還期盼能吃到梨子、櫻桃、李子、葡萄、核桃、棗子和西洋李。偶爾也會栽種醋栗、草莓和桑葚幾類果樹。藍莓和野李在野外實在太常見了，所以沒有栽種的必要。

你會問：肉類、乳製品呢？這些食品在農民的日常飲食裡，又扮演什麼角色？再怎麼說，最好喝的濃湯裡，肉汁湯底一定是從某個地方來的，培根肉也是一樣。這樣說沒錯，但是別忘了肉湯是請客人吃飯時才會端上桌。而肉汁高湯做好以後，可以用上很長的時間，裡面的大骨更是反覆的熬煮。事實是：很多農民（尤其是那些佃農、農奴）並沒有太多能吃肉的機會。正如詩人威廉．蘭格倫（William Langland）在長詩《耕者皮爾斯》（*Piers Ploughman*）裡所描述的：

我無錢可買雞，
亦無力購鵝與豬，所有者惟二乳酪，
幾分奶酪和奶油，以及麥餅幾張，
加上混著豆子與麥糠的麵包兩片，以此餵養我的孩子；
然而我從內心深處呼喊：我沒有醃培根肉，
沒有雞蛋，上天啊，不足以做薄肉片；
但是我卻擁有芹菜、大蔥和許多捲心菜，
還有一頭牛與小牛崽，以及一匹拉車的馬，
牠能在持續乾旱的時候，為我拉肥料到田地裡，
靠著這些家畜，我們或許就能安穩活到收穫節（Lammastide，譯註：每年八月一日），
到了那時候，我盼望著我那頃小田裡可以收成，
或許我會為了心中的喜悅，好好吃上一頓晚飯。
然後，所有的窮人取來豌豆莢，
他們衣裙下擺裡，盛裝著豆子和焙烤過的蘋果，

> 許多洋蔥、山蘿蔔與成熟的櫻桃，
> 讓此刻的皮爾斯能撫平肚中飢餓。[5]

肉類是有錢人的食物；而且，不但有錢人需要肉類，那些自耕農與城鎮居民也需要肉類，因為他們要藉此讓生活看起來像有錢人。因此，這是一種身分地位的象徵，伴隨而來的結果，就是那些處在社會階級底層的人，所吃的肉要比那些身在上層的人少得多。那些社會低階層的人，如果想要靠著獵捕野生動物，以求彌補這個不利的態勢，也不是簡單容易的事情。狩獵活動很少獲得批准，因為多半是保留給莊園領主。有某些情況是例外。在某些地方，野鳥的數量非常多（譬如在出海口或海灣），人們能夠以加重的網來捕獲，或者持彈弓獵殺。毛兔和野棕兔可以用捕獸器抓獲，牠們自從十二世紀由海外引進英格蘭之後，就在野地裡快速繁殖。就算這些狩獵活動仍然被當成是貴族的遊戲（而且經常是非法捕獵動物），莊園裡的裁判法庭通常只會對違反者處以一筆輕微的罰金。即使是那些從皇家林園裡盜獵野兔的人，也不會被嚴厲懲處。如果你真的捉到若干野兔，接下來這段引文可能就是招待你的主人烹調牠們的步驟：

> 拿起兔隻，將牠們去皮；將骨頭挑乾淨；將兔肉切成塊狀，帶血直接放入鍋中，煮到沸騰。然後將兔肉放入另一鍋冷水中。放進高湯和其他好料，杏仁乳和炒得半熟的洋蔥丁。讓材料以大火煮滾。加入丁香、肉桂和豆蔻粉，還有一點香草。拿起那條已經洗好去鱗的魚，還有骨頭，全部放進湯鍋裡煮滾，就可以上菜了。[6]

農民為什麼沒有時常吃肉（或者只吃野鳥和野兔），還有另外一個原因。活著的牲畜，可比死去時用處多多。乳牛、綿羊和山羊都能產奶，雖然牛、羊奶不能長期保存，但是可以製作成可保存好幾個月的起司。前面提到的農夫皮爾斯除非是傻了，才會屠宰他的耕牛或牛崽。綿羊和山羊都能提供毛料，這是冬衣的重要原料；所以你不會在農民的餐桌上看見羊肉或小羔羊（不過你會發現餐桌上有烤或燉羊肉，尤其在十一月的時候）。雞、鴨、鵝能產下幾百顆蛋，牠們的價值自然遠高過宰殺之後只能提供一、兩餐的肉。當然，要是老母雞已經不能再下蛋，那麼除了餐桌，牠也沒有別的地方好去了。不過在牠老去之前，耐心等待還是值得的。在所有家畜裡，體型最大、價值最高的就是耕牛。牠是拖拉耕犁的關鍵角色，而耕犁對於生產穀類作物又居功厥偉（特殊設計的軸環馬軛，能夠一次環套多匹耕馬，這時候還沒有面世）。另外，只要仔細切開牛隻的大腿，在不必殺死牲畜的情形下就能取得足量的血，來製作黑血腸。將牛、羊的血加入香料菜葉、鹽、燕麥混合，然後燉煮即可。這道菜不但能提供豐富的蛋白質，在冬季的濃湯和起司之外，也是道換口味的美食。

你或許會認為，對於農民階層來說，魚類是廣受歡迎的非肉類蛋白質食物來源。魚類確實很受歡迎，但是在大部分鄉間農民家庭的日常飲食裡，它並沒有扮演重要的角色。對於那些住在內陸的人家來說，要能吃到新鮮的魚是有困難的，因為運輸費用非常高。除此之外，另外還有一個潛在的原因。教會在特定日子裡的禁食肉類規定，使得貴族、鄉紳、神職人員對於魚類的需求大為增加。因為這個原因，魚類的價格變得十分昂貴。能夠允許農漁民自行捕魚食用的莊園，例如史丹佛郡的歐爾瓦斯（Alrewas），是例外而不是通例。[7] 通常，平民百姓是不允許在住家附近的湖泊、池塘和河流裡捕魚，這是屬於莊園領主的權利。如果你受雇去捕魚，你的魚獲會直接上到領主的餐桌。就算領主的管家寬宏大量，讓你自己保留一條新鮮的鱒魚，你也會把魚給賣掉。

吃魚是身分地位的象徵，卻也等於兩天勞動的薪資所得，招待你住宿的農家主人在這兩者之間，會毫不猶豫的選擇後者。皇室成員將魚當成相互餽贈的禮品。約克公爵時常送狗魚、海鯉、丁鯛和鮭魚給他的堂兄弟，國王亨利四世。既然皇家把魚的價值看得這麼高，一般老百姓又有什麼指望能吃到鮮魚呢？農民晚餐時會出現的魚類，通常是鹽漬或醃漬的鯖魚、鹹魚（一般以鱈魚之類的白魚製成）；柴魚（由曬乾的鱈魚製成）是其次比較常見的魚種。上述魚類製品，一年到頭都可以在市鎮裡的集市買到。在市場裡也可能買到鰻魚，這種魚或是製成烤魚串（二十串一售），或是放在麵餅或餡餅裡；在規模中等的河流裡，牠們的數量很多，而且價格也相對低廉。

飲品

在農民地主餐桌上，那具上釉的陶瓷大水罐裡，裝著的是什麼呢？答案幾乎非常肯定：麥酒。所謂麥酒，也就是以麥芽為原料，卻沒有放入啤酒花釀造的酒類（麥酒與啤酒之間的差別，就在於釀造時有沒有包含啤酒花）。麥酒在中古時代的日常飲食裡，扮演非常重要的角色，所以價格也和麵包一樣由政府頒布的法令進行控管。四加侖的麥酒，法定售價是一便士；同時，一夸脫的大麥售價兩先令。品質最好的麥酒（每加侖最高可以賣到兩便士），是在肯特郡所釀造的，但是別指望在國內各地能找到肯特所釀的麥酒：這種酒沒辦法保存。沒有啤酒花，麥酒很快就變酸了。麥酒店的老闆娘每釀出一大桶新鮮麥酒，就會馬上著手賣掉；她們會在門桿上掛著一只大酒桶，宣傳這裡有酒出售。在務農人家裡，釀酒是女人的日常家務；而當麥酒開始要變酸的時候，她們就在裡面添加香草或蜂蜜，或者是打進蛋黃作成酒湯。如果能取得香料調味，胡椒粉、薑黃、肉桂，和其他進口調味香料，都能夠掩蓋麥酒發出的酸味；這些香料都能在地方市集買到。麥酒就這樣搖身一變，成了一種添加香料的飲料。

現在，舉起擺在你面前的木質酒杯或金屬大盞，然後喝下一大口，你會發現農家釀造的麥酒喝起來有種淡淡的甜味。同時，這麥酒並不濃烈。當時家境小康的農民都不喜歡喝水（他們認為喝水很容易將髒汙和疾病帶進體內），他們只喝麥酒，只有獨居在單隔間小屋的單身勞工或寡婦才會喝水（通常他們喝的是在院子裡以蓄水箱收集的雨水），已婚男性把釀麥酒看作是妻子必備的日常家務之一。牛奶被看成是烹調用品，或者是適合年老女性與兒童的飲品。所以，麥酒不能釀得太濃烈，否則自耕農民每天這樣喝，太強的酒精會影響他一天的判斷力。

在國內的某些地區（尤其是西部地方），人們不喝麥酒，改喝蘋果酒或梨子釀的酒。蘋果酒可以釀得很烈，價格也很便宜，大約是次好品質麥酒售價的一半，每加侖半便士。同樣的情形也出現在以蜂蜜為基底釀造的酒品：蜂蜜酒（mead）或香蜜酒（metheglin，添加香料的蜂蜜酒）；這兩種酒品在英格蘭的西部和南邊很常見，因為價格減半而濃度提高。雖然你的英格蘭農民朋友，這輩子大概不會喝過烈酒，或許也不會喝太多葡萄酒，但喝醉卻不是罕見的事。如果小地主的妻子對老公夠好，釀了濃烈的麥酒或蘋果酒，而且允許他在短時間裡連續喝八品脫，判斷力顛三倒四的結果已在預料之中。在十四世紀這種情況並不罕見。

城鎮的日常飲食

當你在城鎮住宅的餐桌前坐定，準備用晚餐時，你對於晚餐菜色的預期，大概會依照你作客的環境是怎樣的地方而定。如果你身處一棟窄小的木造建築裡，在光線幽暗、空間狹小的飯廳裡吃飯，身旁還有屋主的妻子相陪，那麼擺在你面前的飯菜，可能比起我們之前說的那戶自耕農小地主人家的盛情款待，滋味差上不少。而另一方面，如果招待你的屋主是位重要的商人，那你就會十分愉快的坐在一棟大宅第裡，光線明亮的餐廳接受款待，身旁擺著的是好幾件大型的銀製餐具，桌上鋪著的是乾淨的白色亞麻餐桌布，而且還有成堆的菜餚木盤疊在面前（每道菜用一個木盤），你就能夠期待今晚的菜色，在豐富變化和種類的程度上，都是先前那戶自耕農人家做夢也想像不到、提供不了的。你可能會喝紅酒佐餐，吃牛肉、羊肉或小羊羔肉，淋在肉上的醬汁是商人專屬廚師所準備的，飯後你還可以和主人一道品嘗薄脆餅和蜜漬甜食。

所有你可能會吃到的餐食菜色，都會落在貧窮農家和富豪商人這兩種極端的中間，所以我們只討論國內各個城市和市鎮食物的差異之處。對於住在距離城鎮或都市四到六公里的鄉村居民來說，他們的購買能力極其有限，就連到市場這件事也都要耗費不少時間。有鑑於此，農村的小地主會試著出一趟遠門，就買足所有需要的物品；而反過來說，住在城鎮的商人、商鋪店主或勞工，想要自己動身或差遣僕役就近到麵包烘焙坊，或是漁市的攤販前，根本毫無困難。這樣的結果就是，城鎮的居民（尤其是城市居民）對於家裡存糧的控管，遠不如他住在農村的表親來得嚴格。如果他需要麵包，直接去烘焙坊買一條就行了，用不著經常帶著自己種的穀類作物到磨坊去磨成麵粉；除非他住在一個非常小的市鎮裡，而且在城牆外的空曠區域還有幾片田地。和這個情況相似的是，他家後院的菜園，沒有辦法提供所有他需要的蔬果（少數富商的情況算是例外，因為他們在城裡擁有面積可觀的花園）。大部分的人想要取得蔬菜水果，必須到市場去買。

由於如此仰賴市場，在城鎮裡的食物比起鄉間，好與壞的程度都來得更大。城裡有專精烹製某些食品的廚師，能做出鮮肉派和餡餅賣到市街，或是在他們開設的食品鋪裡展售，或是帶著烹飪器具到四處兜售。肉類運進城裡就是準備要販售，而因為沒有特別理由，在牲畜進城以後還要圈養牠們，城裡的居民比較樂意買年齡比較幼小的牲畜，然後立刻宰殺來吃，特別是羊羔子，因為牠們的肉比較軟嫩、滋味又好。在本世紀，隨著時間流逝，城鎮裡愈來愈多人吃白麵包。在一三九〇年代，上了年紀的男女會告訴你：他們的祖父祖母輩長大的時候，能吃的食物除了黑麥麵包、蔬菜和一點水煮豬肉以外，就沒有別的可吃；但是在今天，他們不但能吃到羊肉和牛肉，還能經常奢侈的享用白麵包。當然，也少不了水果。在市場裡很容易能買到蘋果，李子和櫻桃也是（依照季節而定）。還有更多異國水果，比如柳橙、無花果和石榴，這時已經有少量進口，不過你只能在展售少數舶來奢侈品的大型集市，或是在主要大城的市場裡才能看見它們的身影。

一三六三年，倫敦糧食供應商的價格：[8]

項目	價格	項目	價格
上好鵝肉	六便士	丘鷸一隻	三便士
上好乳豬	八便士	鷓鴣一隻	五便士
上好閹雞	六便士	野雉雞一隻	二便士
母雞一隻	四便士	烤羊腿一隻	二便士半
上好兔肉	四便士	閹雞肉烤餡餅	七便士
水鴨一隻	二便士半	烤鵝	七便士
綠頭鴨一隻	五便士	上好烤全羊架	二十四便士
雀鳥四隻	一便士	上好牛腰內肉	五便士
鷸鳥一隻	一便士半	上好豬腿肉	三便士

以上所述就是在城裡生活的好處。如果你有夠用的錢，就不需要自己栽種、圈養食物；想要什麼，去買就行。而且在規模較大的市場裡，你還能買到別的地方找不到的東西。如果你想買砂糖、葡萄酒、杏仁、棗子、大茴香、甘草、蜜餞、肉豆蔻、肉桂、胡椒、芫荽、醋栗、葡萄乾、無花果、丁香、生薑、鹽、米、糖蜜，任何你叫得出名字的東西，去市場買就對了。上面列舉的

物品，在一三九〇年的倫敦都買得到。上述清單是摘引自德比（Derby）伯爵的帳目，當時他手下的官員正在準備出海遠行的物品。[9]成本是其中的關鍵因素。一磅的甘草要價只有一便士，但是一磅生薑要價兩先令，一磅的丁香更超過四先令，一磅藏紅花要價十先令。一磅柳橙果醬（citronade）要價三先令，差不多等於一名熟練工人九天勞動的所得。你能想像辛苦工作九天的酬勞，**按照重量**，只等於一磅柳橙果醬，或者一磅藏紅花三分之一的價錢嗎？難怪窮苦人家會省略早餐不吃。

並不是所有的香料價格都是這樣貴得驚人。在城鎮裡，你會在那些家境殷實人家（包括手工匠師傅、富裕的官員、律師、醫師和商人）的碗櫥裡，發現各種各類的調味香料——碗櫥經常是鎖上的。胡椒是最受歡迎的其中一種，每磅要價二十到二十二便士。一磅肉豆蔻或許要十八便士才能買到。購買香料，有一種比較便宜的辦法，那就是選擇由香料鋪調配好的混合組。以下是幾種混合香料的咖哩粉：濃烈的「特級」（forte）咖哩粉，含有薑、胡椒、荳蔻；溫和的「沉靜」〔douce，也叫做布蘭奇粉（powder blanche）〕咖哩粉，含有薑、肉桂、肉豆蔻，可能還有砂糖和丁香。說到砂糖，你會對它有為數眾多的種類款式感到訝異。在香料鋪裡，你會發現大量的粗製黑麵包，每個都重達好幾磅。還有加入精糖的精緻蛋糕〔「卡非定」（caffetin），一三九〇年時每磅十八便士〕、紅糖和白糖（比較便宜，每磅十二便士）、塞浦路斯糖（更便宜，每磅八便士）；還有一系列的糖類衍生產品：罐裝砂糖、糖水、糖漿、玫瑰糖、紫羅蘭糖和麥芽糖。這些糖精煉的程度，是造成它們在價格上有昂貴、低廉差異的原因。有趣的是，它們全被當成香料使用（而不是當成甜味料），放在醬汁裡、淋在肉類或魚類的菜餚上，特別是和醋搭配烹調，或是放在水果濃湯裡。

雖然前面這一大段讀起來令人胃口大開，但是讀者要記得：城鎮裡的居民至少要面對兩種截然不同的威脅，而這些威脅都與食物相關。頭一項威脅，來自於缺乏食物供應的控管。如果穀類的供應中斷，那就無法做麵包。要是穀類的成本價格飆漲，而市鎮的行政當局又堅持按照「麵包敕令」規定的售價販賣，那麼烘焙業者就很容易發動罷工。沒有了麵包，城鎮很快就會陷於停頓，混亂的情形也會爆發。第二個問題，起自於食物供應鏈裡有太多的中間人。市鎮行政當局要如何監督食物的銷售呢？這是非常困難的。如果在街上看到一頭死去的野豬，之後卻消失無蹤，人們沒辦法確定這頭死豬是被清運走了，還是下鍋烹調了。他們的懷疑通常都是對的：這頭死豬可能已經作成外賣餡餅了。倫敦的檔案記錄裡，充滿這樣的案例：一頭死豬倒在城鎮的溝渠裡，已經腐爛了大約一星期，結果卻被做餡餅的師傅給撿回去。中古時代的人執行資源回收，有時候也實在太過徹底了。

飲品

在鄉間與在城鎮裡用餐，有項主要的差異，就是能否喝到種類不同飲品（尤其是葡萄酒）的機會。在釀酒商那裡，即使只是一小桶葡萄酒，要價也在八到十先令之間，這遠不是收入中等的小地主自耕農所能負擔。可是城鎮裡的小酒館業主是成桶的購進葡萄酒，然後以小酒杯裝賣給客人。這樣一來，許多人就能以半便士或一便士的價格，喝一或二品脫的葡萄酒。當然酒的成本差別很大，要看甜度和產地而定。絕大多數英格蘭人所喝的紅酒，都來自加斯柯尼，也就是博爾多附近的地方〔不過，當時「紅葡萄酒」（claret）這個名稱，還沒有出現〕。[10]這種紅酒如果論桶來賣，售價每加侖在三到四便士之間（如果是論杯來賣，價格可能會更高）。產地來自萊茵河流域的葡萄酒，價格貴上兩倍，批發價每加侖在六到八便士之間。羅徹爾（Rochelle）和西班牙的葡萄酒，例如一種濃烈的西班牙白酒「萊佩」（Lepe），或是另一種西班牙產白酒「歐賽」（Osey），在價格上都可以和博爾多產的紅酒相比。來自希臘、克里特島和塞浦路斯的甜酒，有時候被稱為「羅蒙耶」（Romonye）或「茂芙榭」（Malvesey），價格也相差不遠。所有酒類裡，英格蘭產的葡萄酒（幾乎都是白酒）價格最便宜，幾乎是加斯柯尼紅酒的一半。不過，英格蘭白酒很少上市。大部分英格蘭產的葡萄酒，都落入貴族和神職人員的手裡，很少在酒館裡現蹤。

既然酒館賣的是葡萄酒而非麥酒，因此便傾向設定自身為高檔消費的處所。如果我們考慮這些酒館的數量（一三〇九年時，倫敦總共有三百五十四家酒館），品質參差不齊也就不令人感到訝異了。[11]酒館裡賣的葡萄酒同樣各自不同。販賣劣酒的酒館，容易招來粗野人等，並且時常遭到市政當局勒令停業關門。但也有若干聲譽卓著的酒館。為後者舉一個例子：這類酒館裡會準備有銀環鑲邊的木質大酒盞，以及乾淨的亞麻布桌巾。它們為一些特定職業的專業人士服務，像是神職人員、商人、官員與鄉間紳士。由於良好的聲譽事關緊要，酒館業主十分在意，所以或許他會在打烊時以堅定有禮的態度對你下逐客令（在宵禁之後，他得為你的行為負責）。酒館的酒儲藏在一間地窖的木桶裡，然後送到你的桌前。如果你對於自己喝下肚的酒有任何疑慮，可以要求去看看儲酒木桶。酒館店主應該在營業時間，隨時保持地窖的門在開啟狀態，並且讓你檢視木桶上的標示。在倫敦，酒品的價格由市政當局規定；所以，倘若你認為自己在原本該提供萊茵佳釀的地方，買到便宜的劣酒，你應該有檢視的權利，並且可以進一步追究。如果證明酒館有缺失，酒館業主很可能會讓步，因為假如他魚目混珠被逮到，就會被罰款或勒令停業，甚至會被帶往他儲酒的地方，拿起他的酒，當頭淋下去。

如果你剛好從這些存貨旁邊路過，而且看到他的頭被打破一個洞，衣服被澆淋的酒浸溼，那麼這個人很有可能是（或者直到最近都還是）一名麥酒屋的店主。大致來說，這些酒屋不賣葡萄酒，只提供麥酒，有時候兼售蘋果酒和梨子酒。酒屋也有一些簡單的餐食，比如麵包和起司，有時候還提供便宜的肉餡餅。這類麥酒屋裡瀰漫麥酒酸臭的氣味，地上遍灑茅草，氣氛喧囂吵鬧，充斥冒險奇聞和下流的歌曲。和民宿旅店不同（這類旅店開設的主要目的，是為有錢的旅客提供下榻之處），這類小酒館專門為客人提供娛樂，因此也就成為各種有趣人物出沒的場所：從貨車車伕、載客馬車伕和建築工人，到木匠、麵包烘焙師傅、朝聖旅者、啞劇演員、皮包竊賊、娼妓、賣魚婦、耕地農民、社會邊緣罪犯與碼頭挑夫，在這裡都能見到。

貴族府邸的飲食

要說到美食，那就非談談貴族的餐桌不可。最上等的精緻餐點、最廣泛多元的種類，都直接出現在貴族的晚餐桌上。在管家和僕役吃完伙食、並且離開飯廳很久以後，貴族主人才和他的客人繼續用餐，然後看著更多道菜端上桌前來。即使晚餐的排場沒那麼大，也沒有那些奢華的菜色，情況也是一樣。早餐的時候，甚至不會為僕役擺設用餐的高腳桌。他們有差事要做，而且有一種說法認為：吃太多食物會讓下人怠惰。所以，在貴族府邸的飯廳裡，就能看出一道食物品質和分量的光譜：在飯廳後面，放置的是簡單的濃湯，而主桌上所擺設的，卻是最昂貴的菜餚，有著最奢侈的色澤與香料。

貴族府邸裡的飲食，需要遵守一系列的限制與規則，這些規則複雜的程度，遠超過當今食材的限制，以及經濟條件的必需。除了教會設下的禁食肉類諭令之外，十四世紀末的貴族府邸還有另一項飲食限制：食物的分量。從一三六三年起，律法明訂：包括貴族領主在內，每餐最多只能有五道菜；這是年紀已老的愛德華三世，為了禁止奢侈所做的一部分努力。在同樣這道律令裡，鄉間紳士每餐最多只能有三道菜，府邸的管家兩道。在這兩道菜裡，有一項可能是肉或魚。雖然這項律令並沒有一直被嚴格遵守，不過再怎麼說，還是給你某種程度上的飲食禮儀準則和制度。你的身分和紳士一樣高嗎？如果是，那你就能夠在紳士的宅第飯廳裡入席，並且享用和他們同樣的餐點。

讓我們假定，現在你已經被帶位到府邸飯廳的主桌，就在貴族主人的右手邊入座——這可是十分尊榮的位子。在入座之前你必須洗手。一名手持大水罐的僕役，會往你的手傾注清水；另一名手捧大碗的僕役，則會在你的手下方接水。這裡沒有肥皂，但是第三名僕役會遞給你一條擦乾手的毛巾。接著，由主人的牧師帶領禱告，然後頭一道菜就送上主人的席前。他會拿起木盤，開始取用離他最近的那道菜。主人開動之後，菜餚就會分給所有人取用。

頭一道菜通常是淋上醬汁的水煮、烘烤肉類，可能是佐以香料、紅酒醬汁的碎肉，或者是肉丸凍冷盤。這裡為貴族的日常飲食舉出一個例子，給主人上的五道菜裡的頭一道菜，是醃煮的野豬肉佐芥末醬，接下來是一碗濃湯（裡面放了牛肉或羊肉、紅酒、香料菜葉）、另一碗肉湯（煮熟的雞肉或豬肉）、燉煮的雉雞或天鵝肉，以及一份油炸肉餡餅（通常肉餡是由牲畜的內臟製成）。「樂茄倫巴德（Leche Lombard）」是道頗受歡迎的頭菜，食材原料有豬肉、雞蛋、丁香、醋栗、棗子和砂糖，全都在鍋中燉煮，之後填進一具動物的膀胱囊袋裡（有點像肉餡羊肚）切片，配上大量的醬汁食用。另一道菜叫「莫愁思」（Mortrews）：雞肉、豬肉加上麵包屑、特級咖哩粉、藏紅花和鹽巴。也許你會比較愛吃煮鹿肉，加上杏仁漿、洋蔥、米磨成的粉和葡萄酒，再由朱草（一種深紅色的根莖類植物）調色、「沉靜」咖哩粉來調味？

餐桌上的食物實際上準備兩到四頓的「分量」（mess），然後才端出來分食。在你的面前，可能已經放了好幾道菜。別認為你必須得將放在木盤裡的食物全部吃完，你可以留下很大一部分。剩菜（包括木盤）會在餐後分送給窮人。而且，每道菜都有五盤不同的肉類可供選擇，你能夠很輕易的在開席後上頭一道菜的前幾分鐘之內，就橫掃食盤、吃得肚皮朝天。千萬要抗拒這麼做的誘惑，因為晚宴大約會進行兩個小時。一頓飯下來，總共有三道菜，每一道都包含好幾盤佳餚，你可以從感興趣的菜色裡，取下少量食用；而每道大菜之間，還會穿插幾道小的「插曲」菜色。你可以看出，在貴族府邸裡用餐不僅僅是維持溫飽，更事關尊嚴與榮譽。

在用完以濃烈醬汁佐燉煮肉品的頭道菜後，接下來上桌的是水果、核桃，這是一道「小菜」，或兩道大菜中間的插曲。端上桌的，並不一定全都是吃的，有時候純粹只做觀賞用途，尤其在盛大的宴席上，更是如此。也許你會見到貨真價實的「二十四隻黑畫眉，被烘烤成了派」

（譯註：four-and-twenty blackbirds baked in a pie係英格蘭民謠裡的一句歌詞）。愛鳥者別擔心，派餅是事先烤好、放著冷卻的。活畫眉鳥則是之後才擺進去，所以當派餅皮被掀開來，牠們就開始唱歌，然後拍翅飛走，滿飯廳亂竄。

第二道菜是烤肉。這道菜主角是精心切片的各種珍奇肉品，這就是宴席主人可以顯擺、賣弄的地方了。這道菜包含燉肉濃湯與肉凍冷盤，還有精心挑選的烤鹿肉、鹿崽、羊羔、兔崽（一歲以下的幼兔）、大鴇、鸛鳥、白鶴、孔雀、蒼鷺、鷓鴣、丘鷸、千鳥、白鷺、雲雀⋯⋯。這個清單還可以繼續念下去。在你身旁服侍的男童會告訴你，上述這些動物的每一種，都必須經過獨特的方式切割肉片。野鴨肉不是切開，而是「鬆開」的。剖開一隻母雞，是對牠的「寵愛、關照」。蒼鷺是被「拆夥散架」的，兔崽肉被「拆解」，諸如此類等等。如果你年紀夠輕，能夠在一位貴族的府上服侍，你就必須學會所有這些專有術語，並且曉得該怎麼揮舞手上那雙切肉刀（這時候沒有叉子）。當飯廳的總管指揮你給「閹雞上醬」、「庖丁解鹿」，或者是「白鶴亮翅」的時候，你需要知道哪裡是最美味的部位，好切下來呈給主人享用。練就這項本領並不容易，尤其是在冬天，除了微弱的燈心草和廚房爐火以外，幾乎沒有光線照明。

第二道菜上來，當你從菜餚裡挑揀那些最美味部分來吃的時候，要記得為第三道菜保留一些胃口。分量最小、最精緻的動物肉品，像是烤麻鷸、麻雀和燕子，都是在這個時候上桌的。在這些肉品旁邊，可能還有烤薔薇果（quince）、酒漬西洋李，以及淋上糖蜜或楓糖的蘋果、梨子，或是盛裝在高腳盤裡的糖漬水果與水果甜湯。英格蘭的社會高層人士，就和位於社會中下層的人一樣愛吃水果。李子、西洋梨、櫻桃和葡萄，在餐前就會上桌，當成開胃點心。梨子、核桃、草莓、越橘（whinberry）、蘋果和水果拼盤，則依照產季，較常在餐後供應。加了香料調味的烤蘋果、梨子很受歡迎，冬季時更是如此。吃到尾聲的時候，如果你還吃得下，還有一道起司。吃著薄脆餅，搭配一杯用香料和紅酒調製的甜酒（hypocras），這頓大餐終於算是結束了。你所用的餐盤和吃剩的食物，由僕役與服侍男童撤收。稍後，他們要不是躲起來偷偷吃掉主人剩下的殘羹剩飯，就是將這些剩菜交給負責賑濟的人員，施捨給窮苦人家。在這個時候，窮人說不定已經來到莊園大門口等候了。

以上所提餐點菜色，只是供給可以吃肉的時候使用。在一年的其他一百九十四或一百九十五天（基督降臨節、大齋節，與每星期三、五、六），菜單裡肉類的部分就改成吃魚。那麼，擺上主桌的食物會因此變得更加節制、樸素，反映出禁食肉日這項習俗的宗教性質嗎？一點也沒有！在吃魚的日子，你面前所上的第一道菜，可能是以醋、胡椒、薑和肉桂一起烘烤的七鰓鰻，或者以鰷魚、鰻魚製成的餡餅，以及加了糖一起烤的鯖魚、淋上「嘉倫泰」（galantyne，以肉桂、薑類植物根、薑、鹽、麵包屑、醋和高湯熬成的醬汁，在當時十分受到歡迎）醬汁的狗魚，或是水煮的大白魚或魴魚。這道菜之後，在魚的種類上，你會品嘗到更多高價的品種。第二道菜的選擇，包括淋上甜醬的海鰻、海魴和鮭魚，烤比目魚、大比目魚（halibut）、鱸魚、鯔魚、鱒魚、鯉魚、鰈魚和鰻魚。亨利四世曾經以七先令價格買下一條比目魚，而廣為人知。[12] 一三三〇年代，你時常會在皇家府邸的菜單上發現狗魚和鯉魚的身影，這是因為愛德華三世每逢特定節日，就指名要購買這兩種魚。[13] 到本世紀結束的時候，你可能會吃到淡水鯉魚，不過要真能吃出什麼鮮美滋味，那就要等到下個世紀了。[14]

等第三道菜上桌，你就會明白：宗教限令對於英格蘭大多數的貴族、鄉紳府邸裡那種奢侈飲食風氣，可以說是完全不造成妨礙。因為就在這個時候，真正特別的魚類才要上桌。鱘魚在所有特別魚類裡排行第一：**新鮮**的鱘魚十分稀少罕見（鱘魚捕獲後，通常會裝在木桶裡醃漬），但是如果你取得一條新鮮鱘魚，大概要花費三十五先令，才能買下來。[15]如鮭魚、海鯉、丁鯛和狗魚這些魚類，被認為可當作伯爵、公爵致贈給國王的禮品。搭配豐富醬汁的鮭魚，是本世紀一位戰爭英雄最喜歡吃的食物，這位英雄就是首代蘭開斯特公爵亨利。搭配主食的配菜，可能還有海鯉、河鱸作成的魚肉凍、油炸鯖魚與海味（特別是峨螺、淡菜和蝦子）。

可是，即使是上述提到的這些，與廚師所能烹煮的魚類品種範圍相比，仍然是九牛一毛。不但有太多種魚類被遺漏在上面提及的名單（還可以補上牙鱈、紅鰈魚、鱈魚、泥鰍、溪紅點鮭、比目魚、黑線鱈、劍魚、鰷魚、狗鯊、海鱈，以及其他二十多種魚類），廚師還有一個廣闊的可食動物範圍，包含多種你根本沒想過能吃的海中動物。理論上，鯨魚屬於國王的財產，但是當牠們擱淺在海灘上的時候，通常鄰近區域的人都可以吃。在海中或河流裡生活的海豹、小白鯨、海豚、黑雁、海雀和海狸全都和魚類一樣，被歸類在同一種食物。因此，就算是在禁食肉類的日子，人們也愉快的對牠們大快朵頤。中古時期的人，對於**海裡**魚類的知識很有限（記年史家湯瑪仕·沃辛漢就相信：海豚能飛越船帆上方），但是一旦這些魚類被捕上岸、帶進廚房，那牠們的一切就無所遁形了。只要你聽聽他們剖切所使用的專有名詞：「海豚上醬」、「倒鉤龍蝦」、「啪嗟狗魚」、「豪削鱒魚」、「塊分鱘魚」，就曉得這些人絕對不是外行的生手。[16]

你一定很好奇，貴族是靠什麼方法取得這些魚類？畢竟，生鮮海產一離開水面，很快就會變質發臭，而從海口運輸到府邸廚房的各種方式，卻又十分緩慢。沒人能帶著一大桶的鱘魚或是鯖魚，又可以每天趕超過三十二公里的路。除此之外，海上捕魚用的魚網和器具，相對來說比較小，而且還時常需要修補。對於你的疑問，答案是這樣的：這個國家沒有任何一個地方，距離海岸超過一百一十二公里，而且大部分地方和海岸的距離，都在六十四公里以內。有些活動最為頻繁的港口，位於內陸的大河，比如在賽文河上的格洛斯特。活跳跳的海產魚類，能夠裝在木桶裡運送；而這種方式，在運送牡蠣、淡菜、峨螺、龍蝦和螃蟹時，也同樣能夠使用。

上述這些水產，在大齋節的時候，富有人家的需求會非常高。鰻魚也是在河流被捕獲以後，就被放進木桶內運輸；而狗魚則被養在大水桶裡，需要的時候才運送過去。大部分的河流上，都設有攔河壩與捕魚網，將麥穗魚、丁鯛、鱸魚和鯉魚從河水裡撈起來，裝在墊了濕麥桿的籃子裡運走。魚網也放置在出海口與海灣，藉此來捕捉團扇鰩（thornback ray）、魴魚、海鯉、鮭魚、烏魚、青魚、鯖魚、小白鯨和其他種類的海水魚，而不必撒網下水，或是搭小舟出海捕魚。領地位於內陸的領主都設有魚塘。莊園的慣例，通常是將池裡所有的淡水魚都保留給領主，而他要不是擁有一批漁夫為他撈漁，就是不定期的雇用工人捕漁。所有的河流也可以如此運用，而幾乎在所有的鄉間地帶，只要是騎馬兩天以內可到達的港口，有能力負擔運費的人，就能取得各式各樣的新鮮魚類。要是你再添上那些醃漬、鹽醃、煙燻和曬乾的種類，比如說，煙燻鮭魚或鯡魚、鹽漬鱈魚，還有泡在鹽水裡的蝦子與淡菜，那麼貴族府邸幾乎不缺任何種類的河魚與海產。

與上述這些肉類或魚一起上桌的，是一系列的蔬菜與調味香料葉菜。莊園領主就和所有人一樣，在他自己的菜園裡盡可能的生產各類產品。不過蔬菜並不是獨立成為一道菜餚，而是放在醬汁和調味料裡使用，陪襯肉和魚類。烹飪書裡包含了幾種搭配肉類和魚類的水果醬汁做法，比如，以蘋果製成的蘋果醬（applemoy）和酸醬（由葡萄汁調製成的烹調用酸醬汁）。許多蔬菜和自家栽種的食材，不但領主喝的濃湯裡需要，也會放在給下人喝的湯裡；這種湯的材料比較簡單，它供給的對象是地位比較不重要的僕役、信差，以及從別的莊園府邸過來洽公的僕從。廚房工作人員受雇來煮大鍋湯，他們把大蔥、洋蔥、調味葉菜、海甘藍、捲心白菜、大蒜、青豆、歐洲芹，和各式豆類切切剁剁，放進供最多達百人食用的大鍋湯裡。至於給領主進餐的菜餚，裡面有花椰菜、豌豆莢、琉璃苣苣、茴香、牛膝草，甚至防風草和芹菜也都會用上。

至於佐餐的麵包，領主本人和他邀請的貴客都能吃到剛烤好的新鮮白麵包；這種麵包是以小麥麵粉製作而成，叫做「pain demain」。製作這種麵包的麵粉十分寶貴，以至於有時候還會被收藏在上鎖的櫥櫃裡。府邸裡的重要職員幹部，以及有身分地位的紳士，或許能吃到次好等級的白麵包，叫做「瓦斯特爾（wastel）」，每條瓦斯特爾的價格是半便士。品質排行第三的麵包稱為「圖記」（cocket），形狀呈塊狀圓形。而隨著你往飯廳後面走去，麵包的品質也跟著往下降。在飯廳裡敬陪末座的人，或許能吃到黑麥麵包，而在馬廄裡工作的男童，只能在耶誕節和其他節慶才能進到飯廳吃麵包。如果那些身分低下的人當真吃到「圖記」白麵包，那也是擺了三、四天的舊麵包。

飲品

貴族的酒窖裡所儲藏的酒品種類，要遠超過你在任何酒館裡所能喝到的品項。在通常的情況下，對一名酒館老闆來說，除了販售加斯柯尼和西班牙產的葡萄酒，如果還賣萊茵河產的酒，那可是觸法的。但是對貴族而言，大量儲藏上述這幾種酒，並不違法。愛德華三世在一三六三到六四年所頒發，關於皇室府邸儲藏酒品數量的敕令中規定，甜酒可儲藏十大桶（一大桶的容量是一百零五加侖），萊茵河葡萄酒可儲藏十二大桶，而加斯柯尼葡萄酒則達一千六百大桶，容量加起來總共是十七萬又六百二十加侖。[17]這麼多的酒，並不是全給國王和他身邊的人飲用，其中有很大一部分是賞賜給國王的友人，以及他的侍從臣子（比方說，喬叟每天就喝掉一加侖）。不過，貴族府邸裡的酒，從來沒有短少過。

一名在貴族府邸裡工作的管家，除了打理主人的葡萄酒以外，也必須處理與麥酒有關的事務。府邸裡的僕役與工作人員都可以喝酒，不過只有重要的幹部才能喝葡萄酒。每個人每天有限定飲酒的額度，通常是每天一加侖麥酒，可是這樣的額度純粹只是表面文章。當時並沒有發給每人一具大酒壺，讓他在二十四小時裡喝乾壺裡的酒。而誰能夠喝品質最好的麥酒，誰只能喝次級或再次級的酒，倒是有清楚的分別。麥酒通常是貴族府邸以發芽的大麥芽自行釀造，而且會儲存到告罄或是變質發酸為止。不過，如果府裡的儲量已經不多，或者領主突然回來，府邸裡的釀酒人員來不及提供足夠的分量時，府邸的總管就會出外向釀酒的農婦購買麥酒。

修院的日常飲食

一所修道院裡的飲食供應，就和貴族府邸裡的飲食一樣複雜。雖然在上帝的眼裡，這些僧侶教士都是平等的，但是在他們自己的眼裡，彼此之間的地位可是有著懸殊的差距。修道院院長吃最好的食物，並且在他自己的居所和貴族客人分享上等的餐點。這些貴族也在院長的住所下榻。相較於一般的僧侶，若干特定的修道院執事人員（例如賑濟官、聖堂看守人、醫院院長與修院司庫），有權利享用較好的魚與外國的水果。這些修道院已經安排院內弟兄，從自設的食堂、廚房提供其他人飲食。在修道院附設賓館住宿的賓客，所得到的餐食可能與院內完全不同。

在某種層面，你可以拿修道院和貴族府邸相提並論，而修道院院長就等於是貴族領主。不過，這樣的比較會流於膚淺表面；之所以如此，有下列這幾個原因。首先，負責掌理修道院事務的人，是由其他僧侶選出來的，所以他與院內同仁之間的關係，和貴族與他的僕役之間的關係完全不同。再者，修道院的食堂是一處非請勿入的地方，只有院內的僧侶才能入內用餐。[18]身分顯貴的賓客在院長的住所，與院長一同用餐，地位階級沒那麼重要的客人則待在賓館，或者在大門口處和乞討的人一起吃飯。不過在所有事務當中，使得修道院顯得很特別的，是演進、發展好幾個世紀的特殊食肉習俗。僧侶和所有人一樣，在每星期三、五、六，以及從基督降臨日到大齋節的這段時間禁食肉類。此外，根據聖本篤定下的戒律，他們也不該吃有四隻腳動物的肉。然而，聖本篤生活的時代（西元六世紀）距今已經很久遠了，在接下來的這八百年裡，基督教世界的僧侶早已找出許多能規避這條戒律的方法。

這些僧侶大部分都來自貴族家庭，從他們可以坐上飯桌與父親一同進餐開始，就沒少吃過肉。然後他們進入教會服事，完全無法吃肉。這種情況所導致的結果，就是他們當中有許多人**渴求**肉食。而且聖本篤戒律只是說，他們不該在**食堂**吃肉……。因此，許多修道院設有第二餐廳，稱為「免戒室」（misericord，即上帝施恩之處），在這裡可以吃肉。同樣的，雖然戒律禁止吃四腳動物的肉，但是戒律可沒有明白指出，不許食用動物的內臟。這些動物臟器，在被送入烤爐烘烤以前就已經移除。教宗本篤十二世（一三三四至四二年在位）了解，這些變通辦法並不盡合聖本篤戒律的精神，但他也明白，自己不能坐視事態如此發展，於是他提出妥協修正方案。[19]在星期三、五、六，以及非基督降臨、大齋節的日子裡，只要至少有半數的僧侶在食堂內用餐，剩下的人員就可以改道前往免戒室，在那裡任選自己想吃的肉類，大快朵頤一番。那些留在食堂用餐的人員，必須禁食四隻腳動物的肉，但是可以食用飛禽的肉，而且在烹飪過程當中，不必迴避帶葷的食材（例如肝臟和其他內臟）。在禁食肉類的日子裡，所有人一起到食堂用餐，並且奉行禁食肉類的戒律。

在教會社群裡生活的每一位成員，每天都會分配到一加侖麥酒的飲用配額（但是如果執事人員想要更多，可以取得）。這麼做沒有任何困難：修道院自行釀造出的麥酒，品質確實很好。當修道院自釀的麥酒對外販售的時候，每加侖通常要價一又二分之一便士，甚至二便士。有少數幾家修道院擁有自設的釀酒莊園，並且自行釀酒，不過大多數的修道院還是和大貴族的府邸一樣，從國外（加斯柯尼）進口葡萄酒。只有在聖人節日才能飲酒，而在這些日子裡，食物就有如外界節慶般豐盛。幸運的是，對於這些僧侶來說，這樣的好日子每年有六十或七十日。

在修道院，和在貴族府邸裡一樣，不是每個人都可以吃到早餐。只有院長與重要執事人員，才可能有機會在早晨坐在桌前食用麵包與起司。其他人必須等到望彌撒時，才能墊點肚子；如果套句老話，就是「聖餐禮是最好的早餐」。[20]對大多數的僧侶、隱修會士和客人來說，一天裡的頭一餐就是午飯。在食堂裡，餐食由濃湯拉開序幕。在這以後，依照當天是否可以吃肉，你可能會吃到「羊下水」（umbles，以麥酒烹煮的綿羊內臟，加入麵包屑與香料粉，通常在冬季時吃）、「夏勒特」（charlet，碎肉加入蛋和牛奶烹煮）、「朵賽特」（dowcet，一種乳酪蛋糕點心，裡面有牛奶、奶油、雞蛋、糖和醋栗）或重起司布丁。不曉得出於什麼原因，在西敏寺修行的本篤會僧侶想方設法，要將吃培根肉這件事情合理化（儘管培根肉絕對是四腳動物的肉製成）；同樣的情形，也發生在大齋節前進修院食堂的培根炒蛋（他們將這道菜稱為「培根薄肉片」）。[21]

等到免戒室開始運作，僧侶就展現出對肉類的強烈欲望。教宗本篤十二世的妥協方案表明，他每年最多只能在免戒室裡用餐八十六天。因此他殷殷期盼輪到他進免戒室用餐的日子，特別是在一段長時間的禁葷肉之後（例如大齋節），午餐的第一道菜幾乎總是牛肉，第二道菜通常還是牛肉（分量更多），加上另外三種烘烤肉類：小牛肉、羊肉、豬肉或鵝肉。春末時節吃羔羊肉，冬天則吃燉豬肉；在這一年的其他時候，吃的則是羊肉。晚餐時只上一道肉。因此僧侶每年大約將四百盤左右的肉食吃下肚。或許你會同意，一條強行規定人們不許吃四腳動物肉的戒律，實在很難以遵守。

在修道院的日常飲食裡，出現多種魚類。在食堂，每天午餐時分都可以見到油炸、水煮和烘烤的魚類上餐桌。要注意：僧侶只在午餐時吃魚，晚餐則吃扇貝、海螺一類的水產。他們吃進嘴的海產大約有半數是醃製的海魚，醃製的方式包括鹽醃、煙燻、曬乾或泡漬；不過，既然修道院擁有教區徵收的什一稅可以運用，或修院本身就是莊園領主，他們便能定期收到新鮮的淡水魚產。某些國內規模最大的魚塘，例如由切爾特希修道院院長於一三〇八年，在薩里郡（Surrey）修築的「仁厚池」（Gracious Pond），占地超過三十五英畝；同樣位在薩里的佛倫斯漢（Frensham）魚池，占地更超過一百英畝。所以在修道院的食堂，你可以經常在菜色裡發現鱸魚、淡水鯉、鯛魚，或者是廣受歡迎的名菜：「嘉倫泰」醬汁煮狗魚。院長或許會吃更加昂貴的海水魚種：比目魚、魴魚、團扇鰩、鰯魚、海鰻和鮭魚。他吃的是哪種魚，要看他用餐的地點而定。在私人房間和賓客共餐則吃名貴的魚，和會內弟兄在食堂進餐，則吃一般的魚種。

最後還有一件事。吟遊詩人和音樂家在旅遊時有一個老把戲，你可能會想要偷偷學起來。賓客在修道院獲得的待遇好壞，決定權操在院裡的賑濟執事手上。如果他對待你的態度不佳，或給你的伙食十分吝嗇，又或者你分到的是一張「又破又硬的爛床」，那就直接去找院長，滔滔江水般的吹捧、稱讚他的招待是如何的慷慨，然後再強調他們為了你，想必花費一筆巨大額度的費用：

我尊貴的院長啊，感謝您和您那可敬的修道院，因為我在這裡受到盛宴款待，而且讓您為我添增不少花費；您院裡那位慷慨的僧侶，也就是賑濟執事，昨晚請我吃一頓相當豐盛的大餐，菜色裡有各種魚類，價值不菲而且種類很多，我還喝了上好的葡萄酒。現在我要過去感謝他，因為他還贈送我一雙新靴子、兩把新刀子，和一條新皮帶。[22]

院長閣下沒有什麼選擇，只能在表面上接受這樣的道謝，然後假裝陶醉在這虛偽的榮耀。不過，毫無疑問，稍後賑濟執事可就有得向院長解釋的了。

---

1 Dyer, *Standards*, p. 262.

2 作物歉收和各種輕罪之間的密切關係，見Hanawalt, "Economic Influences," pp. 281-97；Platt, *Medieval England*, p. 110。

3 位於索美塞特郡的北克里（North Curry），一三一四年一場農民節慶餐會裡，出席的百餘名農民，每個人都會獲得以下菜色的招待：兩條白麵包、啤酒任意暢飲、大量的牛肉與培根佐黃芥末醬、一整隻雞、起司，還有「秉燭燃燒直到燒盡」的蠟燭。一三四七年的耶誕節當天，在諾福克的杭斯坦頓（Hunstanton），漢蒙・勒・史崔吉（Hamon le Strange）爵士和他府邸內的人，一起吃掉麵包、兩加侖的葡萄酒（價值十二便士）、一頭大豬，用作伙房儲藏醃漬鹹肉用（四先令）、一頭小豬（六便士）、一隻天鵝（這是卡茂伊爵士致贈的禮物）、兩隻母雞（這被當成是租稅）、八隻兔子（其中兩隻是禮物）。參見Fisher and Ju ica (eds), *Documents*, pp. 406-8。

4 Dyer, *Standards*, pp. 153-4（沃斯特郡與諾福克），頁一五九；Finberg, *Tavistock Abbey*, p. 98.

5 Langland, *Piers Ploughman*, passus VI (B Text), lines 280-95; Langland, trans. Tiller, *Piers Ploughman*, p. 81.

6 這份食譜是「派德爾的野兔」（Hares in Padell）的改寫版本，收於*Collection of Household Ordinances*, p.

428。雖然收入這份食譜的書，出版的目的完全與皇室府邸有關，而和農民家庭無關，但是這份食譜卻不一定是皇家的獨門祕傳。它在這裡被引用來表明當時烹煮兔肉的做法。農家版本的食譜裡，沒有添加辛香調味料。

7 Dyer, *Standards*, p. 157.

8 Riley (ed.), *Memorials*, p. 312.

9 Smith, *Expeditions*, pp. 5-34, esp. p. 19.

10 根據OED，「vin clairet」這個詞，原先指的是白葡萄酒，或顏色微黃的葡萄酒。沒有任何中古時期的文獻，將加斯柯尼出產的葡萄酒，稱為「clairet」。大約到了十七世紀初的時候，這個詞才和該地區出產的紅酒產生連結。

11 Creighton, *Epidemics*, i, p. 50. 這個數字，應該和釀造麥酒的一千三百三十四名個體戶連在一起做比較。

12 TNA DL 28/1/9 fol. 21v (2 turbots for 14s).

13 TNA E 101/388/2 m. 1.

14 鯉魚也隨著狗魚一起被購入蘭開斯特亨利公爵的府邸裡，當時是一三九〇年代，他人在威尼斯。參見Smith, *Expeditions*, p. 217。喬叟的《坎特伯里故事》裡有位小地主，便收藏鯉魚和狗魚。

15 Smith, *Expeditions*, p. 97. 這個人支付五枚金幣和十一枚普魯士斯蓋特（scot）銀幣，才買下一條新鮮鱘魚，以及一頭海豚。同樣一篇敘事裡，還提到兩頭海豚價值十二枚斯蓋特幣。以二十四枚斯蓋特幣等於一枚金幣計算，因此可以得出購買一條新鮮鱘魚的總價是五又四分之一枚諾布爾金幣，折合三十五先令。

16 這些專有名詞，參見Furnivall (ed.), *Babees Book*, pp. 140-8, 265。

17 TNA E 101/394/17 m. 1.

18 Harvey, *Living and Dying*, p. 69.

19 Harvey, *Living and Dying*, pp. 40-1.
20 Bradley (ed.), *Dialogues*, p. 48.
21 Harvey, *Living and Dying*, p. 54.
22 Coulton (ed.), *Social Life*, p. 405.

第九章
健康與衛生

如果你曾經被人問過，是不是寧願在過去的時代裡生活？在回答這個問題之前，要是你考慮健康疾病的問題，你就是聰明人。生活在一個「生了病，去看內科或外科醫生，然後就康復了」的時代，實在是太好了。我們必須這麼說：避免選擇到中世紀的英格蘭居住，最主要的原因不是這個時代的暴力，不是差勁的幽默感、惡劣的路況、社會階級體系的不平等，也不是對待宗教與異端邪說的態度，甚至也不是這個時代極度的性別歧視，最主要的原因就是疾病。

和我們生活的時代相比，十四世紀生活的所有層面幾乎都是不健康的。沒有錯，這個時代的街道不會有車輛排放廢氣汙染你的肺，也沒有香菸造成空氣汙染的危害，但是這個時代卻有許多人家在戶外燒火，經年暴露在這樣的烏煙裡，對你的肺造成的危害，以及可能引發的疾病，與現代的情形是類似的。這個時代或許沒有製藥廠在河流裡排放使魚類死亡的化學物質，但是卻有其他各式各樣的東西跑進供水系統，從溢流的排泄物到死亡的動物殘骸，一應俱全。這個時代的兒童並沒有因為鋪滿地板的地毯，以及過度使用的清潔劑，而受過敏反應之苦，但是你很難說這是好事，因為在他們之中，將近一半的孩子，還來不及長大成人就已死去。簡單說，假如你生病，或者是受了嚴重的外傷，生活在中古英格蘭的你，比起現代世界會遭受更多的痛苦。

對疾病的認知

你為什麼會生病？原因當然有很多。尤其，你有被尖刀砍傷、被弓箭射傷、被棍棒打傷，甚至是被砲彈擊傷的可能。社會裡隱藏的暴力因素，還伴隨著對今日我們設想的健康與安全問題幾近完全無視的態度，表明嚴重的外傷在當時是非常普遍的。除此之外，就算受傷的部位並不是致命的，人們對於醫藥和衛生的知識貧乏，將會導致血液感染（通常會致死）或是患部截肢。人們對疾病是如何傳播、身體器官如何運作的了解，都非常有限。醫院的執事人員經常將患有重病的人安放在同一張大床上，即使其中有人罹患的是傳染病，也是如此。微生物和細菌的理論，這個時候是聽都沒聽過。血液在身體裡如何循環，完全是個謎。如果你在一三〇〇年時被發現昏倒在地，沒有人會測量你的脈搏，以確定你是否還活著；相反的，他們會拿一隻裝滿水的大碗公，擺在你的胸口，觀察你是否還有呼吸。[1] 中古時代的生活環境或許很不健康，但是這時代的某些醫藥觀念卻更加不健康。要不了多久，你就可以看出中古時期的所謂醫學，其實是混合神祕儀式、宗教崇拜、家庭創意，和一場人體畸形表演之下的怪誕產物。

根據大部分人的看法，導致疾病最普遍的原因是上帝的報應。既然萬事萬物都蘊含神的旨意，那麼所有的痛苦最終也是來自神的賜予。有些人主張，因為上帝是慈悲的，所以疾病與纏綿病榻的折磨必定也是來自神的關愛。從這裡就衍生出一種看法：疾病和身體所受的折磨，都是上帝潔淨人們靈魂的方式。疾病被視作是試探的火焰，人在生病的時候，他對上帝慈悲的信仰與信心，就要接受病痛的試煉。所以，為什麼人們在生病的時候，既準備接受醫藥的治療，也要尋求宗教的療癒，答案是很明顯的。就算醫師將病人治癒，這種成功也被認為只能透過上帝的慈愛才可能達成。各處教堂的祭壇或周圍的牆上，時常可以看見遍布著手和腿腳的蠟製小模型，這是身懷病痛者誠心祈求所獻上的供品，期望上帝能夠開恩，免除他們身體所受之苦。或者至少允許一位內科或外科醫師，作為上帝施恩顯現療癒神跡的渠道。要不是有宗教療法作為支持，沒有人對醫藥治癒抱持希望。

其他對於疾病來源的看法，則與占星學有密切的關係。當法蘭西國王下令要巴黎大學的醫學教授，解釋一三四八到四九年那場大瘟疫的由來時，這群受人尊敬的教授向國王報告，瘟疫的成因是由於：

> 水瓶座裡，位於上方的三顆行星發生一次重要的合相，伴隨其他星宿的合相與蝕相，在周遭的空氣裡產生有害的腐敗物質，這同時也是死亡、饑荒，和其他災難的跡象。

他們繼續解釋：

> 土星和木星的合相，引發人們死亡與各王國人口的減少……。火星和木星的合相，則導

致空氣中瘟疫的出現。2

上述這些行星的運行排列，被當時的人認為會引發地區性的有毒氣體：匯聚惡臭的空氣與各種有害人體的蒸氣。這種有毒的氣體，會隨著風飄送，透過人體皮膚的毛孔，進入到男男女女的身體。一旦進入體內，這些氣體就會破壞各種「體液」的平衡（當時的人相信，體液是掌控身體功能的物質），而使得人們患病。

行星與恆星的交疊排列，對於個人與社群聚落的健康，具有重大的影響。在月亮由圓到缺運行的某些階段時放血，被認為對身體有益；在其他時候，則被看作對身體有害。專家運用占星術來決定某位病患何時痊癒，這是根據某行星在他患病時所在的位置而定。即使是性行為，在某些月亮運行的周期，以及行星合相的時候，也被認為對身體有害。這種看法，和性交行為是否發生在婚姻內，或是在偷情、嫖妓時發生，完全無關。有些懂醫術的人，堅持某些舊醫書上的說法，說是特定行星的運行，主宰著特定器官的功能：例如，水星主宰大腦，木星主宰肝臟等等。診斷人們身上的病症，因此比起將所有疾病都歸因給上帝的意旨，要來得複雜許多。

這套體系或許十分複雜，甚至還能說得上是精細，但是所有這些醫療知識全部加總起來，所得出的結論卻非常不恰當。為什麼這麼說，請看看約翰．密爾菲爾德（John Mirfield）的醫療實務理論就能曉得；他是本世紀末一位教士，同時身兼倫敦的聖巴薩羅謬（St. Bartholomew）醫院的指導教授。他向醫院的同仁提出建議，要是他們想知道一名病患是否能夠痊癒，就應該遵循下列這個程序：

將這位病患的姓名、前來向你遞送召喚通知信差的姓名，還有信差率先前來找你那一天的名稱，全都寫下來；將這些字母排列在一起，而如果得出的字母數量是偶數，這位病患就在劫難逃；要是數字為奇數，他就將會痊癒康復。3

對於密爾菲爾德來說，這樣以數字決定命運的做法並不奇怪。他有各式各樣的診斷法則，與上述方法相比，內容稍有變動，其中包括所謂「阿普力尤斯圓環體」（Sphere of Apuleis），具體的做法是為每個名字的字母設定一個數值，然後將這些數值的總數減去三十，以決定病患是生是死。如果我們考慮在這個時候，姓名的標準字母拼寫方式還沒有普及，那麼這種獨特的診斷方式，引進大量的隨機變數，以至於讓整件事情都存在著偶然性，或許就有如密爾菲爾德所寧願看到的，純粹出於上天旨意。其他由密爾菲爾德建議的診斷方式，還包括下列這項：

取來一些五瓣草葉，在收集這些草葉的同時，為病人祝禱。然後將草葉放進一口罐子裡，加水煮沸，讓病人喝下；如果這水在煮沸後呈現紅色，那麼表示病患將死。4

一般來說，人們受到刺激才會想要對別人語出譏諷，但在這件事情上頭，人們不自覺的就說起風涼話。照上述的第一項醫療診斷程序去做，他的患者有半數一命嗚呼。按照第二項做法進行，可能全部的病患都無法倖免。考慮當時的診斷技巧竟然是這種程度，那麼英格蘭各地都缺乏醫師駐診，或許並不是全然不幸的事情。

上面提到的關於致病原因的看法，以及診斷的方式，固然讓人覺得驚訝，不過同時也顯示一個重要的觀點。在愚昧、**缺乏知識**這個層面，中古時期的人並非全然無知，只是他們腦中所謂的「知識」和今天我們的知識並不相同。他們對於醫學所擁有的「知識」，或許和我們一樣多；只不過，這些所謂的知識，所根據的基礎是建立在占星術、草藥學、宗教信仰、一點親身經歷、哲學思想、對於人體運作的根本誤解、大量的道聽塗說，以及在情況緊急時，所採取的鋌而走險舉動。當你將上面這樣的理解，套用在中古時代的內科與外科醫師身上，並且和他們收取費用的本事合併在一起觀察，你就能明白這時候的醫療從業人員，在診療處置上有著大量的情報資訊與豐富的經驗。不幸的是，這大量的資訊與經驗能夠對你的病痛起到幫助作用的實在很少，而且它們當中的某些做法，就算不會使人致命，也是相當危險。

在基督教世界的頂尖大學裡所傳授的醫學，受到兩位古代人物的深刻影響，他們是蓋倫與希波克拉底（Hippocrates）。且不論你身邊這位充滿抱負的醫學院畢業生，想要選擇在英格蘭的大學就讀，還是出國到海外名校〔譬如：巴黎、薩萊諾（Salerno）或波隆那（Bologna）〕深造，他必定會受到教導，認為整個宇宙是由四種基本元素，也就是火、水、土、風所構成。他會被教導，認為上述這四種元素，和人體的四種體液（黃膽汁、白痰液、黑膽汁、紅血液）相對應。理想的情況，就是讓這四種體液保持平衡狀態。然而，由於疾病、有毒的瘴氣，以及年紀的緣故，體液無可避免的會發生狀況，而你就會生病。當黃膽汁（choler）在體內分泌過多的時候，你的脾氣就會變得暴躁易怒（choleric）。痰液（phlegm）太多，使你「體寒性冷」（phlegmatic）。過多黑膽汁，會導致「精神憂鬱」（melancholia）；而血液過多，則會使你面色紅潤、「秉性血腥殘忍」（sanguine）。

或許你會覺得，即使有若干誤解，上述的這些觀念都相當的直接易懂。然而實際上，這些觀念並不「直接易懂」。體液理論之所以能保持如此的影響力，其中一個原因，就是它十分的晦澀與複雜。這種理論在數量上的平衡概念（例如，四種基本元素對應四種體液），使得人們永無止盡的修改與加深它的複雜程度。如果有兩名男子很巧合的同時受了同一種傷——讓我們假定，他們都是下臂受了刀劍傷，一名醫師會根據他們兩人的性情，究竟是秉性殘忍，還是精神憂鬱，給予不同的治療方法。[5]或者，如果兩人罹患同一種疾病，他們所接受的治療，或許會因為各自尿液呈現的不同顏色，而完全不同。醫師會要求病患給予體液的採樣，然後根據體液的顏色、氣味和濃稠程度，做出診斷：

> 如若尿液在表面呈乳泡沫狀，在底端呈暗沉狀，而在中間部位呈清澈狀，即主患者有水腫之兆。然而尿液若呈紅潤之色，即主患者發燒，為血液過多之兆；應在月亮通過雙子座之時，即行放血救治。紅色尿後繼之以青色尿，即為炎症之兆，此為致死之病症，……尿液呈橘黃色且濃稠、氣味難聞且多泡沫，即為黃疸之兆……。[6]

醫師或許還會檢視病患排泄物和血液的狀態。某些病理診斷，甚至要求醫師要以口嘗病患的血液。你可能已經看出，照這種診療方式，你的醫師實際上不需要面對面的問診，而只需憑藉天上星宿的方位、你尿液的顏色與氣味，以及你血液的味道，就能夠做出診斷。

骯髒與清潔觀念

你如何定義清潔？大部分的人在被問到這個問題時，都傾向用個人的經驗來定義這個詞彙。他們知道，當廚房料理檯上有任何引起髒亂的東西，已經被清潔劑抹去的時候，那就是乾淨清潔。所以，他們所定義的，其實是清潔程序的完成，而不是清潔狀態本身。中古時期的人也做同樣的事情，只不過在程序上有些不同。如果按照現代的標準，認為中古時代的廚房因為沒有以清潔劑徹底擦拭過，就是「骯髒」的，這是不切實際的。這就好像在遙遠的未來，有人認為我們的廚房很不乾淨，只因為我們沒有使用某種二十三世紀才發明的超級強效清潔劑，來擦拭廚房。

清潔觀念的運作，可以分為好幾個層次。對於今天的我們來說，最重要的一點，可能是除去某些特定的細菌。可是，對細菌的理論性認識，大約到十九世紀晚期才逐漸普遍，因此，中古時期的人根本不可能了解什麼是細菌，更別提要怎麼去傳播這種觀念了。相反的，多虧了「疾病是上帝的意旨與對靈魂的關懷」這種觀點，中古時期的人卻擁有精神潔淨的觀念。這種觀念裡，包含一種名符其實的天堂氣味理論。當聖人死去的時候，周遭的氣味應該像是打翻許多香水瓶：這是神聖的香氣。[7] 對當時大多數人來說，這樣的清潔，這種聖者的甜香，比起他們究竟有沒有將耳後部位清潔乾淨，要來得重要許多。如果一個人的靈魂是潔淨的，身無原罪，他就大可不必通過淨化靈魂的疾病之火試煉，並且尋求上帝的慈悲救贖。周遭的人會嗅到他身上的甜香之氣，他身上將不帶有任何罪孽的臭味。在現代世界，我們已經沒有這樣的潔淨觀念，取而代之的，是我們擁有抗菌抹布。

按照這種思路來拆解當時的各種清潔觀念，你就能明白，所謂「清潔」，有許多不同的種類。家庭清潔、烹調清潔、公共衛生與個人清潔，或許還要加上靈魂的潔淨。上述這些觀念都十分重要，即使當中某些觀念，實在相當難以掌控（尤其是公共衛生）。當你聽到現代世界的人們不經意的提起，中古時期是個骯髒時代的時候，請你和他們分享以下的看法：十四世紀的家庭主婦工作勤奮，她們將袖子挽到手肘以上的高度，將室內地板清掃乾淨，抹拭桌面，認真清洗她與丈夫、孩子的衣物，用清水沖洗烹飪刀具，並且擦洗鍋具與煎鍋。想像一下這幕畫面：她才剛將洗好的床單晾在屋外的草地上預備曬乾，抬起頭來，卻發現遠方的雨雲正令人憂心的聚攏靠近。當然，也有一些家庭並不是如此重視清潔，但是發出臭味的房屋，也就等同於罪惡、墮落與腐敗的代名詞。沒有人想被冠上這樣的標籤，相反的，人們希望被看作是清潔而可敬的。在一個每個居民都互相熟識的聚落裡，保持你住家清潔的重要性，也許遠超過一般的禮貌。它可能是你個人身分認同的一個重要層面。

在清潔乾淨、身分地位、尊嚴與受人敬重之間，有聯繫關係存在，這個關係，也需要個人注重自身的外表儀容。儀容外表需要注意的地方，包括臉面、牙齒、雙手、身體、手指甲、鬍鬚與頭髮。你能夠想像一位貴族出現在國王的宮廷時，沒有洗澡、穿著髒衣服，毫不在意國王與他的臣僚怎麼看待他嗎？而你能想像國王會差遣一位無法保持自己儀容整潔的人，擔任駐外使節嗎？一位渾身發臭的駐外使臣，會使整個王國蒙羞。在現實生活裡，男男女女相互之間有層層疊疊的關係：侍從、親戚、合作夥伴與朋友。他們的儀容外表，反映出這些人所身處的社會人際網路裡的地位與尊嚴，還有他們與其朋友間所保持的尊重。如果你渾身的味道，聞起來像惡濁的烏煙瘴氣，人們會將你看成是瘟疫，避之惟恐不及，而且會把你當成是個沒有道德、罪惡，或者是瘋狂的人。如果你身上的氣味還不如一個平民老百姓，那你要怎麼在貴族社群裡抬頭做人？如果你想要受人看重，並且和社會地位比你高的人們來往，你就要盡一切所能，不但要避免自己身上帶有那種田野陋屋的氣味，還要讓身上的味道，像是你屋裡廳堂地上茅草裡灑落的薰衣草那樣甜美芳香。

高談闊論清潔乾淨的理念是一回事，能不能達成實現又是另一回事。保持清潔乾淨的方法，依照財富與社會階級而有所差異。那些位於社會階級底層的人，也就是工作時必須與令人不愉快的物品為伍的人，知道自己必須每天洗澡，所以會利用河水洗浴。倫敦的挑糞夫，在結束一天的工作之後，便會跳進泰晤士河裡泡澡。[8]人們也經常給包裹在亞麻襁褓布裡的嬰孩（最理想的人家，還會在裡面灑上玫瑰花瓣和鹽粒，以求氣味芳甜）洗澡。[9]不需要終日與排泄物為伍的人，就沒有那麼時常洗澡了；這純粹是因為要加熱好幾鍋的水注滿澡盆，是一件極花力氣，又花費時間的事情。不過，他們確實經常清潔若干身體部位。

自愛自重的男女，早晨起床後的第一件事情，就是清洗他們的臉和雙手：這兩個部位，是出門在外會被人見到的地方。[10]早晨洗臉與洗手，通常是使用臉盆完成。修道院通常設有洗手石槽或是公共噴泉、洗手盆，供僧侶洗淨手臉，一旁還配設有放置手巾的櫥櫃。另外，在人們**每次**進餐的時候，無論餐前餐後，都需要洗手；而且，社會上的所有階級，不論是領主或夫人、在飯廳進餐的所有僕從、僧侶、商人，以及在旅店打尖用餐的客人，都適用這項做法。所以，大部分的人，一天之中最少也洗五次手。那些長途跋涉、走了遠路的人，通常會希望在洗手之後接著洗腳，他們使用的器皿是洗腳盆。僧侶每週洗一次腳，許多自尊自愛的人也是這麼做。至於洗淨全身的澡，克呂尼派（Cluniac）的僧侶一年洗兩次，本篤會的教士一年四次；而只有富裕人家，每年洗澡的次數才會超過他們。儘管這樣，人們經常清洗手、臉和腳，表示他們或許並不像你所想的那樣汙穢骯髒。[11]

對於貴族，還有那些想要仿效貴族生活方式的富商及他們的妻子而言，洗一場泡澡就和用水洗淨全身一樣，都是奢侈之舉。畢竟，泡澡可是一項皇家的習俗。在上個世紀，約翰王習慣每三個星期泡一次澡。亨利四世在加冕前夕，確立了「巴斯勳章」制度（Order of the Bath），規定貴族的沐浴儀式：在冊封為騎士之前，必須先淨化自己的身體與心靈。國王愛德華一世在他的澡間設了自來水，由一個鍍金的銅製水龍頭控制水流。愛德華三世在皇宮裡建造好幾處澡堂，其中幾間甚至同時配備冷、熱自來水。[12]這類澡堂通常以瓷磚鋪設，主人使用的是專屬木質大澡盆，外頭包裹著呢絨布。澡盆裡已經由水龍頭（如果是在皇宮澡堂）或鍋子注滿了熱水。玫瑰花瓣、香料、草葉與其他氣味芳香的物品，也會放置在澡盆裡面。通常整座澡堂會覆蓋上絲綢布幔，以防止水外流，而澡盆本身也以布包裹，以保持水溫熱度。領主坐進澡盆裡，手上拿著一塊大海綿，而他的僕從則手持海綿塊，在加了玫瑰花瓣的熱水裡擦拭他的身體。[13]在某些例子裡，規模較大的澡堂是可以共浴的。兩名男子，或者夫妻，都可能一同入浴。他們可能一邊洗澡，一邊享用茶點，聽著樂師演奏，同時享受著充滿香氣的溫熱洗澡水。在這種時候，人生真是甜美。

奢華的泡澡，特別是牽涉到與異性一同入浴的時候，就隱含放蕩的意味了。因此，你在前往公共澡堂或浴室時，要特別注意。當然，你會在南瓦克浴場的澡間找到大量的熱水與蒸騰的水氣——它們可是蒸氣浴的專門場所；不過，經營這些澡堂的佛蘭德女人，她們所提供的服務項目，遠超過只是幫你擦洗背部。在這裡，所有清潔身體和衣服的工作，都由女性完成；所以赤裸的有錢男人，就由半披著衣服的未婚窮困女子服侍入浴，這樣對雙方來說，都會造成某種程度上的誘惑。如果我們考慮到在某些默許娼妓業的城鎮，上這種澡堂洗澡，那誘惑程度就更大了。無須多說，這種泡澡根本不是在防止疾病，反而會散播疾病。

既然上公共澡堂這一類的設施，比起潔淨身體，倒更像是去找樂子，那為什麼平民男女還有孩童，還要繼續在衣裳裡藏汙納垢、蓄積烏煙瘴氣呢？我們必須再強調一次，有些人真的渾身發臭。年紀較大、行動不便的人沒辦法自己下河，或者是使用水盆洗浴身體，如果他們想要洗淨，得靠照顧者的幫忙，要是他們獨居，就可能完全沒辦法洗澡。單身的農夫，身上只有一件襯衣和短束腰外衣，對他來說，洗衣服也就有部分等於是在洗他的身體了。而考慮到這些人除了洗盤子之外，其實不常洗其他的東西，那麼這種洗衣兼洗澡的機會，並不是時常會有的。

在本世紀之初，佃農很少清洗身體，在絕大部分時間，他們所清潔的，幾乎都只是手和臉部，還有他們的內在，或者說，是靈魂上的潔淨。[14]對這些男人來說，長期沒洗澡的味道，象徵著男子氣概。一件偶爾才乾淨的襯衣，還有時常讓村裡的女人幫他們抓抓虱子，就算是他們的盥洗了。但是，男人與女人對於別人身上的味道愈發敏感（尤其是在城鎮），這就顯現在十四世紀後期人們經常使用香水，特別是麝香、麝貓香、薰衣草和玫瑰水（玫瑰水還真的名符其實，聞起來像玫瑰花香）。夏天時，人們在河裡泡澡非常普遍；在結束一天的辛苦工作之後，和其他莊園的工人一起下河泡澡，能夠讓自己放鬆心情。在河裡泡澡，也能夠緩解那些蟲子對你造成的困擾；牠們就寄生在你很久沒洗的皮膚裡。約翰・蓋德斯登是這時候的頂尖醫學專家，他大力推薦人們在鹽水或硫磺水裡泡澡，以治癒身上的寄生蟲。他相信，這樣就能消滅藏身在皮膚毛孔裡繁殖的蝨子。[15]

當蝨子和床上的臭蟲困擾著人們的日常生活，而同時你卻又試圖想要儘量遮掩身上的氣味，在這種時候，就沒有任何物品，能夠比一件乾淨清新的衣服來得更重要了。蓋德斯登本人就推薦時常更換身上的衣物。冬天的時候，很少人會脫光衣服，跳進河裡泡澡，甚至脫去上身衣物，以臉盆清洗手臂以上部位也不多見，更換乾淨的衣物就成為最普遍的清潔方式。身上原來穿的衣物吸去你的汗水，然後你的身體就能散發香氣，又能出門見人了。

你會說，對，聽起來很像一回事，但你的衣服有多乾淨？你其他的衣物嗎？又有多乾淨？畢竟在這個時代，人們不是拿尿來漂洗衣物嗎？對於上面所有的問題，答案都沒錯：使用尿水來漂洗衣物的做法，一直到一三七六年才宣告結束。[16]但是漂洗只是加工處理羊毛織品的其中一道程序。何況毛織衣物在穿上身之前必須經過染色和沖洗的手續，而沖洗時就會使用肥皂。這時候的人有好幾種不同的肥皂可以使用，其中品質最好的，是來自卡斯蒂亞的塊狀肥皂。這種肥皂產自西班牙，是以地中海的草鹼（碳酸鉀）作成，含鹽程度較高，所以腐蝕性也比北歐的軟肥皂來得低。這樣的肥皂，每塊要價四便士。[17]那些比較便宜的白色、灰色與黑色洗衣皂，則是英格蘭本地出產。這些洗衣皂是液態的，裝在木桶裡，使用時倒在碗裡；一三八〇年代，這類洗衣皂液的價格，每桶是十三先令又四便士。

弓身彎腰對著水桶和洗衣板，或是在小溪裡踩踏衣服的洗衣婦，在她們的腿腳上通常會留下黑色洗衣皂的灰色染痕。很顯然，你不能使用黑色的肥皂來洗滌白色衣物，這就需要價格昂貴得多的白色肥皂了。這類肥皂的效果很強。用這些肥皂液來洗滌衣物，勢必會讓你的雙手、皮膚受到傷害（看看洗衣婦起水泡的雙手、手臂與小腿，足以讓你倒吸一口冷氣）。它們同時也是很容易取得的物品：蘭開斯特公爵亨利，在一三九一年參加十字軍，踏上前往普魯士的征途時，就補充他攜帶的肥皂。在某些城鎮，洗衣板與洗衣水桶是可以租用的，亨利在一三九六年造訪加萊時，就這麼做了。[18] 如果你身上有足夠的錢，無論到哪裡都可以保持外表的整齊清潔。

人們對待頭髮的態度，要來得複雜許多。男人期望女性同胞能為他們梳理頭髮，通常這會在窗邊進行，以便使梳頭的人能看見蝨子，並且把牠們揪出來。然而，男人過度梳理頭髮，卻有當時的人表示不贊成。衛道人士撰寫長篇譴責文字，嚴厲批評這項做法，他們抨擊丹麥人，因為他們實在太虛榮了，竟然天天梳頭，而且一星期洗一次澡！女子也遭受他們的非難，很大一部分原因，是因為她們的個人美容，看來就是虛華奢侈的展現。先別管這些衛道人士了，大部分的人都是重視清潔的。除此之外，既然婦女不能在大庭廣眾之下將頭髮放下，她們要不是梳理髮型，就是將頭髮包裹起來。因此梳理頭髮對女性來說很重要，如此她們才能打理髮型。不論是男性還是女性，都會洗頭髮：他們洗頭的時候，使用的是銅製的臉盆。洗頭的時候，他們所使用的是各種混合的香料，像是肉桂、甘草黃和小茴香，而不是具有強烈刺激作用的肥皂。[19]

人們也將類似的混合香料，使用在清潔牙齒上。在〈磨坊主人的故事〉裡，喬叟筆下的角色，嘴裡都嚼著小荳蔻和甘草根。有的時候，人們會建議女性嚼大茴香、小茴香子與茴香。[20]這麼做的目的，並不是要確保牙齒免於疾病的侵襲，而是要讓人們的口氣清新。口氣聞起來清潔，是最為重要的事。一名月事來潮的女性，嘴裡呼出的空氣，可以使得傷口更加惡化；而醫師要是與月經的女性發生關係，所吐出的氣息，也同樣如此（或者，諾丁漢郡的外科醫師約翰・阿德尼（John Arderne）也會這樣告訴你，顯然這是來自他的個人體驗）。與此類似的是，人們相信：痲瘋病人嘴裡吐出的氣息，會使你感染痲瘋病；因此，他們被社會隔離。而上述所說的牙齒護理方式，所在意的全都是口氣，而與保護牙齒沒有關係。基於這個原因，這全套照護牙齒的方法，可能會讓你痛不欲生。

麵粉是在石臼裡研磨的，這就讓小顆粒的砂石進入麵包裡，對於牙齒的磨損破壞，可能會十分嚴重。各種愈來愈方便取得的糖品，代表十四世紀時人們的牙齒，比起盎格魯薩克遜時期還要糟糕。這時候的成人，在死去的時候，嘴裡有八分之一到五分之一的牙齒已經掉落，牙齒掉落的多寡，要看他住在國內哪個地方而定。[21]醫師會告訴你，之所以會牙痛，是因為在牙齒琺瑯質裡，有小蟲正在囓咬。治療方式包含使用沒藥樹脂（myrrh）與鴉片，如果你財力有限，負擔不起這樣的治療方法，「那就取來一根羊脂蠟燭，混合海濱刺芹的種子，接著儘量湊近牙齒，點燃這根蠟燭，並且在下方準備好盛滿冷水的水盆。（正在囓咬牙齒的）蟲就會掉入水中。」[22]或者，去找拔牙郎中，他會為你把牙齒給猛拔出來。接著就像蓋德斯登本人那樣，準備以假牙來代換被拔掉的真牙。

各種疾病

相對來說，中古時期與現代世界之間，個人衛生保健方法的差異，在導致人們身體病痛的原因裡，所占的比例並不高。另外還有許多更嚴重的因素，例如不當飲食、貧乏的衛生觀念（尤其是接觸排泄物與腐壞的肉類）、寄生蟲，以及在同一個空間共同居住生活等等。無論你多麼勤於清洗身體，在你的周遭就是會有人正在散播疾病，就和近代的各個時期一樣。甚至，就算離世遠遁、住在修道院也不能拯救你。事實上，事情可能還會更加糟糕，因為僧侶不管進食、禱告、唱歌、睡覺與勞動，彼此都是在非常臨近的距離裡進行。在西敏與坎特伯里這樣的城鎮裡，人們進入修道院後的預期壽命，比起在城鎮之外的修道院大約還少了五年。[23]就算伙食和衛生條件比較好，在城鎮裡或者附近當一名僧侶，可能會讓你減壽。

瘟疫

對於疾病能對社會造成多大的破壞，你可能還沒有概念。不過，當你見到人們從體內開始枯槁毀敗，彷彿是被一個隱形的生物給活生生的吃掉。當你見到母親與父親的臉龐，他們目不交睫的望著那發著高燒、吐出鮮血的嬰兒，躺在他們的床上；而就在這個地方，前一天傍晚，他們還親吻道別；那麼，你或許就能略知一二，得到一個概括的印象。當你身處一三四八年，放棄一切令人感到慰藉、「有人能夠逃脫這場可怕劫難」的設想，而且必須面臨無比真實的前景：整個人類都將覆滅，人們已被上帝所遺棄；那你就能明白，瘟疫所帶來的毀滅，到達什麼樣的程度。

大瘟疫（「黑死病」這個名詞，直到十九世紀才創發出來）是人類歷史上最令人驚駭的事件之一，只有近代人們互相殘殺所造成的傷害才能和它相比擬。一三四七年，瘟疫從地中海世界的東端開始爆發，經由海路傳抵法蘭西、西班牙南部與義大利，並且在一三四八年的八月間，穿越整個歐洲大陸，傳到英格蘭。這場瘟疫搖撼了社會裡每一個可以想像到的層面。它使得大量人口死亡，並且讓國家裡的許多地方淪為杳無人煙之處。它殘酷的顯示出當時無論專業與業餘的醫療援助，都有很大的侷限。沒有醫師可以協助病患；罹病者在死去的時候，除了劇烈的痛苦與絕望之外，感受不到任何情緒。這場瘟疫也顯示出一個建立在「三大階級」概念之上的社會，有多麼的不合時宜。讓我們坦白直說了：如果「那些負責禱告的人」無法保護百姓，而「那些負責打仗的人」老早溜之大吉，那麼為什麼「那些勞動的人」還應該要餵養他們？同樣的，這場瘟疫迫使人們重新思考他們與上帝的根本關係。這個可怕的疾病，並不是只施在那些有罪之人身上，它也殺害善良無辜的人。如果這是上帝的事功，那祂就是不分是非的神。

根據教廷醫師蓋伊・德喬里亞克（Guy de Chauliac）的記載，疫情爆發後的頭兩個月是最為凶毒猛烈的時期，人們持續體發高熱，並且吐血。這場病會在幾天，有時甚至是幾小時之內，就奪走你的性命。感染傳播的頭一個階段過去，沒有那麼惡毒猛烈的階段到來，為期七個月。在這個階段裡，人們依舊發高燒，但是開始出現癤瘡，在腋下和腹股溝的淋巴結則發黑腫大。如果你在這個階段罹患瘟疫，大概在五天之內會喪命。[24] 在頭一波疫情爆發時染病的人，可能在一夜之間就死去。有些人上床睡覺，就再也沒能醒過來。這些人還是幸運的。如果你感覺到事情有些不對勁，而且感覺到身體開始發燒，那就舉起你的手臂，開始輕輕觸摸腋窩周圍的地方，要是你感覺抽搐、疼痛，那就準備後事吧。

當時的編年史家尚・佛洛伊薩特（Jean Froissart）曾經宣稱：「世界上有三分之一的人，皆死於這次瘟疫」；這個常被人引用的「三分之一人口死亡」數字，卻可能會讓你以為，當時有三分之二的人逃過這次浩劫。這完全是一種誤解。如果你被傳染了，非常可能就為此而喪命。那些活著熬過大瘟疫的人，絕大多數都沒有罹病；這可能是他們的體質或是遺傳基因，能夠抵抗瘟疫的侵襲；或者，純屬幸運。在修道院裡，至少有半數的僧侶死於此次瘟疫。在北漢普敦郡的彼得伯勒（Peterborough）一所修道院裡，原來的六十四名僧侶，瘟疫來襲時埋了三十二位。在沃維克郡、漢伍德（Henwood）的一處修院，原來的十五名修女只有三位存活下來。

令人震驚的故事到處流傳：在某些城鎮，有成千上萬的人瀕臨死亡；而在布里斯托，鎮上九成的人口已經淪為亡魂。全國陷入徹底的恐慌狀態。到底全國上下死了多少人，沒人能夠說個明白。在倫敦，每天都有兩百具屍體下葬。那些負責編輯主教記事冊的神職人員，對於死亡人數的規模，有最準確的觀察：至少他們能親眼見到有多少位神職人員死去。在約克與林肯這兩個教區，所有領有教會聖俸的神職人員，有百分之四十死於一三四八到四九年的瘟疫，他們當中的某些人，還是在為教區信徒主持臨終禮的時候被傳染。在西南邊陲和赫里福德郡，死亡數字更高，幾乎到達百分之五十。農村的情況也沒好到哪裡。一個莊園的半數人口都死於這場瘟疫，並不是稀奇的事。隸屬格拉斯頓伯里大修道院的二十二座莊園的佃農，有百分之五十五的人死去；埃賽克斯的三座莊園，百分之四十三的佃農死亡；在溫切斯特主教名下田園工作的人，有百分之三十九喪命。[25]將以上這些比例數字拿來與近代對照：別忘了在第一次世界大戰的整個四年戰爭期間，聯合王國成年男性的死亡比例，低於百分之六；而當時全國人口的死亡比例，也不過是百分之一點五五而已。[26]

對於那些想避免遭到瘟疫侵襲的人，蓋伊．德喬里亞克有如下的忠告：「快走，走得遠遠的，然後別急著回來。」這是個好建議，只可惜大部分的人都無法照辦。在那些能夠遠走高飛的人（鄉紳與領主的隨從）裡面，死亡的比例稍低，為百分之二十七。可是，即使你逃過一三四八到四九年的瘟疫侵襲，還不算過關。因為這場大瘟疫，只是橫掃整個歐洲的好幾波瘟疫當中的頭一波。在英格蘭，你躲掉一三四八到四九年的這一次，稍後在一三六一到六二年、一三六八到六九年、一三七五年（之後幾年裡，有好幾波小規模的疫情爆發），以及一三九〇到九一年，你都有被傳染的可能。一三六一到六二年和一三九〇到九一年那兩次疫情，讓人格外痛苦，因為有許多兒童不幸身亡。在一三六一到六二年這波瘟疫裡，有百分之二十三的年輕莊園繼承人死去。[27]大致上，這第二波瘟疫來襲造成全國人口的百分之十五死亡，而一三六九年的第三波則殺死大約百分之十的人口。雖然死亡率因此而呈現下降的趨勢，全國的總人口數，卻持續在每次爆發疫情時不斷縮減。到了一四〇〇年的時候，在之前七十年內出生的人，大約有半數都已死於瘟疫。

一三四八到四九年這波疫情，所造成的死亡數字是如此巨大，以至於談起統計數字，比說到個人所遭遇的悲劇，要來得簡單輕鬆不少。今天我們從二十一世紀的安全時空距離來觀察這些瘟疫，能夠看出不少它們帶來的正面效應：大瘟疫侵蝕了封建制度的基礎、為資本鬆綁，並且允許社會走上一條更加民主的道路。但是，如果你到那個時代去，作一趟實地造訪，卻會因為你所目睹的真實景像，以及人們遭受痛苦折磨的程度，而感到怵目驚心。這樣說，反倒證明了虛擬歷史的價值所在——以切身的生活體驗，來理解歷史事件，而不是舉出一些冷冰冰的事實。讓我們試著想像：有一場疾病，將要殺死現代的大不列顛聯合王國總人口當中的百分之四十，那可是兩千五百萬人！現在，讓我們再想像一下，在未來，居然有位歷史學者在討論你和你的伴侶、子女與朋友死亡所帶來的「**好處**」……。你或許想要大聲抗議，或者是失望的搖頭：這位歷史學者，竟然把你們所身受的痛苦折磨，當成是正面效益，還輕鬆愉快的加以評論！

你在一三四八年所見到的每一個人，無論他們將來在這場瘟疫裡是生是死，都絕對值得你去悲憫和同情。當你在路上見到女人，拖著她們父母與孩子的屍體到溝渠裡，然後放聲痛哭，當你聽說一名男子親手埋葬他的五個兒子，然後飽含悲痛的對你說，他在動手掩埋的時候，既沒有臨終禮拜，鎮上的喪鐘也沒有敲響，你就能夠曉得，這些人已經深深陷入一個筆墨難以形容的哀傷深淵。[28]根據亨利．奈頓（Henry Knighton）的記載，田野裡到處倒著死亡且腐敗的綿羊，僅僅在一處田畝裡，數量就高達五千隻。當你四處張望，看見烏鴉盤旋在荒廢的街道上空，而在村莊的邊緣，被人遺棄、且已經呈半野生狀態的狗和豬隻，在啃噬著人們的遺體，這些你所看到的情景，都是歷史學者從來不曾見到的。房屋的門扉洞開，裡頭一片闃黑，任憑夜幕低垂，曙光破曉，仍舊如此；直到有人進到屋裡，才發現屋主那已經冰冷的屍體。教會禁止敲響喪鐘，傳統的輓歌也被拋棄。甚至連人們嘴裡的祈禱，都成了震驚顫慄之下的竊竊低語。

除此以外，雖然還有許多事情可提，卻已經不值得在此繼續說下去。你所見的景象，實在是太過怵目驚心了。

痲瘋病

讓我們暫且先將瘟疫歸類到當時人們所無法理解的巨大變動範疇裡，但可別以為，這就是當時惟一令人害怕的疾病。在一三四八年之前，痲瘋病才是人們所能想像的最可怕疾病。在今天，痲瘋對我們來說，就等於「漢森氏症」（Hansen's Disease）的俗稱；但是在十四世紀，它囊括各種各樣的皮膚疾病，包括濕疹、牛皮癬和狼瘡。基本上，如果你罹患皮膚病，因此而導致外貌長期受損，那你就需要盡可能掩蓋身體受損的部位，而且愈久愈好。要是病變的部位被人看到了，而且如果人們認為你罹患的**有可能**是痲瘋病，那麼，依照一一七九年、第三次拉特朗大公會議（Third Lateran Council）所頒布的詔令，你將被社會排斥，被迫披上一襲寬大的斗篷遮掩身體，而且你所到之處，人們都會敲鐘通知，視你如行屍走肉。你那帶有痲瘋病的氣息，會被看成是和糞坑旁的瘴氣同類的東西，很可能會將痲瘋病傳染給其他人，所以沒有人能夠忍受你的出現。可能會有些人憐憫你身受的病痛，好心的替你著想。但是大多數人並不會這樣，他們將你的痛楚，看作是上帝對你罪孽的報應，而現在你所受的折磨，不過就是在償還過去所犯的罪。如此，在你死去以前，罪惡的靈魂才有被洗淨的機會。

在一三〇〇年的時候，痲瘋病相當常見。如果你得到這種病，你會發現病程進展頗為緩慢：首先是你的手和腳喪失觸覺，接著是四肢末稍麻痺，而且產生嚴重的潰瘍膿瘡。幾年以後，你的手指與腳趾將會脫落。你的手心與腳掌可能會流血。你身上的毛髮與眼睫毛會掉落。你的手與腳可能會蜷縮成雞爪般的畸形怪狀，讓你飽受折磨。男子的生殖器會潰爛。有時候，你的鼻樑會塌陷，而在臉上原來鼻子的部位，會一直有惡臭的液體，從朝天的傷口裡流淌出來。在你咽喉部位的潰瘍會愈來愈嚴重，使你的嗓音粗啞嘈雜。你的牙齒或許會脫落，你的眼珠子可能會變成潰瘍爛瘡，而你的皮膚會長滿大瘤。到了最後，你整個人的外貌完全變形走樣、渾身發臭，受人厭惡排斥，並且雙眼失明。這就是罹患此病的人，被稱為「行屍走肉」的原因。這就是為什麼人們對這個病，避之惟恐不及。要是你罹患這種病，為什麼很少有人膽敢靠近你的原因。

好消息是麻瘋病有日漸減少的趨勢。到了一四〇〇年，收容在麻瘋病院裡的麻瘋病患者已經相當稀少，而空出來的床位，則日漸被結核病患所取代，甚至在許多案例裡，是被旅客當成客床使用。當國王愛德華三世於一三四六年，將所有麻瘋病患者驅逐出倫敦城的同時，也設置許多醫院收容他們。在這些醫院當中，有一所位於南瓦克的肯特街上；在麥爾安德（Mile End）與史特拉福堡（Stratford Bow）之間、在索迪治（Shoreditch）與史托克紐英頓（Stoke Newington）之間的金士蘭（Kingsland），以及騎士橋（Knightsbridge）等地，也都設有這類的醫院。在全國其他地方，麻瘋醫院都設立在城鎮之外的路旁。之所以設在這樣的位置，是因為據人們的推測，麻瘋病患會猖獗的與人通姦，這是由於他們有罪的本性所致，所以實際上大部分的麻瘋病患除非受到強制，否則不會主動到醫院報到。不然的話，等著他們的生活，就是身著斗篷，所到之處都有鈴聲示警。

大部分的社群聚落，都不想和這些深受疾病折磨的可憐人有什麼牽扯。而考慮到一個人**歸屬**於哪裡是非常重要的事情，因此將他或她從社群裡驅趕出去，這可是非同小可。這樣你就能夠明白，在一三七二年，倫敦市長下令該城的烘焙師傅約翰．麥恩（John Mayn）離開，而他兩次三番拒絕遵命的原因所在。這道責令他離城的命令，形同要人放棄原有的收入、財產、房屋、保護者、朋友與家庭。是誰說他真的罹患麻瘋病了？說不定，他只是在手臂和手背的皮膚上長了若干濕疹而已，而這是烘焙師傅的職業傷害。[29]

肺結核

在麻瘋病患逐漸減少的時候，罹患肺結核的人數卻有上升的趨勢。這種情況就好比才剛逃出熱油煎鍋，卻又一頭栽進火坑裡，更加的糟糕。結核病是一種具有傳染性的疾病，它的症狀、種類和病情程度各有不同，不過沒有一項會讓人感到欣慰。其中有一種常見的變體，也就是淋巴結核（scrofula），或被稱為「王者之惡」（The King's Evil），這是一種感染頸部淋巴結的疾病。要是你得了這種病，你的脖子就會逐漸腫大，最後變得像豬頭一樣。

關於這種疾病，有一項特別令人感興趣的事情，那就是人們所認定的療法。人們認為，身居王位的人擁有可以緩解患者苦痛的能力，他只需觸摸患者，或者是透過錢幣，將治療的力量傳到不幸的人身上。數以千計的民眾大排長龍，想要得到國王陛下的福蔭。國王愛德華一世在位的每一年，都承擔這項職責，觸摸了兩千名患者。愛德華三世於一三三〇與四〇年代，每年大約碰觸四百名患者，發給每個人一枚一便士硬幣，這項做法到一三四四年才宣告終止。[30]從一三四四年之後，他寧可收集所有的便士硬幣，送到尼斯十字架（Neith Cross，收藏耶穌受難真十字架殘片的聖物盒）底下融化，然後可以打造成能治癒癲癇症的扣環。在他之後的歷代君主恢復觸摸結核病患的傳統，因為這是國王能證明自己具有神授威能的好方式。

雖然你可能會因為飲用感染肺結核的乳牛所產牛奶，而得到這種疾病（許多兒童就是這樣罹患結核病的，而且因此送命），大部分的成人遭到感染，卻是因為與人的面對面接觸。結核病的人傳人途徑，並不需要觸摸患者，或甚至和患者同處一室。結核桿菌可以藉由談話、咳嗽、飛沫、噴嚏、呼吸或只是發出聲音，就在空氣中傳播。這些帶有結核桿菌的水滴一旦風乾之後，細菌可以繼續存活於家庭或教區教堂（這是傳播疾病的重要場所）的灰塵裡，並且維持傳染力約達八星期。結核桿菌進入人體之後，會繼續潛伏，直到身體的抵抗力衰弱時才會活動，但是在潛伏期時，細菌就會藉由飛沫或呼吸，將疾病散播出去。當然，中古時期的人對此一無所知。他們看到的只是發病後的情形。要是你罹患肺結核，會發現自己愈來愈受到頻繁而且劇烈的咳嗽影響。要不了多久，你咳出的痰就有血絲出現。另外，你還可能會感覺有下列症狀出現：疲倦、厭食、體重減輕、嗜睡倦怠、焦慮、畏寒、肌肉疼痛、經期失調、盜汗和發燒；到了最後，則會導致你的死亡。如果我們想到每年有數百名飽受這個傳染病折磨的男女，被帶到國王陛下的面前，那麼皇室能夠避免受到感染，還真是一個奇蹟。

當你開始想像結核病是如何傳染的時候，就會明白它其實是都市所特有的問題。這也能夠回答，為什麼和僧侶同住宿舍會是一件危險的事情。只要有一名僧侶受到感染，整棟宿舍都會淪陷。患者需要住進醫院（如果他是僧侶，就得到修道院所設的診療室），以便獲得充足的營養和新鮮的飲水，並且休養生息。保持你的體力，大概是惟一有效的治療方法了，除非你把去面見國王對身心帶來的價值意義，也算成一種療法。其他的療法，確實都有一種古老又神祕的魅力，但是你不會想要親身嘗試。約翰．密爾菲爾德在聖巴薩羅繆醫院所出版的醫師手冊裡，推薦女子所分泌的乳汁具有療效，而患者應該直接從乳房吸取。可是，在男性患者急著動身趕往聖巴薩羅繆醫院以前，他們應該注意到，密爾菲爾德又補充說，如果分泌乳汁的女子人數不足，那麼也可以使用驢子和山羊的乳汁，同樣也是直接從牠們的乳房吸取。除此之外，病患應該要進行藥草泡浴。為了讓病患泡藥澡，醫師的助理應該「取來幾隻盲眼的幼犬，去除牠們的內臟，並且切除牠們的四肢，然後浸在藥湯裡熬煮，病患吃下牠們之後，要泡在藥湯裡四個鐘頭。」當病患進入藥湯裡泡浴的時候，需要將整個頭部完全浸在水面下，而他的胸部必須要以小山羊的毛皮徹底包裹住，這是防止突發寒顫的方法。

其他疾病

在中古英格蘭，你可能會感染無數種的疾病。這些疾病當中有許多種，在現代世界來臨之前就已經不復存在。編年史家亨利．奈頓所記載的好幾種疾病，在近代醫藥科學裡都找不到任何可對應的資料。與此類似的是，許多當時的病痛，例如「styche」和「ipydyme」，都無法在現代找到相應的蛛絲馬跡。[31]有些疾病則只是變得沒那麼常見了，比如瘧疾在多沼澤地區算是常見疾病，像是肯特郡的羅姆尼沼澤（Romney Marsh），以及林肯和諾福克郡的小沼澤，都屬於這種地區。但是在另外一方面，十四世紀的英格蘭卻能免於受到若干疾病的侵襲，而這些疾病在之後的幾個世紀則困擾著人們：例如霍亂與梅毒。[32]在某些情況下，這要拜交通狀況困難之賜。另外一個原因，則是我們受到一些特定傳染疾病侵襲的程度，已經隨著生活環境的變化而有所改變了。各種疾病隨著它們在人群當中散播，而起了改變。一種帶原疾病的齧齒鼠類，被帶有不同疾病的不同鼠類取代。有些原來相當致命的疾病，隨著時間演進，危險性逐漸降低。整個中古時期的醫療景觀，慢慢變得和原來完全不同：醫療方法和疾病一樣，都會發生改變。

生產分娩是一個例外。寶寶胎位不正，或臍帶繞頸，又或者是母親骨盆腔太小，導致難產，這些問題從古到今都是一樣的。不同的地方，在於所能獲得的醫療協助的程度。十四世紀的英格蘭沒有鑷子這項器械，也沒有吸罐。剖腹生產是最後不得已時的辦法，因為對於產婦來說，它總是具有致命的危險性。實際上，無論最後是不是採取剖腹生產，分娩通常都是具有致命危險：有百分之二的產婦，在分娩過後死亡。[33]這個比例是五十分之一，聽起來似乎並不高，但是大多數的已婚女性，歷經的生產分娩過程都不只一次，而有許多對丈夫忠貞的妻室，甚至生產多達十幾次。因此，每一次懷孕都好像是在玩俄羅斯輪盤賭局，左輪手槍裡，已有一粒子彈上膛。生下十多個孩童，就好像拿著左輪手槍，對準自己的頭扣下十幾次扳機。百分之二十二的孕婦，沒能平安撐過整個懷孕期。致人於死的，通常不是生產過程本身，而是之後的大量失血。至於嬰兒，有更大比例死於難產的過程。產下死嬰的確實數字，我們並不清楚，但是在比例上，應該超過百分之十。在那些平安度過生產、而且活得夠久，能夠接受施洗浸禮的寶寶，有六分之一會在周歲生日之前死去。[34]

令人感到不可思議的中古醫療情況，斑疹傷寒是另一個例外。無論什麼時候，只要有軍隊開拔，就會帶上種類廣泛、各式各樣的腸道疾病隨行。認為「圍城攻防戰，局勢總是對包圍城池的一方比較有利」的想法，在這裡恐怕要踢到鐵板：任何攻打城堡的軍隊，勢必要在同一個地方停留很長的時間，而由於他們惡劣的衛生條件，便會有大量的人員感染嚴重的傷寒，這種病有時候被稱作「野營熱症」。同樣的情況，也出現在痢疾這種疾病。即使是皇親國戚，在戰場上也深受此病之苦。黑王子愛德華儘管在普瓦捷（Poitiers）與納赫拉（Nájera）的諸次戰役裡，立下赫赫戰功，但是在戰爭期間，他卻長時間深受痢疾的折磨。[35]另一位同樣是英勇戰士的國王亨利五世（Henry V），則將會死於痢疾。

第三個例外是毒害。雖然麥角中毒（因為食用腐壞的黑麥麵包而導致的中毒）的情形，在當時的英格蘭相當少見（直到十八世紀之前，都很少在文獻記載中看到），但是仍然有其他自然與人為造成的毒害。[36]在礦坑工作所造成的職業傷害，例如各種肺部疾病，以及鉤蟲病（ankylostomiasis，鑽進腳踝部位的寄生蟲病），在此時已經眾所周知。挑糞夫遭到感染的風險特別高。有時候他們會因為吸入糞坑散發出的瘴氣而死亡，有時候則死於長期浸泡在腐壞排泄物的池裡，所引起的化膿病症。當你想到，一處城市的公共茅廁含有上千加侖的汙水有待清理（代價是六先令又八便士），你就能夠了解，這樣的風險一直都存在著。[37]如果再加上供水系統的清潔問題，那麼人們即使是結束工作之後洗浴，仍然有可能罹病。水管有可能是木製（榆樹或橡木），不過通常是鉛管，就像埃克塞特的城市供水系統所使用的水管。鉛中毒所引起的神經失調，程度並不那麼劇烈，所以要是你在一生當中長期飲用含鉛量過高的水，大概會出現下列這些鉛中毒的早期症狀：便祕、肌肉無力、牙齦發青與皮膚褪色。那些專門負責製作鉛水管的水道工，以及住在鉛瓦天花板下的人，在一生當中攝取進體內的鉛毒劑量相當高，最後很可能導致神經失調、顫抖、肢體麻痺與失明。

除去作物歉收這類主要基本的問題之外，當時的英格蘭人努力想避免罹患許多和飲食營養相關的疾病。有錢人家吃大量栽培或醃漬的水果來預防壞血病，貧窮人家想要避免得到壞血病，則靠著卷心大白菜和其他根莖類蔬菜，以及一年下來所儲藏的蘋果和梨子。糙皮病在英格蘭不構成威脅，所以也不需要大量攝取玉米。軟骨病（一種兒童骨骼缺乏硬度，會隨著使用肌肉而彎曲的疾病，會導致弓形腿和手臂彎曲）在英格蘭很少見，這是因為人們飲食裡缺乏的維生素D攝取量，已經透過陽光照射在皮膚上的作用彌補回來，而孩童正是經常在屋外玩耍，接受日光照射的一群。所以，只要你有充分的飲食，並且避開各種能夠致命的傳染病、生產分娩的危險、鉛中毒與極端暴力行為，你就能夠延年益壽了。

你惟一需要擔心的，就是那些醫生和大夫。

醫療從業人員

當你看到前述的「四種體液」理論，以及從占星術推演出來的瘴氣理論，你就可以看出：醫學和宗教實在是一對合不來的冤家。如果再添上庶民在各種求救無門的絕望情況下普遍使用的魔法，你就知道，教會想讓人不要偏離宗教信仰、不要投入不可思議的超自然現象裡，去尋求醫藥的救濟，這項工作會有多麼的困難。而且，倘若教會允許從占星術的角度來解釋一場瘟疫，那為什麼不能用同樣的方式，來預測下一場瘟疫何時會降臨呢？這樣的思考邏輯，便引導出算命和巫術。因此，教會就愈發的譴責醫學。根據第四次拉特朗大公會議（一二一五年）的決議，教會禁止助祭或助祭以上層級的神職人員，參與任何可能需要抽取人血的行為。切開人的肌膚也在被禁止之列，而且解剖人體被看作是邪惡之舉（一直到十五世紀晚期為止，教會都禁止允准基督徒解剖遺體以進行研究）。這樣的分別，就導致內科（藥劑）與外科醫學的分開發展。

內科醫師

如果你生病了，就需要去看醫師或大夫（一直到十七世紀末，「大夫」（doctor）內科醫師（physician）這兩個名詞，都是不能互換的）。但看醫生可不是件輕鬆簡單的事：合格的內科醫師非常稀少。在整個英格蘭，擁有醫藥學位的人，大概只有不到一百位，而且只住在規模很大的城市和市鎮裡。而且，這些夠格又有本領的醫師，多半和特定的府邸（例如修道院或大貴族）簽有契約，專門為該府效勞。他們能夠額外看診的空間，就相對顯得有限。無論一位醫師距離他所效勞的主人有多遠，只要主人需要，他就必須隨傳隨到。因為他的收費價碼很高，所以他很少拒絕這類的召喚。一三五八年，當伊莎貝拉王后生命垂危之際，她差遣一匹快馬，立刻去找她的專屬醫師勞倫斯院長（Master Lawrence），帶到王后此刻所在的赫特福城堡。當她的健康情形惡化時，王后又再次差遣使者將醫師找來，即使醫師當時所在的位置是坎特伯里，與赫特福的距離有一百一十二公里。[38]當她病危之時，也從倫敦召喚其他的醫師前來看診，兩地之間距離三十三公里。就算你貴為王后，即使正在鬼門關前掙扎，還是得等上一天或更久的時間，才找得到合格的醫師前來看診。

另外一個選擇是到醫院。如果你獲准住院，你身上穿的衣物會被院方收走，你會被帶到一間燈火通明的廳堂，和另外一或兩個人同躺一張病床。冬天的時候，壁爐會燃起爐火。地板經常打掃，而且每天都用清水沖洗一遍。石灰牆每年重新粉刷一次。亞麻布床單時常換洗，通常每兩星期換洗一次。住院病患每星期可以吃到三次羊肉，因為它被認為能幫助病人快速康復。你每天都有例湯與一加侖的麥酒可喝，還時常可以洗藥水澡。女子每星期洗一次頭髮，男子同樣每星期修剪一次鬍鬚。總之，醫院裡的照護標準，可以算得上是非常高的。[39]

在小城鎮或是醫院服務的醫師，不太可能是念過大學的人。他們的診斷，大部分都仰賴指導診療程序的簡介手冊。所謂的診療程序，包括行星的運行，以及日蝕和月蝕。手冊裡還包含對放血術的建議、二十四種尿液種類的完整判斷，以及計算你是否會死去的命理算術學方法。醫師需要知道，你從什麼時候開始患病，這樣他才能算出在那個時候，太陽、月亮與患病器官的主宰行星運行的位置。運用這些資料，他會為你準備一連串的混合調劑藥方。首先是引劑，目的在幫助你的身體適應即將到來的衝擊經驗。然後是瀉劑，透過嘔吐、通便或是排泄，將身體裡髒汙不潔的物質清除掉。接著就是治療藥劑。或者，他可能會切開一條血管，為你放血。他會嚴格遵照手冊裡的圖解指示，切開某條血管，以求放出適當的血量。這個療法，不但和你的症狀有關，與月亮星辰的關係，也是同樣的重要。當月亮在獅子座的位置時，他應該避免在神經與後背的部位切口。當月亮在白羊座時，他應避免在頭部切割血管。月亮到達天蠍座的時候，則不該切斷你的睪丸、肛門與膀胱附近的血管。[40]如果他無法確認，或是擔任神職，就會將上述所有切割放血的事，全交給外科醫師去執行。在這些令人煎熬的過程都結束以後，你就能等待他開出最後階段的康復藥方：吃好、睡好、多喝水，以修復身體內各種體液的均衡。

瀉藥這部分真是夠讓人膽戰心驚的了。如果它是口服藥劑，那可能是以動物脂肪油炸的亞麻籽，或是泡在麥酒裡的錦葵葉作成的。另外一個選擇，就是灌腸塞劑；塞劑的成分，包括錦葵、蜂蜜、鹽與肥皂；使用的方式，可能是將塞劑注入一具豬膀胱所作成的囊袋裡，然後注入肛門。用不著多說，沒有人會喜歡流血。可是，在整個療程裡，這卻是你最需要擔心的部分。根據約翰．蓋德斯登這樣一位備受尊崇的醫師所開立的處方，治療膀胱結石的療法，材料包括金龜子與蟋蟀，並且要你「將牠們去頭後，油炸」。對於各種脾臟疾病，他所開立的藥劑處方也沒有什麼不同，當中包含「七枚肥胖蝙蝠的頭顱」。水準較低的醫師，可能還會開出更具想像力的處方，或者是更令人感到厭惡的療法。有一則治療黃疸的方法如下：「在水中將苦艾煮沸，讓病人以此水洗三次澡，並且將象牙磨粉放入水中，給病人飲下。」如果你飽受扁桃腺膿瘡（扁桃腺炎沒有治療因而引發咽喉部位的膿瘡）之苦，接下來的藥方可能是這樣的：

> 捉來一隻肥貓，仔細剝皮，將膽囊取出。取下一頭刺蝟身上的油脂，熊身上的脂肪，樹脂、苦豆、鼠尾草葉、金銀花、樹膠與白蠟，將這些材料搗碎，填入貓身裡面。然後烘烤這隻貓，收集滴下的油脂，將這些油塗抹在患者的身上。[41]

不是所有的藥劑處方，都是以動物為基底製成的。有些藥方相當經得起時間的考驗。你會聽到像蓋德斯登或尼可拉斯・泰吉維克（Nicolas Tyngewick）這樣的醫師，建議疝氣病患使用疝帶，天花病人則要穿上深紅色的衣物。後者據說還是治癒國王愛德華二世異母兄弟的方法，而且可能是名符其實的醫學靈感（現代人已經知道，紅外線光可以防止天花結疤）。雖然沒有任何一位醫師能夠治癒痛風，大家卻都知道，敷用秋水仙花，可以緩解痛風的症狀。同樣的，某些葉草的藥用性質，在當時已經廣為人所知。比如，甘菊油就被有效運用來治療耳痛。[42]石榴則被正確使用在治療消化系統的疾病。而這些藥材該如何取得，才是問題所在。一三二七年，人在柏克萊城堡的柏克萊男爵生了病，他必須差遣僕從到赫特福（距離七十二公里）和溫徹斯特（距離一百二十八公里）去購買石榴。這一趟採買，需要花上好幾天的時間；而每顆石榴要價二到三先令，也實在是一點都不便宜。[43]

外科醫師

外科醫師比他們的內科同行容易找到。他們之間的執業技巧與經驗的差異非常大，從理容師（稍後被稱為「理容師兼外科醫師」），到具備高度醫療專業和經驗的頂級外科醫師，都在這個隊伍裡面。皇家府邸的章程，允許設置常駐的內科和外科醫師，而這些醫官都以成功執行手術而廣為人知。[44]外科醫師的人數，通常來說一直在成長。在本世紀前半的時候，約克市裡被當局認定具有自由民身分的理容外科醫師，人數低於十五人；而到了本世紀的後半，這個數字已經超過六十人。[45]因此，你在任何規模的城鎮裡，想要找一位兼職行醫的理容師，或是專職的外科醫師，應該沒有什麼困難。只要在街上留意他們的招牌就行了：在店鋪的窗戶上貼著海報，上面畫著一隻包著繃帶淌著血的手臂，下方還有一隻碗接著滴下的血（直到這幅可怕的圖案，在一三〇七年被禁為止）。

地方執業理容師的主要工作，顧名思義〔「理容師」（barber）這個字，源自拉丁文「鬍鬚」（barba）〕，就是提供修剪鬍鬚的服務。可是，願意讓人靠近自己的咽喉部位，還拿把尖刃在那裡晃來晃去的人，實在不多，所以理容師也無法光靠這些人就能夠維持生活所需。於是，他們多方面經營發展各種與剃刀相關的副業，比如（維護健康的）放血。有愈來愈多的外科手術理容師和專業的外科醫師，同時也從事止血、燒灼創口、打開人的頭顱以解決腦內病根、醫治白內障、接回斷裂的骨頭、拔牙、縫合割裂傷，以及切除癤瘡。有些人甚至考慮要切開人體，以取出膀胱結石（不過，如果這些外科醫師真的順利完成手術，他們的病患大多數在這時候也已經被害死了）。貴族的主治外科醫師，也許還會為他們故去的雇主進行防腐手術：切開人體，移除體內的軟組織，然後以藥草和香料填入其中。

你所接受的手術規格標準如何，要遠比那些醫療建議來得要緊。如果一位年輕人臉上插了箭，那很明顯的，就不需要計算什麼複雜的月亮陰晴圓缺才能診治了。插進臉的箭必須拔出來，箭頭必須拿掉，創口要包紮縫合，而且要祈禱別引來血液的中毒感染。惟一的疑慮是，要怎麼樣才能妥善的將箭頭去掉；如果箭傷位在腿部，而且沒有卡在骨頭裡，那麼較好的處理方法，是將箭身從腿肉裡取出，而不是嘗試著把箭身拔出來。對於那些經濟能力許可的患者，醫師可以提供各種不錯的麻醉方法。大約在一三七〇年時，頂尖的外科醫師約翰・阿德尼在著作中建議，藥用的茄科植物、曼陀羅草、毒芹汁、黑色與白色的罌粟花（即鴉片）或以酒浸泡的茄類，都可以使用來麻醉患者，而患者應該會「感受不到任何在他身上所做之事」。

約翰．阿德尼是本世紀最頂尖的外科醫師。部分原因是他懂得在手術中使用麻醉，部分原因是他很注意手術後的清潔，又有部分原因是因為他所擁有的醫藥知識與外科手術技巧，都相當的廣博。他在紐華克居住並且看診，而他的著作到了本世紀末的時候，已經在全國各地廣為複製、流傳。在他的諸多成就裡，最重要的就是重新找到、並且改善一項根治肛門直腸瘻的古老阿拉伯療法。肛門直腸瘻是一種非常讓人困擾的病痛，在結腸部位生出膿瘡，對於每天都跨騎在潮濕馬鞍上的男人來說，影響特別大（這是根據阿德尼的說法）。阿德尼的這項成就，對於蓋德斯登的醫學知識來說，是一項進步，因為蓋德斯登在著作裡指出，肛門直腸瘻是無法治癒的。阿德尼另外還擅長其他結腸、直腸疾病的手術。在手術中，阿德尼使用乾淨的海綿來止血，可是卻不常更換身上穿的衣服（結果引來更多的感染），他開創一種嶄新且成功的方式，以完成更加複雜進階的外科手術。對於治療過程，他抱持積極的態度：不但具備一位外科醫師應有的乾淨雙手，而且技巧純熟，阿德尼還有一項逗病患發笑的本事。這是很不容易的事，特別當病人蜷曲著身子，懷抱滿腹疑問，而外科醫師正在他的直腸那側縫合三處大瘻瘡的時候，更是如此。

阿德尼不是惟一能夠執行複雜進階手術的外科醫師。在這個時候，也有眼科醫師能夠成功除去白內障，這可是非常困難的手術。有些外科醫師專攻骨科的疾病，而且專門收治肢體骨頭斷裂的患者。不過儘管如此，就算是阿德尼也還是有一些會令你感到匪夷所思的想法。他和其他外科醫師一樣，在推斷什麼時候是手術動刀的最佳時機時，會使用「黃道十二宮人形圖」，這是一張星座圖解，圖中男子身上的每個部位，都有黃道十二宮星座的對應連結。他同樣也相信放血對身體的好處。

所有的外科醫師，都將放血看作是一種預防性質的療法，而這因此也成為他們主要收入來源之一。他們在執行放血術時，通常是在前臂的顯貴靜脈（basilic vein）上劃一道切口（這道切口位於前臂內側，就在手肘下方），讓血流出來滴到下方的碗裡。如果患者年紀大，或是身體虛弱，醫師可能會採取另一種辦法：用滾燙的玻璃杯切開皮膚，並且運用玻璃冷卻後，製造出的真空環境，將血液引出來。還有一種放血的方式，是使用水蛭，或者是直接吸附在患者的皮膚上，或是吃掉傷口周邊腐壞的組織。上述所有這些做法，用不著我們多說，對你身體造成的傷害，很可能遠遠多過好處。如果你非常不幸，死於失血過多（偶爾會有缺乏經驗的外科醫師，將動脈誤當成靜脈，一刀切下去），醫師是不必背負什麼責任的。中古時期的人，對於醫療疏失造成的死亡有很高的包容度。

1 Talbot, *Medicine*, plate III.

2 引自Rawcliffe, *Medicine and Society*, p. 82.

3 Scott (ed.), *Every One a Witness*, p. 132引用John Mirfield, *Breviarum Bartholomei*。

4 Scott (ed.), *Every One a Witness*, p. 132引用John Mirfield, *Breviarum Bartholomei*。

5 Rawcliffe, *Medicine and Society*, p. 53.

6 Talbot, *Medicine*, p.132.

7 Woolgar, *Senses*, pp. 118-9.

8 參見威廉・翁比（William Wombe）的例子，見Woolgar, *Senses*, p. 129。

9 Coulton (ed.), *Social Life*, p. 45.

10 Woolgar, *Senses*, p. 132; Vigarello, *Concept of Cleanliness*, p. 17.

11 Duby (ed.), *Private Live: Revelations*, p. 525（克呂尼派）; Harvey, *Living and Dying*, p. 134（道明會）。

12 Salzman, *Building*, p. 276; Woolgar, *Senses*, p. 135.

13 Furnivall (ed.), *Babees Boke*, pp. 182-3.

14 這是根據十三世紀法國蒙泰盧的例子改編，參見Le Roy Ladurie, *Montaillou*, p. 142。

15 Talbot, *Medicine*, p. 112.

16 Riley (ed.), *Memorials*, pp. 400-1.

17 *Calendar of Inquisitions Miscellaneous*, iv (1377-1388), p. 72.

18 他在十字軍東征途中所攜帶的肥皂，參見Smith (ed.), *Expeditions*, pp. 63, 85, 164。他雇用洗衣婦伊莎貝爾，另外支付六便士，供她在加萊購買洗衣木桶和洗衣板。Wylie, *England under Henry IV*. ii, p. 51.

19 Woolgar, *Senses*, pp. 133-4.

20 Duby (ed.), *Private Live: Revelations*, p. 361

21 Roberts and Manchster, *Archaeology of Disease*, pp. 48-9, 53, 58.

22 Couton, *Social Life*, p. 507.

23 Harvey, *Living and Dying*, p. 128. 這項比較的數字，是基於時間稍後的數據。在那幾年，這兩處城鎮都留下教區記事與修道院的記錄。

24 引自Zeigler, *The Black Death*, p. 19。

25 Hatcher, *Plague, Population*, p. 22; Gottfried, *The Black Death*, p. 64.

26 一九一一年，聯合王國辦理人口普查，得出當時的總人口數為四千五百二十二萬一千六百一十五人。十七歲以下的人口數，占總人口的百分之四十。國防部於一九二二年提出的官方報告裡，記錄所有死亡的人數，當中包括平民男子、女子和兒童，總共七十萬兩千四百一十人，為總人口數的百分之一點五五。

27 Hatcher, *Plague, Population*, p. 59.

28 這段描述取材自安格諾羅．迪圖拉（Agnolo di Tura）文章的知名片段，他是義大利西恩納（Sienna）人，不過，在英格蘭也同樣禁止敲響喪鐘。他親手埋葬自己孩子的描述，絕對能讓許多有同樣遭遇的英格蘭人，掬一把同情之淚。

29 Creighton, *Epidemics*, i, p. 105.

30 Ormrod, "Personal Religion," p. 863.

31 Hatcher, *Plague Population*, p. 58.

32 在一四九二年之前，這些疾病，以及梅毒一類的性病，流行的證據都很少，而且值得懷疑。參見Roberts and Manchester, *Archaeology of Disease*, p. 158。

33 Shorter, *Women's Bodies*, p. 98. 此數據取材自十六世紀的奧德門，是這項研究裡，時間距離最近的數據。

34 這項統計取自十七世紀的記錄，見Wrigley and Schofield, *Population History*, p. 249。

35 人們通常認為，黑王子是死於痢疾，不過現在幾乎可以確定這項說法是不正確的。痢疾在一星期之內就能奪人性命，亨利五世就是一個例子。黑王子身上的消瘦症（wasting disease），在他三十多歲近四十時發作，並且帶病數年，他的姪子亨利四世也受類似疾病之苦。見Mortimer, *Fears*, p. 435 n. 14。

36 克萊頓（Creighton）提及麥角中毒第一次在不列顛發現的案例，時間是一七六二年（見 Creighton, *Epidemics*, p. 57）。這項事實令人感到訝異，因為十四世紀的人（特別是該世紀初期）確實在裸麥麵包和馬斯林麵包裡吃進不少黑麥。

37 Dyer, *Standards*, p. 209.

38 Mortimer, *Perfect King*, p. 332.

39 Talbot, *Medicine*, pp. 173-6.

40 Talbot, *Medicine*, pp. 129-30.

41 Coulton (ed.), *Social Life*, pp. 506-7.

42 Rawcliffe, *Medicine and Society*, p. 58.

43 Berkeley Castle Archives: Select Roll 39.

44 愛德華二世所頒布關於皇家府邸的章程（一三一八年），參見 Tout, *Place of Edward II*, p. 251。愛德華三世所頒布的章程（一三四四至四七年），見 *Collection of Household Ordinances*, p. 3。

45 Rawcliffe, *Medicine and Society*, p. 135.

第十章
審判與法律

在中古時期的英格蘭，無論在什麼地方，你都會看見各種嚴酷頻繁執行法律的跡象。在通衢路口，你會看到在絞刑台上，竊賊渾身浸透汙泥的屍體，套在繩索上沉重的搖晃著，發出嘎呀的聲響。在入城的門樓上，你會看見叛徒已經腐壞的首級。在小城鎮，你會發現上了枷鎖的不實商家。在農莊村落，你可以看到被綁在木樁木柱上的男人女子。每個郡縣城鎮都有自己的牢獄，通常設在城堡裡。走在本王國的每一條道路上，你很可能會和某個正要趕赴某種法庭的人相遇。在中古英格蘭，司法審判是看得見的。

既然如此，那麼當我們回想起「**這時候沒有警察**」這件事時，就難免令人感到有些訝異了。在今天，每個英國小學生都會被教導，近代最早的警察執法隊伍是倫敦的弓街巡邏隊（Bow Street Runners），這支隊伍是亨利·費爾丁（Henry Fielding）在十八世紀創立的。可是，如果事情是這樣的話，那麼在這個時候，我們看見的那些犯法的男女，是誰來執行逮捕？誰來偵察案件？而在犯罪活動與牢籠之間，又是由誰來串起中間的連結？

地方司法體系

為了了解在十四世紀的時候，司法正義是怎麼被執行的，我們必須先提醒自己，這時候的人們實際生活情況。有兩件事情，我們要牢記在心：（一）每個人都有各自的地域歸屬；（二）人們是依聚落群居的。無論他們是住在城裡，還是住在鄉下，不管他們的身分是自由民，還是佃農奴隸，在家鄉，他們相互認識。人們在教堂一起作禮拜，在田畝裡一齊勞動。他們也一同參加莊園領主的裁判庭。甚至節慶與休閒放鬆的時刻，他們也都是在一起度過的。這樣一來，通常人們清楚自己的左右鄰居是哪些人，他們的個性是好或壞，還有，當罪案發生的時候，這些人可能會出現在哪些地方。[1]那些沒有居住在上述聚落的人，是流浪漢、無賴和陌生人，而且通常會被看作是應該待在社區聚落外面的人。

地方社會維持治安的各種實際過程，本身就十分古老，可以追溯回薩克森人的時代。其中的基本單位，是所謂的「十家聯保制」（frankpledge）。所有年紀在十二到六十歲的男性佃農，都必須加入一個叫做「十家區隊」（tithing）的團體。每位「十家區隊」的隊員，在十二歲入隊時，必須宣誓遵守並維護法律。他們手按《聖經》，誓詞以下句話語開場：「我將成為執法人員，效忠我主國王陛下，與他的子嗣，以及我的領主和他的子嗣。而我會聽命於我的隊長。上帝和諸位聖人皆為見證，此誓。」[2]理論上，每個「十家區隊」應該由十名男子組成；但是正如你所見，在實際上，它往往是由住在同一村落，或是城鎮裡同一條街道的所有男丁組成。所以，要是一個小村莊有十五名男丁，那麼本村的十家區隊就有十五名成員。如果其中一人觸犯法律，隊裡的其他人都有責任舉報他的行為，並且將犯罪的人扭送交給地方治安官查辦。要是他們沒這麼做，就會被重重的罰款。「十家區隊」的隊長，一般被稱為「保長」，應該確保他的區隊完整滿員，並且將這個情形回報給莊園和郡的法庭。更要緊的是，他必須確保轄下的所有成員都能遵守法律。因此，保長的職位是社群裡最重要的位置之一。

地方治安常設單位

行政層級	負責地方治安的官員	備註
郡（county）	郡治安官（sheriff）	郡是地方行政區劃裡最大的單位。英格蘭共有二十九個古老的郡，各郡面積不等，從一百四十二平方英哩的拉特蘭（Rutland），到面積廣達五千九百六十一平方英哩的約克郡。另有四座等同於郡的自治城市（county borough），分別是：倫敦（該城例外之處，是設有兩名治安官，而不是一位）、布里斯托（一三七三年起設置）、約克（一三九六年）與新堡（一四〇〇年）。

郡分區（hundred）	郡分區副治安官（bailiff）	在北方，則稱為「邑」（wapentake）。這是郡轄下的分區，包括許多城鎮。全國總共有六百二十八個郡分區，當中有兩百七十個，屬於國王的直屬領地。大郡如德文郡，轄下有三十五個郡分區。較小的郡如貝德福德郡，則有九個。杭廷頓郡只有四個。拉特蘭下轄五個〔當中有一個被稱作「裁判轄區」（soke）〕。皇家直轄郡分區的副治安官，接受郡治安官的指揮。私人莊園郡分區的副治安官，通常聽命於他們的領主。
鎮區（township）	鎮治安官（constable）	郡分區下轄的再分區，通常包括一個主要的莊園，以及鄰近接壤的幾個較小莊園領地，轄有許多十家聯保區。鎮區治安官要對郡分區副治安官和郡分區的裁判庭上報轄區內的犯罪案件。
自治市鎮（incorporated borough）	市長和鎮治安總管（bailiffs）	根據皇家詔令所賦予自治市鎮的權利，處置地方規章與違反習慣法規的事項。

莊園或領主封邑	領主府邸總管（steward）、管家（bailiff）或封邑總管（reeve）	莊園是土地租約的形式，而不是治安執法的單位。然而，莊園裡所設的裁判庭確實受理各種莊園內佃農之間的地方事務和民事爭議，以及侵犯領主權益的情況。有些領主私設的莊園裁判庭，也會受理刑事案件。
十家聯保	十家區分隊長或保長	這是最基層的治安執法單位。聯保區分隊裡，大約有十名男性佃農成員，彼此住在同一個莊園的附近區域。他們全都要為隊裡每一個成員的行為負責。保長聽命於莊園裁判庭，並且與鎮區治安官保持聯繫。

如果有人犯罪被發現，發現犯罪的人應該發出警告，稱為「出聲示警」（hue and cry）。警報的聲響，在每個地方都有差異，但是總歸來說，是一種特殊、提醒人們的噪音。聽到警報聲的人，根據聲響可以判斷究竟是發現一具屍體，還是找到入屋行竊的證據。[3]所有住在附近的人（不只是十家聯保區隊裡的成員），都應該從田畝趕過來，或者是從床上爬起身檢視犯罪現場，並且追捕罪犯。要是罪犯被逮到，會送交鎮區治安官處理。無論犯案人是否被逮捕，這個案件會呈報給鄰近的郡分區法庭。如此一來，這個新消息就在與會者之間流傳開來，所有位於鄰近區域的十家聯保區隊，都會獲悉這個案件，而且曉得罪犯很有可能就窩藏在他們居住的聚落裡。案件

也可能直接通報郡治安官和他的屬下（助理治安官），要是他們認為本案情節重大，就會批准動用當地的「武裝隊」（posse comitatus）：這個武裝民團會追捕罪犯，直到他就逮為止。在這類案件裡，逃避追捕的犯人在被逮捕的時候，要是有督察官在場，或者沒有教會出面提供庇護，他會被就地正法，斬首示眾。或者，如果被逮捕的盜賊是個女子，她可能會被帶到河邊，以拒捕的罪名溺死。

這套古老的社會治安體系，在十三世紀末的時候，由國王愛德華一世以各種條款加以整理，成為明文法條。其中最為人所知的，就是一二八五年頒布的「溫徹斯特法令」。法令裡明文規定：如果發生搶案，必須全境追捕犯案者。法令同時也規定，城市與市鎮的城門在日落時關閉，日出時再次開啟，而且在每一個社群聚落，都必須設置夜間巡守人員。值夜當班的人數，每個地方略有不同：在城市裡，每座城門樓必須配置六名巡守人員，在其他的自治鎮區裡，要有十二名守夜者；而每個市鎮則須有四到六名夜間巡守人員（視該鎮的人口多寡而定）。倫敦是個特殊的例子，在該市轄下二十五個行政區裡，每一區配屬六名巡夜人員，而每座城門都有另外六人值夜看守，總數接近兩百人。收留外來陌生客人過夜的屋主，必須要為此人的行為負責。入夜以後，每個被發現在室外晃蕩的人，都有遭到逮捕的可能。聚落社群裡的各個成員，所做出的各種努力，其目的就是確保國王陛下的太平天下。

郡法庭的治安官

郡治安官是國王陛下在郡這個行政層級的主要官員。他接奉國王的詔令（一個普通規模的郡，每個月大約收到一百二十份國王的詔令），並且執行陛下的命令。這些詔令，可能是要他召集陪審團，以審判某個特定的案件，或者是去逮捕某人。這可能需要他遣送被控訴的男女到皇家法庭，或者去調查某地受損的情形，回報國王陛下，又或者舉行一場選舉，以選出兩位國會代表。在王國進入戰爭狀態的時候，郡治安官還可能受命召集人馬，在蘇格蘭或法蘭西作戰。郡治安官還需肩負為士兵籌集糧食的重責大任——當他奉命募集兩千名弓箭手的時候，這可不是件簡單輕鬆的任務。他因此而負有沉重的財政責任，也必須為了這些經手的費用，向國庫官員報帳。郡治安官還得維護郡立監獄，而在監獄內的人犯已滿時，就要在城堡內的草坪上臨時設立木製的牢籠。

如你所見，郡治安官所擁有的權力很大。他可以逮捕你、監禁你，然後讓你戴上鐐銬，一路押解到倫敦。如果他選擇要勒索你的錢財，或者是決定要好好折磨你，沒有什麼人能夠阻止他。很諷刺的是，有一件事情他卻不能做，那就是以重罪的罪名審判你。扣除那些罰則輕微的罪刑（例如債務或爭吵），郡治安官惟一能夠依照法律，自己擔任審判官的時候，就是他逮到正想規避法律制裁的現行犯時；比如，一名男子試圖想要從監獄逃脫（他可能會被砍頭），或者是在犯行現場當場逮捕嫌犯（他也可能會身首異處，如果嫌犯是女性，則可能會被溺死）。不過，即使在這種時候，郡治安官也只能在督察官到場的情況下才能執法。在這個意義上，郡治安官與他轄

圖十九：十四世紀的世界觀，將東方放置於地圖上方，耶路撒冷在中央，紅海在上方偏右位置（以紅色顯示），英格蘭則在底部左方（同樣以紅色標示）。同樣被標示在這幅地圖上的，還有大馬士革、巴比倫、巴別塔（the tower of Babel）、羅馬、巴黎、十四座英格蘭的城鎮，在亞歷山大大帝浪漫傳奇故事裡提及的地方（馬其頓、亞力山卓與波斯波利斯），以及住有各種傳說中的巨人族（例如獨眼巨人、穴居巨人）之地。

圖二十：這張地圖最晚至少成於一二六〇年代，不過它顯現出河流在繪製國家地圖上的重要性。地圖中坎特伯里的位置（在倫敦的西南邊）應該會讓你得到警示：別用這幅地圖來做航海位置圖。

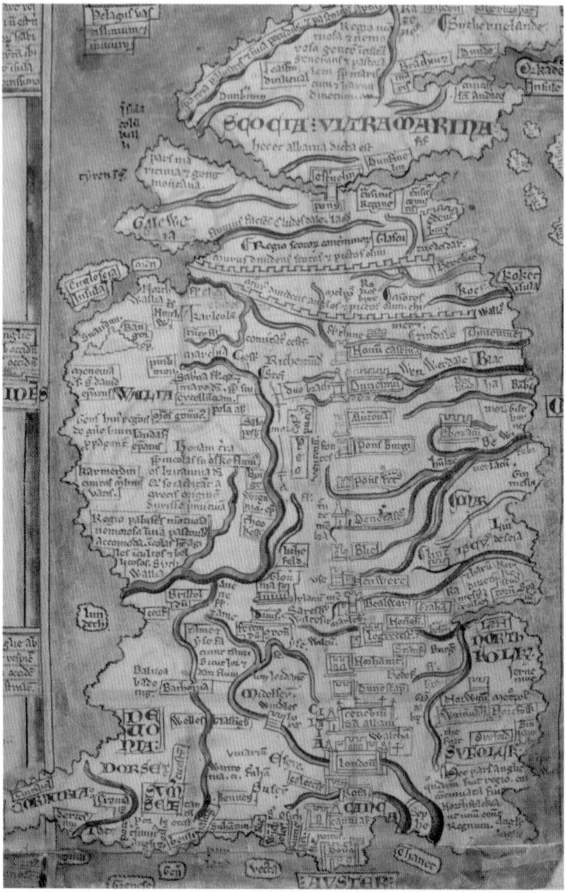

圖二十一：配備車廂的馬車價格可能高達一千英鎊，通常只供皇室女性和伯爵夫人乘用。注意圖中拉車的五匹馬，串在同一條韁繩上，這是在拖拉非常沉重車廂時的普遍做法。也要注意站在車廂前方的仕女，手臂上有一隻作為寵物豢養的松鼠。

圖二十二：十四世紀早期的柯克船有艏樓與船尾柱，上頭裝有船舵。這種船通常有單船桅，以及一具大型船帆。這類船舶是貿易船隊的主力，也是戰爭時海軍的主要作戰艦種。

圖二十三：十四世紀後期的柯克船，取自尚・克雷頓（Jean Creton）的《英格蘭國王理查二世的故事》（*Histoire du Roy d'Angleterre Richard II*），約作於一四〇一至〇五年間。(Harley 1319 fol. 18r)

圖二十四：不是每一頓皇宮晚餐都是宴席。本圖中，國王正和幾名他的心腹大臣共進晚餐。注意陛下頭上方的那塊錦緞、擺放他專用銀器的壁櫥，以及為他奏樂的樂師。

圖二十五：這幅畫裡描繪在華蓋主桌上進行的皇家宴席，坐在國王兩側的是他的近侍大臣。僕從進呈菜餚時，跪在國王面前。國王的右手邊則是「首酬」席，入座的都是資深重要官員。站在國王後方的是僕役長，以及宮廷內的官員。

圖二十六：問吊犯人通常是一個類似生產線的流程。數名神職人員到場，每具絞刑架最多同時能問吊十二人，旁邊有民眾圍觀，通常包括受刑人的親屬。這是種緩慢而不名譽的死法。

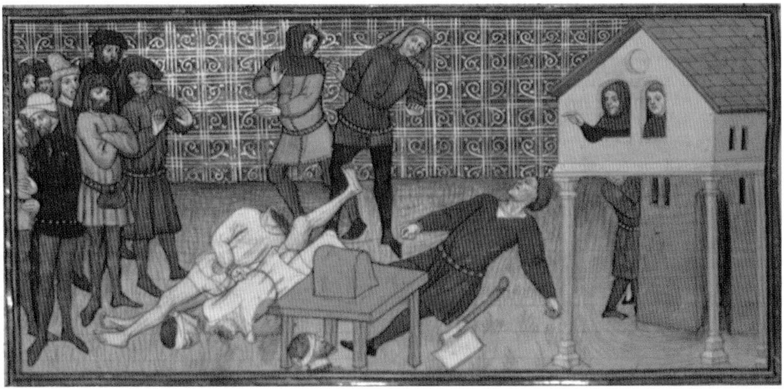

圖二十七：中古時期的人寧可被判斬首，也好過被問吊。犯死罪的皇家成員，通常被判斬首之刑，以示優容。本圖中，行刑的劊子手已經執行完他的任務，突然舊病復發。

圖二十八：圖中這座鄉間刑架有兩種用途，一是作為重刑犯的囚禁處，另外則可用作懲罰較輕犯行者示眾的地方。我們姑且假定圖中這位已婚婦女以及左邊這位僧侶，所犯罪行屬於後面這種。

圖二十九：你的內科醫師可能不會直接對你進行診療。相反的，他會從檢視你的尿液和天上星座的排列來做診斷。

圖三十：幾名內科醫師正使用湯匙餵藥。這一幕和現代生活的場景非常類似，只不過湯匙裡裝的東西可不太一樣。

圖三十一：感染瘟疫的神職人員受到一位教士的賜福。在教會社群裡服事的男女，尤其是修道院僧侶，特別容易遭受傳染病的侵襲。

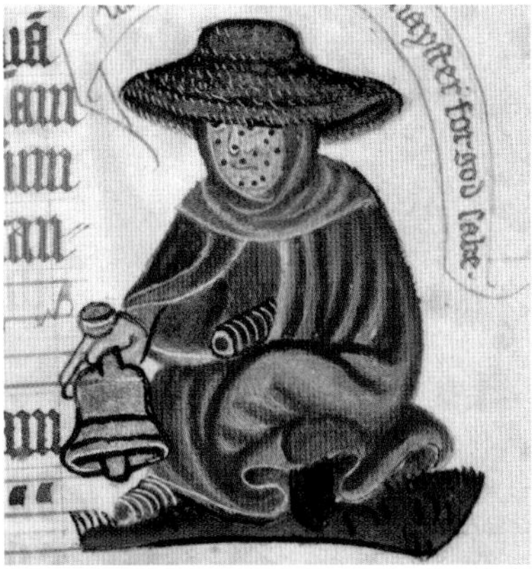

圖三十二：在大瘟疫之後，痲瘋是最令人害怕的疾病：病患被稱為「行屍走肉」。圖中這名患者帶著一具鈴鐺，以在他走近時警告民眾。

圖三十三：約翰．阿德尼是偉大的外科醫師，進行過一次肛門直腸瘺管手術。他說，外科醫師應該要具有逗笑病患的本領。不過在圖中這種情況下，這可不是件容易的事。

圖三十四：雜技演員與舞者通常伴隨樂師一道在鄉間表演。圖中是一位女雜技演員正在表演，旁邊有一個人吹奏管樂器，以橫笛吹奏樂曲。

圖三十五：愛的圓圈舞。跳圓圈舞是一種充滿音樂的團體舞蹈，不只在耶誕節時才跳。人們手連著手，圍成一圈跳舞，合唱歌曲。

圖三十六：人們喜愛的許多種殘忍娛樂活動之一就是鬥熊。圖中，這頭熊已經咬住一隻狗，但是另一隻狗卻一嘴啃上牠的耳朵。

下的郡分區副治安官，加上各城鎮的鎮治安官和十家聯保區分隊的保長，就等於是這個時代的警察。現代的警察實際上並不審判他們所逮捕的罪犯，這時候的郡治安官、郡分區副治安官、鎮治安官與保長也是一樣，他們必須將重大的案件，交給倫敦派來的法官，或者地方仲裁庭的法官來審理。

郡治安官有召開好幾種裁判法庭的義務，其中最著名的，就是每隔四到六星期召開一次的郡裁判法庭。這類法庭所處理的，很多是例行公事：官員宣誓就職、皇家文告的公布，以及發布財產侵害訴訟的調查令等等。郡裁判法庭同時也是小額求償法庭：人們可以控告對方，向法庭請求總額兩英鎊以上的賠償。它承擔皇家法庭的初步聽證工作，將有需要上訴案件，提交給各級皇家法庭進行裁判。郡法庭還負有另一項業務：宣告被告剝奪法律保障權利。如果有名罪犯在逃，郡法庭會召喚他出庭到案說明。如果他連續四次都不到庭，第五次開庭時，他會被剝奪一切法律權利，成為通緝犯。在這之後，要是他被逮捕，就有遭到就地正法斬首的可能。

郡裁判法庭還能透過「決鬥裁判」（Trial by Battle）的方式，來實現司法正義。如果你是嚴重犯行（例如強姦、重傷害或縱火）的受害人，並且親自出庭，你可以向庭上「訴請」，和控訴你的人，以這種方式進行裁決。接著，你或你委託的代表，就能和對方進行決鬥，來決定他究竟是有罪還是無辜。當你聽到這項做法居然能運用在解決土地相關爭議時，可能會感到很訝異。好幾座修道院都有理由答謝代表修院打這類官司的人，因為他們在決鬥裡獲勝，維護修院的權利。

郡分區法庭和治安官的巡迴庭

每三個星期，郡分區法庭就開庭一次。郡分區的副治安官擇定一個由十二位自由民組成的陪審團，聽取所有的到庭陳述意見。許多訴訟案件都是鬥毆爭吵所引發的。如果有人見紅流血了，這件案子就要上報到郡分區法庭。其他由郡分區法庭處理的一般事務，還包括案情相對比較輕微的侵害訴訟，像是詐騙、小額債務的爭議，還有家戶財產、牲畜的竊盜案等。處罰的方式幾乎都是罰款，不過罰款的額度在每個地方都有差異。依據經驗法則，你如果和人打了一架鬧上法院，罰款大概會在六便士到一先令之間；如果有人見紅流血，罰款就從兩先令起跳（不過要注意：在城鎮裡，額度會更高）。如果在非必要的情況下，隨意出聲示警，罰款六便士。當然，如果某人因為犯下重傷害、強姦罪，或是殺人罪而被捕，他會遭到法庭收押，等待一種特殊的郡分區裁判庭的召開：治安官的「巡迴庭」（tourn）。

關於郡分區裁判庭，我們要記得一件重要的事情：這些法庭是能夠跨越轄區的。莊園裡的事務，可以在莊園自設的裁判庭裡處理；所以，要是一名佃農讓溪水流經自己那塊地，結果導致落葉碎屑堵塞水流，引起溪水氾濫，莊園裡的執事幹部可以直接命令他疏濬水溝。可是，如果溪水氾濫所損害的範圍，到了**鄰近**的莊園土地，或者堵塞了國王陛下的公路，那麼本案的層級就會提升，交由郡分區法庭來審理。有另外一個狀況，與上述的情形類似：十家聯保制是管控佃農的有效管道，但是自由民卻不受聯保體系的約束。因此，如果自由民有違法犯紀的事情，例如債務糾紛，或者鬥毆等引發的案件，就要上報給郡分區法庭處理。所以，要是有個自由民偷走你的牛，或者他明明就有足以抵債的牲畜，卻不願意歸還欠款，你可以等著郡分區副治安官來逮捕他，或是將他的牲口帶走，直到整件事情落幕為止。

郡治安官的巡迴庭，通常一年兩次（復活節和米伽勒節）來到郡分區法庭受理案件。郡治安官到這些擴大規模的郡分區裁判庭，目的是要受理那些需要呈交給皇家法庭的訴狀，以及確認所有被起訴的罪犯都在押。如果十家聯保區分隊的成員，被發現沒有按照規矩回報隊裡的不法行為，他們會被處以高額罰款：十英鎊或甚至更高額度。其實，不需要具備精明的法律素養，我們只需要用現代的觀點，就能看出「佃農都團結在一起，像結義兄弟一樣，對抗高高在上的莊園領主」這個敘述，並不是放諸四海皆準。那些吊在絞刑台上搖晃的男女，或許是被郡治安官和他的屬下所逮捕，但他們之所以被捕，都是由同一聯保單位裡的人所告發的。而且，出面執行逮捕的人，往往是保長和村裡的治安官，他們這麼做，是為了要避免被巡迴接案的郡治安官，以知情不報的罪名課以罰款。

現在你就可以明白，在警察出現的時代之前，治安體系是如何將人繩之以法。你這位鄉間的陌生人，如果被人看見在某村閒晃，而同一時間剛好又有竊案發生，村民發出警報，那麼你可能就會被村民抓起來。接著，你會被當成竊賊嫌犯，被送交給地方保長和治安官；他們會親自帶你回到你所屬的村莊，交給那裡的治安官。可是以你的情況而論，要這麼做會有點困難，所以村莊裡的治安官乾脆把你關起來，或者是送你進監牢，或是給你上腳鐐，直到郡治安官的巡迴庭到來，或是他能夠帶你去本郡的郡治（郡立監獄就設在那裡）為止。[4]在郡立監獄，你會一直被關在專門留給重罪嫌犯的地窖或地下室，或者是被扔進室外的木製牢籠，充當暫時的囚房，除非你能獲得保釋。下一次皇家法庭的審判官來到本郡時，會有陪審團審理你的案件，依照他們所聽到的你的聲譽評價，來判處問吊還是當庭釋放。在「司法正義」到來的那天以前，你可能要在監獄裡蹲上好幾個月。這套做法對女性也一樣適用，她們沒能得到任何特殊待遇或保護。有名女子，因為被控偷竊女主人的珠寶，被關押在基爾德福德（Guildford）的郡立監獄，「和本郡其他竊賊同囚」，直到後來陪審團發現所有對她的指控都不成立的時候，她已經被關了四十七個星期。[5]

許多被指控罪名的人，選擇控訴其他人涉及犯罪，或是和他們同謀犯案，這麼做的人，數量多得驚人。這套系統被人稱作「攀咬」（approving）。基本上，一名罪犯被帶出囚籠或普通牢房，然後被拉到即將審判他的法官面前，罪犯通常會以「訴請」的方式，攀咬他的仇人下水。之後，他很快就被帶上絞刑台問吊。縱使他已經死了，裁判庭還是發出諭令，挑選成立陪審團，來審理那些他所指控的人。這套體系真是令人驚駭。如果你是個罪犯，而且曉得自己大限將至，那為什麼不在你見到法官的時候，將你的仇人都說成是同謀共犯呢？如果你的仇人後來被認為有罪，他們也都將被送上絞刑台問吊。同樣的，要是你的結局橫豎是個死字，而和你關在同牢房裡的難友向你提出一宗買賣：如果你願意把**他的仇人**咬下水，他會在你最後這段日子裡更好過，那麼你何樂不為呢？[6]

在本世紀前十年的索爾斯伯里，有個名叫羅傑·普萊（Roger Prye）的人，因為竊盜罪嫌而被捕。他在督察官面前坦白招認犯行，所以他明白，自己即將被處死。不過，在這麼做之後，他轉行當了汙點證人，接著又供出城裡的麵包烘焙師傅亨利和他的妻子伊芙兩人，他們涉嫌在普萊偷竊格拉斯頓伯里大修道院院長的十四大桶小麥之後，收留他躲避追捕。普萊稍後被送上絞刑台，而亨利夫婦也被當局帶走，並且以窩藏罪犯的罪名起訴。他們辯稱自己是清白的，本案由這個地區的人組成陪審團，負責審理。很幸運的是，陪審團認為他們無罪，所以判處他們當庭開釋。[7]在本案裡你可以看出，在家鄉擁有好名聲是多麼重要。倘若你被仇人攀咬下水，通常只有你在家鄉的良好聲譽，才能把你從絞刑台上救下來。

司法的誤審誤判

地方司法體系的設計精神，是找出有罪的人；而這種精神與誰才是真正要為案件負責的人，並沒有絕對的關係。如果你先看看那些涉嫌重罪被起訴的人，事情就很明顯了：他們當中的大部分，都是外來的陌生人。在某些地方，所有涉嫌殺人的罪犯裡，最高達百分之三十，據說原來都是流浪漢。[8]他們當中到底犯罪涉案的情節如何，至今都還是個問號；許多人之所以受到指控，很可能只因為居住在村莊裡的人們害怕陌生人，因為出於對他們的恐懼，所以在罪案發生的時候，很快的就指認他們是涉案者。在本王國裡，許多所謂的「司法正義」都是虛假錯誤的。既然有錯誤指控，也就有放錯人的情況。你甚至還會聽到在某些案件裡，本來被逮捕的殺人凶手，最後毫髮無傷的獲釋，因為他們為了證明自己無罪，殺了另一名無罪的人。這聽起來非常愚蠢可笑，但卻是實際發生的情況。如果有人因殺人罪而被起訴，但他辯稱自己清白，而且向法庭「訴請」，涉案的「同謀」另有其人，這人最後可能會以「決鬥裁判」的方式，來決定是否有罪。要是他在決鬥中打敗了對手，原來控訴的罪名就會撤銷，而他就能獲判無罪，大搖大擺的從法庭離開。

司法誤判有時候是來自於執法者本身的問題。在中古時期的英格蘭，一共有六百二十八個郡分區；但是在其中，只有兩百七十個郡分區，受到國王律令的直轄。換句話說，有三百五十八個郡分區，是掌握在封建領主的手上。[9]這些私有郡分區裡，有不少地方允許郡治安官與下屬的治安總管蒞臨裁判庭，這樣一來，他們就能像在皇家直屬的郡分區法庭那樣執行任務。可是，有些私有郡分區的領主，擁有拒絕郡治安官蒞庭的權利。在這些地方，如果說國王的詔令並沒有被執行，並不正確；但是在這些私有郡分區裡，收受國王詔令的人，是領主而不是郡治安官，所以負責頒布國王命令的人，自然也是這些封建領主。這些領主可以自行召開裁判法庭，也舉辦和郡治安官巡迴受理案件一樣的活動，有時候甚至還會任命自屬的法醫。這些郡分區裡的治安總管，在有驗屍法醫在場的情形下，可以憑自己的意願，選擇送上絞刑台的人選。幾乎沒有人可以阻止他們。

在這套系統裡，幾乎沒有什麼制衡機制存在。因此公然貪汙舞弊的情形十分猖獗。郡治安官，以及他們屬下的各級執法人員，可以很輕易的濫用這套體系來作威作福。一位郡治安官，透過犯人的「訴請」，將十多個他的敵人給扯下水，然後在犯人問吊以後，向每個被控涉案的人勒索一筆錢財，以換取他們的保釋，這種事情絕對不少見。[10]這些人當然照付，以免被長期關在郡立監獄裡。因此，這樣一來，不管從哪個角度來看，這位郡治安官都很巧妙的避開了「執法不公」的嫌疑。

還有比上述更糟糕的案例。照理說，動用私刑是違反英格蘭法律的，到現在也還是如此（只有一三一一年的那段短暫時期除外，當時，國王愛德華二世順從教宗的要求，動用私刑折磨聖殿騎士團的成員）。但是，對於一位有權有勢的郡治安官來說，法律實在算不了什麼。一三六六年，約克郡治安官湯瑪士・穆斯葛瑞夫（Thomas Musgrave）被指控買通陪審團，對一個無辜的男子惡意逮捕、違法關押、敲詐勒索與誘供羅織。他這麼做，背後的真正動機，是好幾個世紀以來，治安官玩的一種把戲。他先將仇敵手下的一名僕從抓來，把這名男子折磨得半死不活，然後逼迫他承認一連串重罪。接著，治安官就可以迫使這名男子攀咬他的主人，是所有重罪的共犯；如此一來，治安官就能動用法律力量來對付這位主人，也就是他的仇敵。[11]

這實在很難算得上是正義。當一名被控犯下謀殺罪的女子，因為恐懼某位牢友的威脅，而選擇逃亡的時候，這也算不上是什麼公平正義。這名可憐的女子在法庭召喚她出庭時，選擇藏匿起來，這是因為郡治安官手下負責管理新堡監獄（她會被關押在這裡）的官員，已經放出風聲：等她落到他的手上，就要強姦她，還要將她滿口的牙全都打落。[12]對於處在這種遭遇底下的女性，人們愛莫能助，只能寄予深深的同情與憐憫。如果她們因為逃亡而被捕，就會發現自己的名字，已經登上郡立法庭的通緝榜。要是她們選擇自行投案，當局對她們所施加的屈辱，可能遠大於她們犯罪所應得的懲罰。女性也不是惟一受到這種屈辱的群體。眾所皆知，治安官會將男性人犯的衣服脫光，赤條條的綁在郡立監獄一間地下囚室裡，這間囚室的環境極其惡劣，人犯就這樣被丟在那裡好幾天，挨餓受凍，和他們自己的尿液和排泄物為伍。治安官這麼做，是為了要向人犯勒索錢財。

而隨著社會階級往下，這種情況更加惡劣。郡治安官底下的郡分區副治安官，也以相似的手法濫用權勢：他們在夜半時分將人們喚醒，如果人們不肯行賄，就將這些人的貨物或財產運走。某些副治安官擁有指名陪審團的權利，接著便以組織陪審團的名義，向城鎮敲詐，讓自己發一筆橫財。他們甚至從那些不願意出任陪審員的人那裡，收到更多的賄款。鎮區治安官可能也是如此——即便連十家聯保的保長也收受賄賂，聯保成員向他們行賄，以求遮掩犯罪，或是假報案情。負責看守監獄的人，在所有地方司法官員裡，貪汙情況可說是最為嚴重的。你可以看得出來，自從一三三〇年通過一項法令，獄卒不得拒絕收容特定人犯，事情就整個走樣了。他們似乎只是拒絕那些沒錢賄賂的人入獄。

在所有的時代裡，正義都是一個相對的概念。十四世紀當然也不例外。

莊園和市鎮裁判庭

莊園的裁判庭並不總是在莊園領主的宅邸裡召開，反而時常在戶外舉行；如果天氣許可，會在特定的樹下開庭。聖奧本思修道院的院長，就在「修道院裡庭園中間的一顆白蠟樹下」，召開所屬領地的裁判庭。在莫爾山姆（Moulsham，埃賽克斯），裁判庭是在莊園宅邸外、那株「法庭大橡樹」枝葉底下召開。[13]不過，天氣不佳的時候，裁判庭就會改在莊園宅邸或穀倉裡舉行。

召開莊園裁判庭的目的，是要確保莊園事務的運作，平安而有效率的進行。所以，你會看見所有的佃農（包括所有的保長，以及所屬的聯保區隊成員）都前來參加，另外還有少數自由民出席。[14]裁判庭受理的案件，包括管理層面的事務，比如牛群和豬隻走失、領主的土地和權利受侵害、土地所有權，或者是維修保養道路、田徑和籬笆的責任等等。任何發生在領地界限內的侵害權利和傷害訴訟，像是不當挪用牲畜、侵占與堵塞溪流等等，都在這裡裁決。如果有一名佃農拓展他的耕地，將某塊未經使用的土地或荒地變成可耕種的土地〔通常被稱作「開墾地」（assarting）〕，他就要支付一筆協議過的費用，以取得在新土地上耕種的權利，地租也會一併談妥。發生在佃農之間、情節輕微的騷動事件，也會在這裡處理；這些事件可能包括了出拳鬥毆與中傷毀謗的案件。人們可以在裁判庭繳納租地繼承稅（如果原來的佃農死亡），而各式各樣、雜亂無章的小額罰款，從女人因釀造劣質麥酒而受罰的款項，到「通姦稅」（leyrwite，一種針對已婚男性與未婚女性發生婚外情的課處的罰款），也都可以在這裡繳納。

「什麼？」你會問：「莊園領主居然也有權管理他轄下佃農的行為？」上述的罪行，雖然屬於道德上的犯罪，而且可以由教會進行懲處，不過這些莊園裁判庭對這些佃農所課處的罰款，可以看作是違反領主利益所進行的懲罰（因為佃農的財產，在技術上來說，也是領主名下的財產）。舉個例子說明，讓我們來看看約翰．孟克（John Monk）一案。他是愛德華二世在位年間，蘭姆西（Ramsey）修道院院長名下莊園的佃農。約翰被莎拉迷得神魂顛倒，而莎拉卻是莊園裡西蒙．何文（Simon Hewen）的老婆。而且，他就是沒辦法控制住自己，不去招惹她。這對姦夫淫婦的姦情，實在太驚天動地，弄得約翰已經被教會的裁判庭以通姦罪名，罰了好幾次款。儘管如此，他們仍舊厚顏無恥的繼續通姦。莊園管家十分失望，終於收押約翰，把他綑綁在木柱上，直到他同意克制自己，並且支付一筆金額為一馬克的鉅額罰款給領主為止。[15]

憑藉著特許狀，莊園領主得以合法持有土地；在這份特許狀裡，宣稱他擁有「域內治盜權」

（infangenthef），而就在這裡，莊園裁判庭卻有另一個更加黑暗的面向。所謂「域內治盜權」，指的是在領地內犯案的竊賊，當場被逮後，莊園領主有將其吊死的權利。有的時候，還伴隨著「域外治盜權」（outfangenthef），也就是無論竊賊在哪裡被捕，都可以將其問吊處死。[16]在這樣的背景下，「現場人贓併獲」的定義，就包含了牲畜被人竊為己有的情形。這些莊園的領主，就和郡分區的治安首長一樣，理應要等到督察官到場，才能將犯人送上絞刑台；但是他們（或者更確切的說，是他們手下的總管）通常並不在意。在一三一三年的博德明（Bodmin），有名男子在夜裡醒來，發現自己有匹馬被偷走了。隔天早晨，他在博德明的交易市集上，見到了這匹馬，聲稱擁有馬匹的人，是個叫做羅伯特的男子。失主馬上發出警報示警，這兩名男子於是都被逮捕，莊園領主並且諭令他們出庭應訊。本莊園的領主，是博德明隱修院的院長，擁有域內治盜權，他命令立刻召開一個民事法庭（court leet，一種莊園私設的裁決庭）進行審理；而當羅伯特坦承他偷竊馬匹之後，就立即被吊死了。雖然按照道理來說，隱修院院長應該召喚督察官到場，才能執行問吊，但是羅伯特的命運，在他將馬匹據為己有的那一刻起，其實就已經決定了。[17]督察官並沒有阻止任何人被吊死的權力；他們到場的用意，只是要確認任何屬於國王的牲畜或罰款，有沒有遭到領主的挪用。

在某些莊園裡，域內治盜權為在地方處決男女人犯的情形，設下了某種程度的門檻。克洛蘭（Crowland）修道院的院長，可以因為你偷了價值相當於二到三便士的十六顆雞蛋，就把你送上絞刑台；但是換成別的莊園領主，你犯下更加嚴重的罪行，都還未必會遭到處死。[18]一三一三年，在約克郡的索爾比（Sowerby），有個名叫「阿瑪貝爾之子羅傑」（Roger, son of Amabel）的男子，在二十年前闖入別人家裡，偷走了一匹馬、燕麥粉、鹽巴與麵包。雖然在當時，他已經遭到郡分區裁判庭指控，稍後獲得保釋，但是實際上，他卻從來沒有真正獲判無罪。不但如此，羅傑還將他兄弟約翰的財產據為己有，約翰在十八年前，因為偷竊六頭綿羊和五夸脫的燕麥，而被送上絞刑台。約翰被處決的時候，上面這些財產本該上繳給國王。而儘管羅傑犯了兩條死罪——竊盜與收受罪犯財物，他仍然沒被送上絞刑台，裁判庭宣判：他是一般的竊賊，只罰款兩先令了事。[19]

在倫敦，事情就不會如此拖泥帶水了。倫敦市本身就擁有域內和域外的治盜權，市長大人更有司法終審的權力；所以，本城擁有快速審決所有違法人犯所需要的各種權力。在一三三七年二月二日這天，劍橋的約翰．勒懷特（John le Whyte of Cambridge）被該鎮的治安官帶出庭，接受市長和市參議會成員的審判。他被控在夜間闖入一家綢緞商鋪，偷走店內的金、銀戒指、珍珠、亞麻線和手鐲，價值相當於五英鎊。在陪審團認定有罪之後，下令立即於台伯恩執行他的死刑。同年的五月十九日，岱西德拉塔．德托林東（Desiderata de Toryntone）被控從艾利絲．德利藪夫人（Lady Alice de Lisle）那裡，偷竊三十碟餐盤與二十四具銀製鹽罐，價值四十英鎊，當時她人正待在索爾斯伯里主教位於佛利特街的府邸裡。在她的窩藏處，找到十四碟餐盤和十二隻鹽罐。她同樣也被帶上台伯恩的絞刑台，立刻處死。[20]

這套懲罰體系有效率到了殘酷的地步，它是許許多多從全國各地前來倫敦尋找發財致富的青年男女，人生最後所面臨的結局。可能你會覺得，小蓋伯特，也就是威爾特郡的老蓋伯特．史塔坡福德（Gilbert Stapleford）之子，是一個幸運的小子，因為在一三四一年，他被送到倫敦著名的大香料商傑佛瑞．艾卓恩（Geoffrey Adrian）那裡去當學徒。小蓋伯特的父親為了兒子的前途，付出相當可觀的努力，他相信自己已經讓這個年輕人踏上發達之路。可是，就在那年的六月十七日，小蓋伯特的口袋裡揣著主人的四十英鎊，被逮個正著。可憐的小蓋伯特，被盛怒的主人在當天扭送到市長和參議會去接受審判。他坦承犯行。於是，在他忍受不住誘惑、伸手偷錢的幾個小時之後，就被處死了。即便他的父親用盡一切努力，想給他的人生一個好的開始，他的遺體現在卻用一條繩索吊著，正在台伯恩的絞刑台上，緩緩的盤旋，繞轉。

到了一三五〇年，大部分的自治城鎮都訂立成套的地方規章或「條例」（ordinance）。這些規章不但約束商人的行為，也對外來者有所規範。每一套地方法規裡，都有關於烘焙麵包、釀造麥酒、使用磅秤和度量衡的規定，以及鬥毆流血的罰則。更令人感到有趣的，是在各式各樣的規章法條裡的各種不同差異之處。舉例來說，在倫敦，法規禁止戴著面具玩擲骰遊戲（根據一三四三年訂立的法規）。一三五九年，倫敦市長禁止在城內乞討。手腳健全的乞丐，頭一次在城裡乞討被逮時，會被綁在康丘（Cornhill）的木柱上示眾半日。第二次被逮到，就是示眾整日。如果第三次被逮到，乞討者將會入獄監禁四十日。第四次被逮，就永遠不得入城。

大約一三三〇年左右，在格拉摩根（Glamorgan）郡邊境的城鎮，制定出各自的自治規章，裡面包含若干有趣的條款。在城鎮的大街上，不能為乳牛擠奶。城鎮裡不得玩擲骰、紙牌或木球遊戲（違者處以十二便士罰款）。屠宰肉販不得將牲畜的頭和腿扔到大街，或者城牆之內的任何巷弄、便道上。任何人都不得將糞便或其他的穢物扔到城鎮街道、溝渠，或者距離城樓四十英呎內、任何靠近城牆的地方。酒館在晚間十點以後不得繼續營業，如果是賣自釀麥酒的老闆娘，她的酒館更要提早一個小時，在晚間九點打烊。對於上述這些條款裡的最後一項，人們總忍不住想問：「為什麼有區別？」不過，你對於由男人或女子經營的酒館，居然會有各式各樣關門時間規定的好奇心，在讀過下列這項規定後，大概就會打消了：「任何女子，倘若遭到六名男性、鎮民及其妻子，或鄰居人等怒罵斥責，認為有罪，她即應被判罰坐浸水刑凳（cucking stool，一種固定足踝部的坐椅，下方用一根槓桿上下移動，形狀看來像翹翹板），初犯罰坐一小時，再犯坐兩小時。第三次犯時，就讓刑凳滑入水中……」結果是這名被罰坐刑凳的女子，深深被浸到水裡。[21]

伍斯特的城鎮自治法規（選錄）[22]

條款編號	條文內容	觸犯時罰則
九	麵包烘焙師傅不應因為他們的技藝不佳而受罰；但是，根據「麵包敕令」，他們要為哄抬價格而受懲處。另外，夏季時，烘焙師傅在鐘敲十一響之前，不應於市場購入麵粉，冬季時則是十二響之前。他們也不應將購自市場之麵粉轉售出去。每周的星期六，他們所烘焙的麵包，都要過磅稱重，並且測嘗品質。	二十先令
十	在星期六（市集交易日），烘焙師傅不應在鐘敲十一響開賣之前，在其住家收受任何麵粉。	六先令八便士

十一	麥酒必須售予鎮上的公民，價格則為三加侖一便士。麥酒的品酒師必須由鎮上公民，且具「謹慎認真特質」者出任，以確認麥酒的品質和分裝。	六先令八便士
十三	在鎮上的麵粉磨坊主、麥芽釀造商還未在市集完成啤酒花、麥芽和其他穀物的採購之前，外地來的陌生人不得購買上述物品。夏季開放購買時間為鐘聲十一響，冬季為十二響。	諾布爾金幣一枚（合六先令八便士）
十四	任何男人的妻子如果負債，並且販賣任何食物或者貨品（抵債），她在應裁判庭傳喚的時候，是以獨立身分到庭應訊，對她所採取的任何法律動作，都不會提起她丈夫的名字。	
十五	當城內有任何可能失火的危險，而有任何男子或孩童前來通報時，義勇消防隊（beaters）應該備妥他們的馬匹和裝備，以便將水送達每位鎮民身邊。	四十便士
十九	馬匹在市場集市日時，不得留在市場內。	一便士
二十	每個男子都應保持其家戶門前的清潔。	四十便士
二十一	老鴇、愛責罵人與罵街者，以及窩藏、庇護兒童與奴僕者（涉嫌在上述這兩類人逃家後，收容他們的人），在市鎮裁判庭判決有罪之後，交由地方治安總管自行處罰。	

二十二	每年應由各匠師公會舉行五次大型室外遊行慶典，以彰顯上帝，並榮耀本城。	四十先令
二十三	市鎮居民與本郡鄉間仕紳應該和睦相處。紳士的僕從，市鎮居民不得收受，紳士亦不得贈與。	
二十四	牲畜被屠宰後，其內臟和盛血的桶子，只能在夜間運走，不得在日間進行。無論在夏季或冬季，盛裝動物血、尚未清空的桶子，均不得擺放超過一日一夜。	十二便士
二十五	五具消防鉤（fire hook，滅火器材）應存放在本城三處地方。	
二十六	城內房屋的煙囪與屋頂，不得以木條和茅草搭建。所有木造煙囪，應即改建為石造；茅草屋頂應即加鋪瓷磚瓦片。	每六個月檢查，未完成者課以六先令八便士。
三十	在公會大廳內，任何人均不得進行網球或室內網球（jeu de paume）比賽。	四十便士
三十二	城內每位居民，均應配置備妥一件武器，並且準備好響應治安官的召喚，協助維護國王陛下國度的安寧。	二十先令
三十三	市鎮公民不得在城內贈予或收受莊園領主的僕從，不得於非法集會場所中招募上述人等，亦不得隨身攜帶武器。另外，市鎮公民不得窩藏收留「搶劫犯、盜賊、劫匪、魚肉鄉里	四十先令

	者、殺人犯、重罪罪犯、受通緝的逃犯、強姦犯，在森林、獵園和養兔場非法狩獵者、其他行為不軌」以及任何被控以上述罪名，而還未接受審判者。	
三十四	一名男子如果在城內與人動手鬥毆，或者拔劍、匕首出鞘，他的武器將被沒收。如果他傷人，見紅流血，將被處以罰款；要是其無法支付罰金，就須入獄服刑。屋主合法糾正僕從或學徒的行為，得不受本條法規的限制。	六先令八便士
三十八	城鎮公民如非犯下殺人罪或其他重罪，或是積欠十英鎊以上債務，否則不得關押於一般監獄，而應留置在公會大廳的房間中。	
四十	城鎮公民不得責罵治安官員，或者非難、譴責市參議會成員與記錄員。	二十先令
四十四	本市國會代表選舉，應在公會大廳公開辦理，每位擁有四十先令以上財產的公民，均有被選舉權，以「眾望所歸」者出任（注意：選舉不是採取祕密投票制）。	
四十五	市民不得在本城之外的其他裁判庭，對同屬本市之居民提出告訴；惟涉及跨越地界的土地所有權爭議不在此限。	
四十九	本市內受雇用的所有勞工，須在每個工作日鐘響五聲（夏季，冬季則為六聲）時，立於救恩十字架（Grace Cross）下方。	

五十一	馬鞍匠、屠夫肉販、麵包烘焙師或製造販賣手套的商家，以及其他任何人，均不得在瑟文橋（Severn Bridge）上丟棄動物內臟、穢物及糞便。而任何人均不得在界於聖克雷芒門（St. Clement）取水地和前述之瑟文橋之間地帶，切割、修剪肉品或獸皮。除了橋樑下方、靠近瑟文那端，以及碼頭下方三處之外，任何人不得在水岸邊洗滌物品。	六先令八便士
五十四	港口、碼頭與市鎮大街的鋪石路面，應該定期監督整修維護。	
五十五	在城樓與城牆整修期間，治安總管必須到場。	
五十六	任何人均不得在本城之碼頭泊岸處「丟棄糞便或賣淫」。任何人亦不得讓所飼養豬隻任意閒晃，造成鄰近居民之困擾；當治安總管對飼主提出警告時，飼主必須遵令嚴加管束其豬隻。	四十便士
五十七	本城的磚瓦師傅不得迫令外地之磚瓦工人為其工作。磚瓦匠師亦不得自行推舉代表，參加議會。每一位磚瓦工匠，必須在其磚瓦上，燒製自己的標示圖案。	
六十八	任何男子如未在自宅門口設立標示，不得販售麥酒。	六先令八便士
六十九	市場屠宰肉販不得於城市內出任廚師。	十三先令四便士

七十三	為了榮耀上帝，並增進本城收益，城內所有工匠手藝師傅，須舉辦盛裝遊行慶典，而所有共襄盛舉的工匠公會成員，以及點燃火炬和蠟燭的前述工匠師傅，均應一如既往，繼續承擔此項習俗。所有工匠師傅，和造訪本城的旅客，在於本城住滿兩星期以上時間後，也必須加入其中之公會活動。各辦理遊行盛會慶典的工匠公會，應每年提供一盞燈，在浸洗者聖約翰（Nativity of St. John the Baptist）誕辰，於本城公開場合，在治安總管面前點燃；而前述公會之值夜看守人，以及公會之所有成員，亦須穿著盛裝，在此時等候治安總管到場。	四十先令
七十五	麵包烘焙師傅不得烘烤「馬麵包」或者兼營旅店。	六先令八便士
七十六	如果門口沒有設立店面招牌，任何人不得經營客棧旅店。	六先令八便士

皇家司法體系

在這塊土地上執行的法律，到底長得什麼模樣？它是從哪裡來的？人們要怎麼樣才能知道法律的條文內容？畢竟在這個時候，人們在身邊能找到的法律彙編實在不多，尤其是在倫敦以外的地方，更是如此；而現存的法律書籍，要不是年代久遠，就是早已過時。任何人如果不是出於正當原因或理由，就對另一個人的身體造成傷害，或損毀、搬走屬於他人財物，這很明顯的屬於犯罪行為；可是人們對犯罪的反應，在怎樣的程度上能夠算是自衛行動呢？約翰・德柏格（John de Burgh）一案，正好能夠說明上述這些問題。約翰是一名住在倫敦的五歲男童。一三二四年四月的某個星期一傍晚，他正在鄰居家遊戲。鄰居屋主是一對姓德拉特赫爾（de Latthere）的夫妻，男主人名叫理查，女主人叫艾瑪。約翰看上了一個艾瑪的毛線球，順手將它藏在自己的帽子裡。艾瑪在發現約翰幹的好事之後，便用她的右手，在男童的左臉上賞了一記耳光。這種懲罰完全說得過去，尤其又是發生在她自己的家裡，艾瑪沒有任何作錯的地方。可是，這記耳光卻造成男童身上肉眼看不見的傷害：或許是顱內出血，男童在隔天就死了。[23]艾瑪應該面對「殺人」的指控嗎？由於害怕遭以謀殺罪名起訴，她逃走了，因此使得原有的指控罪名更為加重；而且，她的名聲就此和「犯罪」扯上關係。在當時，這種以懲罰來教育孩子曉得對錯的觀念，是受到社會鼓勵支持的，而艾瑪卻應該因為這樣做，就被送上絞刑台嗎？

中古英格蘭的法律，基本上算是薩克遜時代舊法的簡要版本；打從薩克遜人征服此地時開始，這套法律就經過皇家法官反覆進行修正和改訂。也是同樣這批法官，出城到鄉間市鎮去，開庭審理案件。這套法律，因此被稱作「普通法」（common law），因為它適用於本王國內的所有人，位階也高於地方習慣法和自治規章條例。這就顯示出，為什麼地方官員要等待有經驗的皇家法官到達，才能開庭審理囚犯的重要性。那些地方治安官自行執法的地方，他們本身就存在有觸犯罪行的風險。

普通法只有在法條本身適應環境做出改變時，才能繼續維持影響力。愈來愈多過時的法條交由國會進行修改，並且引進新的條款。現在讓我們假設，有位國會議員想要對普通法的法條，進行某種程度的修正，這位議員可能出身貴族、高級教士，或者是七十四位由各郡選出的代表之一，又或者是自治市鎮選出的代表（這類代表的人數，通常大約有一百六十五到一百八十五位）——不管他是什麼出身，必須在國會裡向國王提出訴請書。這類修法的訴請書，有些被指派審議的貴族、教士東諸高閣，但也有若干訴請，在後來確實成為新法律立法的基礎。

大多數今天我們仍在使用的法規，很多都是在十四世紀時制定的。當中有許多是國會對舊有風俗習慣的闡明與解釋，像是神職人員的津貼與利益，還有教堂聖殿等等。必須這麼說，某些國會通過的法律條文，完全不受到人民的重視：當局不斷努力，想要建立一套全國通行通用的單一度量衡系統，卻受到忽視，就是一個好例子。不過，有少數幾條法律條文，確實有關鍵的重要性。舉例來說，按照官方的分法，英格蘭王國裡有兩大種族——英格蘭人和諾曼人，直到一三四〇年，這條區分誰才是「英國人」（Englishry）的法條被撤廢，才宣告結束。一三六二年通過的法條，允許人民在法庭以英語進行訴請、辯護，這在本王國的歷史上，同樣是具有類似里程碑性質的重要事件。若干重要的法條，直到現代仍然有效力。一三五一年頒布的「通敵叛國法」（Treason Act of 1351）裡的主要條款，愛德華三世借此明確規定了何者才算構成「叛國」，這些要件，到今天都還載明於各種法令全書裡。而禁止人們攜帶武器進入國會議事堂，以及一三八三年禁止包攬訴訟的法令，在今天也同樣適用。

在今日世界也依然有效力的，還有一三三一年頒布的法令，規定不得違反「大憲章」（Magna Carta）規定而進行逮捕，以及一三八一年頒布的一條法令，認定暴動的發起者，可以觸犯叛國罪論處（這條法令是在該年的農民暴動後隨即通過的）。有趣的是，有一條一三五四年頒行的法令，至今也仍然有效；這條法令規定，如果被告沒有獲得出庭為自己受控罪名辯護的機會，那麼將他名下的土地財產沒收，甚至將他處死，就屬於違法之舉。讓人感覺遺憾的是，等到使用這條法令，進行司法救濟的時候，通常都是被告的子嗣，為了要洗刷父親的名聲，或者是要索討遺產繼承，方才提出，這時，被告早已經被處決了。

除了制定和通過頒行法令之外，國會還有另一項重要的職權：它是本王國位階最高的裁判法庭。如果貴族領主因為犯罪而將受到審判，審判的地點會在國會，當著被告的同儕面前舉行。審判叛國罪的法庭地點與此相同，也在國會舉行。所以，國會所在的西敏鎮，就見證本世紀某些最富戲劇性的時刻。一三三〇年十一月二十六日，羅傑．莫蒂默，首代馬奇伯爵，被五花大綁、口啣布條，站在他的國會同僚面前，他因為被控以十四項特定大罪，以及其他許多條罪名，而即將處死。審判的過程是這樣的：他的罪行「惡名昭彰」，眾人都知道了。到這個時候，已經沒有任何提示證據的必要了：他被判有罪。莫蒂默從倫敦塔被人押解出來，帶往位於台伯恩的絞刑台；三天之後，他懸在一條繩索上，全身赤裸的被吊死。如果你在他被處決後兩天內的任何時段造訪台伯恩，都可以看見他赤裸的遺體，在微風中微微的晃動。

從某些層面上來說，莫蒂默伯爵還算是幸運的。觸犯叛國罪所應判處的全套刑罰，首先是用條繩子（或者牛皮），半拖半拽的將犯人帶上絞刑台，接著剝光衣服吊死，最後再將屍體大卸四塊。因此，人們通常又簡稱「問吊、拖拽與分屍」（不過，如你所見，這個簡稱排錯次序了）。在十四世紀，很少執行全套刑罰，即使是莫蒂默伯爵，遺體也沒有被大卸四塊。大部分被國王愛德華二世認定是叛國賊的人，要不是在戰場上陣亡、被斬首，就是像普通盜賊那樣被絞死。然而，也就是在愛德華二世在位時期，我們頭一次見到死刑那令人戰慄的改良：在犯人死亡之前，將其開膛剖腹。一三一七年，身分尊貴的威爾斯貴族勒維恩・伯仁（Llywelyn Bren）被休・德斯潘瑟（Hugh Despenser）伯爵吊死，並且將之開膛剖腹。九年以後，當德斯潘瑟因為叛國罪被判死刑，人們為了模仿他處死他人的方式，所以特地用四匹馬，將他一路拖往處刑地點，然後，把他吊在大約六公尺高的絞刑台上，切斷繩索，並且在他還活著的時候，就將他給開膛剖腹。他的內臟當（還沒斷氣的）面拋入火裡燒掉。在這之後，他才遭到斬首，並且大卸四塊。到了一四○○年前後，這項令人毛骨悚然的處刑，對於觸犯叛國罪的人，還添加了額外的調整措施。一三九九年，約翰・霍爾（John Hall）因為被控在加萊目睹國王之叔被謀殺，而獲判有罪，他所獲判的處刑是：

> 著將該犯由倫敦塔拖拽往台伯恩刑場，在該處將其開膛剖腹，取出內臟，當其面，入火焚燒之，稍後將其問吊，斬首，最後分卸其屍為四，並將其首級送往加萊。[24]

如果你還在好奇，究竟他是不是在還沒有被吊死、也就是被開膛剖腹的時候，就已經斷氣了？我們現在就可以告訴你答案：那時他還活著。行刑者將他最重要的血管都捆紮綁妥，讓受刑者能夠活下來，親眼看見自己的臟器被拋入火中焚燒。[25]而當他被「大卸四塊」時，那是真正被**分為四塊**；這不是只將四肢砍掉了事而已。在他被斬首之後，他的軀體被四馬分屍，扯為四塊，每一塊上都綁附著一隻手或腳。如果你去倫敦橋上參觀，可以看到有座木台，上面擺著受刑者被大卸四塊軀體的其中一塊：他的右手臂，連著他的右胸、右胸腔、右肺與右肩。[26]

皇家法官

中央政府的皇家法庭共有三種：國庫裁判庭、皇家最高刑事裁判庭與民事訴訟法庭。國庫裁判庭受理與皇家有關的金融財政事項。最高刑事裁判庭處理刑事案件，以及下級法院呈送的上訴案件。民事訴訟法庭也是最高上訴庭，不過該庭所受理的主要案件，大多是個人訴訟，在這些案子裡，人們試著以債務、竊盜、詐欺、扣押和其他類似的罪名，彼此興訟。

大部分的人從來沒見過這三種法庭。它們最大的重要性，在於下面這項事實：刑事和民事裁判庭的法官，通常每年兩次，下鄉到各郡去，審理各郡治安官巡迴仲裁庭與各郡裁判庭所提交的重大案件。因此，這些法官就算是王國皇家司法體系的主要執行成員。

這些法官在各地審理輕、重罪犯時，所組成的委員會，有各種不同的形式。每隔七年，皇家法庭就應該要組織一個「巡迴大審判團」（eyre），這表示法官必須將所有未判決的案件全部都理清審結。一三一三到一四年，巡迴大審判團來到肯特郡的開庭期間，共有兩千人出席，是地方上的大事。[27]而國王陛下更常下令組織的委員會，是「清理積案審判庭」（oyer et terminer），也就是到某個郡，將該地方還沒有判決的司法案件，全數受理並且宣判。從一三〇五年起，這種清理積案審判庭還有一種特別組織形式，被人們稱作「速審巡迴庭」（trailbaston）。另外還有一種臨時組成的委員會，稱作「巡迴裁判庭」（assize）：法官在各郡之間巡迴六次，審決途中所遇到的所有罪犯。最後，還有一種法庭組織形式，也就是「牢獄清空庭」（gaol delivery）。顧名思義，組成這種法庭的目的就是要將監獄裡的犯人全都清空。

在本世紀初期，皇家最高刑事裁判庭在伴隨國王出巡的時候，每在一處停留，就審理該地所有監獄裡犯人的案件。那些被郡治安官收押起來、苦苦等待審判的人犯，現在可等到法官了。他們會被詢問，是否願意認罪，如何為自己的案情辯護。如果他們辯稱自己無罪，那麼本案就會進行審理，並且交由陪審團宣判，被告有罪或者無罪。如果陪審團裁定，被告無罪，他們就當庭開釋。要是陪審團認為他們有罪，被告就要接受刑罰懲處。周而復始，人們在這裡能夠看到生死一瞬間的戲劇性裁決：人們或者因生還而寬心、欣慰，激動不已；或者像一名婦人這樣，當她見到丈夫被判有罪，並且隨即被拽出去城堡外行刑問吊的時候，發出驚天動地的絕望哀鳴。

當各郡立監獄裡，盜賊和殺人犯人滿為患時，給這些人犯的判決，通常都是上絞刑台。大致上，被告當中大約有三分之一的人遭到處決，剩下的則獲得釋放。除此之外，另有少數其他刑罰。人們被判處終身監禁的情況，並不是聞所未聞：例如，倫敦富商休．勒貝佛（他家裡的物品，我們在第六章裡描述過），就因為殺害妻子艾莉絲而入獄，他「將在此處懺悔其罪，至死方休」。不過，像這樣判處終身監禁的情形，非常稀少。偶爾，如果有女子犯了忤逆不忠之罪（殺害丈夫、領主或雇主），她可能會被活活燒死，不過這種情形同樣也很少見。在英格蘭，女巫和異端人士通常是被吊死，而非火刑伺候。將異端分子以火刑處死的刑罰，一直到一四〇一年，才由國會所正式採納。在某些建城年代久遠的自治市鎮，所採行的習慣法裡，對於特定的罪行，責令砍去一肢，以作為刑罰。比如說，在倫敦攻擊市參議會成員者，用來持劍或握刀的那隻手，可能會被剁掉。[28]

在約翰國王在位的時期，根據大約於一二一七年所頒布的「森林規章」（Charter of the Forest），對偷獵者不應以剁去手臂作為懲罰，不過對於他們名下的牲畜，卻仍舊施以切除肢體的刑罰。所以，雖然偷獵者只是被課以罰款，而逃過被斬去手臂的刑罰，但還是會看見他的狗被砍去一條腿爪。要是有匹馬害死牠的飼主，那麼這匹馬就會被官府當成「贖罪奉獻物」（deodand），充公沒收，並且拍賣，收益所得歸於國王。甚至連一艘船也能被判處犯了殺人罪，而且還充公作為贖罪奉獻，拍賣後的所得金額交給國王，作為救濟金發放。這項做法雖然看來很怪異，但和在法蘭西普遍施行的規定相比，至少要來得稍微理性一些；在法蘭西，驢子、豬和牛都可以被當成殺人犯上庭受審，並且上絞刑台（要是牠們剛好使孩童致死的話）。一三四九年，就有一頭牛，因為觸犯了上述的罪行，而被煞有介事的綁在火刑柱上燒死。[29]

治安法官

治安委員或者專員，是今天我們所知現代世界裡，治安法官的前身（技術上來說，當他們擁有審理案件的權力時，就只是法官而已）。在一三〇七和〇八年，治安專員有權逮捕重罪嫌犯；而在一三一六年的肯特郡，為了清空郡立監獄，他們獲得授權，能夠自行審理所逮捕的人犯。[30]這些治安專員雖然都是由國王任命，他們卻都是在地人士。這就引出一個嚴重的問題：你該容許地方自行執法嗎？如果你不允許地方人士定期問吊重刑罪犯，會無法控制罪犯。要是你允許他們這麼作，貪汙腐敗的情況就無法避免。許多無辜的人，在地方治安官員未援引普通法判刑的情況下，就這樣被殺害了。

社會秩序的逐漸敗壞，最終決定了上述這個問題的答案。最後一個巡迴大審判團，是一三二八到三〇年，由羅傑．莫蒂默和伊莎貝拉王后授權派出的。速審巡迴庭在接下來的十年以內，同樣也逐漸淡出舞台。當局作了各種努力來支持地方治安專員，不過收到的效果，各地各有不同。最後，在一三六一年，國王愛德華三世創建了治安法官署。據稱，治安法官是由「本郡內三到四位最堪勝任者，並配屬若干精通法律者擔任之」。他們擁有法定的權力，可以羈押破壞秩序和製造騷動者；可以根據他們的犯行加以懲處；可以因為男人或女子有違反治安的嫌疑，加以逮捕並且監禁；可以對嫌犯課以適當額度的罰金，以確保他們未來行為端正；並且，還可以根據「清理積案」的諭令，逕行判處各種輕、重罪嫌犯的罪刑。一三六一年頒布的這項法令，是另外一項至今仍然有部分效力的條款。

一三六一年之後，地方法官的各項權力持續增長。一三六八年時，他們被賦予監督法條執行之權，以避免工人漫天要價。一三八三年，他們獲得授權，可以逮捕流浪漢與無賴，或是責令他們繳出鉅額的擔保金，以確保他們之後行為良好。他們還需要負擔起撲滅包攬訴訟的責任（領主藉此手段來庇護他們犯罪的下屬）。一三八八年，各郡地方治安法官的人數都獲得增加，而且還頒布律令：在法官開庭期間，每天可以領到四先令的酬勞。這些地方法官，手上既然握有逮捕、監禁、審判、處以罰款，甚至處以吊刑的權力，薪津酬勞又是平均勞動薪資的十二倍，確實是地方上舉足輕重的人物。

組織集體犯罪

現在，有一大筆錢（讓我們準確點說，是價值四千英鎊的黃金），應國王陛下之命，要從倫敦運送到距離一百四十四公里外的萊斯特。你覺得需要動用多少人手沿途護衛？五十人？一百人？還是兩百人？要是你聽到真正的答案，可能會吃上一驚：沿途護衛這批重財的人，只有區區五名弓箭手。[31]你的看法，或許和當時英格蘭的許多罪犯沒有太大的差別。且不論這五名弓箭手的本事有多麼高強，把這樣一大筆錢交給這麼少的人手押送，又是這麼遠的路途，簡直是自找麻煩。俠盜羅賓漢（Robin Hood）的傳說，在這個時候進入民間文化裡，並不是時機巧合。這種攔路劫財的傳說，此時有大量的材料可供採擷；而那些有能力組織一夥人馬，執行一連串殺人奪財計畫的人，更是擁有獲得可觀錢財的良機。

在英格蘭，所有結夥組織犯罪的團體裡，大約有三分之一左右，是由同一家人所組成的。[32]很明顯，在這些團體當中，絕大多數都是臨時鬆散的組合。通常，丈夫與妻子合作，或者兄弟聯手，一起站在法律秩序的對立面。有的時候，甚至連姐妹也參加作案。在諾福克郡的薩里（Salle），一戶姓華朗特（Waraunt）的人家，成員包括三名姐妹、一名兄弟，以及另一名男性親戚約翰．華朗特。一三二一年，這家人裡的兩名姐妹與兄弟被控收受偷來的黃金，於是他們畏罪潛逃了；同一年，姐妹裡剩下的那位也跟著逃跑。可是，約翰卻因為偷竊鎮上一戶人家價值八先令的衣物和貨物而被判有罪。他被問吊處死。一三二五年，華朗特家其他四位成員被逮回監獄。地方治安當局對牢頭下了特別指令，要好好「招待」這家人。他們卻全都熬過來了，不但如此，在隔年二月，有人當庭攀咬他們偷竊衣物時，他們也逃過一劫。這四個人裡的兩位姐妹，在一三二六年八月再度被控偷竊。她們一直在逃，而且到處行竊。[33]

對左鄰右舍來說，華朗特這家人當然是個禍害，可是和某些幫派相比，他們為害的程度還算是比較淺的。更嚴重的禍害，是那些武裝脅迫被害人的罪犯。你絕對不會想碰上像伍斯特郡幫派老大馬爾孔．穆薩爾德（Malcolm Musard）這樣的人，他在一三〇四年，帶著一群弓箭手，攻打教區主教的宅邸，這是因為心懷怨憤的前任主教付錢給他，要他去恐嚇新到任者。你同樣也絕對不會想和約翰．費茲華特（John Fitzwalter）這種人作對，他是埃賽克斯幫派的頭目，曾經兩度圍攻科徹斯特（Colchester），將整座城的居民都當成人質肉票。[34]

這些幫派是如何能逍遙法外的呢？問題的答案可能會讓你大為震驚，可是卻不會讓你感到訝異。這些作奸犯科者，通常都和社會裡最為有權有勢者勾結。在他們裡面，有很大一部分人是騎士和鄉間紳士，有些人甚至還是貴族出身。德文伯爵就在他騎馬遍行該郡的時候，到處放話，威脅要謀殺一位治安法官。騎士在法庭上當庭抽出佩劍，並且架在法官的脖子上，這種事情並不是聞所未聞。[35]即使是身分最為顯貴的法官，也不能免於暴力威脅和金錢賄賂的影響。皇家民事裁判庭的約翰．英吉（John Inge）法官坦承自己收受賄賂。理查．威爾洛夫比（Richard Willoughby）爵士被控「如販賣牲畜般販售法條」，並且遭處一千英鎊罰款。一三五〇年時，因為收受賄賂而鋃鐺入獄的不是別人，正是皇家最高刑事裁判庭的首席法官，威廉．索普

（William Thorp）爵士。

要說明法官當時所面臨的處境，富維爾（Folville）犯罪集團的故事是一個好例子。老約翰・富維爾是萊斯特郡艾許比・富維爾鎮（Ashby Folville）和律倫郡泰夫（Teigh）兩地的莊園領主，他在一三一〇年去世，身後留下七個兒子：小約翰、尤思塔斯（Eustace）、勞倫斯、理查、羅伯特、湯瑪斯和華特斯。長子小約翰繼承了艾許比・富維爾的土地，並且仍舊奉公守法。其他的兄弟可就不是這樣了。當中最危險的一個，就是繼承泰夫土地的尤思塔斯，他和兩名兄弟，夥同周闕家的三兄弟羅夫、羅傑與艾佛（Ivo），一起組成攔路搶劫的強盜集團。他們要下手行搶的對象，就是長期宿敵羅傑・貝勒斯（Roger Bellers）。貝勒斯是個重要人物：他是財庫大臣手下的一名男爵；奉命保護他的不是別人，正是國王陛下的寵臣，休・德斯潘瑟伯爵。但儘管如此，在一三二六年的一月十九日，富維爾強盜集團在密爾頓・莫布雷鎮（Melton Mowbray）通往萊斯特的路上，還是下手將貝勒斯給殺害了。他們拿把長刀，從貝勒斯的頸鎖骨插下去，一路直達心窩。

這群罪犯畏罪逃亡出國。法庭在他們缺席的情況下，發布通緝令。不過，他們的運氣實在太好，因為在一三二六年九月，羅傑・莫蒂默和伊莎貝拉王后就入侵英格蘭，而且把休・德斯潘瑟送上刑場。所有針對富維爾犯罪集團的法律程序全被撤銷，他們的罪行還都被赦免了。這群人以無罪之身重返英格蘭，相信他們已經擁有政界的庇護者了，於是又在林肯郡犯下一連串的搶案。一三二七年，他們變得更加大膽，帶著大群同夥，在公路上四處閒晃，找尋下手作案的對象，威脅、強姦、監禁受害人，以勒索贖金。接下來的幾年裡，光是尤思塔斯個人身上，至少就背了四宗命案、一件強姦案與三件搶案，而幾乎可以肯定的是，上面這個數字，絕對是對尤思塔斯犯下罪行的嚴重低估。不過，恢恢法網，再一次又向他們收攏逼近；在一三二八年底，他們被迫自行參軍，加入莫蒂默的軍隊，出征平定蘭開斯特伯爵掀起的叛亂。因為這樣，他們的罪行又再一次獲得赦免。可是，在莫蒂默的庇護之下，他們洗劫了萊斯特居民的財物，價值高達兩百英鎊。

一三三〇年，當局多次想逮捕富維爾犯罪集團，卻都徒勞無功。這群罪犯在萊斯特的地位，幾乎是難以動搖。富維爾家的大哥，小約翰，也就是惟一沒有涉及任何罪案的家族成員，在這段期間裡，已經被任命為地方治安法官。很有可能，他在暗地裡向弟弟通風報信，提供各種內線情報。羅伯特・科維爾（Robert Colville）爵士試圖在泰夫逮捕尤恩塔斯，結果不但被打退，還被控以非法攻擊的罪名。羅傑・德溫斯禮（Roger de Wensley）受雇追捕富維爾犯罪集團，以及本地區另外一個惡名昭彰的幫派：由詹姆士・卡特瑞爾（James Cotterel）帶頭的卡特瑞爾幫。但是等到他找著這群人的時候，卻乾脆加入卡特瑞爾幫。

一三三一年，富維爾犯罪集團被人雇用，雇用者是瑟普林漢（Sempringham）隱修院教士，和海佛霍姆（Haverholm）修道院庶務管理教士。這些神職人員，之前就曾經窩藏這群罪犯，協助他們躲過執法人員的追捕；這一次，他們付給富維爾犯罪集團二十英鎊，要他們搗毀一座屬於修院敵人的水車磨坊。沒多久，這座磨坊就成為一處冒著煙的廢墟了。富維爾犯罪集團的下一件案子，野心勃勃，規模空前。他們和另外好幾個犯罪幫派組成同盟，這些幫派成員，包括卡特瑞爾幫、布拉德波恩幫（Bradburn）、「薩維吉公司」（Savage Company，由詹姆士・卡特瑞爾的朋友，羅傑・薩維吉領頭）、墨爾本（Melbourn）城堡的前任總管羅伯特・杜契特（Robert Duchet）

爵士，以及洛金漢（Rockingham）城堡的現任總管，羅伯特·德維爾（Robert de Vere）爵士。他們的計畫是綁架富有的皇家法官，理查·威爾洛夫比爵士（也就是稍後被控「如販賣牲畜般販售法條」的同一位法官）。一三三二年一月十四日，他們抓住法官，當時他正在本地執行清理積案巡迴審理的業務。他們洗劫法官隨身的財物，相當於一百英鎊，而且要求一千三百馬克（相當八百六十六英鎊十三先令四便士）的贖金。

像這樣不可思議、肆無忌憚的匪徒犯行，當局絕不可能坐視不管，於是在一三三二年，一個史上最嚴厲的速審巡迴庭受命成立，以富維爾、卡特瑞爾集團為主要捉拿對象。這個速審庭的三位主審法官，由本王國裡來頭最大的三名法官所組成，他們是：皇家最高刑事裁判庭首席法官傑佛瑞·勒史格洛普（Geoffrey le Scrope）、民事訴訟法庭首席法官威廉·德哈爾勒（William de Herle），以及前任民事訴訟庭首席，約翰·史棟能（John Stonor）法官。可是，儘管他們展現出政府的公權力，卻還是沒能將主要嫌犯逮捕歸案。詹姆士·卡特瑞爾和羅傑·薩維吉逃往位於德比郡高峰森林（High Peak）裡的荒野躲避藏身。法庭發出不下兩百張拘捕令，捉拿了許多富維爾和卡特瑞爾犯罪集團的幫眾。其中只有四分之一的被告實際出庭受審，而實際上所有被告都獲得地方陪審團無罪開釋的宣判，因為沒有任何陪審團員膽敢給他們定罪。

一三三〇年代的末尾，富維爾和卡特瑞爾犯罪集團的幫眾，找到了讓自己重新回歸社會的門路。他們當中有許多人，在一三三八年加入愛德華三世的軍隊，出兵遠征低地諸國。在這之後，尤思塔斯金盆洗手，退休不幹。出乎意料的時來運轉，他竟然受封為騎士，並且在一三四七年平靜的離開人世，之前一年，他還參加了克雷西會戰。富維爾犯罪集團的領導權，現在傳到泰夫教區的主牧，理查．富維爾手上。他和他手下的罪犯在一三四〇年，終於走到人生的盡頭；因為在這個時候，他們的死敵羅伯特．科維爾爵士，終於找著這些人的下落了。科維爾一路追到泰夫，富維爾犯罪集團在這裡尋求教會的庇護。整整十年，科維爾試圖將這批人逮捕歸案；現在，他根本不想給這些人留下任何希望，所以他發動了進攻。接下來是一場激烈的射擊戰；富維爾集團的人從教堂的窗裡齊射弓箭，但他們抵擋不了科維爾的攻擊。這些人一個個從教堂裡被拖拽出來，並且以拒捕的罪名斬首。[36]

教會裁判庭

看完理查．富維爾的故事以後，你可能會想問：神職人員有什麼權利，可以就法律事務訓誨人們？很多人和你一樣，心裡也抱持著這樣的疑問。為什麼主教和高級助祭可以在人們的道德行為上執法？有些高階神職人員，甚至公開承認他們的非婚生子女。[37]儘管如此，我們在討論法律時，必須要提到教會所設的裁判庭，才算是完整。有一項獨特的層面，也就是「神職人員特典」（The Benefit of the Clergy），意即身為一個受過教育的人，你永遠不必因為身觸重罪而被處以死刑。

在英格蘭，有各式各樣的教會裁判法庭。當中最重要的，是轄區涵蓋所有主教牧區的「教區裁判庭」（consistory court）與「大助祭裁判庭」（archdeaconry court）。這兩種法庭，可以審判許多類型的案件。舉例來說，人們要是想對另一個人就道德問題（例如，毀謗中傷）採取法律行動，兩造雙方又都住在同一個教區裡，那麼他們打官司的地方，就應該是大助祭裁判庭。不過，在這裡打官司可不便宜。遞狀打官司，要價三便士。自訴狀（libel，需要被告自行呈遞，以為他或她本人進行辯護）要價二先令一便士。審訊需要額外繳交一先令的費用。在坎特伯里教區，要獲得判刑，需要七先令又八便士；所以人們只會在萬不得已、十分必要的時候，才會採取這類訴訟行動。[38]

和上面這類官司一樣重要的，是那些呈報給教會裁判庭受理的違反道德起訴案。這些起訴案的內容，包括人格毀謗、醉酒鬧事、詛天咒地、在星期日買賣作生意（尤其是肉販和理髮匠）、星期日不上教堂禮拜、異端邪說、做偽證、盜領救濟品、在禁食肉品的日子裡吃肉、攻擊神職人員、未繳納什一稅、放高利貸、苛待妻子、有血緣關係或不圓滿的離婚，以及對神職人員興訟等。截至目前為止，教會裁判庭受理的案件裡，最大宗的種類，與性方面的犯罪有關。所有涉及道德的紛爭，大約有三分之一到三分之二的比例和性行為扯上關係，大部分都是婚外性行為、重婚、通姦，但是也包括嫖妓、私生子、同性戀和亂倫。這些案件，全都由教區裁判庭受理。在這些案件裡，代表主教進行審理的委員可以對案件當事人處以罰款、鞭笞、於禮拜日在教堂手持蠟燭列隊、在教堂眾人面前於祭壇上做奉獻，或者連續三個禮拜日，都要站在教堂門前一塊白布上，坦承懺悔自己所犯的罪行。未到庭接受審訊者，將被處以暫停教權的懲罰（不能進教堂，直到同意出庭為止），若是當事人頑劣不改，在最壞的情況下，甚至可以判處驅逐出教。

出身貴族的人，倘若犯罪，有權在國會接受同儕的審判；神職人員也是一樣，有權在教會裁判庭接受審訊。這項權利被稱為「神職人員特典」，在一三一五年頒布的法令裡，得到有力的確認。「特典」十分明顯：即使主教評議庭（Convocation，最高等級的教會法庭，位階相當於世俗的國會）判決一名神職人員有罪確定，仍然不會將其處以死刑。很有趣的是，用來測試你是否為神職人員的門檻很低：你識字嗎？如果你被控涉嫌重罪，而且被帶到法庭受審，那麼你應該主張自己受到「神職人員特典」庇護，然後念一段法庭交付給你的文字。理論上，即便你被皇家法庭判決有罪，也需要交由教會裁判庭再重新審理；不過，負責重審的神職人員，通常的做法是將你當庭釋放。

教會庇護所

對於那些身犯重罪，而且害怕受刑的人們而言，他們還有最後一個地方可去。假如你能在被逮捕之前設法進入教堂，你可以聲請教會的庇護。只要你身後教堂那扇被視作神聖不可侵犯的橡木大門，「砰」的一聲關上時，你就有最多達四十天的平安日子可過（理論上）。當你對投奔的教堂進行懺悔之時，在有人見證的情況下，庇護就算批准。那些追捕你的人，必須派人在教堂大門外看守，以防你脫逃（如果你逃走了，他們會被罰款）。根據一三一五年所頒布的法令規定，任何人不得以飢餓作為手段，逼迫聲請教會庇護的人出來，換句話說，在門外看守你的警衛，必須對你提供食物。不但如此，你還可以自由走出教堂，到室外去便溺。地方的督察官應該在這四十天內現身，將你擁有的財物沒收充公。接著，他會指定一個港口，讓你從那裡搭船出海，宣誓永不回國。你將不戴帽、**打赤腳**走上國王闢建的公路，往海港一路前進，搭乘下一艘船，離開這個國度。

至少，教會庇護應該是這樣運作的。實際上，如果你是個殺人犯，那麼得到被放逐出國的下場，還算是幸運的。有的時候，地方上的人們因為「無法」說服督察官到場，所以在你尋求教會庇護四十天期滿之後，停止供應食物給你。又有的時候，他們根本就不給你吃的東西。如果有一名竊賊被定罪，獲判放逐出國，通常他身後會有大群民眾聚集，一路緊追在後；至於要追多遠、讓這名竊賊的日子有多難過，要看民眾的意願而定。個案的情況，通常也讓聲請教會庇護這項權利的實際運作情形，變得十分複雜。在一件案子裡，一名被控殺害教士的男子，原本被這名教士的僕從拘留監禁，但是他逃了出來，並且尋求教會的庇護。由於這名男子是個逃犯（當他脫逃時，被害教士的僕從正在到處捉拿他），他因此無法獲得被放逐出國的權利。在庇護滿四十天之後，教堂給他兩條路走：留在教堂裡餓死，或者是讓教堂將他交出去。他選擇了後者——立刻就被問吊處死。[39] 一三二〇年，伊莎貝拉·德布里（Isabella de Bury）殺害倫敦城艾爾哈洛斯（Allhallows）的教區執事，而向同一座教堂尋求庇護。倫敦主教本人親自向教堂帶話，拒絕為這樣的女人提供庇護，於是她被拽出教堂，並且問吊處死。[40]

最後，值得我們注意的是：向教會聲請庇護這項權利，通常受到人們的忽視。在前面理查·富維爾的案例裡，我們可以看見：當一名教士本身就是個惡名昭彰的罪犯時，他躲在自己住持的教堂裡，很難稱得上是使用了庇護權利。當「冷酷國會」（Merciless Parliament，譯註：即一三八八年二月到六月召集的國會會期，該屆國會將多位國王理查二世的寵臣與朝廷要員，以叛國罪名義處死。）發現首席法官崔斯理安（Tresilian）躲在西敏寺修道院，接受教會庇護的時候，不但拒絕他流放國外的請求，還由國王的叔叔親自動手，將他從教堂裡抓出來，問吊處死。在許多於農民暴動期間、投奔教會庇護的人裡面，有很大一部分，遭強制帶出教堂，並且在罔顧法律的情況下，被當成逃犯遭到斬首。事情的發展，完全依照人們對於罪犯的觀感來決定。有個布列塔尼人（Breton），接受倫敦一位備受愛戴的寡婦收留招待，他卻在寡婦的床上將她殺害，而且還偷走她的財物。案發之後，他跑到教堂要求庇護。這只延緩了一小段時間。很快的，督察官就為他指定了放逐出國的登船港口，於是他啟程上路。可是，寡婦的親友傷心欲絕，老早就等在路上，用石頭將他活活砸死。[41]在中古英格蘭，人民自發執行的私刑正義，並沒有比皇家法官和絞刑吊索寬容到哪裡去。

1 Summerson, "Structure of Law-Enforcement," p. 314.
2 Cam, *Hundred Rolls*, p. 186.
3 Woolgar, *Senses*, p. 74.
4 Pugh, *Imprisonment*, p. 194
5 Cam, *Hundred Rolls*, p. 71.
6 參見1：Edward III cap. Vii，他曾下令調查，獄卒是否迫使獄中人犯攀咬無辜無罪的人。
7 這個典型的例子是引自Pugh, *Wiltshire Gaol Delivery*, p. 96.
8 Summerson, "Structure of Law-Enforcement," p. 326.

9 Cam, *Hundred Rolls*, p. 137.

10 Cam, *Hundred Rolls*, pp. 70-1.

11 McKisack, *Fourteenth Century*, p. 206. 有一個非常類似的例子，是在十三世紀時一連串發生的事件，事件的主角是威廉．德萊叟（William de Lisle），他是柏克郡和牛津郡的治安官。見Cam, *Hundred Rolls*, p. 63。

12 Cam, *Hundred Rolls*, p. 135.

13 Bennett, *Life on the English Manor*, p. 203.

14 一二六七年的馬爾伯洛條款（The Statute of Marlborough）規定，自由民無出席莊園裁判庭的義務，除非莊園在和他訂立的契約裡，明白規定這一點。見Bennett, *Life on the English Manor*, p. 202。

15 Bennett, *Life on the English Manor*, pp. 246-7.

16 關於這一點，可說是眾說紛紜。在這裡我遵照*The Oxford Companion to Law* (Oxford, 1985), p. 616的說法。

17 Bennett, *Life on the English Manor*, pp. 197-8.

18 Bennett, *Life on the English Manor*, p. 196. 如同蘭開斯特伯爵亨利的帳冊所顯示，在大批購入雞蛋的時候，一打雞蛋值一便士。即使是同樣數量雞蛋的零售價，也只是這個價格的兩倍，這表示十六顆雞蛋的價格，不會高於三便士。

19 Lister (ed.) *Wakefield Court Rolls* [1313], p. 14.

20 Riley (ed.), *Memorials*, pp. 195-6.

21 這些條款引自Patricia Moore (ed.), *The Borough Ordinances of Cowbridge in Glamorgan* (1986)。書中條款的年代，是一六一〇至一一年，這些條款都是根據最早版本修訂而成的。不過，五十條當中的第四十五條，和一三三〇年制定的肯菲格（Kenfig）、格拉摩根（Glamorgan）的排列順序一樣。因此非常有可能，牛橋（Cowbridge）自治條款同樣也是成於十四世紀。牛橋和肯菲格的自治條款，並不是由今日英格蘭人的祖先所制定的，而格拉摩根一地的權力，在十四世紀時，則操在英格蘭人的手上；而上述這些自治條款所模仿的樣板，是來自赫爾福德的自治條例。在OED裡，浸水刑凳大約出現在十四世紀的頭十年。

22 Smith (ed.), *English Gilds*, pp. 370-409. 這些條款取自國王愛德華四世在位年間。不過，它們都是根據早期版本所修改而成，關於這一點，檔案本身就做出清楚的解釋，並且和十四世紀其他城鎮的自治條款比照過。修辭用字已經有大幅的精簡。

23 Scott (ed.), *Every One a Witness*, p. 227，引用 *Calendar of the Coroner's Rolls*。

24 *PROME*, 1399 October, item 16.

25 Hardy and Hardy (eds), *Waurin 1399-1422*, p. 40.

26 *PROME*, 1399 October, Introduction.

27 Jewell, *English Local Administration*, p. 141, 引自W. C. Bolland, *The Eyre of Kent*.

28 Riley (ed.), *Memorials*, pp. 492-3.

29 Wylie, *Henry V*, i, pp. 31-2.

30 Harding, *Law Courts*, p. 95.

31 Wylie, *England under Henry IV*, iv, p. 318. 這個事件實際上發生於一四一〇年，不過它可以被看成是上個世紀運送錢財人力安全配置的通常型態。

32 Hanawalt Westman, "The Peasant Family and Crime," p. 13.

33 Hanawalt Westman, "The Peasant Family and Crime," pp. 14-15.

34 Platt, *Medieval England*, p. 110.

35 McKisack, *Fourteenth Century*, p. 207.

36 富維爾和卡特瑞爾犯罪集團的諸多細節描述，來自Stones, "The Folvilles of Ashby-Folville" 以及Bellamy, "The Coterel Gang"。

37 之後出任溫徹斯特主教的林肯主教亨利・標伏特，就是一個例子。

38 Woodcock, *Ecclesiastical Courts*, p. 61.

39 Cam, *Hundred Rolls*, p. 193.

40 Coulton (ed.), *Social Life*, p. 320.

41 Brie (ed.), *Brut*, ii, p. 442.

第十一章

休閒娛樂

在人生遭遇許多極度困難處境的時候，如果還要記得十四世紀的英格蘭，由不少歡樂的成分所貫穿，這確實是一項挑戰。這個世紀毫無疑問，是個災禍連年的時代，可是人們卻能安之若素，妥善應對。他們的生活確實過得興高采烈、多采多姿，無論是唱歌跳舞，還是騎馬比武、縱鷹狩獵，都能帶給他們快樂。貴族領主和歷代國王麾下有弄臣小丑與吟遊樂手，提供笑話和故事，並且演奏音樂、跳舞和歌唱。歡笑聲是日常生活的固定成分。一三四〇年，法軍在斯魯伊斯海戰大敗，沒人敢向法王稟報，最後還是由陛下的弄臣出面，大聲的說出「法蘭西人是如何英勇的把自己丟下海，才不像那些英格蘭膽小鬼，緊緊黏在他們的戰船上面。」一三一三年，愛德華二世被「傻子伯納德」（Bernard the Fool）和四十名光著身子跳舞的舞者給徹底逗樂。[1] 你可能會想，愛德華二世這段故事，到底意味著什麼？但是，不管是來自哪個時代，大多數人都必定會因為這件事情，而感覺興味盎然。

音樂與舞蹈

聽。

四周非常安靜。

站在戶外寬敞的大路上，你耳際所能聽見的，只有樹梢的風聲、溪水的淙淙聲，偶爾加上行人的幾聲叫喚，以及小鳥的鳴唱。法蘭西騎士拉圖爾．蘭德利（La Tour Landry）徜徉在一座花園裡，說起野生的鳥兒們，用牠們各自不同的語言鳴唱，「充滿歡笑與愉悅」。[2]詩人威廉．蘭格倫，斜躺在一條小溪邊，俯身端詳著水面，說溪流的潺潺波紋**聽起來**真是甜美。

在室內，實際上也聽不到什麼太大的聲響，只有火爐發出的劈啪聲、木質器皿重重放在石頭地面上發出的砰然聲、還有金屬器皿掉落時發出的哐噹聲。人們彼此談話，有的時候唱歌給自己聽。你所能聽見最大的聲響，是轟隆的雷鳴、小號喇叭的奏樂、響徹一座城市的各種鐘聲、戰馬馬蹄奔跑時的喀啦聲（例如在比武時，騎士往前衝鋒），以及在非常非常偶然的機會裡，會聽到大砲發射的聲音。但是，上述這些巨大的聲響，除了樂器和鐘聲以外，都很少聽見。當你端坐在城堡的大廳裡用餐，室內最大的聲響，不過也就是下桌人們交談的聲音罷了。

就在這種相對安靜的情況下，人們能細察入微的聽見各種不同聲音。他們能非常清楚的聽。當聽見有隻狗在吠，他們能辨別這是誰家養的狗。對於各種聲音，他們也更加敏感。在上面這些聲音裡，他們對於音樂，尤其專心的傾聽。

中古時期的人們愛聽音樂。好聽的旋律，就和可口的佳餚、有趣的笑話、還有引人入勝的故事一樣，同樣都是人們生活的一部分；音樂將所有人串在一起：從權勢薰天的貴族領主，到境遇最悲慘的佃農奴隸，人人都愛聽音樂。甚至據說連僧侶都很愛聽吟遊歌曲，特別是由豎琴演奏的撥弦曲目。對於大貴族領主來說，音樂是他主要贊助節目之一，提供給身在廳堂裡的每個人欣賞。如果沒有了音樂，領主的招待就會被看作是既貧乏又低劣。樂師是受到高度重視的一群人。一三一二年二月，在一場宴會裡，國王愛德華二世賞賜給他的首席司儀兼吟遊詩人（herald-cum-minstrel），「王者羅伯特」（King Robert），以及他旗下的表演者四十馬克（二十六英鎊十三先令又四便士）的禮物。[3]

一三三五年，國王愛德華三世龍心大悅，賞給另外一位首席司儀兼吟遊詩人團長安德魯．克拉朗賽爾大師（Master Andrew Claroncel）和他的同伴五十馬克（三十三英鎊六先令八便士），因為他們在朝廷為國王和大臣們「表演吟遊歌藝」。[4]對於區區幾個小時的演出來說，這可是一筆豐厚的賞賜。在一三四一年七月，羅傑．班寧（Roger Bennyng）和他率領的吟遊歌班，在蘭為國王與王后演奏歌曲時，只收到二十馬克的打賞（合十三英鎊六先令八便士），但是這筆賞金的金額，仍然不是能夠隨便拒絕接受的。[5]一三六九年時，漢內其諾（Hanekino）個人所收到半馬克的賞金（合六先令八便士），同樣也是這個情況；當時他在坎特伯里的基督城聖母（Virgin at Christchurch）雕像下，御前演奏他的小提琴。[6]大部分的人必須工作至少三個星期，才能賺到同樣金額的錢。

這些樂師所演奏的樂器各有不同，而且一直持續在演進。豎琴、小號，甚至是一把小提琴，都沒有固定的規格模式。沒有兩件樂器是完全一模一樣的，它們全都是手工打造，因此也談不上有什麼獨特的設計樣式。豎琴的弓弦有幾條，每具都不同；每把小號的長度，同樣也是不一。就連樂團裡各聲部樂器的分配布置，也有不小的差異。埃克塞特主教座堂的藝文長廊（約建於一三五〇年）牆上所繪製的樂器，包括一組風笛、一支豎笛、一把小提琴、一具豎琴、一把沒有任何氣閥的小號、一架輕便的風琴、一組手搖鈴鼓，以及其他三種你可能沒辦法馬上辨認出種類的樂器：一把吉特恩絃琴、一把西特琴，還有一支木風笛。

十四世紀時的樂器（不含現在仍普遍使用的樂器）

名稱	描述
吉特恩琴（Gittern）	吉特恩琴是一種非常小型的弓背樂器，它的模樣類似西洋琵琶（lute），但是沒有琴頸（吉特恩琴的頸部，只是它水滴型琴身的延伸而已）。它有四或五組琴絃，用一根纏繞鵝毛的絃撥進行彈奏。
西特琴（Citole）	西特琴是一種出現在十四、十五世紀的獨特樂器。它是一種冬青樹葉模樣的絃樂器，短琴頸，平背部，有三到四組琴絃，由手指撥彈。
木風笛（Shawm）	木風笛是一根木質的長管樂器，頂端裝有一根雙簧管，模樣很像現代的低音管（bassoon），尾端則是呈現鐘狀。它的形狀很類似風笛的主音排管，不過體積要大得多。
定音鼓（Naker）	定音鼓是金屬製的鼓，模樣類似半球形銅鼓，演奏的時候，用雙腕托住鼓身；如果是更大的版本，則直接放置在地面進行演奏。

單面小鼓（Tabor）	一種以手持鼓身、獸皮包裹鼓面的單面鼓，通常結合風笛或口哨一起演奏。
三絃琴（Rebec）	有三根琴絃的提琴，以琴弓進行演奏。
古弦琴（Psaltery）	古弦琴是中古豎琴的一種，琴弦以金屬製成，設置在方盒裡，以鵝毛管進行演奏。
尖音小號（Clarion）	一種號管彎曲的小號。
低音號（Sackbutt）	一種號管延伸並且彎曲的小號，類似今天的長號（伸縮喇叭）。
變號（Crumhorn）	器身彎曲的木風笛，吹嘴部位是一條簧片，這讓人可以在馬背上吹奏（否則他們會在每次震動顛簸時，就將吹管弄斷）。
古手絃琴（Hurdy-gurdy）	這是一種有絃的樂器，演奏時，用手轉動一具輪盤，通過琴絃發出聲音（通常和風笛合奏）。

音樂是少數幾種能發出巨大聲響的方式之一，所以它除了娛樂聽眾以外，還有其他目的。「高尚」的吟遊歌曲，是為高音樂器所譜寫的：使用小號、風笛、尖音號、木風笛和定音鼓來演奏，而「民俗」吟遊歌曲則在旋律上有更多不同的變化。司儀和小號手之間的合作關係非常明顯；許多司儀還兼任樂團的指揮，負責發出巨大、儀式宣示性質的聲響。大貴族每當出遊，或是準備出發到前線作戰時，都會帶上擅長演奏高調歌曲的樂師同行。一三四五到四七年，愛德華

三世位於法蘭西的行宮裡，就設有一個樂師部門，編製有五名小號手、一名西特琴師、五名風笛手、一名小鼓鼓手、兩名尖音號手、一名定音鼓手與一位小提琴手。[7] 亨利四世還是德比伯爵的時候，在一三九二年出發到歐洲去遊歷，隨行帶上兩名小號手、三名風笛手和一位定音鼓手。[8] 城鎮裡的守更或值夜巡邏隊，當需要發出警報聲的時候，也會用上樂器。由於銅製的小號和尖音號造價非常昂貴（所以在貴族府邸以外的地方，非常罕見），木風笛就成為城門守衛隨身攜帶的次佳選擇。如果木風笛的取得有困難，就使用打獵時用的號角，這是發出巨大聲響的典型樂器。

至於更富有旋律變化的「低調」樂曲，你可能會在哪裡聽到呢？答案是：幾乎在所有地方，你都能夠聽到。在王公貴族所辦的宴席上，你總是能聽見樂師奏樂：一三〇六年的五月，威爾斯王子（也就是未來的國王愛德華二世）受封騎士的宴席上，就請來超過一百七十五位樂師。但是，你也能聽見鄉間的牧羊小童，在山丘上吹著他們的笛子或口哨。喬叟筆下〈磨坊主人的故事〉裡那個劍橋學生尼可拉斯，就會彈奏古絃琴。〈采邑總管的故事〉裡的亞布索倫（Absolon）會吹奏風笛，〈磨坊主人的故事〉的主角，那個磨坊主人，同樣也會吹奏風笛。在〈騎士的故事〉（The Knight's Tale）裡，負責旁白說故事的隨從，則會吹長笛。如果你在一三四〇年、林肯郡領主傑佛瑞・盧特瑞爾（Geofferey Luttrell）爵士的莊園裡信步漫遊，可能會看見一名農夫吹奏著風笛，而一個雜耍女藝人在他面前跳舞。在那裡，你還可能還會看到其他的農夫彈著古絃琴、定音鼓、風笛和鐘鈴，甚至是可攜式的風琴。如果你在教堂裡的麥酒釀成時〔被稱作「蘇格蘭麥酒」（scotale）盛會〕前來拜訪，那就會看到村裡所有還能派得上用場的樂器，全都被搬來這裡，一起共襄盛舉。

有音樂的地方就有舞蹈。就像走唱藝術裡包含了雜耍和魔術師的表演，舞者和樂手通常也結成班子，一同旅行。他們的表演，有時候非常特別：一個人在兩把劍的劍鋒上表演倒立，另外一人則同時吹奏兩支豎笛——這是你應該會看到的把戲。[9]雜耍藝人隨著鼓拍節奏做的翻滾跳躍，或者是年輕女舞者跳的煽情莎樂美（Salome）舞蹈，使人很難移開視線。或者，在音樂節目裡，會加入一頭跳舞的熊，或是會表演的狗。地方上的大活動，像是前面提到的釀酒盛會，你很可能會看見尋常村民們起身跳舞。大部分這類業餘的舞蹈，跳的都是圓圈舞（carolling）：所有人手連著手，或是彼此搭肩，圍繞著站在中間、唱著押韻歌詞的帶動者，成一個大圓圈，向左或向右跳。稍後，每一個參加跳舞的人，會一起合唱複歌部分。

現在的合唱，已經成為宗教曲目的限定禁區，中古時期則不同，許多人唱的歌曲都十分下流，有些還完全屬於挑逗猥褻性質。由於這類合唱跳舞的場合，都在教堂外的草坪舉行（在室外跳舞，和在室內一樣普遍），許多教士有被冒犯的感覺。有的教士會對著你搖晃指頭，意在提醒你，那個馬姆斯伯里的威廉（William of Malmesbury，譯註：十二世紀英格蘭史家）所說的故事：在某個耶誕夜，十二名舞者在一座教堂附近圍成一圈跳舞，而且還說服教堂執事的女兒加入同樂。教堂執事不許他們繼續跳舞，而且還咒誓說，假如他們不馬上停下來，他會見到這群人在未來的十二個月裡，就這樣一直跳個不停。事情，就這麼發生了：他的詛咒應驗了；舞者搭在一起的手無法分開，他們沒辦法停止跳舞。這名教士的兒子跑出來，試著想把他的姐姐給救回去，他一把抓住她的手掌和手臂，它們竟然像腐朽的枯枝一樣剝落。[10]

別管馬姆斯伯里的威廉說了什麼，也別理會那個對人搖指頭的教士了。所有人都在跳舞，每個人都唱著歌。在教堂和修道院裡，神職人員唱著彌撒曲。英文歌詞的三部和聲伴唱（descant）和讚美詩歌，都是在本世紀的最後十年裡寫出來的。到了一四〇〇年前後，英格蘭已經快要成為基督教世界裡首屈一指的音樂國度了。甚至，連皇室成員都能寫曲、彈奏音樂（豎笛與豎琴）。亨利四世在年輕的時候，會與他的首任妻子瑪麗·德伯翰（Mary de Bohun）一起唱歌、演奏樂曲。喬叟寫道，亨利的母親布蘭琪女爵（Duchess Blanche）是如何「慣於翩翩起舞，悅耳的頌歌與歡唱，……此等幸福樂事，只應天上有，人間何幸能得見。」甚至，連他筆下〈巴斯之妻〉的女主角都宣稱：「只要讓我飲下醇酒一杯，我就可以為一具小豎琴而起舞，像夜鶯一樣歌唱。」在〈磨坊主人的故事〉裡，喬叟筆下那位木匠新討來老婆的故事，也與此類似：她的嗓音「清脆愉快，好像在穀倉巢中棲息的燕子」。在威廉·蘭格倫的長詩〈耕者皮爾斯〉開頭，一大群民眾來到山丘上奏樂。所有人都唱歌起舞。身處在一個瘟疫、戰爭與災難交相侵襲的世紀，你必須要這麼做。

戲劇表演

在城鎮與城鎮之間旅行，你很可能在某處碰上人們在演戲。最普遍的戲劇種類，是宗教奇蹟劇和神祕劇，遇到慶典節日時，在規模較大的市鎮裡演出。在約克、切斯特和魏克菲爾德（Wakefield）演出的連台戲，名聲很響亮；但你也可以在下面這些城市裡，看到神祕劇登上舞台：考文垂、諾里奇、新堡、北安普頓、薩福克郡的布羅姆（Brome）、巴斯、比佛利、布里斯托、坎特伯里、伊普斯威奇、萊斯特、伍斯特、林肯、位於克拉肯維爾（Clerkenwell）的倫敦與埃克塞特。[11]伍斯特的五台連戲，或者是盛裝遊行慶典，還被載入城鎮自治規章裡（參見第十章）。

在約克的神祕劇，都在日期每年變動的聖體節（Corpus Christi，三一節後的那個星期四）慶典活動時上演。本市的每個行業公會（除此之外，一切都是「謎」：這正是神祕劇名稱的由來），都要負責搬演一齣戲。金匠公會推出的戲碼是「東方三王來朝」（Coming of the Three Kings），造船公會則表演「建造方舟」（Biulding of the Ark）。你或許會覺得，這兩齣戲還真是應景又符合自己的職業啊，直到你曉得，屠宰肉販公會推出的戲碼是「基督受難」（the Death of Christ），這才知道強中自有強中手。每齣戲表演的舞台，都架設在一輛兩層馬車上，上層作為舞台和演員更衣室，下層則是道具間。這些馬車被拉到全市十二處地點進行表演。你所需要做的，就是在這些戲碼上演的那些日子裡，到這些地方去看戲。

現代的人們看戲的時候，總是特別注意明星演員，中古時期的人們也是一樣，他們群聚觀賞熟悉的宗教戲碼。在中古戲劇裡，能算得上「明星」的，是上帝或耶穌，或者是那些殉道的聖人。看戲的觀眾裡，有些人十分入戲。當他們見到基督受難、**為了他們**受大苦，甚至被釘上十字架犧牲生命時，看看他們臉上入迷的神情。當觀眾們看到在伊甸園裡，夏娃拿著蘋果引誘亞當時，他們見到的是男人的墮落，有如他們的親身經歷。與此類似，當諾亞和洪水的故事，在舞台上重現的時候，象徵著惡人遭受毀滅，以及人們不想下地獄的冀求。透過自己的雙眼，觀眾可以見到：如果他們不悔改自身的罪孽，會有什麼樣的事情將發生在他們身上。在這個世紀裡，人們已經見證到上帝以瘟疫奪取了近半數人口的性命，這些戲劇場景因此能夠得到廣大的回響和共鳴。

另一個你可能會碰上的宗教戲碼，則是道德劇。這種戲碼由神職人員演出，在拉丁世界，它的歷史很久遠，可以追溯到好幾個世紀以前。在英格蘭，它們才剛剛開始發展起步。重要的道德劇，例如《凡夫俗子》（*The Somonynge of Everyman*），要等到十五世紀才會面世。但儘管這樣，如果你碰上一齣戲，內容是邪惡與德行的爭戰，那你正在看的，很可能是早期的道德劇。劇中角色包括「愚昧」（Ignorance）、「謙卑」（Humility）、「嫉妒」（Covetousness）、「善行」（Good Deeds）、「放蕩」（Riot）等等。這些道德劇，在動人心絃這個層面，遠不如聖人殉難的宗教劇，對於大部分的人們來說，它們的意義也比不上從《聖經》改編的歷史劇。不過，就算是基於不正確的原因，你還是會被戲裡的惡魔與那些老惡棍的角色給逗樂。

類似道德劇，在耶誕節和其他節日裡，有若干化裝默劇（mummer performance）和「變裝遊戲」（disguising game）上演。在這類型的戲裡，並不那麼著重於角色的台詞，而由演員們所戴的面具說明劇情（「化裝」就是「變裝」的替代詞）。劇中的英雄角色和羅馬樞機主教、或者和傳說中的巨人，例如歌革（Gog）或瑪各（Magog）這類的「惡魔」拼鬥。所以人們必須把自己裝扮得像這些「惡魔」。國王愛德華三世十分熱中於這類變裝遊戲，將這類活動列為盛事。為了一三三八年的耶誕節表演之用，他吩咐訂購了「八十六份簡單面具，十四份附有長鬚的面具，十五具以亞麻布製成的狒狒頭顱，……以及十二厄爾長的布，以製作森林背景畫布，還要附上一副木質枷鎖和一具刑椅。」[12] 九年以後（一三四七年的耶誕節），為了在基爾德福德舉行的變裝遊戲，國王陛下訂購了「十四份女子面孔的面具、十四份有鬚男子的面具、十四份天使面孔銀面具、十四件色彩豔麗的斗篷大衣、十四套龍的頭顱……十四套野雉頭、十四雙為這些野雉所準備的道具翅膀、十四件畫有野雉眼睛的束腰短上衣，用來搭配翅膀、十四套天鵝頭、十四雙天鵝翅膀道具、十四件色彩鮮豔的麻布短上衣，以及十四件畫有星辰圖樣的束腰短上衣。」[13] 一三四八年，你甚至可以看見國王陛下本人，裝扮成一隻巨鳥，親自登台演出。[14]

變裝表演不一定總是和戲劇有關。一三七七年的一月底，在肯寧頓（Kennington），當著年僅十歲的理查王子（Prince Richard）面前，就有這樣一列隊伍經過。一百三十名倫敦市民「變裝打扮、戴著面具，騎在馬上」，由新門遊行穿過城內，攜帶著小號、低音號、短號、木風笛和其他樂器，還有「無數蠟燭火炬」。他們從南瓦克穿行而過，來到肯寧頓，此地是年幼的王子殿下與母親居留的地方，他的叔叔和其他多名貴族領主也住在這裡。他們全都兩人一排，並肩騎行，身著紅色長袍，臉上戴著面具。他們當中有四十八人，以隨扈身分參加隊伍，另外的四十八人則是騎士。這群人由一名「盛裝打扮，有如皇帝」的騎士，以及另一位「盛裝穿著，如同教宗」的人領頭。跟隨在這兩人身後的，是二十四名打扮成紅衣樞機主教的騎士，以及「八到十名戴著黑色面具的男子，好似外國王子所差遣而來的使節」。

當這一行人進到庭院，便在馬背上點亮蠟燭，進入廳堂。王子殿下與他的母親，以及其他貴族領主，由廂房出來，走進大廳，接受這些變裝打扮者的致敬。隊伍的領頭者在王子殿下的桌前擺上一對骰子，並且押上一隻金質碗作為賭注。現場安靜無聲……。王子殿下擲下骰子……，他贏了！下一位變裝打扮者押上一隻金杯，年輕的理查王子再次擲骰，他又贏了！第三回，他們的賭注是一隻金戒指。沒錯，各位看官都猜對了。骰子的點數，正巧符合王子殿下的期望。變裝遊行者贈給每位出席的人一隻金戒指，接下來宴會開席，音樂響起，王子殿下與貴族們，和這群變裝遊行者一同起舞。[15]

如果沒有提起諷刺，這段關於戲劇的部分，就不能算是完整的敘述。挖苦嘲諷是日常生活的一個重要層面，將事情的秩序顛倒，也有同樣的效果，它被當成是有效果又顯著的玩笑。在很多大貴族的府邸裡，每逢耶誕節，人們就會玩起互換角色的遊戲。府邸裡的主要幹部會被迫當一小段時間的低等僕役，而原來在廚房裡當班的僕役裡，會有一人被推舉為臨時大管家或領主。有趣的地方是，在這種嘲弄戲謔的背後，隱含著一種清楚的認知：在任何時刻，事情的秩序都是有可能被顛倒逆轉的。象徵幸運的輪盤，將人們高高舉起，只是為了要滿足他們的尊嚴——這幕景象，所有中古時期的人們都很熟悉。而就是這種虛榮浮華的認知，才會讓中古時期的諷刺，如此具有威力。

關於這種嘲諷諧仿，其中最具娛樂效果的最佳例子，就是你會在街上看到的模仿秀；通常是模仿一般的教堂神職人員，而以普雷蒙特雷修會特別受到人們的注意（該會最大的修道院，就位在瑟普林漢）。普雷蒙特修會以讓男女會士同住在一個屋簷下、分隔成兩個區塊的修道院而聞名。因此而遭到某些世俗人的訕笑，是免不了的事情。在一三四八年，有一團表演者將他們的馬車拉到埃克塞特大街上，開始演出一幕名為《妓館修道院》（*Order of Brothelyngham*）的戲。地方當局的反應是大為震驚。教區主教立刻致函給他轄下的各級助祭教士：

懷抱嚴肅與焦灼之態度，我等業已聽聞，確實有一批行徑惡劣、蛇蠍心腸之人，將其團體取名為《妓館修道院》，近日以來受魔鬼蠱惑，到處散播惡行。這些人……業已選出一人為其首領，該人性情瘋癲，確為狂徒無誤，與此團體之邪惡目的十分相合。在該團體內，此人被稱為修道院長；他們為其作修道院之穿束裝扮，讓他登壇，並且愛之戴之，視若偶像。旋即，在號角聲中（渠等選擇號角以代替鐘聲），此領袖受大批人馬簇擁，穿行埃克塞特之各街衢巷弄中。在此遊行過程裡，他們沿途抓捕遇見之神職人員或一般教徒，甚至從其家宅內將他們強行帶走，其擄人之態度，相當魯莽輕率，有時甚至不惜褻瀆聖靈，直到渠等向其勒索，以「奉獻」為名義，取得一筆贖金為止……。而渠等似穿著色彩鮮豔之滑稽斗篷，行此擄人勒索之舉，為一盜賊舉動，乃殆無疑義。……[16]

在中世紀的劇場，這樣的評論還不算太壞，除了被開除出教以外，你不需要擔心這類評語。

馬上比武

如果說十四世紀有什麼非看不可的壯觀場面，那一定是馬上比武。除了這裡，在所有歷史時期裡，你還能在哪裡看到最富有、最有權勢的特權階級，冒著受傷甚至死亡的危險來娛樂你？除了這裡，在所有歷史時期裡，又還有什麼地方，你能夠看到有錢又有勢的人們，**付錢**來換取特權，在公眾面前扭斷彼此的頭頸、持矛戳刺對方呢？人們很難想像，羅馬帝國的皇帝和元老院議員公開打鬥。伊莉莎白女王時代的老水手、詹姆士一世時期的廷臣們，同樣也不可能這樣作。至於我們這個時代的政壇、商界領袖和貴族呢？還是省省吧。在中世紀，有某種關於卓越和正面的固有習俗傳統，這種傳統讓人寧可冒著受傷和致命的危險，不為其他別的理由，而透過自己的身分地位，由公眾見證，來證明自己的勇氣、力量和技巧。

要是你對馬上比武的危險程度還有所懷疑，那就讓我們清楚明白的再說一次：馬上比武很危險。一位十四世紀晚期的騎士，身上穿著的盔甲，將會重達三十六到四十五公斤。他本身的體重，可能就有九十公斤重。他將會騎乘一匹體重超過四百五十公斤的軍馬，跨坐在一具高馬鞍上，以接近每小時六十四公里的速度，向你發起衝鋒；他手上還持著一根長矛，全身的力量都集中在鋼製的矛頭上。就算矛頭被包裹起來，或者是變鈍，對方身上受到衝擊戳刺的區域，不會大於區區幾平方英吋。施加在這塊區域的力道非常巨大。如果你的對手攻擊的地方，是你頭上戴的鋼盔，那麼你承受撞擊的力道，就好比被重達半噸的鍾子，以時速六十四公里的速度揮舞，重敲頭顱。如果處在這種情況，你不能即時從馬背上掉下來，幾乎是生還無望。當然了，從馬背上跳下，意味著你要從正在飛馳的馬上，穿戴著厚重的鎧甲，摔落到地面上，這個動作本身有時就足以致命。

馬上比武的形式，也就是騎士們持矛彼此朝對方衝刺，是從一種更加古老的比武方式裡改良得來；這種昔日的比武方式，稱為「多人馬上對戰」（béhourd）或「互毆」（melée），還來得更加危險。這種早年的比武方式，反映出原先對騎兵的訓練，是要他們結成隊形，一致衝鋒，在戰場上橫掃敵人。當這套方式在十一世紀末被介紹進來時，震驚了整個基督教世界：一位拜占庭的公主，頭一次見到法蘭克騎士作這樣的大規模集體衝鋒以後，宣稱說他們衝擊的力道，可以在君士坦丁堡的城牆上，撞出一個大洞來。這種大規模集體衝鋒，在十二與十三世紀持續主宰著戰爭的勝敗。

不過，在一三一四年的班諾克博恩（Bannockburn），蘇格蘭人找出了解決之道：他們使用一種叫做「矛盾結陣」（schiltrom）的布陣方式。這種陣法，是由幾十個人手持非常長的矛（約五公尺長），圍成一圈，矛頭全部向外。結陣的士兵，全都將長矛的一端插入地面，並且讓對方人馬朝他們直衝過來；在馬匹被長矛戳刺而動彈不得的時候，他們雙手緊握著矛身不放。就在這場戰役裡，蘇格蘭國王羅伯特．布魯斯（Robert Bruce）還用上蒺藜：這是一種金屬製的小球體，上面有四根削尖的針刺，往四個方向發散出去，所以總有一根針刺會朝上。這些蒺藜讓騎兵在道路上發起衝鋒，或者結陣進攻時更加的困難，因為蒺藜會刺進馬蹄，導致馬匹蹣跚絆倒。因為有上述這些發展，大規模集體衝鋒這種戰法，在實用性上就接近尾聲。當英格蘭人在一三三〇年代完美的使用大規模長弓手結陣戰術時，大規模騎兵集體衝鋒就不再具有顯著的戰略優勢了，而「馬上對戰」也不再是一種實用的訓練運動。

就算你的確在十四世紀的時候，還看到過這種「馬上對戰」，它也和原來的樣式相去很遠了。在十三世紀的時候，它已經很少在戰場之外的地方被見到。人們頻繁的喪命：一二四一年，八十名騎士在一場比武競技裡身亡。但是你也要記得，在那個時代裡，可以說「一個男人沒見過自己血流如注、沒聽過牙齒因為對手一記重擊而崩落的聲音，他就不配上戰場」。[17]十四世紀的「馬上對戰」相比之下，就要來得溫和許多，它是為了嘉惠觀眾而舉行，並不是以實戰軍事演練為目的。一三二八年在約克的比武大會上，舉行了「馬上對戰」的競技，以慶祝國王愛德華三世與王后菲麗帕大婚。這是最後幾場「馬上對戰」其中之一。在一三三〇年以後，持矛衝刺的形式，搭配各項對騎士的規矩，就將前者全面取代。

一三三〇年代中期，在蘇格蘭的邊境，英格蘭人和蘇格蘭人發展出一種馬上比武的戰爭模式。這種比武，是一對一的單挑——手持尖端鋒利的鋼矛，彼此向對方衝刺過去，其目的不僅是為了運動競技，更是要取走對手的性命。一三四一年，在洛克斯伯羅（Roxborough），當著國王愛德華三世的面，就舉行過一次這樣的比武；當時，參加對戰的德比伯爵亨利，對決威廉·道格拉斯（William Douglas），並且給了後者致命的重創。稍後不久，為了慶祝耶誕節，在伯立克舉行的比武大會上，同樣這位伯爵，率領一支由二十名英格蘭騎士組成的隊伍，在一系列的馬上比武單挑對戰當中，迎戰二十名蘇格蘭騎士。只有三人在比武時喪命，不過很多人都受了重傷，這還包括許多作弊、偷偷**將鎧甲穿在衣服裡**的人在內。你可能會說：什麼？盔甲不是該穿在衣服外頭的嗎？在這裡可不行。非常令人吃驚，本場比武，雙方在賽前都同意，不穿任何盔甲上陣。18

在蘇格蘭舉行的馬上比武，有一項重要的層面，和點到為止的競技比賽不同：取走你對手的性命，是比賽的一部分。比賽結束之後，主持大會的司儀會頒發獎賞給那些表現精彩的勝利者，因此它很明顯的具有體育競賽的性格。不過，在一三五一年三月二十七日這天所舉行的馬上對戰競技，就很難說也是這麼回事了。在這次**集體比武**大會上，由三十名英格蘭人、布列塔尼騎士和扈從所組成的隊伍，迎戰由法蘭西人、布列塔尼騎士和扈從組成的三十位對手。英格蘭這方，賽後有九人喪命。照這樣看來，也許我們要將這種馬上比武對戰，看成是歷史上惟一比俄羅斯輪盤**更加糟糕**的運動項目。不過，一群人武裝搏鬥，試圖殺死對方，這種活動通常被叫做戰爭。這種集體的「馬上對戰」，因此也以「三十人戰爭」的名號而為人所知。舉行一場馬上對戰比武競賽，和發起一場國際武裝衝突之間，區隔的界線非常不清楚。大致上，我們可以有沒有頒發獎品，來作為區分的標準。

和平的馬上比武，也就是持著矛頭加蓋所進行的比武，通常較少造成人命傷亡。有的時候，騎士會因為從馬上摔下來，或者矛頭從兩塊鎧甲之間的裂縫刺進去，又或者是頭盔上的繫帶斷裂，而弄斷他的脖頸；不過大部分時候，最嚴重的傷勢，都只是肌肉挫傷、摔斷牙齒或是骨折而已。所以，這是充滿歡樂的場合。大量群眾進場觀看。人們嘻鬧調笑，放開肚皮，大口豪嚼，開懷暢飲，然後看著他們各自支持的貴族冠軍彼此對戰。當一三九〇年春天，一場盛大的錦標賽事在聖艾格爾佛賀特（St. Inglevert）舉辦時，大批英格蘭人橫渡英吉利海峽，只為了到法蘭西去觀看比賽。在為期四十天的賽事裡，三名法蘭西騎士試圖擊退來挑戰的各路英雄好漢——他們來自英格蘭、西班牙、德意志、匈牙利和波西米亞；而這三位法蘭西騎士，儘管必須和上百名來訪的騎士對戰（他們當中有些人的矛並沒有包鞘），竟然成功完成使命。當然，這三位騎士全都因為這樣極度不公平的競爭而一再受傷，並且必須要停賽幾天，以待傷勢恢復，但他們三人最後全都獲勝。法蘭西王國為了他們的勝利而舉國歡騰，我們必須把這場賽事看成是本世紀裡，最盛大隆重的國際體育競賽。

狩獵與馴鷹

如果說，貴族階級在馬上比武時，很盼望平民百姓到場觀戰，那麼他們的狩獵派對，可就是完全反其道而行了。狩獵是有錢人最喜歡的休閒活動，也是一項被小心維護的特權。所有受劃定的森林，都是國王陛下的狩獵保留區。雖然「森林規章」允許貴族領主在路過的時候，可以打一或兩頭鹿，但這種許諾，可不是對所有人都適用。任何平民要是偷獵了國王陛下的鹿，將會被處以非常重的罰金。這個條款也同樣適用於貴族偷獵。如果國王陛下准許一名貴族在皇家保留森林裡進行一場狩獵，這可就等同於讓這名貴族擁有一座私人森林，他和友人可以在這裡狩獵潭鹿、淡黃色鹿和赤鹿。如果這名貴族所獲頒的，只是「自由獵兔權」，那麼他可以帶上一群獵狗進森林，但是只能獵捕狐狸、野兔、家兔和雉雞，而不是鹿和野豬。

花在狩獵上面的錢，金額非常可觀。在一三六〇年代，國王愛德華三世每年都要支付大約八十英鎊的費用，飼養一群獵犬，並且供養一批飼養人員，尋找優秀犬隻，然後訓練牠們。[19]國王麾下皇家獵犬的數目，在五十到七十隻之間；而貴族飼養的獵犬數目，大約是皇家獵犬的四分之一到半數，儘管如此，飼養獵犬的開銷，仍然非常昂貴。尤其貴族仕女也喜歡打獵，而她們通常是結伴同行，所以她們的獵狗群就需要跟著全國移動。[20]開銷包括食物、犬隻飼養員，和指揮圍獵者（fewterer）和運輸費用。當然，還有購買犬隻本身的花費：灰狗、獒犬、鬥犬（alaunt，體型最大、性格最凶猛）、西班牙獵犬（之所以叫這個名字，是因為據說牠們來自西班牙）、賽特犬與萊默獵犬（lymer，一種嗅覺敏銳的獵犬）。當然，你還得把例如小銀鈕釦之類的飾品花費也添加上去，它用來裝飾最受寵的獵犬，以及鑲銀框的狩獵號角。即使是打獵時所穿的服裝，也非常昂貴。一三四三年，國王陛下買進綠色的土耳其布，用來製作束腰短上衣與獵袍，給十一名扈從他打獵的伯爵和騎士穿用，另外還買了深紫紅色的土耳其布，給他的母親、妻子，和其他四名同行參加狩獵的貴族仕女穿用，最後還買進更多款的土耳其布，為陛下一行人的隨從製作衣裳。[21]

人們狩獵的動物種類，既要看法律的規定，也和個人的喜好品味有關。當時公認的狩獵專家，也就是約克公爵的長子愛德華，會信誓旦旦的告訴你：「哈特」（hart，五歲以上的雄赤鹿）最容易獵捕，「巴克」（buck，五歲以上的雄淡黃鹿）吃起來滋味最好。他還稱讚野豬是最危險的獵物，因為根據他的經驗，野豬會用牠尖銳的獠牙，將人撕成兩半。不過很遺憾，在這個時候，你已經不大可能追獵野豬了。在不列顛，牠們已經被獵捕到將近絕種。想要見到野豬，得到國王陛下身邊才行，因為他在歐陸的表親，偶爾會送幾頭來當作禮物。所以，你可能要接受約克公爵長子愛德華的建議，改成獵捕野兔。雖然愛德華本人身為約克公爵的長子，他在實際上對於獵捕野兔的興趣，還高過鹿、野豬和其他所有動物。根據他的解釋，之所以如此，理由是一年到頭，從早到晚，你都能獵捕野兔。野兔是一種聰明、機警又敏捷的獵物。牠可以一口氣跑上好幾公里，因此能讓獵狗在捉到獵物以前，追上一大段路。相比之下，家兔和棕兔除了容易設陷阱捉捕以外，幾乎是沒有什麼優點，所以牠們通常被拿來剝皮、烹煮成食物，並且作成有兔毛邊的兜帽。

如果你認為，放獵狗打獵是一項要價昂貴的活動（它確實也是），那麼當你知道放獵鷹狩獵要花多少錢的時候，肯定會深深的震驚。在一三六八年，國王陛下訓練、縱獵鷹捕捉獵物，要價超過六百英鎊——這個金額，超過大多數領主的年收入所得。雖然一三六八年的花費是個例外，但是即便是在通常的年份，他在豢養獵鷹上的花費，也要超過兩百英鎊。他雇用了四十名獵鷹訓練師，每人每天的酬勞是兩便士，而且每天要餵養每頭獵鷹（總數五十到六十頭），各還要他花費一便士半的費用。[22] 一三七三年，國王陛下諭令維修牛津郡的所有橋樑，原因只是他想去縱鷹打獵了。國王對於這項活動的狂熱，使他提倡立法，保護受過訓練的狩獵用猛禽。從一三六三年起，如果你發現走失的獵隼、雄鷹、或任何其他的鷹類，你必須將牠交給地方治安官員，以便將老鷹歸還原主。

既然縱鷹狩獵這件事情，已經得到皇家如此的關注，你可能會覺得，自己這輩子大概沒有機會從事這項戶外活動了。可是，就算是一位城鎮裡家境小康的人，也能擁有一頭狩獵用的猛禽，我們在波士頓的威廉．海爾寇特家裡的財產清單裡，就已經看到過例證了（請參見本書第六章）。威廉擁有兩頭獵鷹，和一頭「溫馴的獵隼」，總價值為十英鎊。有一整個社會階層的人，能夠擁有狩獵猛禽。而最稀有和最優良的品種，被認為只有國王能夠擁有。而人們認為，只有鷲鷹（Golden Eagle）才能與皇帝搭配——雖然，在當時人們所知的世界裡，只有兩位皇帝（神聖羅馬帝國皇帝與拜占庭皇帝），不過事情還是可以有些調整彈性的。對一位國王來說，擁有一頭隼鷲（gerfalcon），是和他的身分匹配相稱的。這種高貴而健壯的獵者，用來捕捉蒼鷺和鶴這一類的大型鳥類。國王愛德華三世擁有好幾頭隼鷲，他在這些獵隼身上的花費，遠高過對他大多數僕從的開銷。

一名貴族領主應該帶著一頭游隼（peregrine falcon）狩獵，騎士要搭配隼鷹（saker），鄉間仕紳可以豢養蘭納獵隼（lanner），自耕農地主則能養獵鷹（goshawk）。雀鷹（sparrowhawk）通常和教士畫上等號（神職人員也會帶著狗和鳥打獵）。實際上，大貴族對於帶什麼種類的獵鷹去狩獵，並不會太過挑三揀四。年輕時的國王愛德華二世放出雀鷹和西班牙獵狗去獵取鷓鴣，愛德華三世則在隼鶩之外，還養了好幾頭蒼鷹、雄隼、蘭納獵隼，以及其他體型更小的獵鳥。[23]威廉・海爾寇特養的獵鳥，大概是蒼鷹或雀鷹。他的獵鷹之所以名叫「紳士」，可不是因為牠對待其他鳥類具有紳士作風（牠將其他鳥類撕成碎片），而是因為牠是一頭適合紳士出獵的鷹隼。

在所有場合裡，你都能見到這些獵鷹和隼鶩。在臥房裡，人們為牠們特別訂做棲枝。他們還為這些嬌客打造特製的銀鍊。走在大街上，你會頻繁見到男人們將獵鷹擱在手臂上走路，或是仕女們帶著僕從隨行，好照料她的獵鳥。這樣做不只是為了炫耀；如果你養了一頭名貴的獵禽，你會希望牠能適應街上嘈雜的噪音，和身旁擁擠的人群，這樣牠才不會因為受驚而飛走。問題出在當這些年輕人帶著他們的愛鳥上教堂望彌撒，或者是出席法院的時候。即使是神職人員，也時常遭到訓斥，因為他們花太多的精神在照料獵鳥了。你可能會以為：西敏寺大修道院的院長，總不會也這樣吧。那可就大錯特錯：一三六八年，因為擔心寵愛的獵鷹可能會死去，他就花了六便士，製作了一隻獵鷹的蠟像，擺在西敏寺祭壇上，作為許願愛鳥康復的獻禮。隔年，他還為自己豢養的獵狗打造一具特別的項圈，這頭獵狗的名字，叫做「強健」（sturdy）。[24]

大眾遊戲

你如果在這時候任何一處城鎮的街道上漫步，一定會遇見孩童們在玩熟悉的遊戲。有些遊戲有著奇怪的名稱，像是「掐掐我」（pinch me）或「矇眼瞎子」（hoodman blind）。不過，基本上它們和現代遊樂場裡玩的遊戲沒什麼兩樣。比如說，矇眼瞎子遊戲，就是玩捉迷藏遊戲，但是不用布條矇眼；在十四世紀，孩子們要玩這種遊戲，只要將他們的帽子前後反戴就可以了。用網子捉蝴蝶，偷取鳥巢裡的鳥蛋，永遠是最受孩子們喜愛的把戲，「請你和我這樣做」（follow the leader）和「猜銅板」（heads or tails）也很受歡迎。編年史家佛洛伊薩特像個孩子一樣，提到這些遊戲，另外還有「獵犬追兔」、「牛角泡鹽」（cow's horn in the salt）、甩陀螺、猜謎語，和用管子吹肥皂泡等玩法。

大部分受到人們歡迎的娛樂消遣，都和各式各樣的競賽有關。在集市的時候，你可以看到摔角比賽，勝利者按照傳統，可以得到一頭公羊作為獎品。[25]和你所料想的一樣，神職人員對此並不贊同。根據一位道明會的宣教士指出，摔角是一項「敗德且奢侈的消遣」。羅徹斯特主教湯瑪士·布林頓（Thomas Brinton）則把摔角視作和貪吃、在市場閒扯，以及其他任何會妨礙人們聽他宣道的事情同類的行為。[26]不過在實際上，摔角對你的感官造成的刺激，可能還遠不如鬥獸競技強烈。男男女女狂熱地聚集圍觀鬥熊和鬥牛（由鎖鏈套住的熊和牛，被棍棒鞭打、遭到獒犬與獵狗攻擊，直到牠們被激怒到近乎瘋狂）。男童與女孩喜歡鬥雞，而且按照傳統，在「懺悔星期二」（Shrove Tuesday）舉辦賽事，邀請大人在她們的鬥雞身上下注。[27]他們也熱中逗雞。這種遊戲的玩法，是拿樹枝或石頭，扔擲一隻被繩索綑住的雞。如果你是個飢火中燒的男孩，處心積慮的用石頭殺死那隻雞，是這場遊戲裡惟一有趣的部分；把雞帶回家煮湯，同樣也可以讓人心滿意足。

當你在中古時期的英格蘭四處遊歷的時候，你會遇上一種運動；這種運動，被當時的人描述成「令人厭惡……比起其他遊戲，更為普及、更不莊重、沒有價值，還有別的哪種遊戲，像這項運動一樣，非得等到參賽者本身發生意外、遭受損失，或者面臨麻煩的時候，才會結束？」這說的正是足球。[28]雖然上面這段描述，有些負面的味道，但是當你觀看第一場足球比賽時，你同樣也會認為，這就是場沒有武器的**互毆**。「懺悔星期二」是舉辦大量這種足球比賽的日子。比賽雙方的隊長先碰頭，商量有多少人將要參加比賽：兩個郡縣之間的慶祝性質比賽，會有數十人、甚至上百人參加。參賽人數的多少，決定球場規模的大小。如果下場比賽的人數超過一百人，設於球場兩端的球門之間的距離，可能會有好幾公里之遠。要是下場競技的人數只有二十人（兩個十人隊），那麼兩個球門之間，或許只有幾百碼的距離。比賽用球的大小，從內填物品的小皮球（和現代的板球相似），到由豬的膀胱囊織成、裡面以曬乾豌豆莢填充的大皮球。

足球的規則（通常稱為「野球」（campball），「野」指的就是球場），在每個地方，每場比賽，都各有不同。沒有關於越位（offside）的規定——或者說，是這方面沒有任何規則。在本世紀許多時候，法律對於足球惟一的相關規定，就是查禁這項運動。一三一四年，倫敦市長禁止在本城附近任何區域比賽足球。一三三一年，國王愛德華三世下令全國不得玩足球，一三六三年又再度申禁。這種賽事製造出大量噪音，它使得人們不能專心練習箭術。它導致財產和農作物的受損；許多參賽者受傷，甚至有人因此送命。威廉・德斯博定（William de Spalding）的例子，可能是最有名的一個。一三二一年，威廉向教宗請求恩赦，因為在一場足球賽事當中，一位他的友人猛力向他跑來，致使他的刀脫鞘，刺進友人的身體，使其身亡。[29]你可以放心，中古時期在足球比賽場上奔跑的人們，他們決不會假裝受傷，以求得到罰球的機會。

其他你可能會碰上的戶外比賽，包括木球、以棍擊球的遊戲（特別是曲棍球）、投環和網球。草地網球並不完全是十九世紀時的發明；在十四世紀晚期，早期的「室內網球」（real tennis）就在英格蘭登場。喬叟在《特洛伊羅斯與克麗西達》（*Troilus and Criseyde*）裡提到這項運動是持球拍進行的，室內網球在魏克菲爾德懸疑連續劇（Wakefield Cycle）裡娛樂性最高的一部《第二牧羊人》（*The Second Shepherds' Play*）劇中，也有出場。別期待會看到平整、上頭還標好了線的長方形球場。你甚至連球拍都不一定能見得到。「網球」這個字的意思，指的是發球者在發球時的吼聲。當沒有持拍進行比賽時，就稱為牆手球（handball）或室內手球。某些城鎮頒行自治法規，禁止在鎮裡的主要街道或公會廳堂裡打網球。你的球友會在一條路的兩邊掛起一張網，而**那**就成為你的球場。如果你將球打穿某戶人家的窗戶，可以獲得加分。對年輕男子來說，把街道封閉起來，還拿著堅硬的物體打來打去，很難說得上是能討市政當局歡心的辦法。

射箭是最受到歡迎的運動。愛德華三世對足球比賽下禁令，很大成分是希望男子能因此將時間花在練習長弓箭術上面。一三三七年開始，射箭幾乎成為平民百姓惟一可以進行的合法體育活動。在同一年，還有一個更加極端激烈的官方宣告出現：進行其他體育活動，可以判處死刑。[30]一三六三年，這項宣示又重新發布，不過在形式上稍微做了一些放寬：禁止人們玩投環、牆手球、足球、曲棍球、賽跑和鬥雞，違者處以入獄監禁之刑。射箭再一次被強調成惟一受到國王許可的運動項目。之所以如此，是有原因的，當有人將一把長弓交到你手上時，你就會明白了。這把弓長大概是一百八十三公分，由紫杉木製成，外邊配上有彈性的白木；面向你這邊的材質，則是更堅硬的木料外殼。

長弓握把的周圍有十五公分長。一條由麻絲繩製成的弓弦，繫在長弓兩端的切口裡，或是號角的內嵌處。箭桿由白蠟木或白楊木製成，大約有一公尺長，厚約二點五公分，尖端是長約七點六公分的鐵製箭頭，箭尾則以鵝或孔雀的羽毛做裝飾。為了將長弓拉到最大最緊，並且將箭射到最遠，你必須將弓弦拉到你的耳後才能放箭。在張弓搭箭的時候，弓弦應該要呈九十度角。拉滿一張弓的力道，是四十五到七十七公斤。[31]這需要很大的力氣。除此之外，箭手上了戰場，應該不停重複張弓搭箭射出的動作，**每分鐘內**六到十次。男子從七歲起，就要開始練習小弓，以鍛鍊射箭所需的肌肉群，而且得持續練習到成人——所以國王陛下才會在一三三七和一三六三年，兩度重申禁足球令。不久之後，男子們開始試著在幾百碼的距離外插下樹枝當箭靶，然後說起民間英雄羅賓漢的傳奇故事。[32]而英格蘭在這個時候，就擁有了一支基督教世界裡最強大的陸軍。

在天候不許可舉行木球比賽，而射箭練習也告一段落的時候，你能夠玩什麼樣的室內遊戲呢？不可能玩牌。雖然在十四世紀的時候，法蘭西已經有製牌的匠師，但是牌戲在當時的英格蘭還不流行（儘管很快就會普遍了）。賭博遊戲大致上是猜銀幣「十字還是數字」和擲骰子。前者你知道，就是拋銅板猜正反面（所有中古時代的便士銀幣，一面是十字架浮雕，另一面則是國王的頭像）。擲骰子則受到廣大的歡迎。許多貴族階層的成員，時常一擲千金，輸掉大量金額。連國王愛德華三世都時常在擲骰子賭博時輸錢，一三三三年，他在一天之內輸掉將近四英鎊。[33] 一三九〇年，同樣的情況，也在他那位更加誠懇篤實的孫子（也就是未來的國王亨利四世）身上發生。[34] 如果你也想要參加賭局，最普遍的兩種玩法是使用三顆骰子的「對對碰」（raffle），和用兩顆骰子的「機會」（hazard）。要切記，儘管這些遊戲看起來很受歡迎，可不是每個參賽者的臉都是慈眉善目。許多人把自己賭到一文不名，甚至赤身露體——他們原來穿的衣服，都押當給先替他們預支賭金的酒館老闆了。基於這項原因，不少城鎮禁止聚眾賭骰子。

雙人象棋、桌棋（一種雙陸棋戲）、西洋棋和九人莫理斯棋（merrils），是最受到歡迎的桌上遊戲。雙人象棋是受到許多貴族階層喜愛的室內遊戲。有些棋組裡包括含了雕刻最精巧的手工匠造棋件。一三二二年，莫蒂默爵士擁有一張肉豆蔻木製成的棋桌，和一組繪金漆的棋組；他的妻子則有一組象牙雕製的西洋棋。[35] 一三九二年，亨利四世人在威尼斯的時候，託人打造了一組新棋子。[36] 愛德華三世的母親和姊姊，各自都擁有水晶和碧玉打造的棋盤，搭配水晶（白色）和碧玉（黑色）的棋子。[37] 如果你向上面提到的任何一位男女貴族挑戰，可要在心裡記住：現代的規則，在當時還沒有發展成熟。雖然大約在一三〇〇年的時候，「兵」或「卒」在走頭一步時，一次能前進兩格，已經被各方所接受，不過王后（通常被叫做「首相」）每次只能移動一格。同樣的，「主教」（或者又叫做「象」，至今還是這個稱呼）雖然能跳過其他的棋子，每次卻只能沿對角線移動兩格。

朝聖漫遊

讓我們假設，你發現自己現在身處暴風雨來襲的海面上。你搭乘的小船劇烈的翻滾著，被一波波打來、高達十二公尺以上的巨浪拋過來摔過去。風颳個不停，而天色正開始暗下來。船長已經砍斷桅桿，而在呼嘯的風聲裡，你聽見有人在叫喊：海水已經漫進船艙啦！甲板下的馬匹驚慌之餘，已經將發黑的船木板踢破，現在正驚惶失措的泡在船底划水。這艘船開始要解體了。船上所有的燈火都已暗下，海上的浪花與水霧，已經使得所有的火焰都熄滅。你全身濕透，又冷到不行，還身處在一片漆黑裡。距離最近的陸地在哪個方向，你完全不曉得。在這種時刻，你只有兩件事情好做。頭一件事情，是把你和你的家人綁在同一片大木板上，這樣一來，在你們的遺體被發現時，人們能夠將你和家人合葬在一起（這就是在十五世紀，沃維克伯爵遇難時做的決定）。第二件事情，就是禱告。如果你選擇做第二件事情，那麼你的良知就有機會進入某種和上帝討價還價的階段，也就是說，為了報答神讓你平安上岸的恩典，你會承諾進行一趟朝聖之旅。或者兩次，又或者是五次，就像一三四三年，愛德華三世在海上遭遇暴風雨時，對神承諾的那樣。

要進行一趟朝聖之旅的理由，可謂五花八門，無奇不有。你之所以動身前去朝聖，可能是因為與神有約定，或者是追尋在前面提過的聖人足跡。又或者，你可能是想要對某項特定的罪孽懺悔。比方說，假如你犯了通姦罪，而你所屬教區的教士又剛好是你配偶的兄弟，那你可能不會想要向他告解。出遠門去遠方告解，並且贖罪，是最好的解決之道。另外一方面，如果你想要逃脫現在居住的環境（比如，你**想要**承認自己的通姦罪行），那還有什麼法子，比離開你家鄉的流言蜚語更好的呢？喬叟筆下的巴斯之妻，就「去過三次耶路撒冷」，並且造訪過其他著名聖地，像是東方三王來朝的科隆、聖地亞哥—德孔波斯特拉，還有羅馬。對於愛情的箇中藝術，她十分精通。只是，她實在是太開心、太快樂了，以致很難將她在各地的「漫遊」，與道德上的「迷航」聯想在一起。在更加虔誠的情形裡，一名打過仗的男子，可能也會踏上朝聖之旅，以答謝上帝保全他性命的恩典。配偶罹患重病的男子或女人，或許會想要離開他或她的另一半身邊，前去鄰近的地方朝聖，以求取一位在地聖者的庇佑。喬叟筆下〈船長的故事〉裡的商人，對他的妻子宣稱：生意失敗的商賈，都跑去朝聖，藉以躲避債主。

就像和喬叟同行前往坎特伯里的那幫人身上的穿著，你不必穿特殊的服裝，就能去朝聖。那位剛從一場遠征回來的騎士，穿著一襲粗布上衣，上面沾染了他胸前鐵甲的繡蝕汙漬。他的隨從身穿一件鑲邊的短斗篷大衣，袖子裁剪得又寬又長，符合最新的流行趨勢。騎士的僕役是個農夫，穿著外套，戴著一頂綠色軟兜帽，帶著弓、箭、長劍和短刀，手臂上纏著皮革製的束帶。同行的那位商人，穿著一件五顏六色的短上衣，搭配一頂來自法蘭德斯的時尚狸毛帽。所以，去朝聖的每個人，都穿著他們平日的服裝，從船長身上那襲長度及膝的外袍到巴斯之妻，還有那位「穿著波斯藍與鮮紅大衣，搭夫綢（taffeta）和薄綢做襯底」的醫師，都是如此。確實，你在路上會碰見少數狂熱虔誠的朝聖者，穿著傳統的寬袍大袖紅褐色外衣，上頭還縫有十字架的補丁。毫無疑問，他也帶著一個隨從，這名隨從戴著頂寬簷帽，上頭配戴扇貝和鉛錫合金的徽章裝飾，這些飾品都是來自主僕所造訪的各個聖地。不過，這樣穿著打扮的人算是少數，而且更像是遊歷四方的隱士，而不是朝聖者。

你動身出發前往朝聖的時候，很快就會遇上其他的朝聖者，他們和你走同樣的路線。和他們結伴同行是個好主意，不只是路上可以作伴解悶，另外還能帶來更多的安全保障。正如神學家魏克里夫（Wycliffe）為坎特伯里大主教所做的說明，在朝聖路上的男男女女，沿途唱著「肆無忌憚的歌曲」，並且吹著風笛，以致於：

> 每個他們途經的城鎮，都傳來他們的歌聲與笛聲，還有他們身上坎特伯里響鈴的喧鬧聲，跟在他們身後的狗吠聲；如果國王陛下行經此地，帶著所有他的尖音小號樂班子，所製造出的聲響，也沒有這麼大。[38]

很有意思的是，大主教閣下並沒有否認上述的指控，而是去解釋，為什麼這些朝聖者要和歌者與風笛手同行，這是因為，如果有人在路上踢到石頭，導致足部流血，樂手能用歡笑來帶走他所受的苦痛。

你該去哪裡進行朝聖之旅呢？對於那些真正虔誠的信徒來說，有下列這幾個重要的聖地：西班牙北部的聖地亞哥—德孔波斯特拉、羅馬、東方三王埋骨之所的科隆與耶路撒冷。可是，前往這些地方的旅程，都非常昂貴、耗時而且危險。對於大部分的人來說，他們很願意前去朝聖，但是對於搭船出海到外國卻很猶豫；最具吸引力的地點不是特定的教堂，而是千挑萬選之後，最神聖的遺跡聖物所在地。如果說，上帝、耶穌和聖人是宗教神祕劇裡的明星，那麼聖人的埋骨之所，就會是最神聖的朝聖地點。在這些地點裡，尤其以聖托馬斯．貝克特（St. Thomas Becket）

位於坎特伯里主教座堂內的安葬處最受歡迎。這裡每年吸引了大約二十萬人次的朝聖者，每個人都繳交一便士（或更多）的金額，以求目睹這地方的廬山真面目：貝克特遭到刺殺倒地的地點、劍刺使他殞命的地方、他的墳墓等等（譯註：貝克特為坎特伯里大主教，兼任上議院議長，與英王亨利二世因教會權限發生衝突，在一一七〇年十二月二十九日被國王麾下的四名騎士刺殺，三年後，教廷封其為聖人）。朝聖客每年為這裡帶來九百英鎊以上的收入，更別提許多達官貴人造訪時所餽贈的禮品了。[39]貝克特埋骨的神龕本身，全以純金打造的薄片包覆，上面鑲嵌各種藍寶石、鑽石、紅寶石、淺紅寶石和翡翠，還有精工雕刻的瑪瑙、碧玉和紅玉浮雕。所有這些珠寶當中，最令人驚豔的是一枚特別的紅寶石，它不過拇指指甲大小，鑲嵌在鄰近祭壇的右側牆上。即使是在教堂完全黑暗的時刻，特別是靠近神龕這裡，這枚紅寶石仍然能發出強烈的紅光，讓每個見到它的人，都為之驚訝讚嘆不已。[40]

擁有這樣一個鎮堂之寶，坎特伯里主教座堂就更加聲名遠播，甚至傳遍整個歐洲。而因此有更多人前來造訪。如果你也來這裡造訪，很可能會被慫恿買下一具鉛錫合金的小「腹壺」（ampullae）：據說，這個器皿裡裝有聖水，並且混合聖托馬士的血（加水稀釋過）。壺裡的水據稱有廣泛的醫療效果，以及靈性上的功能。或者，你可能會買下一枚鉛錫合金紀念章，上面刻著刺死貝克特的那把劍，又或者是刻劃他被殺情景的徽章。[41]這樣一來，這位聖人的名聲，伴隨著教堂的名號，就跟著得意洋洋買下紀念品的朝聖者一起，回到他們的家鄉。這可是筆大生意，在其他擁有聖人遺骨的主要大教堂，也同樣大做朝聖者的生意。對於「伯斯的聖威廉」（St. William of Perth）這個人的名字，你可能不是那麼熟悉，但是朝聖者造訪他的墳墓，所帶來的收入，卻能在一三四三年，讓羅徹斯特主教座堂的中央高塔得以重建。

英格蘭的主要朝聖景點[42]

地點	主要參訪景點
比佛利大教堂（Beverley Minster）	約克主教，「比佛利的聖約翰」（St. John of Beverley）埋骨的神龕。
布洛荷姆修道院（Bromholm Priory）	聖十字架（釘耶穌的真十字架殘片）。
聖埃德蒙陵（Bury St. Edmunds）	殉道者、國王埃德蒙的埋骨之處。
坎特伯里主教座堂	聖托馬士·貝克特的神龕、坎特伯里大主教，以及其他數位被封為聖人的大主教神龕，包括聖鄧司旦（St. Dunstan）在內。
切斯特，聖韋保修道院（Chest, St. Werburgh's Abbey）	院長聖韋保的埋骨之所。
奇切斯特（Chichester）主教座堂	奇切斯特主教，聖理查·德衛祈（St. Richard de Wyche）的神龕。
克洛蘭修道院	隱修士，聖古斯拉克（St. Guthlac）的神龕。

德漢主教座堂	林迪斯法恩（Lindisfarne）主教，聖庫斯伯特（St. Cuthbert）的神龕。
伊利主教座堂	王后兼修女院院長，聖埃賽兒德瑞達（St. Etheldreda）的神龕。
格拉斯頓伯里大修道院	聖鄧司旦的神龕，他擔任過格拉斯頓伯里修道院長和坎特伯里大主教（雖然他的遺骨，實際上是安葬在坎特伯里）；據說，還有亞瑟王（King Arthur）和王后桂妮薇兒（Guinevere）的埋骨處。這裡也被認為是頭一座基督教會，由亞利馬太的約瑟（Joseph of Arimathea）所建立。
海勒斯修道院（Hailes Abbey）	基督寶血。
赫里福德主教座堂	赫里福德主教，聖華特．坎提路普（St. Walter Cantilupe）的神龕。
李區菲爾德（Lichfield）大教堂	默西亞（Mercia）和林西（Lindsey）教區主教聖嘉德（St. Chad）的神龕。
林肯主教座堂	林肯主教聖許格（St. Hugh）的神龕與殉道者，「林肯的聖許格」（St. Hugh of Lincoln）的埋骨處。
諾里奇大教堂	殉道者，聖威廉（St. William）的神龕。

牛津大修道院	牛津修道院的院長，聖福德維（St. Frideswide）的神龕。
利本（Ripon）大教堂	海克斯漢姆（Hexham）主教，聖韋爾法（St. Wilfrid）的神龕。
羅徹斯特主教座堂	朝聖者兼殉道者，「伯斯的聖威廉」的神龕，以及擔任過羅徹斯特和約克主教的聖保祿萊諾斯（St. Paulinus）的神龕。
沃辛漢（Walsingham）修道院	童貞聖女瑪利亞在拿撒勒的複製房屋，和她的圖像，以及部分她的乳汁。
西敏寺	英格蘭國王「懺悔者聖愛德華」的陵寢。
溫徹斯特主教座堂	溫徹斯特主教，聖史維希恩（St. Swithin）的神龕。
伍斯特主教座堂	伍斯特主教，聖沃夫斯坦（St. Wulfstan）的神龕。
約克大教堂	約克大主教聖威廉的神龕。

絕大多數的英格蘭籍聖人，他們的遺骨和神龕都被認為是「真實」的：他們確實就安葬在人們所宣稱的地點。他們並不是「豬骨頭」（用喬叟的表達方式），也不是那些在教會骨董文物市場裡兜售的難以辨別的遺骸。我們只能期待，躺在林肯主教座堂、神龕下方的，真的是林肯主教許格的遺體；他畢竟是死在一二〇〇年。從許多案例可以了解，即使是薩克森人受封的聖人，他

們的遺骸在之後的幾個世紀都會謹慎保存在各自的教會裡。不過，有幾個朝聖地點還需要進一步的解釋。為什麼沃辛漢修道院要重建聖母瑪利亞的房屋？原因是有某人夢見它，然後開始建造這幢房屋，而建屋所需的石材，奇蹟似的都移到了建地。當本修道院的重要性與日俱增的時候，聖母乳汁這項聖物，還有聖母的畫像，便被買來捐獻入院。或許你會說，那躺在沃辛漢修道院神龕下方的遺骸，不就真實的聖母瑪利亞毫無關係了？可是，這裡是全英格蘭第二熱門的朝聖地點，僅次於坎特伯里。這又要做何解釋呢？

為了要明白這些地方的神奇威力所在，你需要從主觀的角度，來了解朝聖之旅：科學的客觀看法幫不了你的忙。看看沃辛漢對那些前來朝聖的人所產生的效果，就能明白了。這些人離開家鄉，踏上旅程已有多日，甚至好幾個星期，朝聖者最後會來到斯利帕禮拜堂（Slipper Chapel），距離修道院有兩公里多的路。這是漫長朝聖之旅來到最高潮的第一個階段。從這裡開始，朝聖者脫掉腳上穿的鞋子，如此便能以一種悔罪的姿態，赤足走完到修道院的最後一段里程。他們的腳不斷的受傷，但是他們心中的期盼卻一直增長加強；沿途，他們都唱著宗教歌曲。然後，他們來到修道院院落，牆上那扇狹小的朝聖者之門。門內，朝聖者再進到一座小禮拜堂，奉獻之後，便被允許去親吻聖骨；據稱，這可是聖彼得的一截指骨。接著，他們在一間茅草搭棚的建築裡，開始進行一段莊嚴肅穆的靜默，屋裡有兩口水井，這兩口井都頗以醫療效果聞名，而且還有傳言說：水井有奇異的能力，可以賜給朝聖者內心真正想要的東西。朝聖者對水井許完願之後，就被帶到聖貞女禮拜堂。到了這個階段，朝聖者的心理已經處在一種宗教上的狂喜狀態了。他們一個接著一個，魚貫進入禮拜堂。終於，他們來到舉世聞名的聖乳（Holy Milk）遺物的面前。所謂乳汁，其實早已經凝固了，而且或許可能還是以白色石灰粉，加上蛋白製成的；不過這對他們來說，根本不重要。[43]重要的，並不是聖物的真假，而是這趟朝聖之旅本身的精神——這是信仰和奉獻的證明。

維博恩大教堂（Wimborne Minster）所收藏聖物表[44]

一截聖十字架
基督身穿袍服的一部分
一塊來自聖墓（Holy Sepulchral）的大石頭
祭壇的殘餘塊件，耶穌曾被抬上這座祭壇，而祭壇是由西緬（Simeon）所提供。
若干基督的鬍鬚。
懲罰鞭柱的殘片。
聖威廉的一隻鞋。
聖阿嘉莎（St. Agatha）的部分大腿肉。
聖加大肋納（St. Catherine）的若干遺骨。
埃及的聖馬利亞（St. Mary the Egyptian）部分遺骨。

基督降生的馬槽殘件。
基督受難時，頭頂戴的荊棘冠冕當中的一根荊棘。
聖腓力（St. Philip）的一顆牙齒。
托馬士·貝克特的血。
聖方濟（St. Francis）的苦行剛毛襯衣。

絕大部分具規模的宗教機構，都有可觀的聖物收藏。坎特伯里主教座堂裡除了聖托馬士·貝克特的神龕之外，還埋葬了好幾位被教廷封聖的大主教遺骨，包括聖歐答（St. Oda）、聖安色莫（St. Anselm）和聖鄧司旦。類似上述這樣來源五花八門的聖物收藏，同樣也能在許多規模較小的宗教機構裡見到。比方說，維博恩大教堂，並不是朝聖者必經的主要路線景點，教堂內並未收藏具有奇蹟效力的知名聖人骸骨，以吸引人群前來。但儘管如此，你還是會想去參訪，可能只因為該教堂收藏了「聖方濟穿過的苦行襯衣」。而收藏在維博恩大教堂內的聖物，如果和一些保存於海外教堂裡、另人眼花撩亂的聖物相比，簡直形同塵土。想不想去看看當耶穌被釘在十字架上，兵丁們沾著醋送到基督唇邊的那塊海綿布？或者去看使徒多馬（St. Thomas）用來觸摸復活後基督肋下傷口的那根手指？又或者是去看耶穌受難地各他（Calvary）某塊浸滿基督寶血的泥土？上面提到的這三樣聖物，全都收藏在義大利的聖十字教堂（Santa Croce）裡。同樣這座教堂，還宣稱他們收藏有少許「嗎哪」（manna）——這是上帝賜給挨餓以色列人的食物。這真是夠

特別的了。但是這些宣稱，也顯示這座教堂的信心滿滿。很少有到這裡來進行朝聖的旅人，會想到提出一個很明顯的疑問：為什麼這個天上所賜的食物，沒有在當時就被吃掉呢？

文學與說書

要說生活在現代的你，和那些崇拜聖物、愛看騎士決鬥、縱鷹狩獵的人們，竟然有一樣共通的愛好，也許會讓你感到很震驚。沒錯，就是書。許多人將閱讀看作是一種令人滿意又愉快的排遣時間良方。當然，他們可能不會親自拿起書本閱讀；貴族領主和他們的家人，加上府邸內的人員，很習慣在某個傍晚時分，坐在大廳或房間裡，由他人念書中內容給他們聽。[45]儘管如此，搭配音樂流暢講述的故事，就像其他形式的說唱藝術一樣受到人們歡迎，文學能夠愉悅人心這一點，中古和現代並沒有什麼分別。

引領這股享受閱讀風潮的，正是皇室第一家庭。十四世紀裡的所有國王與他們的配偶，都很熱愛閱讀。在國王愛德華二世那卷帙浩繁的私人藏書裡，有一部以拉丁文寫成的英格蘭諸王史，一部以法文寫成的「懺悔者」聖愛德華傳記，一本拉丁文祈禱書，和一本法文「羅曼史」。[46]「羅曼史」是對所有小說作品的通稱，不必真的和愛情故事有關連（雖然有許多羅曼史作品，的確將愛情故事包含在內）。愛德華的正室伊莎貝拉王后，同樣也是一位狂熱的藏書迷。她擁有許多關於宗教信仰方面的書籍，包括一套十分壯觀、令人嘆為觀止的《新約聖經．啟示錄》，兩卷本的法文《聖經》，一本法文傳道書，兩本《聖母禮拜經》，以及各種讚美唱詩集、吟唱聖歌集、彌撒用書等，在她的私人小禮拜堂裡使用。她還擁有一套百科全書：布魯內托・拉提尼（Brunetto Latini）所著的法文版《特拉索》（*Trésor*），以及至少兩本史書：編年史《布魯特》（和《特拉索》裝訂在一起）和一本皇室家譜。她至少收藏十本以上的羅曼史，當中包括白色皮革封皮的《亞瑟王諸事蹟傳奇》（*The Deeds of Arthur*）、《崔斯坦與伊索德》（*Tristan and Isolda*）、《納本的愛美銳》（*Aimeric de Narbonne*）、《聖杯武士與高文爵士》（*Perceval and Gawain*），以及《特洛伊之役》（*The Trojan War*）。[47]

十本羅曼史，說明伊莎貝拉是個熱中閱讀的人。但事情並不僅是如此而已。她不但從朋友那裡借書，還從皇家圖書室裡取書來讀。她借來的書，至少有三百四十本，都存放在倫敦塔裡。[48]身為一位年輕女性，她借來的羅曼史是自己要讀的；而像《諾曼第史》（*The History of Normandy*）和維蓋提烏斯（Vegetius）的《軍事論》（*Text on Warfares*），則是讓她的兒子讀的。愛德華三世並不是個愛書成癡的人，但是他能讀會寫，對書籍高度重視。有一次，在一三三五年，他單為了買下一本書，就支付一百馬克（合六十六英鎊十三先令四便士）的價錢。在他一生裡，許多人送他書籍當禮物，而這些書本都被補充成為皇家圖書館的館藏。當人在寢室裡的國王陛下，突然想起某本書的內容時，王宮裡的人員就去為他取來，念給他聽。

這就是書籍所有權對於貴族階層的意義所在：數以百計的世俗貴重手抄稿，以英文或法文寫成，宗教手稿則以拉丁文書寫，它們被借出，並且被大聲誦讀出來。一三二二年，莫蒂默伯爵夫人瓊安（Joan）在威格莫（Wigmore）時，隨身帶著四本羅曼史。一三九七年，格洛斯特公爵托瑪士（愛德華三世的幼子）在普雷許（Pleshey）他的私人小禮拜堂裡，收有四十二本宗教書籍，另外其他八十四本書放在城堡內各處，這些書包括像《羅絲情史》（*The Romance of the Rose*）、《特洛伊的赫克特》（*Hector of Troy*）、《蘭斯洛情史》（*The Romance of Lancelot*），以及《佛克．費茲瓦林事蹟》（*The Deeds of Fulk Fitzwarin*）等羅曼史。[49]托瑪士的妻子來自博漢（Bohun）世家，這個家庭世代受封為赫里福德伯爵，在這整個世紀，一直都是圖書畫冊的最大贊助主顧，因此它們不僅是值得一聽，許多畫冊也相當適合人們瀏覽。很多主教的身邊，也同樣被許多讀物環繞。德漢主教理查．德伯瑞（Richard de Bury）在自己的圖書室裡擁有的書籍之多，你必須爬過好幾落的書堆，才能走到他的書桌前。當他在一三四五年去世的時候，人們共用了五輛馬車，才將他的藏書全部清空。[50]

文學是使心靈愉悅，讓靈魂振奮的方式。所以，能夠在貴族府邸以外的地方看到文學的蹤跡，也就不令人感到意外了。拾起一本如「奧欽列克手抄本」（Auchinleck manuscript）之類、成書於一三三〇年代的手稿來看看，全書不少於四十四個以故事，都以英文寫成，可供受過良好教育的倫敦人，念給他的妻子聽，或者是受過良好教育的妻子，讀給她的丈夫聽。隨意翻翻讀讀看：你會看見一則〈聖母升天〉的短篇故事，然後是《狄嘉和爵士》（*Sir Degaré*）、《羅馬城七智者》（*The Seven Sages of Rome*）、羅曼史作品《伏羅里絲與布蘭琪芙洛》（*Floris and Blancheflour*）、《四哲人語錄》（*The Sayings of the Four Philosophers*）、紀念參與哈斯丁戰役（Hastings）的諾曼騎士的《貝特修道院英烈錄》（*The Battle Abbey Roll*），以及知名的羅曼史作品《沃維克小子》（*Guy of Warwick*）。之後，你或許會讀到一首名為〈愛上女人〉（In Praise of Women）的短詩，或羅曼史傳奇《亞瑟王與巫師梅林》（*Arthur and Merlin*）、《崔斯坦爵士》（也就是《崔斯坦與伊索德》）、《奧菲歐》〔*Sir Orfeo*，也就是「奧菲歐與尤莉蒂絲」（Orpheus and Euridice）的故事〕。或許歷史故事更對你的胃口？如果是這樣，你可以去看獅心王理查，或者亞歷山大大帝的生涯故事。這份手抄本，名符其實的是將一座圖書館收納在一本書裡面，當中收錄的故事，可供全家人閱讀娛樂。[51]

雖然文學在這幾個世紀裡，一直都是可供分享共讀的事情，人們實際閱讀的方式，卻有非常大的差異。中古時期，所有的書籍都是手抄本——印刷書要到一四六〇年代，才引進到英格蘭；所以，人們不惜付出額外的金錢，也不管書籍是以英文還是法文寫成，只求故事流暢清晰，以便你可以順利閱讀。因為書籍全是手抄本，它們都顯得很貴重，不是你可以輕而易舉就能得到的。貴族仕女們在她們的府邸花園中舉行讀書派對，她們坐在有花樹環繞的草坪上，命人念書來聽。不過，閱讀有時也在室內進行。社群的讀書會可能會在公會大廳內舉行，但是只有貴族領主和家人的私人讀書會，或者有邀來客人加入、在起居室裡的讀書會，則甚為普遍。不過對那些實際閱讀的人而言，光線不足是一項非常不利的因素。燭光其實相當耗費人們的眼力。為了因應這種情形，有些富有的人會準備好木框眼鏡（眼鏡是十三世紀末義大利人的發明）。好學不倦的埃克塞特主教華特．史岱伯頓（Walter Stapledon），於一三二六年去世，他的遺願便是能夠擁有一副眼鏡。

上一段所提到的這些困難，比如光線、版本、聽眾、珍貴的手抄本和眼鏡等等，所導致的結果就是讓閱讀成為一件無法漫不經心來做的事情。比起沉思默想，文學閱讀還要更加具備表演的性質。在這個時候，聽人說書這種娛樂就應運而生了。既然農村裡識字的人口只占全部的二十分之一，文學與閱讀便仍舊是一項少數人進行的活動。大部分的說書，都是由吟唱詩人，或者是與他們同行的說書人來進行，他們憑記憶，將故事背誦出來。你同樣也不能將這項口頭說書的傳統，和書寫的文化區分開來，說它們兩者是不同的事情。貴族聽故事，可能是由他人讀書給他們聽，或者也可能是他們在廳堂上，從吟遊詩人那裡聽他們憑記憶背誦出來。

有些故事本來是以文字記載在書籍裡，後來被說書人憑記憶搬演出來；同樣的，有些故事本來在集市的時候，是靠口說流傳的，最後卻被人記載下來，寫進書籍裡了。俠盜羅賓漢的各種故事傳說，就是一個好例子。如果你在一三一八年之前的約克夏森林裡漫步，你會碰上一群像羅賓漢與他的幫眾那樣生活的人。甚至，你可能還會遇到一個名叫約翰・利托（John Little）的逃犯，此人在一三一八年，夥同柯特瑞爾幫的人，犯下一宗大搶案。[52]說不定，你還能碰見真正的「羅賓漢」——所謂「真正」的意思，是指在一三一八年前的十年裡，在魏克菲爾德莊園周圍，就住著好幾個叫這個名字的男子。[53]或許這些人裡面，沒有一個能符合你對「羅賓漢」的期待：一大群身穿綠袍的神箭手，由一位胸懷高尚良知，臉上帶著笑容的英雄好漢統領。不過，在柯特瑞爾幫開始轉向犯罪活動的那十五年裡，羅賓漢與約翰・利托的事蹟已經傳遍全國各地。詩人威廉・蘭格倫筆下描述的一個角色，在大約一三七七年時，可以背誦出一首關於羅賓漢和切斯特伯爵的韻詩。還沒到十五世紀之前，許多羅賓漢的故事就將會以**書寫**的形態流傳。因為如此，文學和傳統的說書故事彼此互利，而且還娛樂了那些本身無力負擔買書費用的人們。

休閒散文

史書（尤其是那些在寫作時就預設好讀者是誰的史書）在十四世紀時相當普遍。在這些著作裡，頭一本、也是被某些人認為是最重要的一本，是一部由尚・佛洛伊薩特記載至本世紀末的編年史。佛洛伊薩特是埃諾人，不過他的一生大半都在英格蘭度過。他本人和國王愛德華三世、王后菲利帕都是朋友，除了編寫史書之外，還會寫詩（都是以法文寫成）。他這部偉大的編年史，是寫來頌揚英格蘭與法蘭西騎士的傑出事蹟。沒有其他的作者能夠像他這樣，蒐集、喚起這麼多騎士風格的品味與浪漫事蹟。另一位寫出引人入勝作品的作家，是尚・勒貝爾（Jean le Bel），他是佛洛伊薩特的同鄉，也是啟發佛洛伊薩特寫作的人。他的作品細膩的記錄愛德華三世即位初年的情形。類似的騎士史蹟考證還可以在下列這些人的著作裡看到：湯馬士・葛瑞爵士（Sir Thomas Gray）於一三五〇年代，被囚禁於蘇格蘭時所寫的一部編年史；「埃弗博瑞的羅伯特」（Robert of Avesbury）所寫的一本關於愛德華三世事蹟的書；以及由一位匿名司儀所著的「黑王子」事蹟。

在當時所有能見得到的史書裡，最受到歡迎的就是《布魯特》。這本文筆生動、風格獨樹一幟的編年史書，先是在一三〇〇年前後，以法文寫成，然後在本世紀末葉時，翻譯成英文。它是一部不列顛史，起迄時間由傳說時代的源頭開始，一直到十四世紀為止。這部書裡包含了大量的羅曼史浪漫文學。舉例來說，這本書裡有很大一部分篇幅，都是梅林與亞瑟王的故事。不過，真實的史事隨著五九七年聖奧古斯丁的登場，逐漸出現在原本充滿奇人異事的敘述裡；到了一三〇〇年前後，這本書已經採取一種形式，就是以一連串最近發生的故事為內容，忠實合理的敘述，而且用詳盡卻引人入勝的筆調寫出來。這本編年史大受歡迎，以致於有好幾位收藏珍貴手抄本的人，自行添上最新的史事，在實際上就等於寫出了自己的編年史版本。因此，這本書也就催生一種全新的歷史書寫傳統。到了本世紀末，本書已經有數以百計的手抄稿本，收藏在私人的圖書室裡，它們分別以原來的法文、後來的英文書寫，少數幾部甚至還以拉丁文寫成。只有一部史書，在各地普及的程度能和《布魯特》相比，那就是由切斯特一位僧侶羅夫・赫俊（Ralph Higden）所著的《綜合編年史》（*Polychronicon*）。這部史書分成好幾卷，對世俗讀者和神職人員同樣具有吸引力，尤其是在一三八七年，約翰・崔維薩（John Trevisa）將本書翻譯成英文以後，更是如此。

還有另一種非小說的書寫形式，同樣也被看作是休閒讀物。旅遊書寫是一種範圍窄小的文類，在人們於傍晚圍聚坐在爐火旁邊時，特別具有吸引力。如果你加入他們，一起談天說地，你可能會驚訝的發現：與旅遊書寫有關連的並不是十三世紀末，馬可波羅（Marco Polo）的那趟旅程（《馬可波羅遊記》的手抄本，傳進英格蘭的時間相對較遲），而是約翰・曼德維爾爵士的遊記文字。曼德維爾據說是出身於聖奧本思的英格蘭人，他所著的旅記於本世紀後半葉時在法蘭西流傳。他和馬可波羅一樣，也聲稱自己到過遠東，可是實際上他對於遠東的知識，全都是來自於其他作家的文字，還有他自己的想像。或者，更有可能的情形是曼德維爾爵士這個人，根本就是一位法國神職人員的文學創作與想像；這位不知名的作者，發明了曼德維爾這個人物，賦予他性格，並且從古老的阿拉伯旅遊作品裡擷取細節，將「他的」遊記寫得有聲有色。

曼德維爾的遊記和讀者之間的關係，就好比聖人的遺骨與那些懷抱尊崇之情的朝聖者一樣。這類遊記的真實價值，並不在於書中是否提到客觀的事實。當鄉紳與騎士從中聽聞，他們要如何取道，從君士坦丁堡、耶路撒冷，途經巴比倫、埃及、韃靼、波斯，最後抵達中國和印度的時候，不禁悠然神往。他們想像，自己也能夠造訪這些美好的地方，並且一睹這些地方令人驚嘆的財富。他們描繪當大汗駕臨的時候，四千名男爵排隊恭迎的壯觀場面。當他們聽到，在開羅的市場裡作買賣交易的男男女女，其行徑有如野獸時，臉上一陣抽搐。他們又聽說，在萊柏斯島（island of Rybothe）上，如果一個人死去了，他的兒子依照習俗，會先將他斬首，遺體交給祭司，剁成小塊餵給野鳥吃，讓人聽了戰慄不安。上述這些故事，都是貨真價實的浪漫傳說；它們利用人們的心理，就像聽到亞瑟王的傳奇故事那樣，情願按捺自己的懷疑，去相信這些都是真實的。不過，這些故事之所以重要，原因和亞瑟王的故事一樣。它們對於鼓舞人心的作用，和休閒消遣的功用同樣大。在未來，哥倫布（Columbus）將會承認：約翰．曼德維爾爵士對他啟發良多。曼德維爾的遊記被翻譯成英文之後不到一百年，一艘英格蘭船隻在北美大陸的海岸線登陸，這艘船的船長約翰．卡博特（John Cabot），將會宣布他已經找到了曼德維爾筆下的「大汗之國」。

詩

西元十四世紀不只是英國詩作發源的搖籃，更是創作上的第一個黃金時代（至少從諾曼人征服英格蘭開始算起）。本世紀初期，那些最受到歡迎的法文作品，例如布列塔尼敘事詩篇，都已經翻譯成英文。這些詩篇，在長度上通常大約一千行，內容與亞瑟王宮廷的故事有關。最為流行的詩篇，包括作者佚名的《奧菲歐》、《崔斯坦》、《狄嘉瑞》，以及湯瑪士．切斯特（Thomas Chester）所創作的《藍弗爵爺》（*Sir Launfal*）。備受喜愛的《羅絲浪漫傳說》（*Roman de la Rose*）則在不久之後被翻譯成英文（有部分是出自喬叟的手筆）。不過，真正發光發熱的，還是那些英格蘭人原創的詩篇。這些詩作的範圍實在非常廣泛，特別是如果你考慮到，英語一直到最近才開始成為書寫語言，那就更加不得了。

一方面，你會看見許多文字拙劣的詩作，這些讚美詩，都是狂熱愛國主義者勞倫斯．麥諾特（Laurence Minot）的作品：它們頌揚愛德華三世於一三三三到五二年間，在蘇格蘭與法蘭西兩地取得的軍事勝利。另一方面，你又能看到有用心機巧、才華洋溢的作者，寫出像《高文與綠騎士》（*Gawain and the Green Knight*）這樣的作品。在這中間，你也許還會遇到熱誠的作家理查．曼寧（Richard Mannyng）。他那首長達一萬兩千行的詩作《觸摸原罪》（*Handling Sin*），具有強大的文學導向——「酒館是惡魔的刀刃」——而且詩裡乘載的意義，遠遠多過道德教誨。

這些文學上的成就，是如此豐沛充盈，以致於當人們想要描述本世紀的偉大文學創作時，實在不知道該從哪裡說起才好。好在，還有個解決的辦法，那就是將創作力最旺盛的作家，全部列入名單裡去。因此，在兼顧考慮到許多創作出優質作品的作家，並沒有能列名本世紀前四名作家的情況下，下面提到的這些作者，應該能提供你尋找十四世紀優秀文學作品時的參考。

約翰・高耳（John Gower）

高耳是喬叟的朋友，喬叟稱他是「有道德的高耳」（moral Gower）。高耳出身自肯特郡的一個騎士家庭（不過他本人並非騎士）。他在年紀還不算大的時候來到倫敦，並且全心投身於寫作。高耳特別的地方在於，他不只以英文寫作，還能以法文和拉丁文寫詩，而且他絕對不是意在炫耀、偶爾創作一兩首而已。他以拉丁文寫成的諷刺詩《喧嚷之聲》（*Vox Clamantis*）篇幅超過一萬行，指點評論英格蘭這個國家。這首詩採取一種宏大夢境的視覺形式，在詩裡，一三四八年的農民起事被比擬成天降災變的可怕夜晚。整個世界為之天翻地覆。本來溫馴的動物變得狂野，本來狂野的動物變得瘋狂，家禽不再任人使喚，而農民則揭竿而起。詩人在他們朝倫敦進發的時候倉皇出逃，看見他們拿著農具砍劈殘殺人們。至於他以法文創作的詩篇，包括兩本詩歌集，還有他最早期的作品全集《男人之鏡》（*Mirour de l'omme*）。《男人之鏡》探討罪惡的起源與本質，以及蔓布全世界的腐敗墮落，全詩將近三萬行。

對於英格蘭文學而言，高耳最偉大的成就，就在他的詩作《戀人的告解》（*Confessio Amantis*）當中。他的成功，有部分的理由在於他對讀者品味的關注。雖然你可能會認為，一個寫超過三萬行詩的詩人，很難受到讀者的喜愛，高耳卻擁有一個好的主題：對於愛情不和諧的控訴。而他在一連串的故事和子題裡，精心的讓主軸反覆重現。他在開場序言裡宣稱：那些嘗試並寫下純粹智慧的人，只是想設法讓人們的才思變得困頓；而基於這個理由，他宣稱自己寫書的意圖，「多少有幾分冀求，多少帶幾分淵博，而或多或少，也許有人會因我所寫而快活。」這真是個對所有時代的作家都適用的好建議。

高耳所有偉大的作品，都開始於他和國王理查二世的那次相會。當他們的舟船在泰晤士河上擦身而過時，國王陛下喚高耳登上御舟覲見，並請他專為國王創作一首作品。高耳當然受寵若驚，馬上就開始寫作「一本專為理查國王而作的書，以我對陛下的款款忠誠，以及我的由衷敬意。」可是，幾年之後，高耳明白他犯下一個大錯：國王已經變成一個可鄙的暴君，絲毫不值得高耳敬重，更別提專門為他創作偉大的文學作品了。因此，他抹去那些對理查效忠的詩句，轉而向理查的表親兼仇敵，也就是蘭開斯特公爵亨利（未來的亨利四世）致敬。從那時候起，一直到他生命結束時為止，高耳都是蘭開斯特王朝的熱誠擁戴者，而且用他以三種語言創作的詩歌，傾注在對新國王的頌讚上。

威廉・蘭格倫

接下來這位登上我們名單的詩人，是中古世紀社會批判評論的典範。威廉・蘭格倫是施洛普郡（Shropshire）人，約於一三三五年左右誕生。他生來秉賦詩思，而且因為懷揣著宗教上的良知，而時常感到困擾不安。他非常反對像高耳這樣的宮廷御用詩人。蘭格倫寧死也不肯去歌頌國王，或者奉承他麾下的貴族。他的長詩《耕者皮爾斯》在某種程度上，是抒寫夢境之作；但是更準確的來說，這首詩充滿了對於偽善、自我膨脹、貪婪與腐敗（特別是神職人員）的激昂猛烈控訴。這首詩和許多十四世紀的英格蘭詩作一樣，以頭韻體（alliterative）寫成；也就是說，並不在每句的末尾押同一個韻，而是押頭韻，句子前後對仗工整，頭半句與尾半句有同一對音節。這首詩充滿韻律感的頭一句，「夏季時柔和的夏日」（In a summer season when soft was the sun）就是一個好例子；另一個例子則是名句：他看見「美麗的田野上，滿是百姓」（a fair field full of folk）。

在這首詩於一三七〇年代開始傳抄後不久，它就被認定是經典之作。這首詩的成功，要歸因於蘭格倫的信念、對不公不義的認知，還要加上和這些相稱的適當文學技巧。他透過描寫日常生活的方式，直接處理大眾百姓。他們每個人的性格與小缺點，都鮮明的呈現出來。他毫不保留對富人的批判：他們「衣著華麗，只顧著自己開懷大嚼痛飲，一塊麵包都不分給乞討的人……。」至於愈來愈多的貴族領主和他們的家人，不進他們莊園宅邸的廳堂，只在小房間裡過生活這個趨勢，他也加以痛斥，宣稱：

廳堂何等無趣，每星期的每一天
當領主和他的夫人想到處坐坐
現在富人的規矩是自己吃飯了
在私人套房，避開窮人
或者離開大廳，留在有煙囪的起居室裡
這種房間是專門打造，用來讓人在裡面用餐
而所有該省下來的，都被其他人揮霍掉。

在這首詩裡，他的風格很像一位更早期的社會評論家、同時也是詩作《贏家與揮霍者》（*Winner and Waster*）的作者。後者這首詩，提到領主留在大宅邸內居住，有多麼的重要（他們因此能照顧到僕役與窮人的生活）。相對的，自力更生的人，例如律師和醫師，他們是自私自利的，因為他們除了自身之外，不需要花費金錢在任何人身上。但是蘭格倫在文學上的造詣，遠遠超過其他任何社會抗議詩人，以及幾乎是所有以頭韻寫作詩篇的作家。「人生從來不給信息，吾人生命能延續多久實屬未知，」他如是宣稱，間接議論那些將長壽視為理所當然的人，壽命對他們而言，好似可以透過皇家任命狀或「信息」來獲取。他對神職人員偽善的抨擊，更是火力全開：

我教導每一個盲目的渾噩小人，要他們改進自己
我說的是修道院長，隱修院長，和所有高級教士
還有教區牧師、祭司，他們本來應該宣教與啟迪
所有人都需要盡自己一切所能，好修正他們自身……
無知淳樸的人或許會這麼說，在你的眼中有樑柱
而灰塵落在各色人們眼中，主要都是你們犯的錯
你們這些可悲可憫又應該遭受到詛咒的神職教士！54

這首詩的第二版在一三八〇年代問世（緊接著在農民起事之後），第三版則大約是在一三九〇年前後。毫無疑問，喬叟知道這首詩，而且他有好幾首詩作，就是模仿這首詩寫成的。威廉・蘭格倫到辭世的時候，也許都不曾過著有錢的日子，他或許也沒能根除神職人員的虛假偽善，但是他確實擁有一批支持者，而且相當知名。

《高文》詩篇的作者

如果說蘭格倫在頭韻體詩上面有任何對手的話，那一定就是我們名單上的第三位詩人。很遺憾的，我們不知道他的姓名。他來自蘭開夏（Lancashire）或切斯特郡，而且以法文浪漫作品為人所知。他通曉《羅絲浪漫傳說》，引用過約翰・曼德維爾爵士的遊記，而且熟悉大貴族府邸的運作模式，所以幾乎可以肯定：他的身分，必定和某位騎士或更高位階的人有關。不過，在許多層面上，他的真實身分為何，其實並不重要。他流傳後世的四首詩：《高文爵士與綠騎士》、《珍珠》（*Pearl*）、《潔淨》（*Cleanliness*）與《忍耐》（*Patience*），為詩的體裁帶給世人超越時間的魅力，以致於他知名的作品，就成為他的姓名。看看下面引用的詩句，描述約拿（Jonah）進入鯨魚體內的情景：

> 像是一粒微塵進到大教堂的門扉，下顎何其巨大，
> 約拿通過鰓，穿過黏液與瘀血，

他在食道裡蹣跚前進，那看來像是一條路，
是的，他整個人頭暈目眩，完完全全的仆倒，
直到他蹣跚摸索，來到一處如廳堂般寬敞的所在，
然後他摸清自己腳和身體的位置，
而在牠的肚腹裡站起身來，那個地方發出有如惡魔般的惡臭，
他處在遺憾的困境裡，在有如地獄般的刺鼻油膩當中……

這位詩人的傑出之處，在於他寫作的題材非常廣泛。他可以採用詩意的生動描繪方式，來形容鯨魚的身體。而他也能以極度的溫柔筆觸，來摹寫一顆小巧的珍珠：精細的鑲嵌在黃金之上，即使找遍整個東方國度，任何珍貴的珍珠寶物，都無法與它相媲美：

圓潤無比，閃亮恰似日月光華
玲瓏剔透，光潔有如鬼斧神工
我畢生所見過的稀世珍寶中，
竟無一件可與此珠平分秋色。
悔不該當初失手將她掉在地上，
骨碌碌滾入路邊一處草叢。
我失魂落魄的四下翻找尋覓，

為失蹤的珍奇明珠黯然神傷。

〔譯註：本段中譯係參考沈弘，《英國中世紀詩歌選集》（台北市：書林，二〇〇九年）翻譯。〕

而當你繼續往下讀，看到後面的詩節，才明白他那柔細而痛楚的震驚，並不是因為他失去了一顆真正的珍珠，而是痛失他尚在襁褓中的女兒瑪格麗特，她還沒有滿兩足歲，就離開了這個世界。她就是詩句裡「骨碌碌滾入路邊一處草叢」落地的主角。現在，她就躺在那座花園裡，在花叢的中間，一座小土堆的下面。而「當想到她的膚色，穿著衣服，躺在地上的模樣，大地啊，噢，大地，你竟毀壞了這個稀世珍寶！」讀了這樣的句子，令人心痛。當他在悼亡的同時，身體逐漸感覺寒冷，一陣可怕的悲傷向他的心房襲來，儘管他擁有理性的力量，並且信靠基督的撫慰，但仍然悲不自勝。在隨後的夢境裡，他見到了在天上當小王后的女兒，在一條溪流的遙遠彼端，對他說話，教導他透過信仰，接受她死去的事實。但是他無法克制自己不要向前，他試著想上前去碰觸她；在掉進冰冷的溪水時，他突然從夢境裡醒過來，只見到伸長了手腳的自己，躺在女兒的墳墓旁邊。

《珍珠》這首詩，再加上《潔淨》與《忍耐》，已經能確保這位詩人在我們的名單上占有一席之地。然而，還有一首更偉大的作品，據說也來自他的筆下，這就是所有關於亞瑟王傳說的詩篇裡，最偉大的一首：《高文爵士與綠騎士》。

故事發生在佳美洛（Camelot）的新年宴席上，亞瑟王和他麾下的所有武士，正期盼著有什麼新鮮事發生，就在這個時候，一名通身穿著綠衣綠袍的騎士縱馬來到。這位綠騎士帶了一柄斧頭，向亞瑟王宴席裡的所有武士挑戰。他會承受對手的第一擊，而在十二個月後，這位揮舞武器發起攻擊的人，必須到綠禮拜堂（Green Chapel）來找他，接受他一擊奉還。亞瑟王麾下最年輕的騎士高文踏步向前，接受挑戰。「現在，亮出你的兵器吧，」綠騎士說：「讓我們見識你的高招。」「確實樂意之至，先生，」高文回道，一邊高舉他的大斧。綠騎士伸長了脖頸，準備好要接受那一擊，而且在高文揮舞斧頭，將他的頭顱砍下來之後，仍然維持著這個姿態。讓在場的所有人都震驚的是：斷頭後的綠騎士，身體並沒有從馬上摔下來。不但如此，他還翻身下馬，撿起自己滾落在桌底下的頭顱。頭顱縱聲大笑，而且不斷重複著先前那嚴峻的挑戰約定：高文爵士必須在十二個月以後，到綠禮拜堂接受他奉還的一斧。

到了這時候，看來高文剛才欣然接受綠騎士的挑戰，是犯了個大錯。雖然如此，在約定的期限來到時，他並未退縮。他騎著愛駒葛林果烈（Gringolet）啟程赴約，「遠離他的友人，成為一個被遺忘的人，攀登國內許多未知的峭壁懸崖」，高文為了渡河，還挑戰護衛河流的武士，並且全部都獲勝。一連多日，他苦苦尋找綠禮拜堂的位置，在耶誕夜當天，來到了一座城堡。高文要求在這座城堡投宿，城堡主人答應讓他投宿三天，而且還告訴他：搜尋綠禮拜堂的旅程已經結束了，因為那座禮拜堂，就在距離城堡只有三公里遠的地方。城堡領主答應讓高文留宿，只提出一個交換條件，那就是高文必須要將日間他在城堡裡得到的一切，都和領主分享。

領主每天都出門打獵，將他年輕貌美的妻子留下來和高文作伴。儘管領主之妻百般激情挑逗，高文回予她的，僅止是親吻而已。他心中謹記對領主分享一切事物的承諾，在每個傍晚都將親吻領主之妻的事情對領主分享，領主送給他白天打獵的所得，以作為回報。到了第三天，領主夫人送給高文一條女用腰帶，作為她心中想和他上床欲望的信物。這件事情，高文卻沒和領主說，只講了白天親吻的事。接著，他來到了綠禮拜堂。在那裡，高文見到了綠騎士；他謹守承諾，伸出脖頸，等待綠騎士斧頭的一擊。綠騎士揮舞著斧頭，突然朝下砍劈，但是卻只在高文的脖子上劃出一道傷痕。這時，綠騎士脫去了他的頭盔，露出真面目：原來，他就是收留高文住宿城堡的主人。他完全知曉那餽贈褲帶的祕密。原來，這整段情節，都是對高文勇氣與忠誠的測試，而高文算是安然度過了這些考驗，除了隱瞞夫人愛的信物這一段之外，他的榮譽完整無損。

在中古英格蘭，任何想要出門遠遊的旅人，讀過這首詩以後，都會感覺愉悅。這不僅僅只是敘事的結構、故事情節巧妙的曲折發展，以及對於男子受到女性魅力誘惑的評論，甚至也不僅是對於主要角色的完整性格塑造。與其他任何一首文學作品相比，在這首詩裡，十四世紀的英格蘭栩栩如生的躍然紙上。一些能喚起回憶的微小細節，看上去像是錦織掛毯一樣，使人讀了感覺愉快：這就例如像高文在城堡裡，火爐邊，坐在一張椅子上，椅面加墊了坐墊，還有一襲襯了毛邊的大斗篷，拋放在他的膝蓋上。又或者是對於城堡清晨的細膩描述：

在黎明前的昏暗燈光下，人們已起身活動
賓客們必須吩咐侍候他們的僕役
這些人正汲汲忙於照看牲口、擺放鞍韉，
調整他們的馬具，將行李繫在馱獸身上。55

寫出這首詩的作者，和描寫約拿進入一頭鯨魚體內、痛失幼女的作者，竟然是同一人，這實在令人印象極為深刻。能夠傳達強烈的個人情感，又能將廣受大眾歡迎的題材寫得意味深長又有趣，具備這樣的本事的詩人並不算多。一個連名字都不為人所知的作者，在這兩個層面上能夠表現得如此傑出，不能不說是某種奇蹟。而這些作品幾乎不為人們所知，也就更令人感到驚訝。要是你想收藏《珍珠》或《高文爵士與綠騎士》的手抄本，而去詢問倫敦或牛津兩地書店裡的抄寫員，恐怕會徒勞無功。這幾個世紀以來，只有區區一本手抄稿本留傳下來，在不為人知的黑暗與闃靜裡，將這位詩人的才華繼續留存下去。

傑佛瑞・喬叟

終於，我們要談到喬叟本人了；他是英文寫作的真正天才，偉大的詩人，在他的筆下，帶著一種具備良好幽默感的機智，描繪男女之間的愛情、世俗的欲望、男人的才華與愚蠢、女子的美德與缺陷。要是沒有喬叟，任何來到十四世紀造訪的人，都會感覺沒那麼愉快有趣。

喬叟出生於倫敦。他的父親約翰・喬叟是個釀酒師傅，一三三八年的時候，渡海到愛德華三世位於低地諸國的行宮去服務。因為和皇室有這層關係，小喬叟得以託養在國王的媳婦伊莉莎白的府邸裡。他沒有上大學讀書，而且因為這樣，對於學者專家，他一直抱持著合理的懷疑批判態度（用他的話來說，就是「偉大的神職人員，可都不是些聰明人」）。在他大約十八歲的時候，也就是一三五九年，加入國王陛下的軍隊，到法蘭西去作戰。在那裡，喬叟不幸被俘。幸運的是，他得到愛德華三世的搭救，支付了十六英鎊將他贖回。在一三六〇年代中期，他娶菲莉帕．德洛埃特（Philippa de Roët）為妻，她是凱瑟琳．史溫福德（Katherine Swynford）的姐妹。不久之後，喬叟就代表國王，展開他到法蘭西、義大利的一連串使節之旅。因此，他得以接觸並熟悉許多義大利方言文學，尤其是但丁（Dante）、薄伽丘（Boccacio）、佩脫拉克（Petrarch）等人的作品，以及法文韻詩。這些作品，提供他在創作英文作品時所需的內容格式和結構，在他的作品裡，能夠兼顧音韻的和諧與形式上的彈性，讓他能在其中充分的表達出自己的機智、評論、感情與理念。

正是喬叟詩裡對於人類的關懷，讓他能攀上中古時期英文文學的巔峰地位。在成書於一三六九或一三七〇年的《悼公爵夫人》（*Book of the Duchess*）裡，喬叟非常深情的哀悼年輕的蘭開斯特公爵夫人之死；他懷念公爵夫人那「甜美動聽的言語」、她如何的能被看作是「所有宴席節慶裡的表率」，一場她缺席的聚會，就像「一頂少了珠寶的皇冠」。這不是一篇無關痛癢的應酬文字（他與公爵夫人熟識），而是發自肺腑的輓歌。當你讀到喬叟對她面容表情的描寫——她的眼神裡有「善良、歡欣與悲悽」——你就明白，喬叟正回憶起公爵夫人注視著他的時候，而且回想起有她在場的地方，所帶來的巨大關愛與影響力。

喬叟以英文創作出許多作品，在所有作品裡，都蘊含著他的文字功力、對人類的關愛、他仁慈寬厚的精神，以及他對這個世界理念和故事的鮮明興趣。在他創作生涯中期的作品裡，要特別向大家推薦的，是《聲譽之堂》（*The House of Fame*）、《眾鳥之會》（*The Parliament of Fowls*），以及《特洛伊羅斯與克麗希達》（*Troilus and Criseyde*）這幾部作品。在《阿內麗達與阿塞特》（*Anelida and Arcite*）裡，遭到愛人背叛的阿內麗達，發出的悲嘆令人揪心：

你的溫柔，如今已變成了何等模樣？
你那些充滿詼諧謙遜的話語呢？
你那恪遵端莊有節的儀態呢？
你的等候，你的頻繁相會呢？
而我，這個你稱作「我的情婦」的人，
「在這個世界上最重要的女子」呢？
是否如今，你的話語和歡愉
對我都不再重要？
對你的愛，我看得太重。

喬叟並不光是只會描寫心碎傷情的女子和逝世美麗女爵士。他也是一位描寫人生百態的詩人。在至今他作品中最為知名的《坎特伯里故事集》裡，喬叟帶領你穿堂入室，既到窮苦人家，也到富裕宅邸裡去一窺究竟。在〈修女院教士的故事〉裡，我們看見「一位窮困的寡婦，上了年紀，身形佝僂，住在一幢狹窄的小屋裡，靠著一片林子，臨山谷而立。」我們聽到她過著「靠牲畜和租金過活」的簡單日子，還有她是如何以三隻豬、三頭牛和一頭綿羊來養活自己與兩個女兒。我們進到她的陋室裡去看：「她的臥房被煙燻得漆黑，牆壁同樣如此，在此處，她不用什麼香油辣醬來調味。」喬叟因此在腦海中浮現出一幕景象：那是老婦人兩隔間的陋屋，房子中央生起了爐火，滿屋子都是薰煙。接著，他筆鋒一轉，來到老婦人的身上：

> 她的飯菜同她的衣著很相配，
> 她始終沒因吃得過飽而生病；
> 有飲食節制、勞作和知足的心，
> 這一切就是她賴以強身的藥……
> 她沒酒可喝，遑論紅酒或白酒，
> 飯桌上的東西多為黑白二樣——
> 黑麥麵包和白色牛乳——是她天天的食糧，
> 有時還有煎培根肉，和一兩顆雞蛋……
> 〔譯註：此處翻譯參考黃杲炘譯，《坎特伯雷故事集》，上冊（台北市：貓頭鷹，二〇〇一年），頁四二一—四二二。〕

這是很傑出的描繪，但是人們對於喬叟作品的喜愛，還是來自於他對於人的描寫。舉例來說，在坎特伯里的朝聖者當中，有一名修女，她是修女院的院長：

她淺淺的笑容謙和又純真，
她的咒罵頂多是說聲「聖羅伊（St. Eloy）為證」；
大家對她的稱呼是玫瑰女士（Madame Eglentyne）。
聽她唱歌要趁她做禮拜之時，
她唱的聖歌帶鼻音最是動人；
……
她餐桌上的禮儀學得很到家；
沒一點食物會從她唇間掉下，
她手指不會沾到調味醬汁裡。
她小心翼翼把食物送到嘴邊，
絕不讓一點一滴往她胸前掉；
……
她的上嘴唇她總擦得很乾淨，
所以杯沿沒一點油膩的唇印，
儘管已就著杯子喝了好幾次，
……
要說到那種仁厚溫柔的感情，
她是滿腔慈悲，一肚子好心；

看到一隻老鼠夾住在捕機上
死去或流血，她就不禁要流淚。
她養著幾條小狗，盡心盡力餵
烤肉，牛奶，或者精白的麵包。

（譯註：本段譯文大部分參考黃杲炘譯，《坎特伯雷故事集》，上冊，頁四四—四五。）

這些人物角色的描繪，是喬叟文字的真正力量所在：有時候他可以用寥寥數筆形容一個人，就像描寫一個人「斗篷裡藏著一把尖刀，臉上卻帶著燦爛的微笑」這樣精彩的形象。然而他也有本事，透過故事裡角色的嘴，將他自己的精彩議論表達出來。這一點，是他遠超出讀者預料的地方。他不但可以描繪出故事發生的背景、描寫角色的特質，他還能讓故事中的人帶著他們所有的欲望、恐懼、欺瞞、貪婪與詐騙，栩栩如生的從紙頁裡走出來。在字裡行間，他描摹出這些人的魂魄。不但如此，他還能將任何挑選出來各個社會階層的人，不分男女老少，貧賤富貴，都描寫得淋漓盡致，不帶成見偏見。就讓我們來聽聽喬叟透過巴斯之妻，訓斥她丈夫的一番話：

你說漏雨的屋子、滿屋子的煙，
加上個老婆整天在嘮叨、埋怨，
逼得男人逃出了家門；我的天，
老頭兒犯了什麼病，這樣責難？

你說我們當妻子的隱瞞缺點，
等結好了婚，那時才顯露出來，
說出這種話的人真正是無賴！
你說無論是買牛馬、買狗買驢，
還是買盆罐鍋瓢等家用器具，
無論是買湯匙或凳子等物件，
還是買穿著打扮的各類衣衫，
人們要反覆檢驗才花錢買下；
但是對妻子，婚前卻並不檢查。
罵你一聲老混蛋，你竟說什麼
我們結婚後才會暴露出罪惡。
（譯註：本段譯文參考黃杲炘譯，《坎特伯雷故事集》，下冊，頁五二〇—五二一。）

這段話說得很生動，而當她接著聲稱，就是因為她每晚在床上都能滿足丈夫，他才變得如此小氣，不想讓其他任何男人「分一杯羹」時，事情就更加活潑精彩了。喬叟甚至還讓她大膽承認，她在丈夫出殯下葬的當天，就去勾引一個年僅二十歲的小夥子。喬叟將角色的性格原原本本呈現在你的面前，而不忙著去評判角色。而且，正是因為他已經創造出這樣強悍有力的角色，喬叟就能有效的將所有沒辦法從男人嘴裡說出來的家庭真相，透過她的嘴巴，一五一十的全部道出：

講到這點，我要請眾位相信我：
神職人員不可能稱讚我們女人，
除非他們講到的是位女聖人——
對於其他的女人就絕對不可能。
獅子是誰畫的？是獅子還是人？
學者們高談闊論中引用的典故，
憑天主起誓，若是女人的記述，
那麼她們記下的男人的罪孽，
亞當的子孫將永遠無法洗滌。
（譯註：本段譯文參考黃杲炘譯，《坎特伯雷故事集》，下冊，頁五三七。）

這樣一來，他就達成原先的目的。上段引文裡「獅子是誰畫的」這個疑問，來自於伊索寓言裡的一則隱喻。在這則寓言裡，當一頭獅子看見一幅人類獵獅的圖像時，就宣稱說，要是這幅畫像交給獅子來畫，那麼圖中被獵和狩獵者，就會完全顛倒過來了。而這段典故，完全符合喬叟的機智，藉由一名強悍女子咄咄逼人的質問，來抒發**他本身**的觀點：文學作品裡的女人形象，之所以都被描繪的那麼壞，是因為絕大部分的故事，都是由男人來書寫的。這樣的觀點，在性別不平等的中古世紀，居然是由一位男性表達出來，實在相當具有諷刺意味。

喬叟的才華，並沒有被他當代的人所忽略。在《戀人的告解》裡，高耳讓維納斯女神說出，喬叟「是我的門徒，我的詩人」。另一位與喬叟同時代的人，則稱他是「英格蘭最高貴的哲思詩人」，並且頌讚他那「文雅、有力，充滿美德的言語」。[56]在喬叟的一生裡，共歷經了三位國王：愛德華三世、理查二世與亨利四世，他們全都很看重喬叟，並且都餽贈禮物給他（金錢、葡萄酒、聘雇他工作、還致贈一棟位於倫敦城奧德門樓上的房屋，供他居住）。他的創作手稿時常受人轉抄，並且廣為流傳；甚至連法國作家，對他也加以推崇。這位溫雅的男子，對於世間善良的男女存著一顆愛心，具備機敏的智慧與流暢的文筆，更了解和他同時生活在這個世間的人們，他們心中的欲念、貪婪、懦弱、嫉妒、罪惡，以及所有其他沒那麼明顯的欲望特性；他有辦法在每一個地方，都能贏得人心，令眾人愉悅，而且看來輕而易舉，毫不費力。有多少作家，能像以下列引用的這段詩句這樣的方式，描述男女之間的性事？有多少作家，當他們在創作如此詩句的時候，臉上能像這樣帶著微笑？

他們夫妻倆天經地義上了床，
因為做妻子的哪怕聖潔至極，
到了夜裡也得做必要的忍讓——
人家的結婚戒指既給了自己，
就得讓那位給戒指的人滿意，

就得把那種聖潔暫時擱一邊，
看來事情恐怕也只能這麼辦……
（譯註：本段譯文參考黃杲炘譯，《坎特伯雷故事集》，上冊，頁二六〇。）

讓我們想像一三九〇年代時，喬叟的樣貌：他站立起來，身高大約有一百六十六、七公分，呈尖叉狀的鬍子已經白了；他踽踽在街上獨行，要回到位於奧德門樓上的房屋；他的手臂夾著一堆羊皮紙，行人從他身邊穿行經過，戴著兜帽，穿著各色的衣服。[57]他回到家的時候，沒有妻子在等候著他。菲莉帕在幾年以前，就已經先一步離開人世了。所以，他沒有多作停留，直接進到自己的房間；然後，喬叟就像自己在早年創作的詩篇《聲譽之堂》裡所說的那樣：「如石頭般不語沉默，在一本本書前端坐，直至雙目徹底迷濛，到此你就過著隱修的人生」。但是，就在他坐在那裡、寫作《坎特伯里故事集》的時候，他的腦海中浮現出一幕最了不起的景象。他在今天還存留於世間的偉大作品，只是他預設寫作計畫當中的一小部分而已。他計畫，讓筆下的三十名朝聖者，在南瓦克到坎特伯里的朝聖路上，每個人在去程時說兩個故事，回程時再說兩個。這樣一來，就有總數為一百二十則的「坎特伯里故事」了。不過，實際上，喬叟只讓二十二名朝聖者各自講了一個故事，他自己則說了兩個。按照這個比例來看，《坎特伯里故事集》真是英國文學史上最大的未完成作品。

1 Prestwich, "Court of Edward II," p. 61.
2 Wright (ed.), *La Tour Landry*, p. 1.
3 Chaplais, *Piers Gaveston*, p. 78.
4 TNA E 101/387/9 m. 7.
5 TNA E 101/389/8 m. 19.
6 TNA E 101/396/11 f.19r.
7 *Collection of Household Ordinances*, p. 3.
8 Smith, *Expeditions*, p. 137.
9 圖解見於 Reeves, *Pleasures and Pastimes*, p. 46。
10 Coulton, *Medieval Panorama*, pp. 98-9.
11 這份城市名單來自劍橋大學「中古時期想像」網站，網址：http://www.english.cam.ac.uk/mi-sampler/mystery_plays.htm，下載於二〇〇七年十一月一日。埃克塞特已經因為演出諷刺劇《妓館修道院》，而被列進這個名單裡。
12 TNA E 101/388/8 m. 4. 實際上，這具「刑椅」被描述成一具「翻凳」（tipping stool）。「shelving」這個字，在這裡的意思是「翻倒」（OED）。
13 E 101/391/14 mm. 8-9. 本句英文裡的現在簡單式，在倒數第二個字時已經換成了現在完成式。
14 Mortimer, *Perfect King*, p. 259.
15 Coulton (ed.), *Social Life*, pp. 391-2, 引用 John Stow。
16 Coulton (ed.), *Social Life*, p. 493.

17 Keen, *Chivalry*, p. 88，引用霍文登的羅傑（Roger of Hoveden）說的話。關於一二四一年，八十名騎士在諾伊斯（Neuss）一場比武競技裡身亡的細節，來自Keen, *Chivalry*, p. 87。

18 Barber and Barker, *Tournaments*, p. 34. 這些集體比武大會，舉行的地點難以考證。我在Mortimer, *Perfect King*, p. 191裡有不同的解讀，取材自Lumby (ed.), *Knighton*, ii, p. 23。另一種版本，同樣出現在Maxwell (ed.), *Scalachronica*, p. 112。

19 Given-Wilson, *Royal Household*, p. 61.

20 Woolgar, *Great Household*, p. 193.

21 TNA E 101/390/2 m. 1.

22 Given-Wilson, *Royal Household*, p. 61.

23 Hamilton, "Character of Edward II," p. 61.

24 Coulton (ed.), *Social Life*, p. 396.

25 喬叟筆下的磨坊業主「總是在全國各地的摔角比賽裡，都能贏得公羊作獎品」。見Chaucer, trans. Wright, *The Canterbury Tales*, p. 15。

26 Reeves, *Pleasures and Pastimes*, p. 96.

27 Woolgar, *Great Household*, p. 101.

28 Coulton, *Medieval Panorama*, pp. 83-4.

29 Coulton (ed.), *Social Life*, p. 400，引用佛洛伊薩特的敘述。

30 Coulton (ed.), *Social Life*, p. 397.

31 這段關於弓的敘述，主要取材自一個一二九八年的例子，見Bradbury, *Medieval Archer*, p. 81。關於拉弓力道的描寫，來自於Reeves, *Pleasures and Pastimes*, p. 98。

32 Reeves, *Pleases and Pastimes*, pp. 98-9.
33 Mortimer, *Perfect King*, p. 103.
34 Smith, *Expeditions*, p. 107.
35 Mortimer, *Greatest Traitor*, pp. 118, 120.
36 Smith, *Expeditions*, p. 281.
37 TNA E 101/392/15 m. 1（一三六〇年，為愛德華三世打造）；E 101/393/4（依莎貝拉，一三五八年）。依莎貝拉有兩組棋具，其中一組在她過世之後，遺贈給她的女兒。
38 Heath, *Pilgrim Life*, pp. 43-4.
39 Heath, *Pilgrim Life*, p. 29.
40 Coulton (ed.), *Social Life*, p. 39，當中引用一本以義大利文寫成的 *Relation of England* (Camden Soc., 1847)。
41 Alexander and Binski, *Age of Chivalry*, pp. 222-3.
42 Alexander and Binski, *Age of Chivalry*, p. 206. 舒茲伯利自從聖歐斯蒙德（St. Osmund）未受宣聖之後，就被遺漏了，一直到一四五七年才又被列入。
43 Heath, *Pilgrim Life*, pp. 238-9.
44 Heath, *Pilgrim Life*, pp. 59-60.
45 Given-Wilson, *Royal Household*, p. 61 引用愛德華四世的《黑魔法書》（*Black Book*），這項做法，被敘述為一項「老傳統」。
46 Johnstone, *Edward of Carnavon*, p. 18.
47 TNA E 101/393/4 fol. 8r; Lewis, "Apocalypse of Isabella," p. 233.
48 Stratford, "Royal Library," p. 189.

49 Mortimer, *Greatest Traitor*, p. 120; Anthony Tuck, "Thomas , duke of Gloucester (1355-1397)" in *ODNB*.

50 Mortimer, *Perfect King*, pp. 34-8.

51 Shonk, "Auchinleck manuscript"，見於蘇格蘭國立圖書館（National Library of Scotland）的網站，下載日期：二〇〇七年十一月十五日。

52 Bellamy, "Cotterel Gang," pp. 700-1.

53 Holt, *Robin Hood*, pp. 40-50.

54 Langland, trans. Tiller, *Piers Plowman*, pp. 110-11.

55 Anon., trans. Stone, *Gawain and the Green Knight*, p. 64.

56 Douglas Gray, "Chaucer, Geoffrey (*c.*1340–1400)," in *ODNB*.

57 參見ODNB的「喬叟」條目中，對他身高和外形樣貌的說明。

尾聲

我們已經來到十四世紀的尾聲。從出發上路，看見埃克塞特主教座堂高聳的尖塔，矗立在城牆之上，接著又聞到糞溪的氣味開始，我們已經遭遇了各式各樣、形形色色的事物：不一致的計時方式、烤狸肉和海雀、以幼犬作藥引熬煮的藥澡、還有切成四大塊的叛徒屍體。我們已經討論過，這個時代的人們有多麼年輕、多麼迷信和暴力。我們也已經見識到這個時代司法體系的不穩定，看見人們是如何時常活在飢餓、疾病和死亡的邊緣。我們還注意到人們的衣著、他們演奏的樂器，還有閒暇時的消遣娛樂。雖然對於十四世紀的英格蘭，我們還有許多事情可以說，不過對於即將踏上時光之旅的你來說，對這個時代獲得一個大致上的概念，或許已經足夠。現在，我們只剩下一個問題還沒有回答：當初，你為什麼想要踏上這場時光之旅？或者，讓我們問得更直接一點：你為什麼想見識那**活生生**的過去？我們今天所能看到、十四世紀留下的歷史遺物：例如成堆的羊皮紙捲、修道院的遺跡、博物館裡的手工藝術品；回到十四世紀，親自去看，難道會來得更好嗎？

這本書以一個對遙遠過去「虛擬實境」的敘述作為開場。實際上，在現實層面，這個敘事觸及一個更深刻的議題，也就是我們看待過去的方式。中古時期的英格蘭如果以「現在進行式」來呈現，和將它描述成已消逝的過往，兩者之間又有怎麼樣的不同？在傳統歷史敘事裡，我們講述過去的方式，受到史料證據的選擇和詮釋的主宰。可是，矛盾的是，同樣的史料證據，卻會設下一連串的障礙，限制我們對於探索這段歷史的提問，並且侷限我們聲稱「知道過去」的範圍。學術界的歷史學者沒辦法直接討論「過去」；他們只能探討史料，以及從史料裡發現的問題。就如好幾位後現代哲學思想家反覆指出來的（他們的說法，讓很多歷史學者感到非常挫折）：過去已經過去了，絕對不會再回來。想要知道「**過去究竟是何等模樣**」這件事，注定是不可能達成的。[1]

上面所說的這些都沒有錯。可是，就像這本書所展示的，我們沒有理由不將中古時期的英格蘭看作是「現在進行式」。它就像二十一世紀的法國，或者二十世紀的德國，以及其他更多例子那樣，不過就是另一個時空背景罷了。想要知道「**過去究竟是何等模樣**」或許很困難，甚至根本辦不到，不過按照這個說法，那麼想知道昨天的英格蘭是何等模樣，也同樣是不可能的事情。我們在進行歷史書寫的時候，所能獲得的史料，都是片段而不完整的，不管**任何**時間、**任何**地點，都是如此（包括我們親身生活過的當代國家，也是一樣，因為我們不可能見過所有的地方，認識每一個人）；如果我們能夠同意這個看法，那麼在理論上，我們就確實能寫出一本有如導覽現代國家那樣全面而準確、對於中古時期英格蘭的時光導覽手冊。

這就是整件事情的關鍵所在。如果中古英格蘭被看成是已死、被埋葬的過往，那我們只能就史料裡發現的問題，去找尋答案。可是，如果我們用「時空旅行」的觀點，將這段時期看成是正在進行的當下，那麼我們所受到的限制，就僅僅只是作者的經驗，以及他所應該具備的洞察力、興趣，還有本書讀者的好奇心。對於這段過去，我們可以提出任何想問的問題，然後盡我們的能力與知識，尋找這些問題的答案。能夠體會這一點，對於了解歷史本身的性質所在，還有克服後現代主義對歷史知識所提出的質問，具有非常重大的意義。歷史因此不再是學術界關起門來進行的活動，它可以成為任何你想要它成為的模樣。如果歷史是由人們（不光只是歷史學者）所提出的問題裡來找答案，那麼歷史就能成為眾人所共同想像、集思廣益的事情。這樣做的結果，就如同我在這本書的緒論裡所聲稱的，是一種「自由歷史」（free history），也就是一種理解歷史的新途徑。這個觀點，我也在本書以外另一篇關於史學理論的論文〈什麼才不是歷史？〉（What isn't History?）裡陳述過了。[2]

將過去看成是「現在進行式」，還有一個更加深刻的含義。這樣的觀點，對我們個人與整體人類和時間的關連來說，顯示出什麼意義？這或許是整個概念裡，最令人感到有興趣的層面了。透過這個角度，我們可以觀察人類在這幾百年以來的生活，而且可以看到我們自身的改變。調整你的心態和眼光，用不同的標準來看待十四世紀的衛生和司法。如果我們認為這些生活層面，都是骯髒而且殘暴的，那我們就真的只是在用現代世界的觀點在評判這些事物。這樣做並沒有錯，只不過非常的「以今論古」罷了。它所告訴我們關於「**現在**」的意義，要比十四世紀來得多（或者，在這些層面上，要比任何時代都來得多；如果按照當代大眾的歷史想像，那麼過去都是骯髒和殘暴的，只有羅馬時代例外，他們只是殘暴而已）。

然而，如果我們開始把中古時期的人們，想像成「他們正在生活」：比方說，女人們清理家室、將屋裡髒掉的鋪草掃成一堆，更換新的茅草、吹哨把狗兒趕出屋裡、擦拭桌面、鋪上桌布、洗滌木質餐碗、擦洗鐵鍋或銅盤、洗刷家人穿用的束腰上衣和衣物、擦亮銀湯匙，還有打掃庭院——我們就能夠看見，這些人和他們所生活時代的關係。當然，他們並不都是骯髒的人。他們當中有很多人，就像現代持家的人一樣，對於家裡保持乾淨清潔狀態，非常自豪，而且不管你是以六百年前、還是六百年後的觀點當評判標準，都是如此。或許我們會覺得，他們鞭打孩童和狗兒，行為極度殘暴；但是，這是由**我們的**觀點得出的評價，不是他們的。在本書裡，我們已經看到了：十四世紀的父母，如果不動手責打自己的孩子，就會被人們看成是不負教養責任的父母。

透過這樣的方式，我們便能開始了解，幾乎在所有生活層面裡所發生的改變，從人口的年齡結構，到我們會罹患的疾病性質的變化。所有的事物都在改變。有什麼是不會改變的呢？只有兩件事情不會改變：這個時候的人們和我們一樣，都是人類，都有欲望、需要，也面臨挑戰；另一個不會改變的事情，就是事情總是持續的在改變。要是我們真的想要明白人性的本質，還有我們有多麼能調適因應環境，我們必須將自己看成是一個持續充滿活力、一直在進化的種族——無論是在十四世紀，還是二十一世紀，我們總是身處在一個廣闊而難以想像的未來尖端——而且直到最後一個人類死去，屍骸化為白骨、被遺棄在地之前，我們這個族類絕對不會滅亡。

這本書所談論的整個十四世紀裡，有超過一千萬的英格蘭人出生和死亡。很多人死去時還是嬰兒。很多人年紀還很輕就喪命。有些人則死在絞刑的吊索上，臨死前還痛苦的抽搐著。有些人在煙霧瀰漫的房間裡，痛苦呼號而死去。有些人戰死沙場，他們當中的許多人，在臨死前身受極大的痛苦和恐懼。有些人在激烈戰鬥中死去，以至於他們**希望**能死在這樣光榮的時刻，英雄式的告別人世。還有更多的人，在孤獨中死去，他們因為瘟疫，全身發冷顫、心中恐懼，還發著高燒。無論他們是以什麼方式走向死亡，在他們的人生裡，一定也有某些時刻，充滿歡樂與喜悅：童年的時候吃下一匙果醬時那種開心、情人挑逗地親吻時那種震顫，或者看著孫兒長大的那種喜慰。在他們人生的盡頭、在這個世紀的尾聲，這就是歷史的底蘊。歷史並不是光是分析史料、攤開羊皮紙卷，或者是回答考試卷上的題目。歷史並不是要你去評斷已逝去的事物，它是要人們了解過去的意義，不只是要明白我們自己的人生，也要懂得人類在這麼多個世紀以來發展演進的故事。

在一三七〇年代某天，在某個地方，有一位年輕的貴族女子正注視著傑佛瑞．喬叟。她正在揶揄逗弄他，一邊開懷的笑著。她會一直待在那裡，就像前往坎特伯里的朝聖者一樣，永遠在騎馬前去的旅途上，不會折返。旅途中的人們圍著喬叟這位大詩人，聽他描述這位女子：她的甜美笑聲，是多麼美好、活潑，令人感到自由自在。他們都看得出來，喬叟還因為她的死去，而深感悲痛。他們當時所聽到的故事，就是現在我們所聽到的。對於這些敘事，我們可能會有不一樣的詮釋，而我們或許還會誤解幾句話的意思（畢竟，我們對這個世紀的人們來說，算是外來的陌生人）。可是，喬叟對這位女子的情感，所有他的聽眾——對我們、對當時的人，以及在我們和當時的人之間所有聽到這個故事的聽眾——都能感覺得到。這幾個世紀以來的我們，都在時間的回聲之堂裡，傾聽著喬叟的詩。如果是高耳來當這個說書人，我們可能會聽到農民起事的恐怖可怕故事；要是換成佛洛伊薩特，那講的就是騎士在法蘭西的光榮戰役；如果是蘭格倫，他會說神職人員的不公不義；要是《高文》詩篇的作者，他則會告訴你，痛失珍珠般愛女的悲傷。而在傾聽這些故事的時候，我們或許能給所有這些男人、女子和孩童，某種程度的尊重；這就和今天我們去緬懷那些在戰爭中捐軀的人們，是一樣的道理。

可能你會不同意。你可能會覺得，生活在此時此刻，生活在當下此地，才是惟一要緊的事。或者你會認為，正因為我們評斷過去是既骯髒又殘暴的時代，才能顯出自己比老祖先優越。但是如果你相信，我們是這個充滿生氣活力過去時代的後繼者，你也願意相信，了解從前是什麼模樣，對於明白今天與未來我們身處的環境，至關緊要，那麼，恭喜你，你就能成為一位思緒周密的時空旅人；你將在人類歷史的高速公路上啟程穿梭，並且由喬叟擔任導遊，帶你經歷十四世紀的所有巷弄，體驗當時的生活。或許你甚至還會考慮，要加入他和其他同伴在南瓦克的那家叫「塔巴德」（Tabard）的小酒館，一起聽故事；或者，乾脆自己當起朝聖者。至少至少，你可以聽到許多有趣的故事。

---

1 或者就像凱斯・詹京斯（Keith Jenkins）簡單明瞭的這樣表示：「我們永遠沒辦法真正了解過去……那道處在過去與歷史之間的鴻溝，……是如此的巨大，以至於沒有任何認識論（epistemological）上的努力，能夠在這兩者之間搭起橋梁。」見 Jenkins, *Re-thinking History*, p. 23。

2 Ian Mortimer, "What Isn t History? The Nature and Enjoyment of History in the Twenty-First Century," *History*, 312 (October 2008).

謝辭

我要感謝本書的責任編輯威爾・索金（Will Sulkin）和榮格・漢斯根（Jörg Hensgen），以及在藍燈書屋裡協助本書付諸實現的所有同仁。我也要感謝我的經紀人吉姆・吉爾（Jim Gill），提供非常可靠、有效的建議。我也非常感激凱瑟琳・華納（Kathryn Warner）讀完本書初稿之後給予的建議。同時，在我進行研究之旅時，提供我住宿的朋友表達感謝之意：札克・瑞登（Zak Reddan）、瑪莉・佛賽特（Mary Fawcett）、傑・漢蒙（Jay Hammond）、茱蒂・莫蒂默（Judy Mortimer），以及羅伯特與茱莉・莫蒂默夫婦（Robert and Julie Mortimer）。

我想對太座大人蘇菲致上最高的謝意。一九九五年一月，我們第一次見面，就是為了要討論這本書的寫作。我感謝她，不僅是因為她鼓勵我寫出這本書，還因為她願意和我結婚。現在我們有三個小孩：亞力山大、伊麗莎白和奧立佛。我也感謝他們，因為他們教我學會許多在各個年齡關於人生的各種事情，而這些事情在書本裡是學不到的。

德文郡，摩頓漢普斯坦德
二〇〇八年三月九日

圖片說明

本書裡所有的圖片，皆來自大英圖書館慷慨提供的珍藏手繪圖本。作者對於該館惠予同意於本書中複製，深表感激。

第一部分

圖一：命運轉盤，Lydgate's *Troy Book*, (Royal 18 D. II fol. 30v)，十五世紀中期。

圖二：亞歷山大大帝接受白象贈禮，來自一本十五世紀初期的浪漫故事。(Royal 20B, XX fol. 82v)。

圖三：正在上洗手間的仕女。來自《聖詠經》，約作於一三二五至四〇年間。(Add. MS 42,130 fol. 63r)

圖四：穿戴頭巾的婦女，取材自一本巴黎哲學繪本，約作於一三〇〇年。(Burney 275, fol. 166r)

圖五：收成時節努力收割農作的婦女，來自《聖詠經》，約作於一三二五至四〇年。(Add. MS 42,130 fol. 172v)

圖六：遭受男子毆打的婦女，取自一四四六年一份日耳曼手繪本。(Add. MS17,987 fol. 88r)

圖七：正在毆打男子的女性，取自《聖詠經》，約作於一三二五至四〇年。(Add. MS 42,130 fol. 60r)

圖八：正在狩獵野兔的仕女，取材自Taymouth Hours，約作於一三二五至三五年。(Yates Thompson 13 fol. 68v.)

圖九：英格蘭國王約翰向法蘭西國王菲力浦致敬圖，來自一本作於十四世紀初的法蘭西年鑑。(Royal 16 G. VI fol. 362 v.)

圖十：菲利浦・德梅茲瑞斯（Philippe de Mezières）將條約進呈給英格蘭國王查理二世，約一三九五年。(Royal 20B. VI fol. 2r)

圖十一：桂妮薇兒王后（Guinevere）和湖中仙子所差遣來的女侍，取自一則法蘭西浪漫故事。(Add. MS 10,293 fol. 90v.)

圖十二：這兩張圖像取材自十五世紀初的《列女傳》（*De Claris Mulieribus*）。(Royal 20 C. V fol. 5r)

圖十三：耕田的農民，取自《聖詠經》，約作於一三二五至四〇年。(Add. MS 42,130 fol. 170r)

圖十四：建築工人，取自Bedford Hours，約作於一四一四至二三年。(Add. MS 18,850 fol. 17v)

圖十五：在紡紗與梳理羊毛的婦女，取自《聖詠經》，約作於一三二五至四〇年。(Add. MS

42,130 fol. 193r)

圖十六：在紡紗與梳理羊毛的婦女，取自《列女傳》。(Royal 20 C. V fol. 75r)

圖十七：被老師以木條抽打的男童，取材自《百科》（*Omne Bonum*），約作於一三六〇至七五年。(Royal 6E. VI fol. 214r)

圖十八：聖殿騎士團成員遭火刑處死圖，取材自一本作於十四世紀初的法蘭西年鑑。(Royal 20 C. VII fol. 44 v.)

第二部分

圖十九：羅夫・赫俊（Ranulph Higden）繪製的世界全圖，取自羅夫・赫俊作於十四世紀後期的《綜合編年史》。(Royal 14 C. IX fol. 1v-2r)

圖二十：大不列顛全圖（Map of Great Britain），取材自馬修・派瑞斯（Mathew Paris）所著之《英吉利簡明年鑑》（*Abbreviato Chronicorum*），一二五〇年代。(Cotton Claudius D. VI fol. 12v)

圖二十一：皇家巡遊馬車車廂，取自《聖詠經》，約作於一三二五至四〇年。(Add. MS 42,130 fol. 181v-182r)

圖二十二：十四世紀初期的柯克船，取自《史密斯菲爾德教書》，約一三四〇年。(Royal 10 E. IV fol. 19r)

圖二十三：十四世紀後期的柯克船，取自尚・克雷頓（Jean Creton）的 *Histoire du Roy*

d' Angleterre Richard II，約作於一四〇一至〇五年。(Harley 1319 fol. 18r)

圖二十四：正在進晚餐的國王理查二世，取自尚・沃林（Jean Waurin）的《英格蘭年鑑》（*Chronique d' Angleterre*），作於十五世紀晚期。(Royal 14 E. IV fol. 265v.)

圖二十五：亞歷山大大帝進膳圖，來自一本十五世紀初期的法蘭西浪漫故事。(Royal 20 B. XX fol. 88v.)

圖二十六：絞刑架，取自一本一四八七年版的《法蘭西年鑑》（*Chronique de France*）。(Royal 20 E. III fol. 28r.)

圖二十七：斬首行刑場面，來自一本十四世紀後期的《法蘭西年鑑》。(Royal 20 C. XII fol. 133v.)

圖二十八：在刑架上的婦女與僧侶，取材自《史密斯菲爾德敕書》。(Royal 10 E. IV fol. 187r.)

圖二十九：藉由觀察尿液來進行診斷，取材自一本十四世紀後期的《法蘭西年鑑》。(Royal 20 C. XII fol. 78v.)

圖三十：醫師們對一位國王餵藥，取材自一本十四世紀後期的《法蘭西年鑑》。(Royal 16 G. VI fol. 310v.)

圖三十一：感染瘟疫的神職人員，取自《百科》，約作於一三六〇至七五年。(Royal 6E. VI fol. 301r.)

圖三十二：隨身攜帶小響鐘的麻瘋患者，取自一本主教祭典書（Pontifical），約為十五世紀初。(Lansdowne 451 fol. 127r.)

圖三十三：正在執行肛門直腸瘺管手術的約翰・阿德尼，取自一本十四世紀後期的醫學教典。

(Sloane, 2002 fol 24v.)

圖三十四：兩名樂師和一位女雜技演員，取自《史密斯菲爾德敕書》，約一三四〇年代。(Royal 10 E. IV fol. 58r.)

圖三十五：愛的圓圈舞，取材自《羅絲浪漫傳說》，十四世紀初期版本。(Royal 20 A. XVII fol. 9r)

圖三十六：鬥熊，取自《聖詠經》約作於一三二五至四〇年。(Add. MS 42,130 fol. 161r)

知識叢書 1093

漫遊中古英格蘭

作者—伊恩．莫蒂默 Ian Mortimer
譯者—廖彥博
主編—李筱婷
美術設計—兒日設計

董事長—趙政岷
出版者—時報文化出版企業股份有限公司
108019台北市和平西路三段二四〇號七樓
發行專線—（〇二）二三〇六六八四二
讀者服務專線—〇八〇〇二三一七〇五
（〇二）二三〇四七一〇三
讀者服務傳真—（〇二）二三〇四六八五八
郵撥—一九三四四七二四時報文化出版公司
信箱—一〇八九九臺北華江橋郵局第九九信箱
時報悅讀網—http://www.readingtimes.com.tw
時報出版愛讀者—http://www.facebook.com/readingtimes.fans
法律顧問—理律法律事務所 陳長文律師、李念祖律師
印刷—勁達印刷有限公司
二版一刷—二〇二〇年十二月十一日
定價—新台幣四五〇元

時報文化出版公司成立於一九七五年，
並於一九九九年股票上櫃公開發行，於二〇〇八年脫離中時集團非屬旺中，
以「尊重智慧與創意的文化事業」為信念。

漫遊中古英格蘭 / 伊恩.莫蒂默(Ian Mortimer)著；廖彥博譯. -- 二版. -- 臺北市：時報文化出版企業股份有限公司, 2020.12(知識叢書；1093)
面；14.8×21公分
譯自：The time traveller's guide to medieval England : a handbook for visitors to the fourteenth century.
ISBN 978-957-13-8480-1(平裝)

1. 社會生活 2. 風物志 3. 英國

741.3 109019085

ISBN 978-957-13-8480-1
Printed in Taiwan